AF547024

ALS ALLES BEGANN

Der Urknall fand nicht statt!

1. Auflage Dezember 2021

Copyright © 2021
OSIRIS – Verlag & Versand, Marktplatz 10, D-94513 Schönberg
www.osiris-verlag.de

Alle Rechte vorbehalten

Nachdrucke oder Kopien dieser Publikation - auch auszugsweise -
nur mit schriftlicher Genehmigung des Verlags.

Haftungsausschluss:
Die Inhalte dieser Publikation wurden sorgfältig recherchiert, aber dennoch haften Autor oder Verlag nicht für die Folgen von Irrtümern, mit denen der vorliegende Text behaftet sein könnte.

Umschlaggestaltung, Satz und Layout: Luna Design KG

ISBN: 978-3-947397-26-6

Dieser Titel ist auch als eBook erhältlich, ISBN (eBook): 978-3-947397-27-3

Gerne senden wir Ihnen unser Verlagsverzeichnis:
OSIRIS-Verlag & Versand
Marktplatz 10
D-94513 Schönberg
Email: info@osirisbuch.de
Tel.: (08554) 844
Fax: (08554) 942894

Unser Buch- und DVD-Angebot finden Sie auch im Internet unter:
www.osirisbuch.de

Rolf Ulrich Kramer

ALS ALLES BEGANN

Der Urknall fand nicht statt!

MindWalking-Erkenntnisse
zur Entstehung von Leben und Welten

OSIRIS
Verlag

DER AUTOR:

Rolf Ulrich Kramer, Dipl.-Psych., ist mit internationalem Kundenkreis in den Bereichen Persönlichkeitsentwicklung und Unternehmensberatung tätig.

Er unternahm mehrjährige Reisen um die Welt per Anhalter, besuchte zahlreiche Seminare im außeruniversitären Bereich und übte sich intensiv in Yoga und verschiedene Meditationsformen.

Unter dem Warenzeichen MINDWALKING hat Kramer eine nichtwertende, lösungsorientierte Methode der Bewusstseinsentwicklung geschaffen, die ausschließlich auf persönlichem Erleben und Erkennen beruht.

Kramer hat dazu eine Anzahl von Büchern und Artikeln publiziert. Hervorzuheben sind dabei die Bücher „Die Atlantis-Protokolle", „Mind-Walking", „Lebenserfolg" und „Himmelhoch jauchzend – zu Tode betrübt".

Er lebt mit Frau, Tochter und Hund in einem Dorf an der Weser.

Rolf Ulrich Kramer freut sich über Zuschriften.

Mehr bei **www.mindwalking.de** und auf **YouTube.**

Den Lektoren sei gedankt: Thomas Arnhold, Anna Kramer, Dr. Markus Novak, Annemarie Dämon und Beate Kürsteiner

Zum Gendering: Der Autor wählt aus Gründen des unbehinderten Leseflusses die traditionelle männliche Form. Er würde es begrüßen, würden Autorinnen in ihren Büchern die weibliche Form verwenden. So entstünde Vielfalt und niemand würde benachteiligt. Selbstverständlich gilt alles in diesem Buch Gesagte gleichermaßen für Damen und Herren wie auch für beliebige andere geschlechtliche Zuordnungen.

Inhaltsverzeichnis

Das Buch im Überblick

Der Autor über den Autor

Als ich 1976 mein Psychologiestudium abschloss, hatte ich zwar viel gelesen und gelernt, von Geist und Seele aber war nie die Rede gewesen. Das galt als unwissenschaftlich. Von Gespenstern und Dämonen, schwarzer und weißer Magie, Telepathie, vergangenen Leben und wie es nach dem Tod weitergeht – davon hörte man kein Wort. Genau das aber interessierte mich. Ich litt unter nichts, brauchte keine Therapie, war einfach neugierig. Da kamen mir die Schriften der hinduistischen, buddhistischen und taoistischen Weisen aus Indien, China und Japan gerade recht. Parallel zum Studium stürzte ich mich auf sie und verfiel dem Zauberwort „Erleuchtung". Was wussten die im Osten, das wir im Westen nicht wussten, nicht einmal ahnten?

Nicht nur von den Geheimnissen asiatischer Philosophie war man in jenen Jahren fasziniert, sondern auch von Haschisch und LSD, beides fabelhafte neuen Drogen, die weit mehr zu bieten hatten als der biedere Alkoholrausch. Ungeahnte Bewusstseinszustände eröffneten sich, eine ganze neue Kultur entstand: Hippies, Woodstock, Rock 'n Roll. Man verknotete sich in die damals noch argwöhnisch beäugten Verrenkungen namens Yoga, saß Tag für Tag stundenlang auf der Matte festgenagelt in Meditation, erfühlte die Chakren und spürte Kundalini durchs Rückgrat schießen. Ich machte alles mit, hatte fabelhafte Licht- und Energieerlebnisse – aber mehr war es nicht. Der ersehnte Durchbruch zu jenen, in fernöstlichen Weisheitsschriften verheißenen allerhöchsten Zuständen wollte sich nicht einstellen. Ewigkeit, Transzendenz, Gott – wo war das zu finden?

Gerüstet mit meinem Psychologie-Handwerkszeug sowie meinen neu erworbenen Ideen zur Unsterblichkeit des Geistes und der Seelenwanderung tat ich mich mit Gleichgesinnten zusammen und machte mich auf die Suche. Gesprächstherapie nach Carl Rogers, die Assoziationstechnik des C. G. Jung, Gestaltpsychologie, verhaltenstherapeutische Prinzipien, Tiefenpsychologie – wenn man sie nur richtig kombinierte, geriet man ganz ohne Hypnose in fremdartiges psychisches Neuland hinein. Man stieß auf vergangene Leben, außerkörperliche Wahrnehmungen und transpersonale Verknüpfungen mit astralen Welten. In diesen Bereichen, so erwies sich bald, liegen die traumatischen Geschehnisse verborgen, welche das Verhalten eines Menschen bleibend prägen. Sie in Erinnerung zu rufen und nachzuerleben brachte Erleichterung und Erlösung. Und es brachte Erkenntnisse über ungeahnte Welten und Wesen.

Damit begann eine Erlebnis- und Abenteuerreise, die viele Jahre später die Bezeichnung MindWalking erhielt. Meine ursprünglichen Fragen nach Vergangenheit und Zukunft, nach dem Sinn des Seins und dem Wesen des Göttlichen haben damit nicht nur für mich ihre Klärung gefunden. Viele sind diesen Weg ganz oder teilweise mitgegangen. Jeder hat einen Beitrag geleistet; ohne sie wäre das vorliegende Werk nicht entstanden. Ihnen allen danke ich.

Ein paar Worte zu MindWalking

MindWalking vollzieht sich vor allem als Sitzung zwischen einem Sitzungsleiter und einem Sitzungspartner. Der Sitzungspartner hat ein Problem und geht seinen Gedanken und Erinnerungen nach, um es zu lösen. Der Sitzungsleiter stellt Fragen und macht sich Notizen. Als Endergebnis werden Zusammenhänge erkannt, die zur Problemlösung führen und das Leben leichter machen.

MindWalking versteht sich weder als Therapie oder Heilung noch als geistig-seelischer Abenteuertrip. Mit Hilfe von Beobachten und Beschreiben geistiger Eindrücke stellt der Sitzungspartner verloren gegangene Fähigkeiten wieder her, optimiert Lebensumstände und erkennt Sinn und Ziel des Lebens, überschaut Herkunft und Zukunft.

Zumindest vordergründig geht es um solche pragmatischen Ziele. Weit wesentlicher jedoch ist das Abstellen der Gedankenmühle, der inneren Geschwätzigkeit, des endlosen Stimmengeplappers, von dem sich viele Menschen enorm gestört fühlen. Als höheres, endgültiges Ergebnis von MindWalking stellt sich ein Zustand von Seelenruhe und geistigem Frieden ein, ähnlich wie ihn auch die Meditationsdisziplinen des fernen Ostens anstreben. In den Worten des großen Patanjali, um 300 vor

Christus: „Yoga ist jener innere Zustand, in dem die seelisch geistigen Vorgänge zur Ruhe kommen.“ [1]

MindWalking kann man als Sitzungspartner von einem Sitzungsleiter als „Duo-Sitzung“ erhalten oder nach entsprechender Ausbildung bei sich zu Hause „solo“ betreiben. Als ein Akt der Mentalhygiene und der psychischen Gesunderhaltung kann Solo-MindWalking zur lebensbegleitenden Aktivität werden. Es kommt ganz darauf an, wie hoch die Decke ist, nach der man sich strecken möchte. Der eine ist rasch zufrieden, die Neugier des anderen hingegen unersättlich. Im ersteren Fall hätte man nach wenigen Stunden sein Ziel erreicht, im letzteren wäre man Jahre und Jahrzehnte beschäftigt.

Bewusstseinserweiterung kennt keine Grenzen, und insbesondere in dieser Hinsicht steht MindWalking in der Tradition geistiger Schulung in Ost und West. Geistige Befreiung geht nicht mit einem Fingerschnippen. Mit jeder Sitzung sind wir ein wenig entlasteter und ein wenig erleuchteter – ob am Ende der Reise die vollkommene Erleuchtung stehen wird, können wir nicht sagen. Das Ende der Fahnenstange, die sich mit MindWalking anbietet, hat noch keiner erreicht.

Häufig kommt bei MindWalking-Sitzungen ein Hautwiderstandsmessgerät zur Anwendung, häufig auch GSR genannt *(Galvanic Skin Response meter)*. Seine Rückmeldungen intensivieren und beschleunigen die Sitzung. Das bei MindWalking verwendete Modell trägt den Markennamen *mindwalker*[2] und wird hier auch so genannt werden.

Der Ablauf von MindWalking-Sitzungen mit ihren oft erstaunlichen Erinnerungsinhalten lässt sich in mehreren meiner Bücher nachlesen. Auf sie wird gelegentlich mit folgenden Abkürzungen verwiesen: MWU, „MindWalking – Unbelastet in die Zukunft“; LVO, „Lebenserfolg! – Vision und Organisation“; HJTB, „Himmelhoch jauchzend, zu Tode betrübt“; APR, „Die Atlantis-Protokolle“.

Um langweilige Wiederholung zu vermeiden, soll es im vorliegenden Buch weniger um Sitzungsinhalte gehen, sondern vielmehr um das Weltbild, das sich bei der Sitzungsarbeit im Lauf der Jahrzehnte aufgebaut hat.

Wollen wirklich alle glücklich sein?

MindWalking beruht auf zwei Grundannahmen. Die erste: „Alle geistigen Wesen streben nach uneingeschränkter Freiheit, grenzenloser Glückseligkeit und unendlichem Bewusstsein". Die zweite: „Eine Wahrheit erkennen wirkt befreiend".

Beide Grundannahmen sind weder bewiesen noch überhaupt beweisbar. Um zu wissen, was alle Wesen denken, müsste man alle Wesen befragt haben, was jedoch unmöglich ist. Zwar verhalten sich diejenigen Wesen, mit denen wir bei MindWalking in Interaktion treten, diesen Grundannahmen entsprechend, indessen heißt das nichts weiter, als dass sich eben genau solche Wesen von MindWalking angesprochen fühlen. Ob es auch andere geben mag – solche, die *nicht* nach uneingeschränkter Freiheit, grenzenloser Glückseligkeit und unendlichem Bewusstsein streben, oder solche, die sich nach Erkennen einer Wahrheit nicht befreit fühlen –, lässt sich daher nicht sagen.

Will wirklich jeder die Wahrheit wissen?

Nun zur zweiten Grundannahme: „Eine Wahrheit erkennen wirkt befreiend". Das weiß eigentlich jeder aus eigener Erfahrung. Hat man einen Zusammenhang begriffen oder eine Ursache erkannt, so ruft man „aha!" und fühlt sich erleichtert und befreit. Dieser Effekt tritt selbst dann ein, wenn es sich um eine unschöne Wahrheit handelt. Ungewissheit und Lüge bewirken Spannung, Erkennen der Wahrheit löst Spannung auf.

Das gilt für den Kriminalpolizisten genauso wie für den Psychotherapeuten. Ersterer befasst sich mit der Korrektheit von Ort, Zeit, Ablauf, Beteiligten und Motiven, bei Letzterem kommt noch hinzu das Erkennen und Würdigen von Emotionen und Beziehungen. Darüber hinaus gilt dieser Grundsatz auch in einem höheren, religionsphilosophischen Sinn. In den Worten des Jesus Christus: „Wenn ihr in meinem Wort bleibt (...), dann werdet ihr die Wahrheit erkennen und die Wahrheit wird euch befreien." (Joh. 8, 31-32). Das dürfte für alle Religionen gelten.

Was ist Wahrheit? Und welche Wahrheit befreit? Das, was jemand als wahr annimmt, als wahr anerkennt, das ist seine Wahrheit. Wahrheit ist die abschließende Erkenntnis einer Person zu der von ihr erfassten Wirklichkeit. So kommt jeder zu seiner eigenen Wahrheit.

Die Dimensionen dieser Wahrheitssuche sind selbstverständlich von Fall zu Fall verschieden. Dem Kriminalpolizisten geht es um die Rekonstruktion eines Verbrechens, dem Therapeuten um das Bereinigen von Beziehungen, dem Philosophen um letzte Antworten zum Sinn von Leben und Welt. Zum Abschluss der Suche entsteht Gewissheit, vorausgesetzt, die Auseinandersetzung war entsprechend gründlich und erfolgte auf Grundlage von Wahrhaftigkeit und Gewissenhaftigkeit. Gewissheit geht einher mit dem Gefühl der Befreitheit.

Der Ergänzungssatz zu „Wahrheit befreit" würde lauten: „Wenn es befreiend wirkt, muss es auch wahr sein". Das ist von größter Bedeutung für die Auswertung von MindWalking-Sitzungen. Wenn nämlich Menschen über Jahrzehnte hinweg in ihren Sitzungen unabhängig voneinander ohne Suggestion oder Einschulung rein subjektiv zu vergleichbaren Erinnerungen und Einsichten kamen und sich dadurch befreit fühlten, so handelt es sich um eine *intersubjektive* Erscheinung. Das wiederum verwiese auf eine objektive Wahrheit. Salopp gesagt: „Da muss mal was gewesen sein, wenn die alle davon reden."

Das MindWalking-Fundament: siebenundachtzig Prinzipien

Ausgangspunkt des Teil 1 sind die „MindWalking-Prinzipien": siebenundachtzig Lehrsätze, die das philosophische und methodische Fundament von MindWalking bilden. Sie stellen das Destillat dar aus den Erkenntnissen und Erfahrungen, die meine Sitzungsleiter-Kollegen und ich in Tausenden von Sitzungen mit Hunderten von Sitzungspartnern über vier Jahrzehnte hinweg gemacht haben.

Die Vielfalt der Beziehungen zwischen Leib, Seele, Geist, Gott und Welt ist Gegenstand der MindWalking-Prinzipien. Wir Menschen auf dieser Erde erleben uns als ein Gebinde aus Körper, Geist und Seele, und manche fühlen sich darüber hinaus mit einer göttlichen Ebene verbunden. Sie spüren das ganz authentisch von sich aus und nicht etwa, weil eine etablierte Religion es ihnen vorschriebe.

Drei wirkende Ebenen sind da permanent miteinander verwoben: unten die menschliche, körperliche, erdbezogene, darüber die Ebene der nicht-verkörperten geistigen Wesen mit ihren Interaktionen, und ganz oben die transzendentale Zone des Göttlichen. Diese althergebrachte Sichtweise hat sich bei MindWalking bestätigt.

Zur Entstehung der MindWalking-Prinzipien

Angeregt wurden die Ausarbeitung der MW-Prinzipien durch eine Diskussion des Autors mit Prof. Mike King anlässlich einer Tagung der British Psychological Society, Transpersonal Section, im Jahr 2005 in Scarborough, England. Die detaillierte Ausarbeitung der Sätze wurde 2007 in einer einwöchigen Klausur unter Teilnahme von einem Dutzend MindWalking-Trainer vorgenommen. 2019 erfolgte zum Zweck der Überarbeitung eine weitere einwöchige Klausur mit teilweise anderen Personen. Trotz des dazwischen liegenden Zeitraums von zwölf Jahren kam es zu keiner inhaltlichen Änderung. Nach wie vor erwiesen sich die Prinzipien als stichhaltig und funktional. Lediglich einige Formulierungen wurden der Klarheit halber geglättet und die Reihenfolge neu geordnet. Damit reduzierte sich die Anzahl der Sätze von ehemals hundert auf nun siebenundachtzig.

Die Formulierung der MindWalking-Prinzipien orientiert sich an der Operationalen Philosophie von Anatol Rapaport[3] und den philosophischen Forderungen von R. G. Collingwood hinsichtlich einer logisch fundierten Arbeitsweise.[4]

Wohlgemerkt ist keins dieser Prinzipien in Stein gemeißelt. Jedem wäre der Vorspann vorauszuschicken: „Nach gegenwärtigem Kenntnisstand …“. Es könnte sich also alles noch ändern, sobald entsprechende Beobachtungen gemacht werden.

Teil 1: Meditationen zu Leib und Seele, Geist und Welt

Bekanntlich heißt Meditieren nicht nur „stundenlang konzentriert im Lotussitz verharren“, sondern kann auch bedeuten „seine Gedanken schweifen lassen und Erkenntnisse gewinnen“. Genau das geschieht hier.

Je länger man die Dimensionen des Geistes ausleuchtet, desto zahlreicher die Erkenntnisse zu Gott und Geist, Leib, Seele und Welt. In diesem Beziehungsgeflecht stehen wir alle, und davon handelt Teil 1, die „Meditationen". Ausgehend von den MW-Prinzipien unternehme ich als Autor ausgedehnte philosophische Spaziergänge durch die reale und astrale Welt, und der Leser ist herzlich eingeladen, mich zu begleiten.

Teil 2: Die spirituelle Entstehung des Kosmos

Reisen bildet, so heißt es, und das gilt auch für Reisen durch die geistige Welt. Sie führen zu einem neuen Bild der Welt. Obwohl MindWalking selbst keine Weltanschauung ist, sondern lediglich eine Methode, führt deren Anwendung dennoch unvermeidbar zu neuen Sichtweisen. Im Vergleich gesprochen ist MindWalking nichts weiter als ein Dosenöffner. Hat man so einen Dosenöffner erst einmal vierzig Jahre lang benutzt, so wie ich es getan habe, und die oft überraschenden Inhalte unzähliger Dosen zur Kenntnis genommen, so kommt man nach einer Weile nicht umhin, Ähnlichkeiten, Gleichheiten und Unterschiede zu entdecken. Ohne dass man es möchte, entsteht eine zutiefst persönliche Weltanschauung. Es ist, als enthielte jede dieser geöffneten Dosen einen Splitter oder eine Scherbe. Setzt man sie nur richtig zusammen, so wie die Altertumsforscher das bei ihren Ausgrabungen tun, wird eine Vase draus.

Ein Beispiel dafür gibt mein Buch „Die Atlantis-Protokolle". Dort sind Sitzungserinnerungen an die Zerstörung der Erde zusammengestellt, eine in vielen Volkslegenden bezeugte globale Katastrophe, im Alten Testament erwähnt als „Sintflut". Die Vielzahl der von MindWalking erweckten Erinnerungen fügte sich über die Jahre zusammen zum Gesamtbild eines prähistorischen Ereignisses. Die Methode kann nichts dafür; es geschieht von selbst. Ungewollt stößt der Sitzungspartner darauf.

Über die Atlantis-Katastrophe und ihre Vorgeschichte hinaus fördert MindWalking noch tiefere, viel weiter zurückliegende Erinnerungen zutage. Sie verdichten sich zu einem Epos von der Entstehung des Kosmos durch spirituelle Kräfte - lange, bevor es zum Urknall kam. Diese riesige Zeitspanne ist Thema von Teil 2.

Eine Empfehlung an den Leser

Am besten, Sie lesen erst Teil 1 und dann Teil 2. So mancher Leser möchte vielleicht am liebsten gleich mit Teil 2 einsteigen, weil er mehr Spaß und Spannung verspricht als der vermutlich langweilige Teil 1 mit seinen philosophischen Meditationen. Schon, schon. Nur ist manches in Teil 2 nicht verständlich ohne Teil 1. Viele Wörter und Konzepte, da in Teil 1 geklärt, werden in Teil 2 ohne erneute Erklärung verwendet. Das kann zur Verwirrung führen. Deswegen: am besten erst Teil 1; das ist das Fundament. Davon abgesehen, steckt auch Teil 1 voller Spaß und Spannung!

15

TEIL 1, DIE MEDITATIONEN: LEIB UND SEELE, GEIST UND WELT

Ursprung: Woher wir stammen

Dieses Kapitel behandelt den Aktionsablauf als grundlegende Gesetzmäßigkeit des Seienden.

1. Das grenzenlose Potenzial, welches alle Möglichkeiten des Seins beinhaltet und aus dem alles Seiende entsteht, heißt *Allbewusstsein* oder auch *Allsein.*

Lauter schwierige Wörter ...

Gleich zu Beginn jede Menge anspruchsvoller Begriffe? Leider geht es nicht anders. Klären wir sie einen nach dem anderen:

Der Begriff *Potenzial* bedeutet, abgeleitet von einem lateinischen Wort für „können“: das, was sein könnte oder was man können könnte; das, was möglich ist. Es ist der Zustand des Wissens um Möglichkeiten, der Zustand *vor* jeglicher Aktion. Zum Beispiel könnte man seinen rechten Zeigefinger heben oder es bleiben lassen. Man hat das Potenzial zum Heben des Fingers, es ist einem möglich; man weiß das. Hebt man seinen Finger dann, so hat man sein Potenzial durch die Tat unter Beweis gestellt. Die Behauptung einer Möglichkeit („ich könnte es tun“) wurde zur Tatsache („ich habe es getan“).

Weiß man um seine Möglichkeiten, so ist man sich ihrer bewusst. Ähnlich wie das Potenzial ein Zustand ist, ist auch *Bewusstsein* einer, nämlich der Zustand bewussten Seins oder „wissenden Seins“. Bewusstsein ist kein absoluter Zustand, kein „ganz oder gar nicht“, sondern es hat Abstufungen vom hochgradig bewussten Sein über das weniger bewusste Sein bis hinunter zum nicht-bewussten Sein. Ein Stein zum Beispiel hat ein physisches Sein, denn er ist *da,* er liegt dort auf dem Acker, aber dessen ist sich der Stein nicht bewusst. Somit verfügt er nicht über Bewusstsein. Weder hat er sinnliche Wahrnehmung, noch denkt er über sich selbst nach.

Zustände, ob Wissen oder Bewusstsein, haben keinen Ort, keine Gestalt und keine Farbe, man kann weder drauf zeigen noch sie anfassen. Deswegen sind sie transzendental zu nennen. *Transzendental* kommt von lat. *transcendere,* hinüberschreiten, und bedeutet „jenseitig“. Was transzendental ist, liegt jenseits aller Dimensionen und Grenzen, jenseits von Zeit und Raum und jeglicher Messbarkeit.

Mit und ohne Dimensionen

Dimension bedeutet Ausdehnung oder Ausmaß. Die messbare Welt hat Dimensionen. Für die menschliche Orientierung im Raum reichen Länge, Breite, Höhe und Dauer aus. Eine gedachte Strecke von A nach B ist eindimensional; eine gedachte Fläche mit den Ecken A, B und C ist zweidimensional. Dieselbe Fläche als ein Blatt Papier ist bereits dreidimensional, denn das Blatt verfügt über eine Höhe. Weil ein Blatt Papier nicht ewig hält, existiert es in der Zeit, ist also vierdimensional. Darüber hinaus gibt es noch viele weitere Dimensionen, beispielsweise Temperatur, Farbigkeit, Geräuschpegel, Helligkeit usw. Wie viele man hinzu nimmt, hängt davon ab, was man erfassen will. Jede Dimension verläuft in Abstufungen von minimal bis maximal.

Dimensionen kennzeichnen die messbare Welt, in der wir leben, das Diesseits. Das Allbewusstsein hingegen ist jenseits des Messbaren, jenseits aller Grenzen, eben „transzendental". Im Unterschied zum persönlichen Bewusstsein ist das Allbewusstsein *kein* variabler Zustand. Das Allbewusstsein ist fortwährendes Potenzial, ununterbrochen, unendlich, grenzenlos. Weil es sich nicht mit Bezug zu irgendetwas messen oder ermessen lässt, ist es nicht „relativ", sondern *absolut*. Das kommt von lat. *absolutus*, losgelöst, und bedeutet „frei von Makeln, Fehlern, Bedingtheiten, Maßstäben".

Jenseits des physikalisch Messbaren

Von Menschen sagen wir, sie seien in diesem oder jenem Bewusstseinszustand. Wir unterscheiden also zwischen einem menschlichen Wesen und seinem Zustand des Bewusstseins. Anders gesagt, ein Wesen *ist* nicht Bewusstsein, sondern hat Bewusstsein. Bewusstsein *hat* somit einen Träger, nämlich ein Wesen, das sich als Ich begreift. Im Unterschied dazu gilt für das Allbewusstsein: es ist ein Bewusstsein *ohne* Träger, ein absolutes, transzendentales Potenzial, das aus sich selbst heraus seiend ist. Es ist ein Sein jenseits aller Individualität, gleichzeitig jedes individuelle Sein enthaltend.

Nicht nur Wissen und Bewusstsein sind Zustände, sondern auch Glück oder Gesundheit. Auch Glück und Gesundheit haben weder Länge, Breite, Höhe noch Dauer, denn sie sind nicht physisch vorhanden. Lediglich potenziell sind sie vorhanden; sie stellen eine Möglichkeit des Erlebens dar. Dass wir Glück nur für einen bestimmten Zeitraum spüren und manchmal mehr und manchmal weniger, das liegt an uns, nicht etwa am Glück selbst. Glück ist als Potenzial gegeben, ob wir es spüren oder nicht. In welchem Ausmaß wir Glück real erleben, das ist unsere Sache, dafür kann das Glück nichts.

Zustände wie Bewusstsein oder Glück lassen sich subjektiv erfassen im Sinne von „heute mehr bzw. weniger als gestern". Es gibt hier also durchaus ein Mehr-oder-weniger, doch hat es keine physikalische Messbarkeit im Sinne von Gramm oder Zentimetern.

Maya: mitten im Messbaren

Ob Streichholzschachtel oder physikalisches Universum, beide nehmen Raum ein und existieren in der Zeit, denn sie halten nicht ewig. Ohne Dimensionen kein Raum, sondern Leere. Mit „Leere" ist nicht etwa gemeint: ein Raum mit nichts drin, ein leerer Raum, sondern: eine Unendlichkeit, in der mit Hilfe von Dimensionen keinerlei Raum abgesteckt ist.

In „Dimension" steckt das lateinische Wort *dimetire,* wovon sich „abmessen" und „Meter" ableiten. Dahinter wiederum steckt *maya,* ein Begriff aus dem Sanskrit, der archaischen indischen Sprache.[5] *Maya,* das ist die messbare Welt, in der wir leben, die wir sinnlich erfahren und vermessen und deswegen „Realität" nennen. Abgeleitet von dem lateinischen Wort *res,* was Ding bedeutet, ist es die Welt der Dinge. Weil in der messbaren Welt alle möglichen Kräfte miteinander und gegeneinander wirken, handelt es sich um einen Ort des Wirkens: um die „Wirklichkeit".

Jenseits der messbaren Welt des *maya* ist die Grenzenlosigkeit des Potenzials, die „Fülle des Nichts". Die Christen bezeichnen es als „die göttliche Allmacht", die Hindus nennen es Brahman, die Schüler des Lao-tse

Tao. Die Buddhisten kennen keinen gesonderten Begriff dafür, sondern umschreiben es mit: „Vollkommenheit der Weisheit, frei von Konzepten, ungeboren, ungehindert, Essenz des Raumes; Sphäre der Aktivität zeitlosen Gewahrseins, selbsterkennend und unterscheidend."[6] Platon, ein Philosoph des antiken Griechenland, nannte es den „unbewegten Beweger".

Wir leben mit Blick auf die Zukunft

Der Zustand „Bewusstsein" hat eine Besonderheit, denn er verfügt über zwei Abteilungen. Erstens kann man sich dessen bewusst sein, was mal war und was gerade ist; zweitens kann man sich dessen bewusst sein, was sein *könnte*. Ersteres wäre ein Bewusstsein des faktisch Geschehenen und Gegebenen, Letzteres ein Bewusstsein der Möglichkeiten, des Potenzials.

Wird das Potenzial aktiviert, so entsteht eine Welt wirkender Kräfte: die Wirklichkeit. Ein einfaches Beispiel auf physischer Ebene: ich *könnte* mir eine Tasse Kaffee machen. Eine pure Idee wäre das, ein visionärer Blitzgedanke, ein Bewusstsein des Möglichen. Nun setze ich die Idee in die Tat um, lasse die entsprechenden Kräfte wirken, und siehe da: eine Tasse Kaffee ist Wirklichkeit geworden. Mit Länge, Breite, Höhe, Dauer, Ort, Temperatur, Geschmacks- und Genussdimensionen.

Nun einige Beispiele für die spirituelle Ebene: man *könnte* eine Erinnerung aufrufen, sich die Zukunft ausmalen, telepathischen Kontakt mit einem lieben Menschen aufnehmen. Man könnte. Tut man es dann wirklich und faktisch, so erschafft man mentalenergetische Bilder und Interaktionen. Sie haben Dichte, Dauer und Intensität, ganz in Parallele zur physischen Ebene.

Indem wir wissen, was wir tun könnten, planen wir den morgigen Tag und die nächste Woche. Wir leben im Jetzt mit Blick auf die Zukunft.

Feinstofflich oder grobstofflich – also wie nun?

Drei Begriffe wurden oben genannt: „physisch", „spirituell" und „mentalenergetisch". Zur Förderung von Klarheit und Logik der Darstellung sind sie sorgfältig auseinanderzuhalten. Mit „physisch" ist gemeint der materielle, mit den fünf Sinnen des Körpers wahrnehmbare Bereich.

Mit „spirituell" ist gemeint: das, was wir als Geistwesen tun. Wenn wir uns auf Erinnerungen und Vorstellungen konzentrieren oder uns telepathisch betätigen, betreiben wir einen Kraftaufwand; wir agieren „mentalenergetisch", so das MindWalking-Fachwort. Der *spirit* setzt Mentalenergie ein. Umgangssprachlich verwendet man häufig die Wörter „grobstofflich" für das Physische und „feinstofflich" für das Mentalenergetische.

Ein Sitzungsbeispiel: Kontakt ganz nah am Jenseits

Das oben Gesagte mag wie ein metaphysisches Gebräu nach asiatischer Rezeptur riechen, als hätte der Autor schnell mal Hinduismus, Buddhismus und Taoismus in einen Topf geworfen, kurz umgerührt, ein paar altehrwürdige christliche Begriffe wie „Diesseits" und „Jenseits" drunter gemixt und diese laue Suppe schließlich als angeblich innovative MindWalking-Philosophie serviert. Oder?

Dem ist nicht so. Die diesbezügliche Literatur war mir, dem Autor, zwar lange vor der Ausarbeitung von MindWalking bekannt, doch wie sich das Transzendentale „anfühlen" würde, davon hatte ich nicht die geringste Ahnung. Tatsächlich handelt es sich hier um eine der vielen Entdeckungen, die wir bei MindWalking machten und Jahre später in Form der MindWalking-Prinzipen festhielten.

Wie es dazu kam: In 2004 gab mir Bernd eine Sitzung zu einem von mir gewählten Thema, also der übliche Einstieg. Es kam zum telepathischen Kontakt mit einem körperlos umhergeisternden Wesen, auch dies nicht unüblich. Um solch ein Wesen von seinem Leid oder seiner Bösartigkeit zu erlösen, je nachdem, würde man es normalerweise zu dem Urerlebnis zurückführen, mit dem Leid oder Bösartigkeit begannen, in der Regel ein Geschehnis von extremer Überwältigung oder gar spiritueller Vernichtung. In diesem Fall war es jedoch anders. Das Wesen fühlte einen tiefen Seelenschmerz wegen Verlustes der Urheimat. Als das Wesen mir diese Urheimat beschrieb, übermittelte sich mir so etwas wie ein Chor aus Tausenden von Stimmen. Jede sang ihr Lied und doch waren alle im Einklang, ein Singen ohne Beginn und Ende, ein Auf und Ab einander durchwebender Stimmen ohne jede Selbstbehauptung, ohne jedes Sich-

Vordrängen. Alle in vollendeter Harmonie, ein Lichtraum mit unzähligen schwebenden, singenden Lichtern.

Es erinnerte an die Madrigalchöre mittelalterlicher Mönche, wo sich jede Stimme mal hebt, mal senkt, jedoch keine je dominant wird. Deswegen nannten Bernd und ich diesen neu entdeckten Bereich die „Madrigalwelt" – eine Welt, wo es durchaus Einzelne gab, diese sich aber nicht getrennt voneinander fühlten, sondern sich als ein Ganzes begriffen, als ein Wir, dass kein Ich kennt.

Dort, in jener „Zone", sah das angesprochene Wesen seine Heimat – so schien es zunächst. Dann aber zeigte sich, dass seine wahre Heimat noch eine Etage höher lag, noch jenseits dieses harmonischen Wir – und nach freudvollem Nacherleben dieses seines Ursprungs löste sich das Wesen von mir und dieser Welt und entschwand in die Seligkeit. Ihm dorthin zu folgen war selbstverständlich unmöglich, denn die Seligkeit ist kein Ort, sondern der in Satz 1 beschriebene transzendentale Zustand. Die Sitzung selbst verlief sozusagen „ganz nah am Jenseits", denn das Jenseits selbst lässt sich aus den oben angeführten Gründen nicht erfassen.

Jenseitskontakte mehren sich

Es blieb nicht bei diesem einzigen Erlebnis. Wie als habe sich ein Vorhang gehoben, der einen Blick hinter die Kulissen gestattet, einen Blick auf den unendlichen Raum hinter der Bühne, traf ich in der Folge immer wieder auf Wesen, die den Verlust der Urheimat beklagten, ihren Weg dorthin zurück fanden und einem eine Ahnung vermittelten, wie es sich „dort" anfühlt. Immer mehr hörten und spürten wir in unseren Sitzungen von diesem transzendentalen Zustand, immer vielseitiger wurden die Berichte. Selbstverständlich machten ebenfalls wir selbst in unseren Solositzungen die Erfahrung, wie sich das Nichts „anfühlt" – was selbstverständlich eine paradoxe Ausdrucksweise ist, denn weder fühlt sich das große Nichts irgendwie an, noch lässt sich die Ahnung vom Nichtsein in Worte fassen.

Unsere Sprache ist zu sehr auf Dinglichkeit, Aktion und Kräftespiel bezogen, um einen Zustand jenseits von Dinglichkeit, Aktion und Kräftespiel zu beschreiben. Allenfalls „Glückseligkeit“ träfe einigermaßen zu, im Sanskrit *sat-chit-ananda:* glückseliges bewusstes Sein, womit allerdings nicht das abgegrenzte, existierende Sein des erlebenden Individuums gemeint ist, sondern das Teilhaben am Zustand des Allseins. Allein Musik und Poesie wären die angemessenen Ausdrucksmittel hierfür, weit besser als die Sprache eines Sachbuches.

2. Das Allbewusstsein vermag sein Potenzial in Form von Gedanken zu aktivieren. Dadurch geschieht Veränderung.

Welches „Wort“ sprach Gott?

In Satz 1 hieß es, das Allbewusstsein sei sich seiner selbst bewusst. Dieses Bewusstsein ist allumfassend, allgegenwärtig und allwissend. Indem es allwissend ist, weiß es, dass es ist und wie es ist, und es weiß, dass es weiß und was es weiß. Doch kein totes Nichts ist es, keine statische, leere Ereignislosigkeit. Vielmehr verfügt das Allbewusstsein über die Möglichkeit der Gestaltung. Aus der „Fülle des Nichts“ gestaltet sich die Fülle des Etwas. Das ist mit Satz 2 gemeint (wie sich diese Gestaltung vollzieht, folgt in späteren Sätzen; wie es „historisch“ ablief, ist Thema von Teil 2).

Indem das Allbewusstsein auf höchster abstrakter Ebene über die Möglichkeit verfügt, Potenzial zu aktivieren, verfasst es Gedanken. Damit bewirkt das Allbewusstsein Veränderung. Die Gedanken des Allbewusstseins haben die Form eines Postulats: „Es möge sein“. Etwa so wie der biblische Gott, als der sagte: „Es werde Licht“. Damit verfasste er den abstrakten Gedanken „Licht“. Über einige weitere Gedanken entstand so aus dem Nichts ein Etwas, nämlich die Welt, in er wir leben (behauptet das Alte Testament).

Das Allbewusstsein tritt demnach in Erscheinung in Form bestimmter Gedanken. Somit erschafft nicht Gott selbst die Welt, sondern lässt sie erschaffen mit Hilfe bestimmter Gedanken, griechisch *logos.* Logos wird von Martin Luther im Johannes-Evangelium mit „Wort“ übersetzt: „Im

Anfang war das Wort, und das Wort war bei Gott, und das Wort war Gott. Im Anfang war es bei Gott. Alles ist durch das Wort geworden, und ohne das Wort wurde nichts, was geworden ist." (Joh. 1,1-3). Das hat sich uns mit MindWalking bestätigt, wie sich im weiteren Verlauf dieser Prinzipien und in Teil 2 zeigen wird.

Gott? Oder das Göttliche?

Es versteht sich von selbst, dass Johannes mit „Gott" hier keinen auf Wolken daher segelnden Muskelprotz mit wallendem Bart meint, wie von Michelangelo an der Decke der Sixtinischen Kapelle verewigt. Vielmehr bezieht sich der Evangelist auf das Göttliche als ein Prinzip, verstanden im Sinn von Allbewusstsein. Dieses Göttliche ist weder ein Er noch eine Sie, sondern vielmehr ein Es, zum Glück also geschlechtsneutral: *das* Göttliche. Im weiteren Text wird es gleichbedeutend mit Allbewusstsein verwendet.

Vermögen ist noch lang kein Tun

Wenn es oben in Satz 2 heißt, das Allbewusstsein vermöge Gedanken zu verfassen, so wird ihm damit eine Fähigkeit zugeschrieben, derer es sich nach Gutdünken bedienen könnte – oder auch nicht. Denn „vermögen" bedeutet: Man *könnte* etwas tun oder auch nicht.

Zur Unterscheidung: Mit „Fähigkeit" ist der Zustand *vor* dem Tun gemeint, die Anlage für ein Tun. „Fertigkeit" hingegen bezeichnet den Vollzug des Tuns sowie dessen Qualität, ob es locker geht, flott, mühsam, unbeholfen, was auch immer. Nur über die Demonstration von Fertigkeit wird eine Fähigkeit glaubhaft.

Das trifft für das Allbewusstsein genauso zu wie für uns geistige Wesen, denn für das transzendentale Potential gelten die gleichen Gesetzmäßigkeiten wie für den spirituellen Bereich von uns Geistwesen. Mit einem Gedanken beginnt es. Er ist Ausgangspunkt für Veränderung. „Veränderung" bedeutet, man wünscht, es möge etwas anders sein, als es gerade ist – aber auch, es möge etwas geben im Unterschied zu nichts, und ebenso, es möge nichts geben im Unterschied zu etwas.

Wissen kann keiner sehen

Mit *Gedanke* ist im MindWalking-Fachjargon grundsätzlich gemeint: der reine, abstrakte Begriff. Nicht gemeint ist „in Wörtern, Sätzen oder Bildern denken", „sich Gedanken machen" oder „an jemanden oder etwas denken". Da würde man sich auf etwas Bestimmtes konzentrieren, da hätte man Erinnerungs- oder Vorstellungsbilder. Beides wären mentalenergetische Vorgänge, denn sie erfordern einen geistigen Kraftaufwand. Hingegen sind Gedanken in ihrer reinen, abstrakten Form zwar aktiviertes Potenzial, jedoch *nicht* in mentalenergetischer Form, denn sie sind weder Bilder noch innerer Monolog.

Gedanken sind der abstrakte Ausgangspunkt für Veränderungen im physischen und mentalenergetischen Bereich. Die Sache vollzieht sich auch hier auf den schon genannten drei Ebenen: oben das Abstrakte, dazwischen das Spirituelle, unten das Physische. Denkt man beispielsweise an einen Apfel, so beginnt dieser Vorgang mit einem Begriff. Man weiß, was ein Apfel ist, man kennt Äpfel, man hat sie tausendfach erlebt. Dadurch hat man sich einen Begriff geformt. Nur weil man den hat, kann man überhaupt an einen Apfel denken. Umgekehrt hätte man ohne Erlebnisse mit Äpfeln keinen Begriff von ihnen und könnte deswegen auch nicht an sie denken. (Statt „Begriff" wird in diesem Buch häufig „Konzept" verwendet, das sich aus dem lateinischen Wort für Begreifen ableitet; beide Wörter bedeuten also dasselbe.)

Der Begriff „Apfel" ist kein Vorstellungs- oder Erinnerungsbild und schon gar kein konkreter physischer Apfel zum Reinbeißen. Vielmehr ist er als Begriff ganz oben angesiedelt, auf der höchsten Ebene, der abstrakten. „Abstrakt" kommt von lat. *abstractus*, „weggezogen". Das Abstrakte ist „weggezogen" vom Konkreten. Das Konkrete wiederum ist etwas „Verdichtetes", lat. *concretus.*

Auf abstrakter Konzept-Ebene enthält der Begriff „Apfel" sämtliche möglichen Äpfel. Eine Etage tiefer, auf der mentalenergetischen Ebene, wird es konkreter, da findet sich das Vorstellungsbild von einem ganz bestimmten Apfel oder die Erinnerung daran. Der sinnlich wahrnehmbare

Apfel schließlich, in den man reinbeißen kann, existiert auf der physischen Ebene. Er ist konkret. Kurz gesagt: abstrakter Gedanke, geistiges Bild und physische Realität sind auf drei unterschiedlichen Ebenen lokalisiert.

Die abstrakte Ebene steht „oberhalb“ der energetischen Verwirklichung; deswegen kann man sie nicht „sehen“, sondern nur wissen. Wissen ist abstrakt. Ein Vorstellungs- oder Erinnerungsbild hingegen ist schon konkreter, das kann man mit dem geistigen Auge tatsächlich sehen. Nicht nur die eigenen mentalen Bilder kann man sehen, sondern auch die anderer Personen; so konkret sind diese manchmal. Den physischen Apfel schließlich, den kann man mit den körperlichen Sinnen sehen, abtasten, riechen und schmecken.

3. Verfasst das Allbewusstsein einen Gedanken, so entsteht ein *Aktionsablauf.*

Man macht sich's gerne schön

Ein *Aktionsablauf* besteht aus den Komponenten Start-Aktion-Stopp. Man hat ein Ziel, startet das Auto, fährt los, kommt an, stoppt das Auto. Den Beginn markiert ein Gedanke. Damit Aktion in Gang kommt, bedarf es der Energie, der wirkenden Kraft. Was dabei als Resultat herauskommt, ist eine neue physische oder mentalenergetische Konfiguration von Teilen oder Teilchen oder die Veränderung einer schon bestehenden: das Auto steht an einem anderen Ort.

Ein simples Beispiel aus dem menschlichen Leben: man wünscht die ewige Unordnung in der Küche nicht länger zu ertragen. „Ordnung“ wäre damit der gedanklich angestrebte Idealzustand. Die Lösung wäre ein Geschirrschrank. Den baut man entweder selbst oder kauft einen. In beiden Fällen nimmt man ein *Sein* an, das eines Tischlers oder das eines Käufers. Zwecks Realisierung muss man nun etwas *tun.* Man setzt Muskel- und Maschinenkraft ein, aktiviert also sein Energiepotenzial, um das Möbel zu bauen oder zu transportieren. Was man dann am Ende *hat,* ist ein in die Küche schön eingepasster Geschirrschrank.

Hat man aber auch die Ordnung? Wenn nicht, erfolgt ein weiterer Aktionsablauf: der Esstisch muss woanders hin. Und so weiter und so fort, bis endlich die ersehnte Ordnung hergestellt ist. Ein Aktionsablauf nach dem anderen.

Vom Geist in die Materie

Anstelle von Start-Aktion-Stopp könnte man genauso gut sagen: Absicht-Kraft-Ergebnis oder Sein-Tun-Haben. Es läuft auf dasselbe hinaus. Ebenfalls könnte man sagen: Gedanke-Energie-Materie. Denn das Ergebnis eines Aktionsablaufs ereignet sich unausbleiblich auf physischer Ebene. Ein abstrakter Gedanke realisiert sich zum guten Schluss in den Dimensionen Länge, Breite, Höhe, Dauer. Der schöpferische Gedanke eines Malers verdichtet sich zum Bild, der eines Musikers zur Komposition und der eines Tischlers zum Küchenschrank. Yoga und Massage finden mit physischen Körpern auf realen Matten oder Liegen statt. Egal wo man hinschaut, es beginnt im Geist und endet in der Materie. Selbst das Vorstellungsbild, was sich jemand geistig ausmalt, ist ein aus verdichteter Mentalenergie geformtes vierdimensionales Gebilde (davon später mehr).

Woher die Welt, in der wir leben?

Damit ein Aktionsablauf in Gang kommt, braucht es ein verursachendes Sein. Ein solches verursachendes Sein sind nicht nur wir, wenn wir uns Küchenschränke ausdenken, sondern selbstverständlich auch das göttliche Allbewusstsein. Auf dem Umweg über absichtsvolle Gedanken erschafft es Welten, zum Beispiel diese hier, in der wir leben. Es wirkt schöpferisch. Wie es das tut, wird sich in späteren Sätzen erschließen. Wieso es das tut, wissen wir nicht.

Genauso wenig, wie wir wissen, wieso das Göttliche Welten erschafft, erschließt sich uns, warum sie ein Ende haben sollen. Offensichtlich unterwirft sich das Allbewusstsein einem Aktionsablauf. So zumindest erscheint es uns bei MindWalking, und ganz ähnlich sehen es Hinduismus, Taoismus und Christentum. Laut Neuem Testament (im Unterschied zum Alten) wird die Welt beendet sein, sobald alle Seelen ihren Weg zum

„Vater im Himmel“ zurückgefunden haben. Der Hinduismus kennt einen göttlichen Aktionsablauf in Form von Erschaffen-Erhalten-Auflösen: *Brahman,* das universelle Sein, teilt sich auf in die drei Aspekte Brahma (ohne n), der Schöpfer – *Vishnu,* der Erhalter – *Shiva,* der Auflöser. Durch deren Interaktion entstehen und vergehen die von *Brahman* postulierten Welten. Laut Lao-tzu wiederum ist es das das *Tao,* welches die Welt zum Werden und Vergehen bringt. Dies geschieht durch Verdichtung des *Ch´i,* etwa wie Dampf zu Wasser wird und Wasser zu Eis gefriert. Dadurch entstehen die Dinge. Durch Zerstreuung vergehen sie wieder, so wie Eis schmilzt und zu Wasser wird. Die Bewegung des *Tao* ist die Rückkehr. Es „fließt“ zurück in die Leere seines Ursprungs *(wújí).*[7]

Folglich umfasst ein Aktionsablauf auf der Ebene des Allbewusstseins sowohl das *Erschaffen* wie auch das *Entschaffen* einer Welt. Auf menschlicher Ebene hingegen wären dies zwei aufeinander folgende Aktionsabläufe: im ersten erschafft man etwas, weil man es gerne haben will, im zweiten wird es abgebaut oder zerstört und anschließend entsorgt, weil man es nicht mehr haben will. Beides vollzieht sich auf physischer, grobstofflicher Ebene, insofern lediglich Partikel von A nach B verschoben werden. Im gängigen materialistischen Weltbild gilt Einsteins Formel $E=mc^2$: Energie kann in Materie umgewandelt werden und umgekehrt. Entweder es entstehen Atome aus Energie, oder aber man zertrümmert Atome und Energie entsteht. Will heißen: auf physischer Ebene wird nicht entschaffen, sondern lediglich umgeschichtet. Hingegen wäre auf der Ebene des Allbewusstseins nur das *Entschaffen* gültiger Abschluss eines Aktionsablaufs. Damit hätte sich das Ende einer Welt vollzogen: aus dem Nichts, *Brahman,* vollzieht sich über *Brahma* die Schöpfung und damit die Welt der wirkenden Kräfte und ihre Fortdauer, *Vishnu,* die sich anschließend über Shiva zurück ins Nichts auflöst. (Wie sich das Entschaffen genau vollzieht, kommt in späteren Sätzen.)

4. Ein Aktionsablauf ist erst dann endgültig abgeschlossen, wenn Erfüllung eingetreten ist oder er als nicht mehr notwendig erachtet wird.

Wie lange läuft das Hamsterrad?

Zwischen dem Gedanken zu Beginn und der materiellen Ausführung am Ende ist eine Spannungsdynamik gegeben: man möchte den Gedanken umgesetzt wissen und ist gespannt darauf, ob es so werden wird, wie man es sich zu Anfang gedacht hat. Nehmen wir als Beispiel einen Bäcker. Kommen die Brötchen so knusprig aus dem Ofen, wie er sich das vorgestellt hat? Leider nicht immer. Es kann schief gehen, und auch das ist ein Ergebnis. Leider erfolgt auf jedes Tun unweigerlich ein Ergebnis, egal, wie es ausfallen mag. Auch muffelige oder verkohlte Brötchen sind ein Ergebnis. Man kann einfach nichts tun, ohne dass nicht auch irgendetwas dabei herauskäme. Aber „irgendetwas" reicht einem nicht; vielmehr möchte man einen bestimmten Zustand in selbst festgelegter Perfektion hergestellt sehen. Das ist der Auslöser für nicht nur einen Aktionsablauf, sondern für viele, eben bis der erwünschte Zustand erreicht ist. Das wäre die Erfüllung.

Kurz, ein Aktionsablauf beruht auf der Spannung zwischen dem, was ist, und dem, was sein soll, anders gesagt: auf der Differenz zwischen einem idealen Haben (im Geist) und dem realen Haben (in der Welt). Die Dinge sind nicht immer so, wie wir es gerne hätten, deswegen unternehmen wir Schritte zur Verbesserung (siehe LVO).

Wer also ernsthaft eine Vorstellung vom idealen Brötchen hätte, dem bliebe nichts anderes übrig, als sie so oft und immer wieder zu backen, wie er eben braucht, um seinem Ideal nahe zu kommen. So lange läuft das Hamsterrad. Ein Aktionsablauf nach dem anderen. Bis es denn „gut" ist.

Ende gut, alles gut

In der Volksweisheit „Ende gut, alles gut" steckt genau diese Wahrheit. Geht es nämlich gut aus, so hat sich ein Wunsch erfüllt. Das Getane entschwindet aus dem Sinn, außer wenn gelegentlich einmal die Sprache drauf kommt, und dann erscheint es einem als freudige Erinnerung. Falls aber etwas schief ging, denkt man ewig darüber nach.

Gut ist ein Ende auch in dem Fall, wenn ein Projekt wegen veränderter Umstände nicht mehr erforderlich ist. Hörte beispielsweise ein Spaziergänger einen Ertrinkenden um Hilfe rufen, und entdeckte er – während er schon seine Kleidung abwirft, um sich ins Wasser zu stürzen – ein Rettungsboot mit Kurs auf den Verunglückten, so würde er seine mutige Rettungsaktion guten Gewissens abbrechen dürfen.

Entfällt die Notwendigkeit der Optimierung eines Habens, dann braucht es auch kein Tun und Sein mehr. Der Aktionsablauf fällt in sich zusammen. Im obigen Beispiel: wo keiner am Ertrinken ist, braucht auch keiner Retter sein.

5. Das Allbewusstsein erstrebt den Abschluss von Aktionsabläufen, damit der transzendentale Zustand vor Beginn aller Aktionsabläufe wieder hergestellt ist.

Gottes Spiel ist *lila*

Nach allem, was sich uns bei MindWalking in unseren Sitzungen erschlossen hat, scheint das Göttliche alles zu unternehmen, um die von ihm ins Leben gerufene Schöpfung wieder aufzulösen, damit alles zurückkehre in den Ausgangszustand statischer Harmonie (wie es dabei im Einzelnen zuging, ist Gegenstand von Teil 2).

Gab es zuvor je ein reines Nichts ohne jegliche Welt, eine unterschiedslose Leere? Wir wissen es nicht. Wir, die Geschöpfe, können allenfalls bis zu unserem eigenen Ursprung zurückdenken. Wir vermögen uns zu erinnern, wie dieser verlief. Was sich das Göttliche dabei gedacht haben mochte, als es diese ganze Welt ins Leben rief, das können wir allenfalls ahnen. Es scheint aber, als fände das Göttliche größtes Vergnügen am Erschaffen und Entschaffen von Welten. Im Sanskrit kennt man dafür den Begriff *lila:* das Spiel des Göttlichen mit sich selbst.

Nicht nur das Göttliche hat's gerne gemütlich

Nicht nur das Göttliche erstrebt Harmonie durch den finalen Abschluss von Aktionsabläufen, auch wir geistige Wesen tun das. Vor jeglichem Beginn sind wir heiter und entspannt. Indem wir an nichts denken, leiden wir unter keiner Erfüllungsnot. Deshalb haben wir keinerlei Stress. Wir befinden uns im Zustand göttlicher Gelassenheit. Dann schießt uns eine Idee durch den Kopf: man sollte mal wieder den Rasen mähen! Zweifellos ein schöpferischer Gedanke zur Umgestaltung der existierenden Welt. Und schon ist Spannung entstanden. Der momentane Zustand entspricht schließlich nicht dem angestrebten Ideal eines Englischen Rasens. Dazu müsste man das Sein eines Gärtners annehmen wollen, zumindest für den infrage stehenden Zeitraum, müsste das dazugehörige Tun durchführen wollen und das zu erwartende Haben vorausschauend definieren. Und schon schießt einem durch den Kopf: Ob sich der Rasenmäher überhaupt in Gang setzen lässt (ist da überhaupt Benzin drin?), verbunden mit der Frage, ob man zur gegebenen Uhrzeit überhaupt Rasenmähen darf (ist heute nicht außerdem Feiertag?), gekoppelt mit dem Zweifel, ob sich das denn überhaupt schon lohnt (könnte ruhig noch ein paar Tage länger wachsen, oder?). Konflikte ohne Ende.

Ein Aktionsablauf, und sei er auch nur geplant, bringt Stress mit sich. Was aber wünschen wir uns? Erfüllung und damit Rückkehr in den transzendentalen Zustand heiterer Gelassenheit, welchen wir aufgaben, als wir auf die Idee kamen, den Rasen zu mähen. Dazu bleibt nur, es mit gutem Erfolg zu tun – oder es leichten Herzens bleiben zu lassen. So oder so, unsere heitere Gelassenheit wollen wir wieder haben, nur darauf kommt es uns an.

Berufung: Wozu wir unterwegs sind

Dieses Kapitel handelt davon, wie wir als individuelle geistige Wesen entstehen.

6. Ein vom Allbewusstsein verfasster Gedanke erscheint als individuelles geistiges Wesen oder auch *Geistwesen.* Dieses hat eigenes Bewusstsein und ist sich seiner selbst bewusst.

Ausgerechnet wir ein Ebenbild des Göttlichen?

Wie im vorigen Abschnitt angedeutet, plumpst die Welt nicht als fertiges Werkstück aus dem göttlichen Allsein heraus, sondern entsteht auf dem Umweg über bestimmte Gedanken davon, was sein soll. Diese Gedanken entstehen aus dem Potenzial des Allseins und erleben sich als selbstständiges Sein.

Die vom Allgeist hervorgebrachten Einzelgeister kennzeichnen dieselben Merkmale wie seinen Schöpfer: nämlich ein Bewusstsein, das sich seiner selbst bewusst ist, ein reflektierendes Bewusstsein. Diese besondere geistige Qualität ist mit dem Ausdruck „Geistwesen“ angesprochen. Individuell sind Geistwesen deswegen zu nennen, weil jeder von uns unteilbar ist und damit einzigartig (von lat. *individuus*, „unteilbar“).

Wie jeder Zustand ist auch unser Bewusstseinszustand, das Ausmaß unseres Bewusstseins von Moment zu Moment also, Schwankungen unterworfen. Im Unterschied zum Allbewusstsein verfügen wir als Geistwesen nicht in kontinuierlichem Gleichmaß über vollkommen bewusstes Wissen und vollkommen bewusste Wahrnehmung. Dessen fähig sind wir wohl, aber leider hapert es gelegentlich mit der Fertigkeit. Damit, in dieser unserer Unvollkommenheit, sind wir nicht ganz ein Ebenbild des Göttlichen, sondern eben nur fast.

Indem wir uns vom Allbewusstsein als getrennt erleben und uns als Ich bezeichnen, ist ein Träger von Bewusstsein entstanden. Das Allbewusstsein ist zu beschreiben als „Bewusstsein ohne Träger“ (Satz 1), das geistige Wesen hingegen begreift sich als Träger von „eigenem“ Bewusstsein – dies umso mehr, je weiter es sich vom Allsein abgetrennt sieht.

Was sind wir denn nun – Wesen oder Seelen?

Warum wir bei MindWalking „Geistwesen“ verwenden statt des vielerorts gebräuchlichen Begriffs „Seele“ hat folgenden Grund: *Wesen* ist gleichbedeutend mit „Sein“. „Anwesend“ oder „abwesend“ bedeutet „jemand ist da bzw. nicht da“. „Ich bin“ heißt genau genommen „ich bin seiend“ oder eben „ich bin ein Wesen“.

Laut Wörterbuch ist ein Wesen „das Seiende in seiner besonderen, charakteristischen Ausprägung und im Unterschied zu anderem Seienden". „Wesentlich" an einem Ding ist seine Kernfunktion, seine Bestimmung, das also, für was es hergestellt wurde: man schöpft mit dem Löffel, spießt mit der Gabel, schneidet mit dem Messer. „Wesentlich" am Löffel ist das Schöpfen. Natürlich könnte man auch mit einem Messer schöpfen oder mit einer Gabel schneiden, doch entspräche dies nicht dem Wesen dieser Werkzeuge.

Ein Wörtersalat

In der Regel sagt man ohne jedes Zögern „ich *bin* ein Wesen" und „ich *habe* eine Seele". Das eine ist man, das andere hat man. Der Notruf SOS bedeutet *Save Our Souls,* rettet unsere Seelen. Wer aber rettet uns, die geistigen Wesen? Dann wiederum heißt es: „Sie ist eine so gute Seele." Oder: „Er ist die Seele des Betriebs." Schon in Luthers Bibelübersetzung werden Geist und Seele häufig austauschbar verwendet. „Seele" ist mit zahlreichen und oft widersprüchlichen Bedeutungen belegt (eine Begriffsstudie findet sich in MWU). Zudem scheint es sich eher auf ein Energiephänomen als einen immateriellen Geist zu beziehen. Deswegen verwenden wir „Seele" bei MindWalking nicht, sondern sagen durchgängig „Geistwesen".

Selbstbewusstsein ist was ganz Spezielles

Wieso der Zusatz: „Ein Geistwesen hat eigenes Bewusstsein und ist sich seiner selbst bewusst"? Weil darin die Unterscheidung zu Tieren und Pflanzen liegt. Die verfügen zwar über Wahrnehmung, haben jedoch kein Bewusstsein in dem Sinn, dass sie über sich selbst nachdächten. Sie grübeln nicht, sinnieren nicht, tun sich selbst nicht leid, suchen nicht Selbsterkenntnis. Wir Geistwesen hingegen verfügen über ein Bewusstsein unserer selbst, ein sich selbst reflektierendes Bewusstsein. Wir erleben uns als separat zum Körper. Tiere und Pflanzen aber sind eins mit ihrem Körper. Deswegen sind sie unfähig, Suizid durchzuführen oder auch nur zu erwägen (mehr dazu im Kapitel „Seele und Leib").

7. Der Prozess der Entstehung eines geistigen Wesens heißt *Ursprung.*

Aus der Einheit in die Dualität

Das Heraustreten eines Wesens aus dem Potenzial des Allseins ins individuelle Sein, diesen seinen ersten, allerersten Sprung, bezeichnen wir als *Ursprung*. Der Prozess vollzieht sich in mehreren Abschnitten. Ganz zu Beginn erlebt sich das Wesen als Teil eines umfassenden Lichtes, ohne Anfang, ohne Ende und auf keine Weise strukturiert oder gegliedert. Der Wahrnehmende fühlt sich nicht als ein vom Licht unterschiedenes Ich. Vielmehr ist er, obzwar Wahrnehmender, eins mit dem Licht.

Zuvor gab es nicht mal einen Wahrnehmenden, da war nur Licht – das aber können wir nur erahnen. Wissen tun wir es nicht, denn ohne Wahrnehmung keine Erinnerung. Wir können lediglich sagen: im frühsten Abschnitt, der uns zugänglich ist, erlebt sich ein Wesen als Wahrnehmender von Licht. Was mag zuvor gewesen sein – ein Nichts? Wir können es nicht einmal erahnen.

Im nächsten Abschnitt kristallisieren sich aus dem Gesamtlicht Funken heraus, Kerzenflämmchen, aus sich heraus leuchtende Lampions. Der Erlebende fühlt sich eingegliedert in Tausende und Abertausende solcher Lampions. Sie alle zusammen sind das Licht. Es gibt nicht die Unterscheidung zwischen hier das Licht und da die Leuchtbällchen; vielmehr sind alle Leuchtbällchen gemeinsam das Licht (diese poetische Ausdrucksweise wird übrigens von Sitzungen angeregt; sie wird von Sitzungspartnern spontan gefunden). Alle zusammen sind sie ein großes leuchtendes Wir.

Im dritten Abschnitt seiner Loslösung ist das Leuchtbällchen an den „Rand“ des Lichtraumes geraten und durchdringt dessen Grenze, ähnlich dem osmotischen Vorgang, wenn ein Wassertropfen ein Blatt Löschpapier durchdringt und auf der anderen Seite heraustropft. Unversehens findet sich das Wesen außerhalb des Lichtes. Das Lichtfeld ist „dort“ und das Wesen „hier“, außerhalb des Lichts, in einer grenzenlosen dunklen Leere (helle Leere gibt es auch, aber gerade diese hier wird in der Regel als dunkel beschrieben).

Hier setzt zum ersten Mal Vergesellschaftung ein. In dieser Leere trifft man auf umherdriftende Andere, denen es ähnlich ergangen ist. Man erlebt sich selbst als Ich und die anderen als Du; es kommt zur Interaktion. Dualität ist entstanden.

Unbegrenztes göttliches Licht doch begrenzt?

Dieser Vorgang ist insofern rätselhaft, als man ja meinen sollte, das Allbewusstsein, sich darstellend als Licht, sei allumfassend. Da wäre zu erwarten, dass der Lichtraum ebenfalls allumfassend zu sein hätte. Indessen stellt sich in allen durch MindWalking bekannt gewordenen Erlebnissen der Lichtraum als bloß „halb unendlich" dar. Steht man erst mal draußen, geht es von der Grenze aus zur einen Seite hin ewig weiter ins Licht und auf der anderen ewig weiter in die Leere, sei sie dunkel oder hell. Dieses Rätsel hat bislang noch keine Erklärung gefunden. Man könnte spekulieren, dass der Lichtraum als Erscheinungsform des Göttlichen vom Göttlichen in bestimmten Dimensionen postuliert worden sei, doch mehr als Spekulation ist das nicht.

Arbeitsmethodisch sei noch hinzugefügt, dass man dies nicht gezielt ansteuern kann, um mehr herauszufinden. Vielmehr stellt sich diese Erinnerung ein, sobald der Sitzungspartner oder Solist von selbst an diese Erkenntnisse gerät. Es lässt sich nicht aus bloßer Neugierde aufs Programm setzen.

8. Der Gedanke, als welcher ein geistiges Wesen in seine Existenz eintritt, heißt *Urauftrag* oder auch *Urberufung.*

Berufen und geschickt

Sobald das Allbewusstsein den reinen, abstrakten Gedanken fasst, dass etwas sein möge, entsteht ein Wesen. Vom Standpunkt des zum Sein erwachenden Wesens fühlt sich dies an wie ein Auftrag, eine Berufung. Das Wesen wird regelrecht ins Sein gerufen oder, anders betrachtet, ins Sein hinausgeschickt (was in Begriffen wie Schicksal und Geschick nachklingt).

Der Urauftrag bestimmt den grundsätzlichen Charakter eines Wesens. In vielen Fällen ist er ganz allgemeiner Natur, wie etwa „bringe Licht!" Oder „bringe Liebe!". In anderen Fällen ist er recht spezifisch, wie etwa „sorge in dieser und jener Hinsicht für Ordnung!"

Ein Geistwesen ist sozusagen eine gute Idee des Göttlichen, die zwecks Umsetzung zum Einzelbewusstsein wird. Hierin steckt keineswegs eine hierarchische Abstufung im Sinne von oben Gott der Herr und unten der Mensch als Erdenwurm. Allbewusstsein, Gedanke, Auftrag und Geistwesen sind eins. Diese Auffassung vertritt auch die hinduistische Lehre von der Nicht-Zweiheit, der *advaita* (von a, nicht, und *dvaita,* Zweiheit), wie bei Shankara[8] oder in der Bhagavad-Gita zu lesen.[9] Nichts anderes meinte Christus, wenn er sagt: „Ich bin von Gott ausgegangen und gekommen; denn nicht von mir selbst bin ich gekommen, sondern er hat mich gesandt" (Joh. 8, 42). Oder, kurz und knapp: „Ich bin in meinem Vater, ihr seid in mir, und ich bin in euch." (Joh. 14, 20)

Freier Wille hochgefährlich!

Insofern wir als Geistwesen aus nichts weiter bestehen als einem Gedanken, können wir es nicht anders, als haargenau so zu sein und zu tun wie berufen. Da wir aber über einen eigenen Willen verfügen, steht es uns frei, auch etwas anderes zu tun oder sogar das Umgekehrte. Insofern sich ein Wesen von Anbeginn seiner selbst bewusst ist und kritisch reflektieren kann, vermag es sich durchaus gegen seine Berufung stellen.

Der Begriff *dharma* aus dem Hinduismus weist in diese Richtung. Dharma bedeutet harmonisches Leben dadurch, dass aller persönlichen Handlungen im Einklang mit der Berufung stehen. Der eine mag dies als Soldat verwirklichen und der andere als Priester; beides ist legitim, solange dies dem Dharma des Betreffenden entspricht. Sofern das aktuell ausgeführte Tun und Haben nicht in Konflikt mit dem Dharma steht, sind keine ethischen Brüche zu verzeichnen. Eine ähnliche Auffassung vertritt Lao-tzu im Tao-te Ching, Vers 14: „Verbleibe im ewigen Tao und gehe gleichzeitig mit der Gegenwart mit."[10]

Wer sich gegen seine Berufung wendet, weicht von dem ihm vorgezeichneten Pfad des Göttlichen ab. Damit sündigt er, buchstäblich verstanden, denn „sündigen“ hängt wortgeschichtlich zusammen mit „sich absondern“. Wer sich absondert von seinem Dharma, der sündigt. Dies hat Konsequenzen, denn damit entsteht das, was man im Sanskrit *karma* nennt: die Tat und deren Folgen.

Selber schuld

Gott sei die Liebe, heißt es. Da wundert es manchen, wieso Gott das Böse in der Welt zulassen kann. Nun, das Göttliche kann den Menschen die Selbstbestimmtheit nicht nehmen, deren Anwendung aber kann zu Irrwegen und Katastrophen führen. Vom Auftrag her war alles gut und liebevoll gemeint, daran ist kein Zweifel, denn immerhin hat sich bislang noch kein Ursprungserlebnis gezeigt, wo jemand zum Bösen berufen worden wäre. Woraus folgt: selbst die heute Bösen waren ehemals Gute. Kein geistiges Wesen wurde je vom Satan geschaffen. Die Wandlung von gut zu böse liegt an den eigenen Verfehlungen.

Ein Sitzungsbeispiel: Zur Liebe berufen

Eine Sitzung vom Frühjahr 2021: „Ich werde abgerufen – da sind Kräfte – ich bin keine Personen oder Figur, bin ein Nichts im Nichts – wie Wasser ist das, wie der Ozean – ich bin das – riesig groß ist das, ich bin ein Teil davon – ein Strömen – alles blau – ich bin es, aber nur ein Teil davon, nicht alles – dann ein Wissen: wie ein Sog. Ich weiß was zu tun ist. Das ist keine Entscheidung. Es teilt sich mir was mit. Es strömt in mich ein. Ein Wissen und eine Kraft. – „Ich bring das Licht rein!“ – Das ist der Auftrag (sie schaudert). Licht. Und Liebe. Und ich weiß im Voraus, dass die da unten das nicht annehmen werden. Dass ich es verlieren werde, aber es wieder finde. – Licht, für die anderen. Ihnen dienen (Schauder). Da hängt viel dran für alle – Bereinigung, rückwärtig, für die Ahnen. Und für die Zukunft. Egal was mir geschieht, mir wird es niemals schaden. Ich bin wie ein Kanal, hellblaues Licht geht durch mich. Der Rest ist nur Hülle. In mir ist Ruhe. Kein Nachdenken. Kein richtig oder falsch.

Nur das Hellblaue gilt. Nur das ist gewiss. Und jetzt bin ich hier (sie strahlt). Alles, was dazwischen war, hat jetzt keine Bedeutung mehr. Jetzt bin ich hier (strahlendes Lächeln)."

Noch ein Sitzungsbeispiel: Keine Lust auf Berufung

Nicht jedes Wesen bejubelt seinen Ursprung. Der nachstehende Sitzungsbericht vom Herbst 2020 veranschaulicht einen entschieden wiederwilligen Austritt aus dem Allbewusstsein. Dessen Erscheinungsform wird hier übrigens nicht als Licht beschrieben, sondern als Bewusstseinsfeld – im Grunde ein inkorrekter Ausdruck, denn es würde dem Bewusstsein Dimensionen wie Länge-Höhe,-Breite zuschreiben, was ja nicht zutrifft. Weil aber klar ist, was die Sitzungspartnerin, Marita, damit meint, habe ich diesen Ausdruck stehen lassen. Marita leidet unter einem Lebensgrundgefühl, das sie mit den Worten ausdrückt: „Ich gehöre nicht dazu". Seit ihrer Kindheit, in der Schule, im Beruf, immer steht sie daneben, ist fremd. Im ersten Anlauf von zweiundzwanzig Stunden haben wir dazu vieles angeschaut und bereinigt, sowohl Maritas Lebensgeschichte samt ihren früheren Inkarnationen wie auch eine Reihe von Anhaftungen und Anhängseln. Doch ist die Sache damit noch nicht ausgestanden. Ein Jahr später meldet sich Marita zu einer zweiten Sitzungsrunde von weiteren zehn Stunden. Erst bei dieser Gelegenheit stoßen wir zur Ursache ihres Verlorenheitsgefühls vor. Ich fasse die abschließende Stunde dieser Sitzung zusammen, indem ich relevante Sitzungszitate aneinander reihe:

„Stille. Ein Bewusstseinsfeld. Ich bin ein Punkt. Und irgendwie doch nicht, eher ein Nebel. Kein Gefühl von Begrenzung. Drumherum alles leer. Dann ist da ganz subtil eine Freude. Eine Spirale baut sich auf wie eine Sprungfeder, eine Zentrierung in der Länge. Der Nebel hat nun ein Zentrum. Ich bin ausgetreten, bin nicht mehr verbunden. Ein Abschied.

Nun bin ich alleine, ich erkenne: so fühlt sich Alleinsein an. Ich wollte nicht heraustreten und hab's doch getan. Da gibt es indirekt eine Autorität, ein ‚ich sollte mal'. Eine freie Wahl ist es nicht. Aber warum gerade ich? Ich habe keine Lust! Der Auftrag: ich soll Erfahrungen machen, soll das Bewusstseinsfeld insgesamt bereichern, damit alle etwas davon haben. Aber warum gehe ich raus? Doch überlegen habe ich nicht können, denn ‚mich' gab's ja nicht. Das Bewusstsein will was, dann tritt ein Sein aus. So einfach geht das. (Es folgt ein langes, langes Schluchzen.) – Ich denke, auch der Schmerz gehört dazu, genauso wie die Freude. Ich hatte Widerstände gegen den Schmerz, und das war unnötig. Dauerjubel ist nicht das Gebot, ein Abschiedsschmerz darf sein; das ist kein Versagen. Dieses Alleinsein will erfahren werden: dass es letztlich nur mich gibt. Ich bin ausgetreten, bin allein und spüre: ich gehöre nicht dazu.

Die Weite verengte sich zu ‚mir', und die erste Erfahrung des Seins ist nicht Freude, sondern Alleinsein. Das Gemeinschaftsfeld vorher, das gab mir Halt. Wie sehr, das merke ich erst beim Austreten. Da spüre ich, wie nackt und ausgesetzt ich bin. Alles allein tun müssen! Diese Ungewissheit! Ich bin nun doppelt allein. Weder bin ich im großen Bewusstsein, noch bin ich hinterher irgendwie eingebunden, ich bin allein. Aber deswegen bin ich doch nicht falsch!!! (Sie kocht vor Trotz, Zorn und Wut.)

Ich fühle solchen Widerstand gegen dieses Programm! Fühle eine solche Zerstörungsenergie in mir! Deswegen bin ich oft viel zu heftig zu anderen und ich hasse deren Zurückweisung. Aber auch das gehört zur Erfahrung: ich darf so sein, wie ich bin, und die andern dürfen zurückweisen. Beides gehört dazu. (Marita versinkt in sich, sinniert.) – Jetzt wo ich das integriere, spüre ich eine Rückanbindung an das große Bewusstseinsfeld. – Ich kann es aufrufen … Es wird mehr werden, ja … (Sie lächelt.)

Wieso habe ich mich beim Austreten so schwer gefühlt? Ah ja – weil es auch die Seligkeit gibt. Und weil ich von dieser Option weiß. Deswegen denke ich, ein Schweregefühl ist nicht in Ordnung. Damit habe ich mich selbst getadelt. Dabei ist letztlich alles richtig! - Jetzt verliert sich der Schmerz ... Ich erkenne: all das Fühlen gehört dazu. Ich spüre, wie sich das gerade in mir integriert; tief in mir spüre ich das, nicht mit dem Kopf – und das macht eine Verbindung – zum Gesamtfeld – ein Vertrauen baut sich wieder auf – der Kreis schließt sich.

Ich vertraue, nun auf die Richtigkeit dessen, was geschieht. Alles hat Richtigkeit. ‚Nicht dazugehören', das war meine Idee, war eine Illusion, an die ich selbst glauben wollte. Jetzt ist sie verflogen. Stattdessen habe ich Vertrauen. Der Kreis ist geschlossen." (Tränen der Freude.)

(Solche Erinnerungen sind keine Seltenheit. Zahlreiche Berichte zu Ursprung und Herabkunft finden sich in MWU und APR.)

Bewusstsein: Wie groß unser Geist ist

Hier geht es um Geist, Bewusstsein und Fähigkeiten eines Geistwesens.

9. Für den Zustand unserer Fähigkeiten und unseres *Geistes* sind wir als Geistwesen allein verantwortlich.

Mein Geist ist kein Computer

Von sich selbst sagt man, „ich bin ein Wesen". Man würde nie sagen, „ich bin ein Geist" – außer, man wollte jemanden erschrecken. Man *hat* einen Geist. Ein schwieriges Wort, wirklich, denn es kann zumindest dreierlei bedeuten. Erstens mal „Gespenst". Zweitens ist es im Sinn von lat. *spiritus* und engl. *spirit* gleichbedeutend mit „Wesen", z. B. „Goethe ist ein großer Geist". Drittens dann, Bezug nehmend auf lat. *mens* und engl. *mind,* ist gemeint der Geist den man „hat", „in" dem die Gedanken stecken und „mit" dem man ein Problem löst.

Der Vergleich mit einem Computer wäre hier naheliegend und verführerisch, ist aber falsch, denn der Geist ist kein Ding, sondern ein Satz von Fähigkeiten, die man nutzt, um in der Welt zurechtzukommen. Diese sind: das Wahrnehmungs-, Erinnerungs-, Vorstellungs- und Denkvermögen. Diese grundsätzlichen geistigen oder auch „mentalen" Fähigkeiten können wir nutzen, pflegen und zu Fertigkeiten ausbauen oder aber sie verkommen lassen. Das bleibt uns überlassen. Als spiritus managen wir unseren mens. Diesen mens oder mind aber „haben" wir nicht, als sei er ein Kasten, der neben uns steht, sondern wir sind es. Wir *sind* unsere Fähigkeiten.

Die Gesamtheit an Erfahrungen, die ein Wesen als Resultat des Einsatzes seiner Fähigkeit gemacht und verarbeitet (!) hat, bestimmt seine „geistige Größe". Was nämlich unverarbeitet geblieben ist, ob Gutes oder Schlechtes, hält einen gebunden, drückt einen nieder und macht einen klein.

10. Als geistige Wesen verfügen wir über die Fähigkeit, Gedanken zu verfassen und zu erfassen.

Welche Gedanken sind meine eigenen?

Indem der Autor das vorliegende Buch schreibt, *verfasst* er Gedanken. Er aktiviert sein Potenzial ganz ähnlich, wie es auf höherer Ebene das Göttliche täte. Diese Aktivierung, die Feinste von allen, erscheint als Gedanke. Dazu musste der Autor zuvor die Gedanken anderer Autoren und Gesprächspartner *erfassen*. Kühner Weise hofft er darauf, dass der Leser die von ihm verfassten Gedanken sinngerecht erfassen möge.

Beim Verfassen neuer Gedanken ist es häufig schwierig festzustellen oder gar zu beweisen, ob man selbst der Verfasser eines Gedankens ist oder man einen bereits bestehenden erfasst hat. Beides ist möglich. Denn keiner steht völlig isoliert da, keiner ist ganz allein für sich. Über die üblichen Kommunikationsmedien, insbesondere seit Ankunft des Internets, teilt sich uns permanent alles Mögliche mit; die gesamte Kulturgeschichte steht in gefilmter, gedruckter oder digitaler Version zur Verfügung. Manches davon nehmen wir auf, weil wir dafür einen Anknüpfungspunkt haben, und es bleibt an uns hängen, anderes gleitet an uns ab. Da fragt sich, ob das, was wir da gerade denken, ein eigener Gedanke sei, ein echter ursprünglicher selbstverfasster Gedanke, oder vielleicht ein aufgeschnappter.

Künstler und eigentlich jeder Kreative kennen diese Erscheinung: man glaubt, man sei originell, und schwört darauf – in Wirklichkeit schöpft man aus dem Fundus der kollektiven Erfahrung von Jahrtausenden, aus dem kollektiven Wissen, sozusagen dem Allwissen. Auf diese Weise entsteht eine Verbindung zwischen Einzelbewusstsein, kollektivem

Bewusstsein und Allbewusstsein. Sie äußert sich in der für jeden Kulturkreis unterschiedlichen „soziokulturellen Prägung" eines Menschen. Diese Überblendung von Erfassen und Verfassen gilt selbstverständlich nicht nur für das Bücherlesen, Filmegucken und Führen kluger Gespräche, sondern kennzeichnet auch die Telepathie und insbesondere die Intuition.

Das Leben in der Suppe

Wir leben in einer telepathischen Suppe. Immer wieder zeigt sich in MindWalking-Sitzungen, wie ungeheuer zahlreich transpersonale Verschränkungen sind und wie sehr sie das persönliche Verhalten bestimmen. Sie prägen es in weit höherem Maß als die ureigenen Impulse – sofern es die überhaupt gibt. Immerhin ist schon die Urberufung kein von uns selbst, sondern vom Allbewusstsein verfasster Gedanke. In diesem besonderen Fall sind wir nicht einmal die Erfasser des Gedankens, vielmehr sind wir dieser Gedanke. Gleichwohl vermögen wir im Rahmen unseres freien Willens von dieser Urberufung selbstbestimmt abzuweichen. Ihr zu folgen, ist gewiss nicht einfach, wenn man bedenkt, wie Vieles von allen Seiten auf uns eindringt. Da kann man leicht Fremdes für Eigenes halten und von der Spur abweichen.

Auf telepathischer Ebene gibt es keine Privatsphäre. Jeder könnte potenziell alles wissen und theoretisch bei jedem hineinschnuppern, sofern entsprechend begabt und trainiert. Jeder könnte jedem etwas aufbrummen, falls schwarzmagisch unterwegs. Auch digital wird es keine Privatsphäre mehr geben, sobald die ohnehin bestehende, allgegenwärtige telepathische Vernetzung ihre Parallele auf digitaler Ebene mit der Cloud, mit 5G und dem Internet der Dinge gefunden haben wird. Mit den Mitteln der Digitalisierung dramatisieren wir etwas aus, was auf spiritueller und mentaler Ebene schon seit Anbeginn des geistigen Universums gegeben ist. Wie letztlich mit dieser technischen Realisierung von Vernetztheit umgegangen wird, liegt in der Hand der Geistwesen, die dies verantworten, betreiben und nutzen. Egal was damit getan wird, es sind Geistwesen, die es tun, und so wird auch hier unethisches Verhalten seine karmischen Folgen haben.

11. Als Geistwesen verfügen wir über die Fähigkeit, unser Potenzial mithilfe absichtsvoller Gedanken in *Mentalkraft* umzusetzen.

In uns steckt weit mehr drin, als wir rausholen

Die Begriffe Mentalkraft und Mentalenergie werden bei MindWalking synonym verwendet. Sie sind nicht im Sinn der Physik zu verstehen, insofern sich die Physik nicht mit den psychischen und spirituellen Erscheinungen abgibt, die wir hier „mentale Kräfte" oder einfach „Mentalenergie" nennen. Energie, altgriechisch *ἐνέργεια (energeia)*, bedeutet eigentlich „Tat", beschreibt also eine bereits erfolgte Aktivierung des Potenzials. Dazu bedarf es der Kraft. Tatsächlich wurde in der Physik bis zur Einführung des Energie-Begriffs im 19. Jahrhundert einfach nur das Wort „Kraft" verwendet.

Jeder nutzt seine Fähigkeit zur Umsetzung des gefühlten Potenzials in wirkende Mentalkraft in unterschiedlichem Maß, heute mal so, morgen mal so. Letztlich bedeutet das, dass wir potenziell mehr Kraft haben, als wir in einem gegebenen Moment umsetzen. Unser Potenzial ist weit größer als dessen aktuelle Aktivierung, viel größer, als wir vermuten würden.

Auf welche Weise wir unsere Mentalkraft zum Zweck von Wahrnehmung, Kreation und Interaktion nutzen, wird sogleich genauer beleuchtet werden; wie es zur Einschränkung unserer Fähigkeiten kommt, folgt in späteren Sätzen. Die Einschränkung rückgängig zu machen, um das gefühlte Potenzial auszuschöpfen, ist Sinn und Zweck von Persönlichkeitsentwicklung, ganz gleich welcher Schule.

12. Mentalkraft wird in ihrer kleinsten Einheit in Form von *Mentalquanten (MQ)* erlebt. Diese *platziert* ein Geistwesen an einem beliebigen Zielpunkt, d. h. sie strömen nicht linear dorthin, sondern erscheinen dort unvermittelt.

Geistige Quantenphysik

In Mentalquant steckt „Quant", ein Begriff aus der Physik. Zurückgehend auf Max Planck, 1900, bedeutet er: „kleinstmöglicher Wert physikalischer Energie". „Quant" ist abgeleitet von lat. *quantus,* „wie viel?", was sich auch in „Quantität" und „Quantum" wiederfindet; beides bedeutet „Menge". Ein Mentalquant ist somit die kleinste Erscheinungsform von Mentalenergie. Darunter gibt es nichts Kleineres oder Feineres, sondern einfach gar nichts. Größere „feinstoffliche" Gebilde (nennen wir sie mal so) bestehen aus einer Vielzahl von Mentalquanten.

Hat man Aufmerksamkeit auf einem Zielpunkt, so entsteht diese durch das Platzieren von Mentalquanten. Will man seine Aufmerksamkeit kontinuierlich auf ein Wahrnehmungsobjekt gerichtet halten, so erzeugt und platziert man Mentalquanten am Ziel und hält sie dort am Platze. Dazu muss man Willenskraft aufbringen, auch sie eine Form von Mentalenergie. Deswegen ist es anstrengend, sich über längere Zeit zu konzentrieren, insbesondere auf völlig ereignislose Ziele wie etwa einen Punkt an der Wand. Das hat nicht allein mit einer Ermüdung des Gehirns zu tun, sondern vor allem mit Interesse, denn auch im körperlosen Zustand ermüdet man. Geistige Kraft als solche kann nicht erlahmen, insofern das Potential, aus dem wir sie beziehen, unerschöpflich ist. Das funktioniert so lange, wie Interesse gegeben ist und kein Zweifel an der Erfüllung eines Aktionsablaufs besteht.

Mentalquanten liegen nicht irgendwo herum, um von einem Geistwesen aufgegriffen und irgendwo platziert zu werden, vielmehr werden sie im Moment der Platzierung aus dem Nichts vom betreffenden Geistwesen erschaffen und aufrecht erhalten. Es gibt also keinen Vorrat davon, dessen man sich bedienen könnte, sondern man produziert sie unmittelbar selbst.

Eine telepathische Inselwelt

Die Ausdrücke „platzieren" und „am Platz halten" klingen vielleicht etwas geschraubt, sind aber mit Bedacht gewählt, wie sich am Beispiel der Telepathie ersehen lässt. Da streicht die Aufmerksamkeit nicht etwa zwischen Ausgangspunkt und Zielort über die Landschaft wie ein Windhauch und berührt unterwegs sämtliche Wiesen, Wälder, Städte und Straßen, sondern sie wird am Zielort unmittelbar erschaffen und erscheint dort. Was zwischen Geistwesen und Zielort liegt, wird nicht registriert. Denkt man an jemanden, so spürt man den Betreffenden sozusagen ganz eng bei sich, selbst wenn derjenige am anderen Ende der Welt wohnt. Das dazwischen spürt man nicht. Man erschafft sozusagen am Zielort eine Aufmerksamkeitsinsel, ein Aufmerksamkeitsfeld, eben ein Mentalquantenfeld.

Von solchen Inseln kann es für jedes Geistwesen mehr als eine geben. Jeder lebt in einer von ihm selbst geschaffenen telepathischen Inselwelt, die durch das gewohnheitsgemäße Platzieren von Mentalquanten entstanden ist. Diese Verbindung ist nicht permanent. Man weiß einfach von seinen „Inseln", und indem man gelegentlich Mentalquanten dort platziert, tritt man mit ihnen zeitweise in Verbindung. Gleichzeitig ist auch man selbst Bewohner einer von jemand anderem geschaffenen Insel, sei es bewusst oder unbewusst.

Ein Sitzungsbeispiel: Wie Mentalquanten entdeckt wurden

Bildhaft gesprochen, sind Mentalquanten mit den Pixeln eines digitalen Fotos vergleichbar, den Tröpfchen eines Nebels oder den Rußpartikeln einer Rauchwolke. Es gibt nicht „das" Foto und außerdem „die" Pixel, sondern das Foto besteht aus den Pixeln, genauso wie Nebel aus Tröpfchen besteht und die Rauchwolke aus Rußpartikeln. Zwar existieren Tröpfchen, Rußpartikel, Pixel oder Mentalquanten auch separat für sich, aber dann erscheinen sie nicht als gestalthafte Konfiguration.

Man erlebt Mentalquanten beim Heraufdämmern von Erinnerungsbildern oder bei deren Auflösung. Da ist es, als würde sich Pixel um Pixel ein Bild aufbauen bzw. wieder verfliegen. Auf diese Erscheinung stieß ich erstmals 1987 während einer Sitzung, bei der ein damaliger Forschungskollege die Rolle des Sitzungsleiters einnahm. Zu deren Ende hatten sich die angesprochenen Erinnerungsbilder in Luft aufgelöst. Ich wusste Bescheid, der Inhalt war klar, ich fühlte mich emotional entspannt – und trotzdem hatte die Sache etwas Unerledigtes. Entsprechend hoch waren die Spannungswerte am *mind walker,* dem Hautwiderstandsmessgerät.

Mir fiel auf, dass da noch etwas in der Luft hing wie Rauchschwaden. Das Erinnerungsbild hatte sich zwar aufgelöst, aber nicht restlos. Wie kam das? Wichtig in diesem Zusammenhang ist, dass das behandelte Geschehnis nicht mein eigenes war. Vielmehr hatte ich durch entsprechende Einstimmung die Erlebnisinhalte eines anderen Wesens erschaut, indem ich das Bild mit Hilfe meiner eigenen Mentalquanten aufbaute. Meinen Anteil hatte ich nun aufgelöst, für mich waren diese Inhalte erledigt, doch schienen die Mentalquanten des anderen (!) noch in der Luft herumzuhängen wie feiner Nebeldunst. Das Bild war weg, aber der Dunst noch da, dies deswegen, weil dessen Erschaffer nicht davon abließ, seinerseits Aufmerksamkeit auf diese Inhalte gerichtet zu halten.

Mein Forschungskollege war genauso verblüfft wie ich; so etwas hatten wir beide noch nie erlebt. Wir diskutierten die Angelegenheit und kamen zu dem Schluss, dass der andere, der Erzeuger, wer immer er auch sein möge, sein „Zeug" doch gefälligst zurücknehmen solle. Das wäre nur zu seinem Vorteil, denn immerhin existieren diese herumwabernden Partikel als eine Abspaltung von deren Besitzer und bedeuten damit für ihn eine Schwächung, da – wenn auch unbewusst – Kraft nötig ist, um sie aufrecht zu erhalten.

Im Vergleich gesprochen ist es, als hätte man einen Geldbetrag irgendwo investiert und das vergessen, oder man käme nicht dran. Dieses permanente Aufrechterhalten von Kraft bringt eine Schwächung mit sich, vorausgesetzt, man sähe sich dadurch in seinen Möglichkeiten begrenzt (ansonsten es einem egal wäre).

Aufgrund dieser Logik begab ich mich geistig wieder in den Sitzungsmodus, sprach den Nebeldunst an und sagte zu seinen Teilchen: „Geht hin, wo ihr hergekommen seid. Geht zurück zu eurem Ursprung, zu eurem Urheber." Daraufhin zerfiel die Nebelwolke zu unserem größten Erstaunen in Tausende und Tausende von winzigen Teilchen. Sie löste sich auf und entschwanden ins Nichts. Der *mind walker* zeigte eine Entladung nach der anderen, und am Ende war alles ausgestanden und die Werte normal.

Das war meine erste Begegnung mit Mentalquanten. Die rein zufällig gefundene Anweisung: „Zum Ursprung zurück!" erwies sich fortan als wichtiges Instrument zur Handhabung widerspenstiger mentalenergetischer Konfigurationen und leistet uns bis heute gute Dienste. Indem man Mentalquanten mit freundlichem Nachdruck zur Rückkehr ermutigt, fordert man deren Urheber sozusagen indirekt auf, sie zurückzunehmen. Damit lösen sich Konfigurationen auf. Eventuell muss man den Urheber allerdings dazu bewegen, die Absicht aufzugeben, mit der er das Mentalquantenfeld erschaffen hält, was dieser nicht unbedingt immer gerne tut. Auf diese Weise entstehen während einer MindWalking-Sitzung recht spannungsgeladene Dialoge mit den seltsamsten Wesenheiten, siehe MWU und APR.

Die Zauberformel: Alle zurück ins Körbchen!

Die damals mit viel Glück gefundene Anweisung: „Zum Ursprung zurück!" konnte deswegen funktionieren, weil Mentalquanten nur am Platz bleiben, solange ihr Urheber das will. Er wendet Willenskraft auf. Ohne diese würden sie ganz von selbst zu ihm zurückkehren und sich quasi durch ihn hindurch in das Nichts auflösen, aus dem er sie ursprünglich hervorzauberte.

So mystisch das erscheinen mag, lässt es sich doch mit einem kleinen Experiment nachweisen: Schauen Sie bitte auf ein Objekt ein paar Meter vor sich. – Gut. – Nun schauen sie bitte auf ein anderes Objekt links hinten. – Gut. – Und nun auf ein drittes Objekt rechts hinten. – Gut. Ende.

Sie werden bemerkt haben, dass Ihre Aufmerksamkeit nicht auf Objekt eins liegen blieb, als sie zu Objekt zwei schauten. Mit Objekt zwei und drei ging es genauso. Ihre Aufmerksamkeitswolke, bestehend aus Mentalquanten, löste sich am ersten Punkt auf, wo sie platziert worden war, als Sie zum zweiten schauten und dort eine neue Aufmerksamkeitswolke platzierten. Beim Wechsel vom zweiten Punkt zum dritten ging es genauso. Aufmerksamkeit wurde von Ihnen platziert und löste sich auf, kaum, dass Sie sie woanders hin platzierten.

Wenn wir hier von „auflösen" sprechen statt von „ablösen", dann mit gutem Grund. „Ablösen" erweckt die Vorstellung, Aufmerksamkeit sei so etwas wie ein Kaugummi, den man hierhin klebt, ablöst und dann dorthin klebt, aber so ist es ja nicht. Aufmerksamkeit wird in Form von Mentalquanten zweckgebunden erschaffen und entschaffen.

Dieser Vorgang lässt sich willentlich unterbinden, und dann wird es anstrengend. Wiederholen wir deshalb unser Experiment in leicht veränderter Form: Richten Sie Ihre Aufmerksamkeit auf das Objekt vor sich. – Gut. – Schauen Sie nun mit den Augen auf das Objekt zur Linken, halten sie aber Ihre Aufmerksamkeit unverändert auf dem Objekt vor Ihnen. – Gut. – Wenden Sie sich nun dem Objekt zu Ihrer Rechten zu, und während Sie es mit den Augen anschauen, halten Sie bitte gleichzeitig Ihre Aufmerksamkeit sowohl auf dem Objekt vor Ihnen wie auch auf dem zu Ihrer Linken.

Langsam wird das mühsam. Je mehr Objekte Sie hinzunähmen und Ihre Aufmerksamkeit bewusst und willentlich auf allen gleichzeitig hielten, desto mehr würden Sie an die Grenzen ihrer Kräfte kommen. Genau das geschieht, wenn wir Sorgen haben und zehn Baustellen gleichzeitig im Kopf rotieren. Wir sind zerstreut statt gesammelt, und das zermürbt.

Zuviel denken tut weh, wie sich hier erweist. Am gesündesten ist es daher, wenn man Aktionsabläufe vollständig abschließt, ob physische oder geistige. Man denkt dann nicht mehr an sie, man verströmt sich nicht mehr, sondern ist ganz bei sich.

13. Als Geistwesen agieren wir von einem bestimmten Punkt aus, der sogenannten *Wahrnehmungsposition.* Indem man von dort aus Mentalquanten platziert, interagiert man mit der Umgebung.

Wir sind jeder eine Null

Zeigt man auf einen beliebigen Ort im Raum, so hat man damit einen Punkt bestimmt. Den Punkt selbst kann jedoch keiner sehen, weil er per Definition keinerlei Ausdehnung in Länge, Breite oder Höhe hat. In der Geometrie nennt man ihn „nulldimensional". Er könnte auch mitten in der leeren Luft liegen.

Um zu beschreiben, welchen Punkt man meint, bestimmt man dessen Position mithilfe von Koordinaten. Um die Kamera für ein Video aufzustellen, würde man etwa sagen: „Die Kamera sollte am besten mittig im Türrahmen stehen (Koordinate der Senkrechten) und zwar auf Höhe der Türklinke (Koordinate der Waagrechten)."

Die Wahrnehmungsposition eines Geistwesens ist ein solcher nulldimensionaler Punkt. Indem wir aus ihm heraus Mentalquanten platzieren, entstehen Koordinaten und damit Orientierung. Auf diese Weise erschaffen wir für uns eine Umgebung und interagieren mit dieser. Ohne Platzieren von Mentalquanten gäbe es für uns keine Umgebung. Ein Beispiel: für einen neugierigen, fröhlichen Menschen existiert die Welt in weit höherem Maß als für einen tieftraurigen, apathischen.

Wohlgemerkt „hat" ein Geistwesen nicht diese Wahrnehmungsposition, so wie der Jäger seinen Hochsitz, vielmehr *ist* es diese. Es gibt nicht „hier das Wesen und dort der Punkt" im Sinne von: „dort ist ein Punkt, da setz ich mich hin". So nicht, denn das Wesen selbst *ist* der Punkt.

Wir sind als Geistwesen nichts weiter als ein Gedanke des Allseins (der keine Dimension hat), welcher sich beliebig an einem Punkt (der keine Dimension hat) postuliert und sich durch Platzierung von Mentalquanten die Umgebung erfahrbar macht. Indem wir eine Wahrnehmungsposition einnehmen, erfahren wir räumliche Getrenntheit vom Allsein (siehe Satz 7). Rein räumliche Getrenntheit wäre weiter nicht schlimm. Identifizieren wir uns aber mit dieser Wahrnehmungsposition, sagen wir „das und nur das bin ich", dann sind wir auch geistig getrennt vom Allsein und auf einen Ego-Trip geraten. Keine gute Idee.

Der Blick vom Jenseits ins Diesseits

Zwar sind einem Punkt die Dimensionen Länge-Breite-Höhe nicht gegeben, wohl aber die Dauer. Denn der Punkt, von dem aus ein Wesen agiert, wird in den betreffenden Koordinaten für einen nur begrenzten Zeitraum genutzt, nämlich genau solange, wie ihn ein Geistwesen dort „postuliert" (was bedeutet: fordern, dass etwas so und so sein möge).

Ein Geistwesen ist demnach „ein Nichts mit Potenzial". Es wirkt sozusagen aus der Transzendenz „heraus" über eine postulierte Wahrnehmungsposition in die dimensionale Welt „hinein". Salopp ausgedrückt, wirkt es aus dem Jenseits ins Diesseits. Das Jenseits aber ist kein Ort, sondern absolut und unendlich, siehe Satz 1, und deswegen sind auch wir das, die Geistwesen. Nicht durchgängig ist uns dies bewusst.

Besinnen wir uns aber darauf, so erleben wir für diese Zeitspanne die Befreiung von der Illusion des *maya,* die Loslösung von der Relativität der vierdimensionalen Existenz und die Verbindung mit dem Absoluten. Im Sanskrit nennt man dieses Ereignis *moksha,* möglicherweise zu übersetzen mit Erleuchtung oder Befreiung. Alle religiösen Disziplinen kennen es, die Hindus, die Buddhisten, die Taoisten, die muslimischen Sufis, die christlichen Mystiker. Das Einzelbewusstsein, *atman,* erlebt sich als eins mit dem Potenzial des Allbewusstseins, *brahman.* Das bedeutet keineswegs, dass man vor lauter Frohlocken lebensuntauglich wäre, sondern ganz im Gegenteil: man nimmt das Leben mit Souveränität und Humor. Weiß man nämlich um die Ewigkeit des Lebens, so kann einem nichts mehr etwas anhaben. In der schlichten Ausdrucksweise des Jesus Christus, der ja zweifellos ein sehr tätiger Mensch war, solange er einen Körper hatte: „Ich und der Vater sind eins" (Johannes 8, 30) – womit er ausgedrückt haben dürfte, dass diese Option jedem geistigen Wesen offensteht, nicht lediglich ihm allein.

Bildhaft gesprochen ist es, als wäre man als Geistwesen ein Schlüsselloch, durch welches das Allbewusstsein aus der unendlichen Erscheinungslosigkeit seines Potenzials in den durch vier Dimensionen begrenzten Raum des Universums mit seinen vielfältigen Erscheinungsformen hinein „schaut". Als wären wir Geistwesen die Punkte, durch die das Göttliche aus zahllosen Blickwinkeln die von ihm geschaffene Welt erfährt. Im Sanskrit heißen solche Punkte *bindu.* Durch sie wirkt das Geistwesen, *atman,* in die Welt hinein. Das Allbewusstsein, *brahman,* zaubert sich Wahrnehmungspositionen, nimmt sie ein und erlebt die Welt aus deren Sicht.

Die „Grundsubstanz", das Sein, ist ein und dasselbe. Wahrnehmungsposition und das Göttliche sind ein und dasselbe Sein, nichts separat voneinander Existierendes. Aus diesem Grund nennen wir es „Allsein".

Wir Geistwesen, jedes ein mit Wissen und selbst-reflektierendem Bewusstsein ausgestattetes Nichts, sind alle teilhaftig an dem großen Nichts des Allbewusstseins. Anders ausgedrückt: zwischen dem Allsein und dem individuellen Sein gibt es weder Unterschied noch Trennung, zumindest nicht prinzipiell. Im Sanskrit, wie weiter oben bereits erwähnt, nennt man diesen Zustand *advaita,* die Nicht-Zweiheit.

Ein christlicher Mystiker des Mittelalters, Meister Eckhart, drückt das so aus: „Wo ich nichts für mich will, da will Gott für mich. (…) Darin, wo ich von meinem Ich lasse, da muss er für mich notwendig alles das wollen, was er für sich selbst will." Und weiterhin heißt es: „Wie aber sind wir Söhne Gottes? Dadurch, dass wir ein Sein mit ihm haben."[11]

Der spirituelle Grundgedanke „aus dem Einen das Viele, das Viele in Einem" findet übrigens im Glockenläuten seinen Ausdruck: über dem ganzen gewaltigen Getöse individuell vor sich hin schlagender Glocken liegt ein gleichmäßiger, singender Oberton – Symbol für das Statische, die Ewigkeit, das ewige Jetzt.

Denkt sich Gott was dabei?

Es könnte der Eindruck entstehen, dass dieses Potenzial, von dem hier immerfort die Rede ist, so etwas ähnlich Kaltes und Steriles sei wie ein Zufallsgenerator, und es ohne Sinn und Verstand ein Wesen nach dem anderen in die Welt hineinspuckte. Dem ist nicht so. Man möge nicht vergessen, dass es hier um ein allumfassendes Bewusstsein geht, was sowohl die geschaffene Welt überblickt – indem es durch die milliardenfache Vielzahl von Wahrnehmungspositionen in diese Welt hineinschaut – wie auch eine Idealvorstellung verfolgt, nämlich die der perfekten Harmonie. Das geht aus den Sätzen 5 und 8 hervor: Das Allbewusstsein erstrebt den Abschluss von Aktionsabläufen, damit der transzendentale Zustand vor Beginn aller Aktionsabläufe wieder hergestellt sei. Ein jeglicher Gedanke, der als geistiges Wesen in Erscheinung tritt, soll zu diesem idealen Abschluss beitragen.

Das Göttliche hat also grundsätzlich nur Gutes im Sinn, davon zeugt jede in MindWalking-Sitzungen gefundene Urberufung. Natürlich könnte es auch anders geartete Uraufträge geben, von ihnen jedoch wissen wir nichts. Dass es im Ergebnis nicht zum geplanten Schönen und Guten kommt, liegt an unserer Art und Weise, mit unserem freien Willen umzugehen und das Gegenteil von dem zu tun, für was wir losgeschickt wurden. Aber dafür kann der liebe Gott nichts; daran sind wir ganz allein selbst schuld. Das Göttliche denkt sich etwas aus, möchte es in die Tat umgesetzt sehen und greift ein, wenn das nicht in erwünschter Weise geschieht. So kommt es zu weiteren Gedanken und damit weiteren Geistwesen, alle mit dem Auftrag, den ganzen großen universellen Aktionsablauf abschließen zu helfen und die existierende Welt ins Nirvana aufzulösen. Es gibt also ständig etwas zu reparieren, und dafür sind wir, die Geistwesen, letztlich da.

Kurz, das Allbewusstsein hat Absichten, reflektiert den Zustand des Spiels und ersinnt Maßnahmen, um es zu optimieren und zum idealen Ende zu führen. Witziger Weise bestätigt sich damit die alte Vorstellung vom bärtigen Weltenlenker, wenn auch nicht in dieser klischeehaften Form. Eher wäre er ein „erlebnisfreudiger Aufgaben-Erdenker" zu nennen (Erinnerungen zum Ablauf dieser „spirituellen Schöpfungsgeschichte" finden sich in Teil 2.)

Übrigens verfügt das Göttliche im Unterschied zu uns Menschen ständig über gute Laune, es ist nie frustriert. Dies deswegen, weil es keine Etappenziele kennt, keine Targets und Benchmarks, weil es jenseits der Zeit und außerhalb von jeglichem Erfüllungsdruck steht. Es kann sich ewige Großzügigkeit und Heiterkeit leisten. Zorn und Wut sind ihm undenkbar – weswegen der „Gott" des Alten Testaments, ein jähzorniger Wüterich, nicht das sein kann, was hier als Allbewusstsein bezeichnet wird (auch hierzu siehe Teil 2).

14. Indem wir Mentalquanten platzieren, entsteht für uns eine Welt in Form von Energie, Raum, Materie und Zeit.

Ein Rezept zum Erschaffen der Welt

Mit diesem Satz ist das Rezept zur Erschaffung einer Welt gegeben. Eine Welt besteht aus den Dimensionen Länge, Breite, Höhe und Dauer, und sie setzt sich zusammen aus den Komponenten Energie, Raum, Materie und Zeit. Wie es zu diesen Dimensionen und Komponenten kommt, davon handelt dieser Satz.

Energie: Stellen wir uns ein Geistwesen vor, das infolge seiner Berufung aus dem Allbewusstsein ausgeschieden ist. Nun „schwebt" es mutterseelenallein in der Unendlichkeit der Leere. Weil die Leere nun mal leer ist, gibt es für das Wesen dort naturgemäß nichts wahrzunehmen. Um sich zu orientieren, erschafft es ein Mentalquant und platziert es irgendwo. Damit schafft es sich seine Umgebung. Für das Platzieren und Aufrechterhalten bedarf es der Kraft. Zu diesem Zweck aktiviert das Geistwesen sein mentalenergetisches Potenzial soweit nötig. Schon durch das Platzieren eines einzigen Mentalquants ist Raum entstanden, denn erstens befindet sich dieses winzige mentalenergetische Kraftfeld in einer gewissen Distanz zur Wahrnehmungsposition, zweitens hat es eine gewisse Ausdehnung.

Raum: Platzierte das Geistwesen nun weitere Mentalquanten in die Leere, so entstünden auf diese Weise Beziehungen zwischen diesen: das eine Mentalquant wäre weiter vorne, das andere weiter hinten, das dritte links vom vierten, usw. Damit würde sich ein Raum immer weiter aufspannen. Er wäre definiert durch nichts weiter als die platzierten Mentalquanten. Nur diesen Raum gäbe es zu diesem Zeitpunkt, nur ihn und die Leere. In der Leere wäre für das Geistwesen durch Platzieren von Mentalquanten der Eindruck von Raum entstanden.

Zeit: Gleichzeitig mit dem Platzieren wäre auch Zeit entstanden, denn nun gibt es ein Vorher und Nachher. Es gibt den Zeitpunkt *vor* der Aktion, *während* der Aktion und *nach* der Aktion. Folglich entsteht der Eindruck von Zeit durch die Beobachtung von Aktionsabläufen. Auf feinstofflicher Ebene wäre es das Entstehen und Vergehen von Mentalquanten, auf grobstofflicher beispielsweise die Bewegung der Sonne: sie geht auf, sie geht unter, und das nennen wir „einen Tag".

Ohne Veränderung gäbe es keine Zeit, ob auf physischer oder mentaler Ebene. Aus diesem Grund ist der transzendentale Zustand des Allbewusstseins zeitlos, ist ein ewiges Jetzt des Potenzials. Dort gibt es keinerlei Aktionsabläufe, keinerlei Veränderung, kein Vorher und kein Nachher. „Dort oben" nicht, „hier unten" aber schon.

Ewigkeit: Trotz aller Transzendenz, könnte man meinen, müsste es im Allbewusstsein doch so etwas geben wie Zeit, denn insofern sich das

Allbewusstsein seiner selbst bewusst ist (sonst wäre es nicht allwissend), weiß es auch, dass es welterschaffend wirkt, dass seine Gedanken und Absichten zu Geistwesen werden. Ebenso weiß es, dass es hinsichtlich dieser Welt drei Existenzzustände gibt: den *vor* dieser Welt, den *während* dieser Welt und den *nach* ihrem Verschwinden. Weil aber alle drei Existenzzustände für das Allbewusstsein gleichzeitig existieren, gibt es dort keinen Zeitverlauf in unserem Sinne, sondern tatsächlich nur ewige Gleichzeitigkeit, ein ewiges Jetzt. Das Allbewusstsein steckt nicht im Aktionsablauf drin, so wie wir, sondern steht darüber: es *ist* transzendent. Indem jedoch wir als Geistwesen Zeit erleben und am Allbewusstsein „angekoppelt" sind, dürfte auch das Allbewusstsein am „Erlebnis Zeit" teilnehmen, nämlich über uns.

Materie: Nicht nur Raum und Zeit entstehen beim Platzieren von Mentalquanten, sondern auch Materie. Eine Wolke von Mentalquanten wäre bereits als Materie zu betrachten – hauchfein, selbstverständlich, doch nichtsdestoweniger ein Etwas im Unterschied zum Nichts der Leere. So betrachtet, reicht Materie vom feinsten feinstofflichen Geistgespinst über emotionsgeladene Erinnerungsbilder bis hin zur grobstofflichen physischen Materie in Form von Tisch und Stuhl. Materie, ganz trocken definiert, ist die Konfiguration von Mentalquantenfeldern in unterschiedlichen Formen von unterschiedlicher Dichte.

Physikalische und mentale Materie prinzipiell das Gleiche

Unter Materie versteht man umgangssprachlich „alles, was aus einem Material besteht". Holz, Eisen und Stein sind Materialien und damit Materie. Alle Materialien bestehen je nach Tiefenschärfe der Beobachtung aus Molekülen, Atomen, subatomaren Teilchen und letztlich Energiewirbeln. Alle Materialien zusammengenommen sind das, was wir unter Materie verstehen. Jede Materie hat eine Masse.

Weil der Begriff „Masse" in der Physik noch nicht zur Zufriedenheit geklärt ist, müssen wir uns hier behelfen, so gut es geht. Umgangssprachlich bedeutet Masse „ein Haufen Zeugs". Ein großer Haufen Sägespäne ist eine größere Masse als ein kleiner. Jedoch kann Masse auch Verdichtetheit bedeuten. Verdichtet man nämlich den großen Haufen Sägespäne zu einer Spanplatte, so verkleinert man den Raum, den die Sägespäne vorher einnahmen. Wegen ihrer hohen Dichte sagt man von der Spanplatte, sie habe „viel Masse", d. h. mehr Masse als etwa eine gleichgroße Styroporplatte. Bei letzterer sind die Teilchen weniger dicht aufeinander gepackt, daher ist sie weniger massig. Das führt dazu, dass die Spanplatte schwerer ist als die Styroporplatte; ihr spezifisches Gewicht ist größer, um genau zu sein. Im Erlebnis, wenn wir damit arbeiten, erscheint uns die Spanplatte massiger oder massiver als die Styroporplatte.

Bezogen auf mentale Vorgänge bedeutet das, dass ein Geistwesen Mentalfelder von unterschiedlicher Masse herzustellen vermag, indem es Mentalquanten entsprechend verdichtet. Je dichter, desto massiger, und „desto mehr ist da etwas". Das subjektive Erleben von mentaler Massigkeit – der „dicke Kopf", den jeder Studierende kennt – dürfte auf den Kraftakt zurückzuführen sein, den es braucht, eine große, verdichtete Menge von Mentalquanten am Platz zu halten.

Jeder von uns tut das andauernd. Sie, der Leser, genauso wie ich, der Autor, sind geistige Wesen. Indem ich dieses Buch schreibe (am Computer), konzentriere ich mich auf den Bildschirm vor mir; ich erschaffe also für einen bestimmten Zeitraum ein Aufmerksamkeitsfeld der nötigen Dichte und Intensität. Je kraftvoller ich das Feld erschaffe, desto intensiver wirkt es. Gleichzeitig erschaffe ich Bilder und gedankliche Spannungsbögen, beides Aufmerksamkeitsfelder. Sie als Leser tun ein Gleiches mit der bedruckten Seite vor sich. Sie richten ihre Aufmerksamkeit darauf und erschaffen, angeregt vom Geschriebenen, ohne Unterlass Erinnerungs- und Vorstellungsbilder unterschiedlicher Intensität und Massigkeit. Folgen Sie dem Spannungsbogen der Geschichte mit großer Neugier, so ist auch ihr platziertes Mentalquantenfeld entsprechend intensiv.

Soweit, so gut. Massigkeit wäre hier noch nicht gegeben, sondern lediglich rege Aufmerksamkeit. Ohne wache Aufmerksamkeit wäre ein Buch nichts weiter als eine kunterbunte Anhäufung von Buchstaben, auf die das Auge schaut und in denen der Geist keinen Sinn erkennt. Man versteht weder die Wörter noch den Sinnzusammenhang, kommt ins Grübeln und entwickelt schließlich einen Zorn auf Buch und Autor; geistig bildet sich eine regelrechte „Gewitterwolke“ um einen herum. Diese erlebt man als Masse, als dicken Kopf. Verflüchtigen sich die grüblerischen oder zornigen Gedanken aber aufgrund einer Erkenntnis, so fühlt man sich licht und leicht, denn die anfängliche geistige Massigkeit hätte sich nun aufgelöst.

Aus Wasser Wein machen? Kein Problem ...

Inwieweit die hier dargestellte Entstehung von Raum-Zeit-Energie-Materie auf spiritueller Grundlage ihre Parallelen zur Physik haben mag, bliebe zu untersuchen. Insbesondere wäre herauszufinden, inwieweit die hier beschriebenen Mentalquanten subatomaren Energiewirbeln wie etwa den Photonen entsprechen. Sollte diese Entsprechung tatsächlich gegeben sein, so läge der Schluss nahe, dass das Verdichten von Mentalquanten nicht nur zu mentaler Energie und Materie führen würde, sondern in letzter Konsequenz auch zu physischer. Demnach müsste ein entsprechend begabtes Geistwesen eine real existierende Kaffeetasse sowohl entschaffen wie auch „aus der leeren Luft heraus“ eine neue erschaffen können – und damit das leisten, was der Legende nach den Druiden, Schamanen, Yogis und Magiern möglich gewesen sein soll.[12]

Beachtenswert in diesem Zusammenhang ist folgendes Zitat zur neueren Physik: „So etwas wie das perfekte Vakuum gibt es in der Quantenwelt nicht. Stattdessen schäumen konstant überall in der Raumzeit Partikel in die Existenz herein und wieder hinaus. Dies sind eher ‚virtuelle‘ als ‚reale‘ Partikel – will heißen, es handelt sich um vorübergehende Fluktuationen, welche direkt der Quanten-Ungewissheit entspringen. Doch obwohl ihre Lebensdauer nur kurz ist, haben sie während der knappen Periode ihrer Existenz immer noch Zeit, um mit langlebigeren Arten von Materie zu interagieren.“[13]

Manchem Leser mag das Konzept des Entschaffens rätselhaft und auf menschlicher Ebene nicht durchführbar erscheinen. Man kennt es vielleicht aus den Märchen mit ihren Zauberern und Hexen oder aus dem Neuen Testament, welches Jesus Christus Wunderkräfte zuschreibt: er habe aus Wasser Wein gemacht, habe mit fünf Broten und zwei Fischen fünftausend Menschen gespeist (Matth. 14, 15-21) und vieles mehr.

Als braver Christ bleibt einem nichts anderes übrig, als das zu glauben. Doch zum Glück finden sich noch im heutigen Indien kaum bestreitbare Belege für solche Wunder, wie etwa von Yogananda in seiner Autobiografie beschrieben und von Psychologieprofessor Erlendur Haraldsson in seiner kritischen Untersuchung des Sathya Sai Baba belegt.[14] Dieser Sohn armer Bauern aus niederer Kaste (1926-2011) erschuf seit seinem vierzehnten Lebensjahr tausendfach aus dem Nichts Ringe, Uhren, Mahlzeiten für große Gesellschaften, essbare Früchte und Leckereien, goldene Statuen. Umgekehrt konnte er Dinge auch wieder ins Nichts auflösen.

Dies fällt schwer zu glauben, zumal der genannte Wundertäter im Alter als Pädophiler verschrien war. Ungeachtet seines unrühmlichen Lebensendes macht es einem die Recherche Haraldssons jedoch schwer, das Tun des Sai Baba als bloße Zaubertricks vom Tisch zu fegen (zumal er zum Zeitpunkt jener Studie diesen üblen Ruf noch nicht hatte). Haraldsson verbrachte auf acht Reisen zwischen 1973 und 1983 viele Monate mit dem indischen Heiligen. Nach Gesprächen mit ihm sowie nach Befragen unzähliger Zeugen, Bewunderer und Hasser trug er eine überzeugende Anzahl von Belegen für die Unbestreitbarkeit der Erscheinungen von Materialisation und Auflösung zusammen.

Laut Sathya Sai Babas eigener Aussage habe er sein voriges Leben (1856-1918) als weithin bekannter Heiliger in dem Ort Shirdi verbracht, ebenfalls unter dem Namen Sai Baba und mit der gleichen spirituellen Wirkungsmächtigkeit.[15] Abgesehen davon, dass beide materielle Dinge aus der leeren Luft herbeizaubern konnten, vermochten sie auch an mehreren Orten gleichzeitig zu erscheinen, mit den Menschen dort zu sprechen und sie zu heilen. Nicht nur rein geistig waren sie erfahrbar, sondern auch in physischer Form; man konnte sie anfassen.

Zweiundzwanzig Jahre nach dem Tod des Shirdi Sai Baba erfolgte die Verwandlung des vierzehnjährigen Sathya. Nach Aussage seiner Geschwister schrie der Junge am 8. März 1940 um sieben Uhr abends auf, sprang hoch und fiel besinnungslos zu Boden; sein Körper wurde steif. Der Arzt gab ihm eine Spritze; der Junge blieb die ganze Nacht besinnungslos; am nächsten Morgen wirkte er normal; der Arzt bescheinigte es. Gleichwohl war der Junge von diesem Zeitpunkt an völlig verwandelt. Er fiel unvermittelt in Trance, Gesänge und Gedichte brachen aus ihm heraus; gelegentlich hielt er tiefgründige Vorträge über philosophische Weisheiten des alten Indien. Ein weiterer Arzt erklärte ihn für hysterisch.

Zwei Monate später, am 23. Mai 1940, rief er alle Familienmitglieder zusammen und beschenkte sie mit Zuckerwerk und Blumen, die er aus dem Nichts hervorbrachte. Die Nachbarn hörten davon, strömten herein, und jeder bekam von ihm eine in Milch gekochte Reiskugel sowie Blumen und Zuckerwerk, einfach indem er mit seiner Hand in der Luft hin und her wedelte.

Sein Vater zeigte sich davon keineswegs beeindruckt, sondern beschimpfte den Jungen als größenwahnsinnig und wollte ihn mit einem schweren Stock verdreschen. Da sagte der Junge: „Ich bin Sai Baba aus Shirdi und bin wiedergekommen, verehre mich!" – woraufhin der Stock aus den Händen des Vaters fiel. Nach Aussage seiner Schwester waren solche Wundertaten vor dem genannten Datum nie vorgekommen.

Der moralische und spirituelle Abstieg gegen Lebensende des Sathya Sai Baba wurde mir, dem Autor, begreifbar, als während einer Solositzung, Jahre nach dessen Tod, unabsichtlich ein telepathischer Kontakt zu ihm entstand. Ich bekam Dutzende und Dutzende von Bildern aus seiner Lebenswelt zu sehen: über Jahrzehnte hinweg scharte sich Tag für Tag eine fanatische Anhängerschaft zu Tausenden um ihn und ließ ihm keine Sekunde Ruhe. Ihre Wünsche, Hoffnungen, Sehnsüchte und Begierden begruben ihn unter sich wie eine Schlammlawine, insbesondere, als ein Fanatiker während einer religiösen Massenveranstaltung seinen eigenen Penis abschnitt und ihm diesen als Opfer anbot. Das färbte auf ihn ab und blieb an ihm hängen – ein „telepathisches Downloaden" auf das später noch eingegangen wird. In seiner vorherigen, ärmlichen und menschenscheuen Inkarnation als Einsiedler in Shirdi waren dem Sai Baba soziale Belastungen solchen Ausmaßes unbekannt, weswegen es ihm leicht fiel, seine Reinheit zu erhalten. Er blieb bis zu seinem Tod hochgeehrt.

Wahrnehmen und Wissen: Allwissenheit für alle

Hier geht es um die mentalenergetischen Mechanismen von Wahrnehmung und darum, wie wir uns auf spiritueller Ebene Wissen aneignen.

15. Indem wir in einer gegebenen Welt Mentalquanten platzieren, entstehen ein *Bezugspunkt* sowie *Wahrnehmung*.

Blind trotz bester Augen

Richtet man seine Aufmerksamkeit auf etwas, so platziert man gleichzeitig Mentalquanten darauf. Ob Mentalquanten oder Aufmerksamkeit, beide Begriffe meinen dasselbe. Dieses „etwas", auf das man da seine Aufmerksamkeit richtet, ist für den betreffenden Zeitraum unser *Bezugspunkt*. Hat man ein Buch vor der Nase, hängt aber seinen Tagträumen nach, so nimmt man bekanntlich keine einzige Zeile wahr. Die Tagträume sind einem als Bezugspunkt viel wichtiger als das Buch. Ist man fasziniert von einem Fernsehprogramm, so hört man die Haustürklingel nicht, denn der Bezugspunkt Fernsehprogramm blendet alles andere aus. Beim Leser sind die Augen in Ordnung, aber er sieht nicht; beim Fernsehzuschauer sind die Ohren in Ordnung, aber er hört nicht. Wie kommt das? Weil man seine Aufmerksamkeit fokussiert hat. Alle Mentalquanten hat man auf einen bestimmten Punkt platziert, und was sonst noch geschieht, registriert man nicht.

Sinnliche Wahrnehmung in Form von Sehen, Hören, Riechen, Schmecken, Tasten setzt voraus, dass man seine Aufmerksamkeit auf Augen, Ohren, Nase, Zunge und Haut gelenkt hätte. Tut man dies nicht, so ist man trotz physiologisch und neurologisch hervorragend funktionierendem Sinnesapparat wie blind, taub und stumpf.

Daraus folgt, dass *Wahrnehmung* in erster Linie durch das zielgerichtete Lenken von Aufmerksamkeit entsteht, anders gesagt durch das Platzieren von Mentalquanten auf Bezugspunkte. Nicht nur Menschen mit Körpern ergeht es so, sondern auch freischwebenden Geistwesen, wiewohl die über keinerlei Sinnesorgane verfügen. Dessen ungeachtet nehmen sie die Welt auf ähnliche Weise wahr wie ein Körperbenutzer. Immer wieder verblüfft in Sitzungen, dass körperlose Wesen bei ihrer Annäherung an die Erde oder an eine schwangere Frau die Welt ähnlich dreidimensional und perspektivisch sehen, wie wir es von Wesen mit Körpern gewohnt sind. Es geht offensichtlich auch ohne körperliche Sinne. Allein die Aufmerksamkeit ist das Entscheidende.

Rein logisch würde dies voraussetzen, dass man noch vor der aktuellen Wahrnehmung eines fremden, unbekannten, noch niemals erspürten Bezugspunkts bereits weiß, dass es da etwas wahrzunehmen gäbe, dass vielleicht eine Gefahr droht – und man guckt hin. Beruht dies auf einer vorausgehenden Intuition? Oder auf einem andauernd kreisenden Aufmerksamkeitsradar? Oder mal so, mal so? Der Leser möge bei sich selbst erspüren, wie er es tut.

Unsichtbar kommunizieren geht nicht

In Satz 13 hieß es, ein Geistwesen „rein netto" sei eine nulldimensionale Wahrnehmungsposition und deshalb nicht sichtbar. Das wiederum bedeutet: zwei Geistwesen in ihrer reinen Form als Wahrnehmungsposition „rein netto" vermögen einander nicht zu sehen. Nur über die von ihnen erschaffenen Mentalquantenfelder können sie einander wahrnehmen, denn die sind sehr wohl sichtbar. Vergleichen ließe sich dies mit den zwei Spielern eines Online-Computerspiels, die ausschließlich über ihre virtuellen Spielfiguren miteinander interagieren, einander aber nicht sehen können.

So abstrakt und abgehoben dies vielleicht klingen mag, gilt es doch für jegliche Existenzebene. Einen Bäcker kann man als reines Sein nicht wahrnehmen, sondern nur über die von ihm geschaffenen Partikel, nämlich die Brötchen. Ebenfalls wahrnehmbar sind die Aktionsabläufe und der Kraftaufwand im Zusammenhang mit der Produktion von Brötchen. Natürlich kann man den Körper eines Bäckers mit den Augen sehen, aber dieser Körper ist nicht das Sein des Bäckers, selbst wenn er in Arbeitskleidung vor einem stünde. Es könnte sich schließlich um einen Karnevalsscherz handeln. Wesentlich an einem Bäcker sind weder seine Körperform noch seine Arbeitskluft, sondern seine Identität als Bäcker, sein Sein. Dieses Sein drückt sich aus im physisch wahrnehmenden Tun des Backens und in dessen Ergebnis, den Brötchen. Ein Bäcker ohne Brötchen ist keiner. Säße einer splitternackt in der Sauna neben einem und behauptete, er sei Bäcker, so würde man ihm das zwar freundlicherweise glauben, doch erst die vorgeführte Backtätigkeit und die vorgezeigten Brötchen wären der überzeugende Beleg.

Das gilt selbstverständlich für jeden Beruf: für den „Maler", der keine Bilder vorzuweisen hat, für den „Professor" ohne Lehrstuhl, für den „Segler", der den Unterschied zwischen Bug und Heck nicht kennt. Nur am physischen Tun und Haben lässt sich die Wahrhaftigkeit eines abstrakten, nulldimensionalen Seins überprüfen (siehe LVO).

16. Wahrnehmung ist ein Aktionsablauf, der zur Erkenntnis führt. Mit deren Eintreten ist er abgeschlossen. Die platzierten Mentalquanten lösen sich auf.

Immer aufhören, wenn es am schönsten ist

Ausgedrückt über die Konstruktion Sein-Tun-Haben, nimmt Wahrnehmung folgenden Verlauf: das Wesen (Sein) ist gewillt, etwas wahrzunehmen; das Tun besteht im Platzieren von Mentalquanten; als Haben entsteht ein mentalenergetisches Feld namens Aufmerksamkeit. Der Bezugspunkt mag eine Person sein, ein Ort oder ein zu studierendes Thema.

Ein Beispiel: Sie gehen spazieren, schauen quer über die Weide und fragen sich, was das da drüben am Waldrand wohl sein mag? Damit hätten sie einen Bezugspunkt für Ihr Interesse gewählt. Nun produzieren Sie Mentalquanten. Sie umhüllen den Bezugspunkt mit einem Mentalquantenfeld, tasten ihn hinsichtlich Größe, Gestalt und anderer Eigenschaften ab. Ansatzweise und skizzenhaft entsteht ein vorläufiger Wahrnehmungsinhalt: „Ein großes braunes Tier ist das, ganz klar, aber was? Kein Pferd … vielleicht ein Reh? Ein Hirsch?"

Das wäre lediglich ein erstes Ergebnis, ein vorläufiges Haben, ein ungefähres Erfassen. Aber das reicht einem nicht. Es geht weiter mit dem

Abtasten und Erfassen, bis schließlich eine angemessene Erkenntnis zum Bezugspunkt eingetreten ist: „Eine Kuh!" Erst in diesem Augenblick ist die Neugier befriedigt. Wissen ist entstanden; Wissen, mit dem man einverstanden ist und das man akzeptieren kann. Damit ist das gewünschte Endergebnis erreicht. Damit hätte sich die Sache für Sie erledigt und Ihre Aufmerksamkeit, Ihr Mentalquanten-Potenzial, wäre freigestellt für andere Ziele.

Diese Erkenntnis ist das eigentliche, übergeordnete Haben; sie ist das, worum es überhaupt geht. „Erkenntnis" bedeutet: etwas oder jemanden in jeder Hinsicht verstanden haben. Volle Akzeptanz, volles Verständnis (was keineswegs volles Einverständnis bedeutet, nur um das nochmals zu wiederholen). Weiteres Untersuchen des Zielgebietes würde sich nun erübrigen. Es wäre langweilig und nervig, denn weiß man erst mal Bescheid, ist weitere Aufmerksamkeit in diese Richtung nicht mehr nötig. Deswegen sollte man immer aufhören, wenn es am schönsten ist.

Erfassen plus Erkennen gleich Wahrnehmen

Das oben genannte „übergeordnete, eigentliche Haben" ist *Wahrnehmen* im wörtlichen Sinn, denn es wird etwas „als wahr genommen", d. h. als wahr anerkannt. Ein bestimmter Bezugspunkt ist für das erkannt worden, was er wirklich ist. Dem voraus geht das *Erfassen* des Bezugspunktes, das „vorläufige Haben".

Hier unterscheidet sich die deutsche Sprache von den lateinisch beeinflussten, die „Wahrnehmung" mit Varianten von englisch *perception* widergeben, was sich von *percipere* ableitet, dem lateinischen Wort für Erfassen. Der *perception* folgt die *recognition* (engl.), das aus dem lateinischen abgeleitete Wort für „Erkennen". Auch in diesen Sprachen geht es also in zwei Schritten. Dem Rechnung tragend wird im weiteren Verlauf dieses Textes gelegentlich von „Erfassen" gesprochen, wenn eine abgeschlossene Wahrnehmung im echten Sinn noch nicht gegeben ist.

Veranschaulicht am obigen Beispiel: das betreffende Tier wäre korrekt erfasst mit „ungefähr 1,50 m hoch, mächtig gebaut, auf allen vier Beinen gleichzeitig stehend, braun, hat Hörner". Wäre dem Beschauer eine Kuh nicht bekannt, so wäre das Tier zwar erfasst, aber noch nicht erkannt. Dem entsprechend würde er rätseln, was das wohl für ein Tier sein mag und die Sache recherchieren. Hätte er dann das entsprechende Foto mit der Bezeichnung „Kuh" gefunden, so wäre er zufrieden. Sein Wissensdrang wäre gestillt, er hätte eine Wahrheit gefunden und der Wahrnehmungsvorgang wäre damit abgeschlossen.

Vollständiges, lückenloses und präzises Erfassen ist die Voraussetzung für korrektes Erkennen. Am obigen Beispiel: ohne Erfassen der Hörner hätte der Spaziergänger zu falschen Schlüssen verleitet werden können. Das Merkmal „Hörner" war hier entscheidend für die Zuordnung zu „Kuh".

Aus Nichts wird Nichts

Den Beginn dieses besonderen Aktionsablaufs bildete eine Neugier. Man hatte den Wunsch, etwas zu studieren, um zu einer Erkenntnis zu gelangen. Ist dieser Wunsch befriedigt, hält man seine ursprüngliche Absicht nicht länger aufrecht, und damit entschafft man gleichzeitig seine Mentalquanten. Das gesamte Mentalfeld löst sich auf, wie in Satz 12 beschrieben.

Beim Erschaffen produzieren wir als Geistwesen aus der potenziellen Fülle des Nichts Mentalquanten. Beim Entschaffen entlassen wir sie zurück ins Potenzial. Was bleibt, ist nichts. Kurz, aus Nichts wird Nichts.

Dieser Kreislauf „von Nichts zu Nichts" gilt im Kleinen für individuelle Geistwesen genauso wie im Großen für das gesamte Universum. So heißt es im Tao-te Ching, Vers 34: „Das große Tao fließt überall, es nährt die zehntausend Dinge und diese kehren zurück zu ihm."

17. Wahrnehmungsinhalte „merkt man sich" in Form von *Wissen.*

Speichern ohne Festplatte

Neues Wissen entsteht durch Erkenntnis. Wo wird es abgelegt? Schon bestehendes Wissen, dass man hervorkramt, um sich darauf zu berufen, woher nimmt man es?

Wissen ist kein Etwas. Es ist nirgendwo zu finden, man kann nicht drauf zeigen. Im Gehirn ist es auf keinen Fall abgelagert, sonst könnte man sich nicht an vergangene Leben erinnern oder im außerkörperlichen Zustand etwas wahrnehmen und sich merken. Genauso wenig ist Wissen auf einer irgendwo vorzufindenden Festplatte aufgezeichnet und abgespeichert. Eine Trägersubstanz hätte aus Materie und Energie zu bestehen und wäre der Zeit unterworfen. Ein solches Gebilde existiert nirgends.

Wie es zu diesem Übergang von Wahrnehmung zu neuem Wissen kommt, dafür findet sich kein treffendes Wort. Am besten passt immer noch die umgangssprachliche Redewendung „man sieht etwas und merkt sich das, und deswegen weiß man es".

Wissen, ob neu erworben oder uralt, ist einem nicht immer auch bewusst. Niemals hat man die Gesamtheit seines Wissens gleichzeitig im Sinn. Im Vergleich wäre das so, als erschienen sämtliche im Computer abgelegten Dateien parallel auf dem Bildschirm. Das würde zu einer völligen Überforderung des Geistes bzw. einer Überlastung des Computers führen. Der tatsächliche Vollzug ist dieser: je nach Bedarf holt man sich die nötigen Inhalte aus dem potenziellen Zustand ins Bewusstsein; man „macht sich etwas bewusst". Diese Möglichkeit des willentlichen Zugriffs nutzt man, wie man es braucht (auch hier eine Parallele zum Computer, dessen Erfinder die Funktionsweise des Geistes intuitiv nachempfunden zu haben scheinen).

Wissen ist potenziell und somit abstrakt, immateriell und transzendental. Es ist „nirgendwo und doch überall gleichzeitig".

18. *Aktivierung von Wissen* kann bewusst wie auch unbewusst erfolgen, sei es als geistiges Bild *(Mentalbild)* oder als spontanes Verhalten.

Wie man Wissen weiß

Um sich Wissen verfügbar zu machen, und eine Weile damit zu arbeiten, holt man es aus dem abstrakten Zustand „herunter" auf den geistigen Bildschirm; man macht es sich bewusst. Diese Portion Wissen ist Vorlage zum Aufbau eines mentalenergetischen Feldes, das man als geistiges Bild erlebt, sei es als Vorstellungs- oder Erinnerungsbild. Das wäre eine Weise, potenzielles Wissen zu aktivieren.

Die andere Weise wäre die des spontanen Verhaltens. Wo man sein Wissen mit Selbstverständlichkeit parat hat, benötigt man kein Bild, um es sich zu vergegenwärtigen. Man antwortet wie aus der Pistole geschossen. Über den Satz „Rom ist in Italien" braucht man nicht tief nachzudenken und in höchster Konzentration gar die Augen zu schließen – man weiß es einfach. Tausende von Dingen weiß man aus Gewohnheit, zum Beispiel Orte, Namen, Adressen oder wie man Kaffee macht oder Auto fährt. Auf eine einfache Formel gebracht: ohne Nachdenken entsteht kein Bild.

Muss man im Unterschied dazu doch nachdenken und durch die Konzentration von Mentalquanten ein Mentalbild produzieren, so existiert dies für eine bestimmte Dauer, hat eine bestimmte Dichte oder Intensität und nimmt einen bestimmten Raum ein. Manche Bilder sind dünn, klein und vage, andere sind mächtig, detailliert und intensiv. Beide existieren sie als verdichtete mentale Energie, als mentale Materie also, in Zeit und Raum.

Man kennt das aus dem Alltag: hat man sich längere Zeit nicht mehr mit einer Thematik beschäftigt, muss man sie sich noch einmal in aller Deutlichkeit vergegenwärtigen, um das anstehende Problem zu lösen. Wird man anschließend mehrfach mit dieser Thematik konfrontiert, muss man nicht mehr großartig nachdenken, man weiß einfach Bescheid. Die alte Routine hat sich wieder eingestellt.

Spontaneität hat zwei Gesichter

Der Vorgang der Aktivierung ist einem nicht immer voll bewusst, wie gesagt. Auch ohne Umweg über ein Bild kann sich ein mentalenergetisches Feld unvermittelt in Verhalten umsetzen. Aktiviertes Wissen kann somit seine Wirkung ausüben, auch ohne dass einem der Vorgang des Abrufens und der Inhalt des Abgerufenen bewusst wären.

Die möglichen negativen Auswirkungen davon sind unerwartete oder gar zwanghafte Erinnerungen, Vorstellungen und Emotionen sowie unangemessenes Verhalten. Die positiven Auswirkungen sind blitzgescheite

Ideen, von denen man nicht weiß, wie man drauf kam. Positiv wäre auch, wenn sich eine tausendfach eingeübte Routine spontan ins Verhalten umsetzt, wie etwa im Sport, beim Musizieren oder allein schon beim Sprechen der Muttersprache (im Unterschied zum Sprechen einer gerade erst gelernten Fremdsprache). Ob positiv oder negativ, es ereignet sich so spontan, dass man es nicht zu beeinflussen vermag.

Kurz, Wissen kann aus zwei Gründen unbewusst sein: entweder es befindet sich im potenziellen Zustand und ist nicht aktiviert. Oder es ist aktiviert, wird aber so schnell in Verhalten umgesetzt, dass man die zugrunde liegenden Inhalte nicht registriert. Oder aber – und das ist eine ganz andere Angelegenheit, von der später die Rede sein wird – man will sein eigenes Wissen nicht wissen und schiebt es von sich weg, macht es buchstäblich unbewusst.

19. Ist Wissen nicht mehr in Form von Mentalquanten aktiviert, so geht es wieder in den abstrakten begrifflichen Zustand über.

Kein Wissen geht je verloren

Mentalquantenfelder lösen sich in Nichts auf, sobald man sie nicht mehr aktiviert hält. Die Bilder verschwinden. Das Wissen hingegen, ob neu oder alt, bleibt erhalten, denn es unterliegt nicht der Zeit. Weil abstrakt und begrifflich, ist Wissen zeitlos und damit ewig.

Auch für Horrorbilder aus Kriegszeiten gilt dies. Nachdem die Abwehr gegen solche Bilder sowie das zwanghafte emotionale Nacherleben des betreffenden Geschehnisses im Verlauf einer Sitzung überwunden worden ist, verschwindet zwar das Bild, das Wissen aber bleibt. Nur schreckt es einen nicht mehr. Es kann jederzeit wieder abgerufen und bildhaft veranschaulicht werden, diesmal aber ohne den Horror.

20. Die Verfügbarkeit von bewusstem Wissen hängt vom aktuell gegebenen *Akzeptanzvermögen* eines Geistwesens ab.

Wir wissen mehr, als uns bewusst ist

Unter *Akzeptanzvermögen* verstehen wir bei MindWalking die Fähigkeit, einen bestimmten Wahrnehmungsinhalt zur Gänze zu erfassen, ohne zurückzuscheuen oder sich durcheinanderbringen zu lassen. Gedanklich wie auch emotional Anteil nehmen und trotzdem gelassen bleiben, das ist die Kunst. Das Gegenteil davon wären Verweigerung, Ablehnung, Verdrängung. Akzeptanzvermögen ist die Voraussetzung für Empathie, Erbarmen, Barmherzigkeit, Nächstenliebe, *caritas* (lat.), *agape* (griech.), *karuna* (Sanskrit).

Ähnlich wie Bewusstsein, Gelassenheit, Gesundheit, Glück oder Lebensfreude ist auch Akzeptanzvermögen ein Zustand. Zustände sind nie stabil oder fixiert, sondern bewegen sich auf einer gleitenden Skala zwischen den Extremen absolutes Minimum (null) und absolutes Maximum (unendlich). Zumindest rein theoretisch ist das so, denn im wirklichen Leben findet sich keins von beiden. Da gibt es nichts Absolutes, sondern lediglich Annäherungen. Beispielsweise ist man weder vollkommen glücklich noch vollkommen unglücklich, genauso wenig wie vollkommen gesund oder vollkommen ungesund. In der Realität liegt man immer irgendwo zwischen beiden Polen.

Mit dem Akzeptanzvermögen verhält es sich ähnlich. Weil es ein schwankender Zustand ist, verfügen wir darüber nicht durchgängig in höchstem Maß. Manche Inhalte sind einfach zu erschreckend, zu abgehoben oder vielleicht einfach zu banal, als dass wir uns gerne damit beschäftigen möchten oder könnten. Zwar ist alles Wissen grundsätzlich verfügbar, wie weit man aber drauf zugreifen kann oder will, hängt von der jeweils gegebenen Notwendigkeit und dem Akzeptanzvermögen ab. Dieses lässt sich durch Training allmählich aufbauen, ist aber dennoch der Tagesform unterworfen.

Würden wir uns unser gesamtes potenzielles Wissen „einfach mal so“ ins Bewusstsein rufen und wie eine tausendfache Bildergalerie um uns herumhängen haben, oder geschähe dies ungewollt aufgrund eines Drogenerlebnisses, so wären wir für diesen Zeitraum lebensunfähig, möglicherweise sogar verrückt. Es überstiege jegliches Akzeptanzvermögen.

Ahnung wird Gewissheit

In seiner feinsten Form zeigt sich Wissen als Ahnung. Sie befällt uns, wenn Akzeptanzvermögen zumindest soweit gegeben ist, dass uns zumindest mal ein Hauch von Wissen anweht, und in diesem Augenblick ahnen wir, da ist was, da ist was, da ist was … Wir bleiben dran, wir suchen und wehren uns – denn es mag unglaublich sein, überwältigend schön oder ganz unerträglich – und wir suchen weiter, immer weiter öffnet sich die Pforte, immer mehr Wissen strömt herein und wird verfügbar … Zum Schluss bleiben keine Fragen und Zweifel mehr: wir haben Gewissheit erlangt. Zwar im Rahmen unseres gegebenen Akzeptanzvermögens und Interesses, aber immerhin doch Gewissheit.

Die Spannung zwischen Verfügbarkeit von Wissen und dem inneren Widerstand dagegen, zwischen „eigentlich könnte ich es wissen" und „ich will's lieber nicht wissen", äußert sich in den Anzeigen auf dem *mind walker*. Bei Abwehr steigt die Spannung, bei Akzeptanz fällt sie. Der *mind walker* beschleunigt damit den Prozess der Wahrheitsfindung von Ahnung zu Gewissheit; er ist kein „Lügendetektor", sondern ein Detektor persönlicher Wahrheiten.

21. *Bewusstsein* beschränkt sich bei uns Geistwesen nicht lediglich auf das bloße Registrieren von sinnlichen oder telepathischen Wahrnehmungsinhalten, sondern erstreckt sich auch auf die Kenntnis von Sein und Potenzial.

Über uns selbst könnten wir alles wissen

Wir als Geistwesen sind grundsätzlich befähigt, unsere sinnliche Reaktion auf Umgebungsreize zu registrieren und telepathische Impulse zu empfangen. Ebenfalls sind wir grundsätzlich befähigt, uns an unsere Herkunft zu erinnern, an unseren Ursprung, an unsere Berufung und damit an den Sinn unseres Seins. Weiterhin wissen wir um unser Potenzial, wir wissen, was wir tun könnten, zu was wir fähig sind, was unser Vermögen ist (ob wir das Potenzial ausschöpfen, ist eine andere Frage).

Wenn uns der Zugang zu diesen geistigen Bereichen fehlt, so liegt das an mangelndem Akzeptanzvermögen. Dieses ist eingeschränkt, falls Erinnerungs- und Wahrnehmungsinhalte vorliegen, denen wir uns nicht aussetzen wollen oder können. Je mehr man davon beseitigt, desto mehr steigt das Akzeptanzvermögen und desto wahrnehmungsfähiger (nach außen) und bewusster (nach innen) werden wir.

22. Die Grenzen von Wissen und Bewusstsein sind nicht lediglich durch das selbst Erlebte gegeben. Die von anderen Wesen gemachten Erfahrungen, das *transpersonale Wissen*, steht ebenfalls zur Verfügung.

Wir könnten überhaupt alles Wissen wissen

In MindWalking-Sitzungen lassen sich Durchbrüche zum transpersonalen Wissen häufig beobachten, zu einem Wissen also, das nicht der persönlichen Vergangenheit zuzuordnen ist. Grob skizziert, beginnen Sitzungen in der Regel mit heraufdämmernden Bildern, die sich zunehmend verdichten, sozusagen Pixel um Pixel, Mentalquant um Mentalquant. Der Sitzungspartner liest sie ab und beschreibt sie. Das bezeichnen wir bei MindWalking als „Schauen“. Die Bilder werden umso dünner, je gründlicher man sie angeschaut hat; sie lösen sich allmählich auf.

Irgendwann während dieses Prozesses erahnt der Sitzungspartner Zusammenhänge weit über den Bildinhalt hinaus. Sie lassen sich durch den Bildinhalt bzw. die herausgefundene „Story“ nicht mehr belegen. In diesem Augenblick scheuen sich viele Sitzungspartner weiter zu sprechen, denn sie glauben, sie fantasierten sich etwas zusammen. Ermutigt man sie, so beginnt intuitives Wissen regelrecht aus ihnen hervorzusprudeln. In diesem Moment wird das bildgebundene Schauen zum nicht-bildhaften, intuitiven Wissen.

Dieses Wissen mag sich auf größere Zusammenhänge und Hintergründe hinsichtlich des Geschehnisses beziehen, das gerade in Arbeit ist, und zwar weit über dessen vordergründigen Inhalt hinaus. Beispielsweise könnte ein Sitzungspartner in lang vergangenen Zeiten Opfer einer Intrige geworden sein. Davon erzählt er, wobei er sich zunächst eng an das hält, was auf seinem geistigen Bildschirm zu sehen ist, und was er dabei alles spürt, fühlt und empfindet. Doch kann es nach dem inhaltlichen Erkennen des Ablaufs gelegentlich geschehen, dass sich dem Sitzungspartner die Wahrnehmungspositionen sämtlicher Beteiligter eröffnen und damit eine Gesamtschau der Absichten, Motive und Hintergründe. Er erfasst ein Gesamtwissen, welches das rein bildhaft Wahrnehmbare der eigentlichen Story weit übersteigt. Häufig entsteht erst in solchen Momenten die Erleichterung und Befreiung, die mit einem echten Endergebnis einhergeht. Die bei solchen Schilderungen tief gefühlte Emotionalität entkräftet den Verdacht, es handelte sich um eine bloß intellektuell fabrizierte Konstruktion.

Das kollektive Gedächtnis: zurück bis zu den Uranfängen

Ein ähnlicher Prozess lässt sich auch beim Abrufen transpersonalen Wissens beobachten. Es setzt sich zusammen aus den Erlebnissen, die Milliarden von Wesen im Lauf ihrer Existenzen angesammelt und mangels Akzeptanzvermögen unverarbeitet gelassen haben und reicht zurück bis zum Urbeginn des physikalischen Universums. Selbstverständlich existieren all diese Wesen nach wie vor, denn wer mit solchem Ballast daherkommt, den lässt Petrus nicht durch die Himmelstür. Der Weg ins Nirvana erfordert spirituelle Reinheit und Abgeklärtheit. Sie zu erlangen, ist keineswegs einfach, wie folgendes Sitzungs-Beispiel zeigt: im Zusammenhang mit ihrer persönlichen Problematik kontaktierte die Sitzungspartnerin ein Geschehnis aus dem neunzehnten Jahrhundert, als ein Arbeiter bei einer Kesselexplosion zu Tode kommt. Anschließend beobachtet er den Ort der Katastrophe und bleibt bei der Familie, die er sehr liebt. Danach entschwebt er vollends und gerät zu einem „Lichtwirbel". Er weiß, dass er von allem erlöst wäre, würde er in ihn eindringen, erkennt aber auch, dass er sich dabei auflösen würde. Davon aber hält ihn seine sehnsuchtsvolle Erinnerung an Frau und Kind ab. Er schwebt zwischen zwei Welten: weder kann er hinein ins Licht noch zurück zu seiner Familie. Das ihn blockierende Karma beruhte nicht auf einer bösen Tat, sondern auf seiner Sehnsucht nach geliebten Menschen.

Der transpersonale Wissensschatz ist riesig. Schließlich war immer irgendjemand dabei, egal was jemals vorfiel und wann. Betreibt man nur lange genug MindWalking, so stößt man früher oder später auf die Zeugnisse oder sogar die Zeugen der entferntesten Geschehnisse und wird ihres Wissens teilhaftig.

Akasha-Chronik und Weltgedächtnis

Schon im antiken Griechenland und in der esoterischen Tradition Europas sprach man gelegentlich vom „Weltgedächtnis“. Der Psychoanalytiker C. G. Jung nannte diese geistige Erbmasse der gesamten Menschheitsgeschichte „das kollektive Unbewusste“, dies deswegen, weil er glaubte, man könnte es sich nicht bewusst machen. Hingegen zeigt sich bei MindWalking und auch in anderen Disziplinen, dass das Weltgedächtnis durchaus zugänglich ist. Gegeben ausreichendes Akzeptanzvermögen, vermag ein Sitzungspartner oder Solist die abgesperrten Traumata anderer Wesen aus deren Sicht zu kontaktieren und zu bereinigen, ganz gleich wann sie sich abgespielt haben mochten.

Rudolf Steiner bezeichnete das Weltgedächtnis als „Akasha-Chronik“. Der Begriff, wiewohl gut gemeint, ist insofern wenig treffend, als *akasha* im Hinduismus lediglich als eines der fünf Elemente definiert ist. Als feinste Substanz erfüllt und durchdringt *akasha* das gesamte Universum. Im Buddhismus hingegen versteht man unter *akasha* sowohl Raum wie auch Leere als Grundlage von Raum. Dass da ein Wissen drin steckte, wird weder von Hindus noch Buddhisten behauptet.[16]

Dessen ungeachtet vertritt die europäische Esoterik die Auffassung, die Akasha-Chronik werde von Geistwesen, den „Lipika“, regelrecht geschrieben; diese lebten in der „Antariska-Welt“, ein Bereich in Erdnähe an der Grenze der Atmosphäre. Medial begabte Menschen könnten die Akasha-Chronik mit Hilfe der Lipika anzapfen und Bilder von Verstorbenen und vergangenen Ereignissen erhalten.[17]

Die Parallelen mit unseren Erfahrungen bei MindWalking sind offensichtlich (siehe MWU), doch würden wir das Vorhandensein einer solchen globalen Datensammlung nicht damit erklären, dass auf geistiger Ebene irgendwelche emsigen Protokollführer sitzen, sondern einfach damit, dass alle Erlebnisse von sämtlichen Geistwesen als potenzielles Wissen in Erinnerung bleiben. Insbesondere wirken sich traumatische Geschehnisse über die Zeiten hinweg aus, falls sie mangels Akzeptanzvermögen der Beteiligten energetisch manifest bleiben und das Verhalten vieler Wesen „von hinterrücks" beeinflussen. Will sagen, leider teilen sich solche „Mentaldateien" nicht bloß medial begabten Menschen mit, sondern jedermann, in der Regel unbewusst und störend. Vom Prozess dieses ungewollten mentalen Downloadens wird in Kürze die Rede sein.

Intuition: Zugang zur höchsten Ebene

Wie man Wissen wissen kann, ohne das Thema zuvor studiert oder auch nur wahrgenommen zu haben.

23. Unmittelbares Erfassen von Konzepten, Gedanken und Wissen vollzieht sich über *Intuition*.

Einfach Wissen wissen

Das Wort Intuition, von lat. *intuitio*, bedeutet: unmittelbare Anschauung, blitzartige Eingebung. Man hat eine Frage, und ohne vorheriges Nachdenken, genau genommen jenseits allen Nachdenkens schießt einem die Antwort durch den Kopf: ein sogenanntes „Aha!-Erlebnis". Man weiß auf einmal Wissen, von dem man eigentlich nichts wissen konnte. Und doch weiß man es.

Als reines Geistwesen ist man transzendental und steht außerhalb von Materie, Energie, Raum und Zeit. Auch Gedanken, Begriffe, Konzepte und Wissen sind transzendental. Jedoch ist einem keinesfalls alles bewusst, was potenziell gegeben ist; man hat nicht mal den leisesten Hauch einer Ahnung. Im Augenblick der Intuition eröffnet sich einem das Potenzial blitzartig, zumindest in Teilbereichen.

Deshalb erlangt man bei einer Intuition im Unterschied zur normalen Kommunikation direktes Wissen ohne das Hin und Her über Mentalquanten. Intuition ist daher nicht bloß eine andere Art von Kommunikation, sondern unterscheidet sich ganz grundsätzlich davon. Sie ist direkter Zugriff auf Wissen. Zum Beispiel erfasst ein Wesen im Moment seines Ursprungs seinen Urauftrag auf intuitive Weise; weder „erschaut" noch „erdenkt" es, was es wohl unternehmen könnte, wo es nun schon mal da ist. Das individuelle Sein beginnt mit dem intuitiven Erfassen des Seinszwecks.

Intuition ausschlaggebend bei MindWalking-Solo

Wie Einzelbewusstsein und Allbewusstsein miteinander zusammenhängen, hat sich im Verlauf unzähliger Solositzungen gezeigt und bestätigt. Über die „Brücke" der Intuition vermag man momentan bewusst und willentlich die Welt eines anderen nachzuvollziehen, als sei man selbst dieser Andere. Man schlüpft sozusagen in dessen Schuhe, will sagen: in dessen Wahrnehmungsposition.

Immer wieder erleben Sitzungspartner und Solisten nach entsprechender Einstimmung auf einen nur geistig vorhandenen Sitzungspartner, wie sich ihnen dessen Welt aus dessen Ich-Perspektive eröffnet, so als seien sie selbst jener andere. Nur durch solch intensive Empathie lassen sich die Beweggründe eines böse gesinnten Wesens nachvollziehen, nur so lässt es sich in den Zustand vor seiner spirituellen Traumatisierung rückverwandeln, als es noch guten Sinnes war.

Für die Dauer der betreffenden Sitzungspassage wird der Solist buchstäblich zu dem von ihm angesprochenen geistigen Sitzungspartner. Bewusst und willentlich identifiziert er sich mit ihm. Wiewohl er dessen Wahrnehmungsposition nicht „sieht" (was eine Ich-Du-Dualität voraussetzen würde), vermag er sie aber auf dem Weg der Intuition zu übernehmen und zu teilen. Auf diese Weise gelingt es, die Emotionen und Schmerzen des telepathischen Gesprächspartners über den eigenen Geist und Leib nachzuerleben und zu entlasten.

Dies kann sich so schnell vollziehen und zu so massiven Entladungen in kurzer Folge führen, dass der Solist körperlich und energetisch aufs

Heftigste durchgeschüttelt wird und dabei nicht einmal weiß, um was es inhaltlich geht. Es hat sich ihm keine Story mitgeteilt wie in den Anfängen seines MindWalking, als er sich noch mühevoll, Mentalquant um Mentalquant, ein vergangenes Geschehnis erschloss. Während einer Intuition hingegen teilt sich ihm lediglich ein kaum greifbares Konzept mit, und das in Sekundenbruchteilen. Als Ergebnis dessen fühlt sich nicht nur der Solist erleichtert und befreit, sondern auch das andere Wesen, sein geistiger Sitzungspartner. Es kann nun seiner Wege ziehen und endlich auf selbstbestimmte Weise seiner Urberufung nachkommen.

24. Bewusstheit des Allbewusstseins heißt *transzendentales Bewusstsein.* Es eröffnet sich uns über Intuition.

Vedische Schau beim MindWalking

Wie in früheren Sätzen mehrfach dargelegt, eröffnet sich uns als Geistwesen gelegentlich ein übergeordnetes Sein und Wissen jenseits des persönlichen Seins und Wissens. Auf intuitive Weise vermögen wir des transpersonalen Wissens und gar des Allwissens teilhaftig zu werden. Mentalquanten spielen bei diesem Vorgang selbstverständlich keine Rolle. Sie sind die Grundlage für Bilder, für mentale Energiegebilde in Raum und Zeit. Einfach Wissen wissen geht anders, wie in Satz 23 aufgezeigt.

Grundsätzlich sind persönliches Sein und Allsein immer und unveränderlich eins, gleichwohl ist man sich dessen nicht immer bewusst. Erschließt sich uns dies gelegentlich in MindWalking-Sitzungen, so wird der Sitzungspartner oder Solist tränenüberströmt vor Rührung in einer Sprache von biblischer Einfachheit über größte kosmische, astrale und spirituelle Zusammenhänge sprechen, von denen er noch Minuten zuvor, als „einfacher Erdenbürger", nicht die geringste Kenntnis hatte.

Dieser Vorgang wird im Sanskrit als *shruti* („hören") bezeichnet, als Öffnung zum göttlichen Wissen hin. Shruti ist nicht gleichzusetzen mit „Channelling", wo sich ein Kanal zu einer bestimmten Entität öffnet und das Medium sozusagen deren Diktat aufnimmt. Vielmehr erfasst man beim *shruti* weite, hohe Bereiche allgemeinen spirituellen Wissens. Dieser Vorgang kennzeichnet alle mystischen Erlebnisse gleichermaßen („mystisch" nicht im Sinne von „seltsam" oder „rätselhaft", sondern von „gottverbunden").

Mystisches Wissen ist unabhängig vom kulturellen oder religiösen Hintergrund des Mystikers, weswegen sich alle Religionen in ihren philosophischen Grundzügen gleichen und sich die Aussagen ihrer Erleuchteten so stark ähneln. Im Sanskrit nennt man solche Seher *rishi.* Sie erschauten *veda,* was nichts anderes bedeutet als Wissen. Das war nicht nur in archaischer Zeit so, das geht auch heute noch. Es gezielt und willentlich aus reiner Neugier anzusteuern, das geht allerdings nicht.

Glückseligkeit

Viele Sitzungspartner erinnern sich an ihren Ursprung, an das Heraustreten aus dem Allbewusstsein (Sätze 7 und 8). Manchen bleibt diese Verbundenheit mit dem Transzendentalen nicht nur als Erinnerung, sondern wird alltäglich gelebte Realität. Dieser mystische Bewusstseinszustand ist Schwankungen unterworfen wie jeder andere auch. Stellt er sich aber ein, so verliert das generell so wichtig genommene „Hier und Jetzt" von Körper und Umwelt an Bedeutung und gibt einem umfassenden, strahlenden Glücksgefühl Raum, dem *sat-chit-ananda* aus Satz 3. In MindWalking-Sitzungen kann ein solches Gefühl für Sekunden oder Minuten aufblitzen, aber auch lebensbegleitend zum „spirituellen Hintergrundrauschen" werden. Wen es hingegen mit Macht ergriffen hat, der ist im buchstäblichen Sinn „entrückt"; er ist „mehr dort als hier". Ein besonders einprägsames und überzeugendes Beispiel aus jüngster Vergangenheit gibt der 1950 verstorbene indische Heilige Ramana Maharshi, welcher sich der gewöhnlichen Anbindung an den Körper und dessen Bedürfnisse völlig enthoben zeigte, als er Wochen und Monate unabhängig von Nahrung, Außentemperatur oder Schlaf in weltabgewandter Meditation verbrachte.[18]

Auch die Zukunft kann man wissen

Die Zukunftsschau gilt für die meisten als etwas ganz besonderes, indessen beruht sie auf den gleichen Prinzipien wie die Vergangenheitsschau. Wissen wird aus dem Potenzial des Allbewusstseins abgerufen und erscheint einem in der gleichen Bildform wie Szenen aus der Vergangenheit, denn Wissen ist zeitlich unabhängig. Zukunftsschau stellt sich in dem Maße ein, wie man die Belastungen der Vergangenheit abgeworfen hat. Diese binden die Aufmerksamkeit, und ihretwegen hat man keine Kapazität frei, sich der Zukunft zu widmen. Wer unter psychischen Altlasten leidet, kann sich eine schöne Zukunft kaum vorstellen, zweifelt an ihrer Erreichbarkeit und sieht alles im Licht ehemaliger schlechter Erfahrungen.

Auch die Zukunft stellt sich in Form von Wissen, Ahnungen oder Bildern dar. Indessen handelt es sich dabei nicht um absichtlich fabrizierte „Wünsche ans Universum", wie auf manchen Zukunftsworkshops gelehrt. Vielmehr stellen sich bei der aus dem Allbewusstsein hervorgehenden Zukunftsschau die Bilder von selbst ein. Sie fallen irgendwie „von oben" in den Schlitz des mentalen Diaprojektors, man weiß nicht wie, und erscheinen in vollen Farben auf dem geistigen Bildschirm. Ein Beispiel dafür wurde in „Die Atlantis-Protokolle" angeführt, als ein Ingenieur unversehens eine ihm bevorstehende Konfrontation mit der Leitung einer chinesischen Firma im Voraus sowohl erschaute wie auch entschärfte. Bei der nachfolgenden Tätigkeit in dieser Firma erwies sich die inhaltliche Richtigkeit der gehabten Vorausschau.

Versammlungsbesucher erlebt geistige Vorschau

Zwei Beispiele aus meinem eigenen Erleben: zu einer Versammlung eingeladen, kam ich nach mehrstündiger Bahnfahrt in einen mir unbekannten kleinen Ort an und fragte mich zum Treffpunkt durch, einem Gasthof. Den Veranstalter kannte ich dem Namen nach, vom zu erwartenden Publikum niemanden; lediglich das Thema der Versammlung war mir bekannt. Wochen zuvor, als ich die Einladung aus dem Briefumschlag zog (E-Mail gab es noch nicht), trat mir das Bild einer gutbürgerlichen, muffig-verräucherten Gaststube mit langen Reihen von Tischen vor das geistige Auge. Direkt vor mir sah ich jemanden stehen, von schräg unten, er hielt eine Rede.

Heute, drei Wochen später, gelange ich schließlich zum ausgemachten Treffpunkt, öffne die Tür des Gasthofs – und befinde mich in genau der im Voraus geschauten Umgebung. Nur die Hälfte der Plätze ist besetzt, deswegen nehme ich auf gut Glück irgendwo Platz. Als eine Viertelstunde später der Veranstalter eintritt und sich setzt, wird mir klar, dass ich meinen Platz genau vor dem durch nichts gekennzeichneten Honoratiorentisch gewählt habe. Der Veranstalter erhebt sich, begrüßt die Gäste und hält eine einleitende kleine Rede. Er steht direkt vor mir, ich sehe ihn von schräg unten – genau wie in der Vorausschau. Wie kam es dazu? Nicht per Telepathie, denn der Veranstalter, so stellte sich heraus, kannte die Lokalität der Versammlung selbst nicht. Deswegen konnte ich die Bilder nicht von ihm übernommen haben.

Seereise im Voraus erlebt

Zweites Beispiel: Während einer Seminarreise in Australien wurden die Veranstalterinnen wie auch ich von deren mir unbekanntem Freund namens Henry zu einem Wochenende am Strand eingeladen. Eine Motorbootfahrt wurde angekündigt. Als ich davon erfuhr, sah ich in meiner Vorfreude Henrys Wochenendhaus vor meinem geistigen Auge, sah die Motorbootfahrt durch die Flussmündung hinaus aufs offene Meer zu einer vorgelagerten Insel mit beschaulicher Ankerbucht. Nichts davon war mir beschrieben worden. Auf eine Karte zu blicken war keine Gelegenheit gewesen, Online-Kartendienste gab es noch nicht. Wiewohl ich also von nichts wusste, stand der komplette Ablauf des Ausflugs bildlich vor mir.

Am Wochenende ging es per Auto zum Zielgebiet, wir gerieten in ein Ferienhausviertel mit gleichförmig langweiligen Häuschen ohne Hausnummer und wussten nicht, wohin. Eins der Häuser aber stach für mich klar heraus, ich wusste, das ist das richtige – und so war es dann auch. Am nächsten Tag dann die Motorbootfahrt, und jawohl, die Yacht sah in Größe, Form und Farbe aus, wie ich es vorausgesehen hatte, und jawohl, es ging die Flussmündung hinunter wie erwartet, und am Ende eine Insel mit malerischer Bucht, ganz der Vorstellung entsprechend.

Habe ich Henrys Vorstellungsbild vom geplanten Wochenende telepathisch abgelesen, als meine Gastgeberinnen mir davon erzählten, die ja selbst nichts Genaues wussten? Oder war es tatsächlich eine Vorausschau meinerseits?

Das Déjà-vu: so gruselig bekannt

Es braucht keine gesteigerte Heiligkeit, um aus dem Allbewusstsein Wissen zu empfangen. Der Leser glaube bitte nicht, dass nur indische Gurus das fertig brächten. Auch ganz normale Menschen kennen es unter der Bezeichnung Déjà-vu. Dieser französische Ausdruck übersetzt sich als „schon einmal gesehen". Bei einem Déjà-vu erlebt man eine Landschaft, einen Ort oder eine Situation sozusagen doppelt: einerseits weiß man, es ist das erste Mal, gleichzeitig aber ist einem, als kennte man diese Situation bereits ganz genau. Sie ist neu und gleichzeitig nicht neu.

Der Mechanismus eines Déjà-vu beruht darauf, dass man irgendwann einmal eine Vorausschau hatte, vielleicht nur für Sekundenbruchteile, sie aber als unsinnig wegschob und vergaß. Ereignet sich das Vorausgeschaute dann Jahre oder Jahrzehnte später, so trifft es einen wie ein Blitz, und man weiß: das kenne ich! Nur weiß man eben nicht, woher – für manchen ein recht gruseliges Gefühl.

Es könnte sich auch um ein unmittelbares intuitives Wissen Sekundenbruchteile vor dem eigentlichen Erlebnis handeln, um ein reines Wissen, so als habe sich „ein Kanal geöffnet", und im nächsten Augenblick erlebt man es bildhaft.

Je wacher man für sein Allbewusstsein ist, desto schärfer und deutlicher registriert man solche intuitiven Regungen und nimmt sie ernst. Tritt das vorausgeschaute Ereignis schließlich real ein, so weiß man mit Verblüffung: jetzt sehe ich real, was ich vor fünfzehn Jahren vorausgeahnt habe. Ein Beispiel dafür ist eine mir bekannte Dame, die als junge Frau im Auto fahrend schlagartig die Eingebung hatte, sie würde einen Kinderwagen mit Baby durch einen Park schieben. Sie registrierte dies mit vollem Bewusstsein, wischte es aber sofort als unsinnig weg, denn sie war voll mit ihrer Karriere beschäftigt und dachte nicht im Mindesten daran, sich an Mann und Kind zu binden. Die Tatsache dieser für sie so bizarren Eingebung vergaß sie jedoch nicht. Ungefähr acht Jahre später – sie hatte mittlerweile geheiratet und ging einen Kinderwagen schiebend durch einen Park – da fällt es ihr wie Schuppen von den Augen: sie kennt diesen Park, sie kennt diesen Kinderwagen, sie kennt diese Szene, und sie weiß: „Jetzt erlebe ich real, was ich damals bei der Autofahrt vorausschauend sah."

Spiel: Woher das Karma kommt

Nicht Kinderspiele oder Glücksspiele sind hier das Thema, sondern das große Spiel des Lebens im großen Spiel des Universums.

25. Die Existenz eines geistigen Wesens unterliegt einem Aktionsablauf von Entstehen und Vergehen.

Wer fertig ist, darf gehen

Eingangs wurde der Aktionsablauf vom Standpunkt des Allbewusstseins her angesprochen: es fasst Gedanken, die sich als Geistwesen manifestieren, und es möchte all diese Gedanken schlussendlich ausgeführt sehen, um den transzendentalen Urzustand vor Beginn aller Aktionsabläufe wieder herzustellen. Für uns Geistwesen bedeutet das: der Aktionsablauf unserer Existenz beginnt mit dem Urauftrag, einer „guten Idee des Göttlichen". Damit ist uns ein Sein gegeben. Zur Ausführung des Urauftrags, dem Tun, setzen wir Kraft ein. Mit dessen Erfüllung entsteht ein Haben. Nicht ein einzelnes physisch vorhandenes Ding ist dieses Haben; vielmehr setzt es sich aus vielen, wiederholt erbrachten, physisch vorhandenen Einzelleistungen zusammen, die insgesamt zu einer Verbesserung existierender Zustände in Richtung auf ideale Zustände wie Glück, Frieden, Ordnung und Liebe führen. Nur darum geht es letztlich: um das Erreichen idealer Zustände, um das ideelle Haben. Beispielsweise erforderte die Entwicklung eines Impfstoffs, etwa der gegen Kinderlähmung, eine große Anzahl wissenschaftlicher Einzelleistungen. Deren Gesamtergebnis ist die Annäherung an einen wünschenswerten Zustand, in diesem Fall den der Weltgesundheit. Angesichts der persönlichen Opfer, welche Forscher für eine solche Leistung zu erbringen haben, darf man annehmen, dass da nicht nur einer, sondern vermutlich viele damit ihren Auftrag ausgeführt haben.

Mit Erledigung des Urauftrags darf ein Wesen seine Existenzspanne als beendet betrachten. Der eigentliche Beweggrund des Seins hätte sich erledigt. Nichts mehr bände ihn. Seine Individualität, sein Ich, dürfte erlöschen. Dieser Zustand des Verlöschtseins heißt im Sanskrit nirvana, wörtlich „nichts weht mehr", ein Zustand jenseits aller Dynamik also. Verlöschen bedeutet Eingehen ins Allbewusstsein und Austreten aus jeglicher Existenz. Begleitet ist der Vorgang, soweit er sich in Sitzungen beobachten ließ, von einem strahlenden Glücksgefühl – bis schließlich niemand mehr da ist, der dieses Gefühl haben würde. Das Einzelbewusstsein geht, das Allbewusstsein bleibt unverändert.

Woher weiß man so etwas? Aus Sitzungen natürlich. Man gerät in Kontakt mit einem Mentalquantenfeld, untersucht es inhaltlich und gerät dabei in direkten Kontakt mit seinem Erschaffer. Das fühlt sich ungefähr so an, als versuchte man, einen Brief zu entziffern – und da plötzlich steht der Schreiber des Briefs direkt vor einem und spricht einen an. Gelegentlich zeigt sich im Gespräch, dass das betreffende Geistwesen seine wesenhafte Aufgabe schon vor Urzeiten erledigt hatte, trotzdem aber in karmische Verflechtungen geriet, die es nicht selbstständig zu lösen verstand. Gelingt dies nun mit Unterstützung des MindWalking-Solisten, so fühlt sich dieses Wesen unversehens frei und erleichtert; es nimmt riesige Dimensionen an, wird weiter und weiter und löst sich buchstäblich ins Allsein auf. Das ist ein ganz anderer Vorgang als der übliche, wenn ein Geistwesen sagt: „Vielen Dank für diese Sitzung, jetzt werde ich endlich mein eigenes Spiel spielen können und dazu irgendwo inkarnieren (oder auch nicht)."

Wir selbst tun es nicht anders als das Göttliche

Wie ein Wesen aus dem Nichts entsteht und wieder ins Nichts vergeht, mag schwer nachzuvollziehen sein, aber im Grunde tun wir selbst ja Ähnliches, und zwar mehrmals am Tag. Beispielsweise ich, hier am Schreibtisch vor dem Computer sitzend, dachte im Lauf der letzten Stunden nicht daran, einen Kaffee trinken zu wollen. Nun aber, da ich daran denke, entsteht aus dem Potenzial meines Seins eine Entität namens „Kaffeemacher". Diesen Kaffeemacher könnte ich nun entweder als unerhebliche Laune betrachten und wieder ins Nichts verfliegen lassen, oder aber ihn Wirklichkeit werden lassen, ihn verwirklichen. In diesem Fall würde ich aufstehen, den Hut des Schriftstellers an den Nagel hängen, mir dafür den Hut des Kaffeemachers aufsetzen, zur Küche marschieren und die nötigen Verrichtungen durchführen. Wenn ich schließlich mit einer dampfenden Tasse Kaffee zurück am Computer bin, gebe ich den Hut des Kaffeemachers ab und setze mir den des Schriftstellers wieder auf (zum Umgang mit Hüten siehe LVO).

Damit ist der Kaffeemacher wieder in das Nichts entschwunden, aus dem ich ihn ursprünglich hervorzauberte, wissend, dass dies mein Potenzial ist. Indessen dachte ich an diesen Aspekt meines Potenzials erst, als eine entsprechende Situation namens Kaffeedurst mich dazu bewegte. Das Sein-Tun-Haben des Kaffeemachers entstand aus dem Potenzial, und dorthin verflog es auch wieder. Ein Aktionsablauf wurde angefangen, durchgeführt und abgeschlossen. Dabei ist Wissen entstanden, und wenn ich den nächsten Kaffeemacher aus meinem Potenzial hervorzaubere, wird es ein besserer Kaffeemacher sein als beim letzten Mal. Und genau wie ich das hier mit der Entität namens Kaffeemacher getan habe, so macht es das Göttliche mit uns Geistwesen. Ob wir als „gute Gedanken Gottes des Göttlichen" allerdings mehrfach Verwendung finden, ist zweifellos denkbar, entzieht sich aber meiner Kenntnis. Dazu gab es bislang noch keine Sitzungsergebnisse.

26. Die Gesamtheit aller Aktionsabläufe beim Erledigen des Urauftrags bis hin zu dessen Erfüllung heißen das *Spiel* eines Geistwesens.

Ohne Spannung kein Spaß

Mit „Spiel" ist hier nicht gemeint das Brettspiel, Kartenspiel oder Kinderspiel, sondern vielmehr das Lebensspiel, das Machtspiel, das Kräftespiel. Nicht nur die kleinen spaßigen, sondern auch die ganz großen Dimensionen von Aktivität sind mit dem Begriff angesprochen.

Damit eine Aktivität als Spiel empfunden werden kann, müssen Ziele, Hindernisse und Freiheiten gegeben sein. Ohne Ziel entsteht keinerlei Aktivität und daher auch kein Spiel. Ohne Hindernisse gäbe es keinerlei Spannungsdynamik, sondern bloß große Langeweile. Ohne Entscheidungsfreiheit wäre man ein willenloser Roboter, eine Marionette (siehe LVO).

Angewendet auf die Existenzspanne eines Geistwesens bedeutet das: auf Grundlage unserer Urberufung entwickeln wir Visionen, Ziele und Pläne. Bei deren Verwirklichung bekommen wir es mit Hindernissen und Gegnern zu tun, mit Kampf und Wettbewerb. Im Rahmen der gegebenen Freiheiten überwinden wir diese oder auch nicht. So kommt es zu Gewinnen und Verlusten und damit zu Emotion und Frustration.

Ein Spiel, bei dem voraussagbar alles glatt gehen wird, weil man alles weiß, wäre keins. Ein wenig herausfordernd muss es schon sein, damit man Spaß daran hat. Zu viel Herausforderung hingegen kann zu extremer Frustration führen, bis dahin gar, dass man in Apathie versinkt und das Spiel aufgibt (siehe HJTB).

27. Wir haben als geistige Wesen einen freien Willen, insofern es uns freisteht, die Ausführung unseres Urauftrags auf beliebige Art und Weise durchzuführen, von ihm abzuweichen oder sogar im Gegensinn zu handeln.

Ohne freien Willen kein Karma

Der freie Wille ist ein zweischneidiges Schwert. Immerhin sind wir als Geistwesen in der Lage, ihn auch im Widerspruch zu unserem Urauftrag einzusetzen. Einsetzen aber müssen wir den freien Willen, wir können nicht anders; schließlich wollen wir unser Spiel spielen und unseren Urauftrag erledigen, ob voll bewusst oder nur ahnungshaft. Sich treiben lassen geht nicht, denn keiner nimmt einem die Verantwortung für die Lebensgestaltung im Sinne des *dharma* ab. Entscheiden muss man schon selbst.

Macht man Fehler, so bleibt nichts anderes, als sie auszubaden. Genau das ist unter karma zu verstehen. Hat man hier auf der Erde einen biologischen Körper und schafft es nicht, seinen Auftrag vor dem Zeitpunkt des Sterbens erledigt zu haben, so muss man im nächsten Leben noch mal ran. Daher die Wiedergeburt, daher das Hamsterrad der Wiedergeburten, im Sanskrit *samsara*.

Das gleiche gilt auch für Wesen ohne Körper. Sie erleben zwar keine physische Wiedergeburt, bleiben aber im Aktionsablauf, bis dieser schließlich im Sinn der ursprünglichen Aufgabe gut abgeschlossen ist. Dabei durchgehen sie eventuell unterschiedliche Existenzformen in der Astralwelt, sei es als Engel oder Dämon, wie man solche Gestalten seit alters her bezeichnet (siehe MWU).

Astrale Existenzformen sind von unterschiedlicher Dichte und Massigkeit. Je mehr *karma* auf einem Wesen lastet, desto massiger erscheint es. Die Masse entsteht durch die Abwehr von Erinnerungen, die über das eigene Akzeptanzvermögen hinausgehen. Auf eine Formel gebracht: je unheiliger, desto massiger. Und je massiger, desto länger dauert die Läuterung, desto länger läuft *samsara,* das Hamsterrad des *karma.* Das gilt, wie gesagt, nicht nur für uns Menschen als verkörperte Geistwesen, sondern auch für Nichtverkörperte.

28. Die existentielle Dynamik eines geistigen Wesens entsteht in Abhängigkeit davon, wie es seinen freien Willen einsetzt.

Einsicht, Reue, Buße

Dynamik entsteht durch den Einsatz von Kraft. Wer in seinen Handlungen dem Urauftrag entspricht, also zur Verwirklichung des eigenen Daseinszwecks strebt, beschleunigt damit den Abschluss des Auftrags und ebnet seine Rückkehr ins *nirvana.* Geraten wir auf Abwege, leisten uns Zuwiderhandlungen gegen unseren Urauftrag, so dass dessen Realisierung erschwert wird, oder behindern andere an der Ausführung des ihrigen, so laden wir eine Schuld auf uns. Nicht etwa, weil es jemanden gäbe, der sie einem zuweisen würde, nein, wir selbst fühlen uns, uns selbst gegenüber, schuldig. Weil wir unseren Auftrag kennen, und sei es nur ahnungshaft, und uns ihm verpflichtet fühlen, erspüren wir auch unsere Verfehlungen.

Auf eine Verfehlung folgen in der Regel die Verheimlichung und die Frage, ob es einer bemerkt hat – also das schlechte Gewissen. Selbstgerechtigkeit, Rechthaberei und Arroganz entstehen. So häuft sich eins aufs andere und macht die Angelegenheit immer schlimmer. Immer größer wird die Last, immer unerträglicher das Leben. Abbauen lässt sich die Last, indem man sich zu seinen Verfehlungen selbst bekennt. Hat man ein Einsehen und fühlt Reue, so wird man sich – selbstverständlich aus freiem Willen – an eine Wiedergutmachung machen. So werden die Verfehlungen und deren Folgen korrigiert, und erst damit wird es überhaupt wieder möglich, den Urauftrag in vollem Umfang zu realisieren (siehe LVO).

Die Unterscheidung zwischen „gutem" und „schlechtem" Karma erscheint wenig sinnvoll. Karma ist einfach *karma,* die nüchterne „Bilanz aller Taten aus vergangenen Leben", wie Ramana Maharshi es ausdrückt.[19] Wer „gutes" Karma hat, dem widmet man Statuen und Gedenktafeln, den feiert die Welt. Das bindet. Es nagelt einen auf eine bestimmte Identität fest. Man ist gezwungen, einem Image gerecht zu werden. Zu viel gutes Karma macht unfrei. Wer indessen in aller Bescheidenheit zum rechten Zeitpunkt auf die rechte Weise das Rechte tut, der hinterlässt keine Spuren; ihn bindet nichts. Dazu heißt es im Tao-te Ching, Vers 63: „Übe dich in Nicht-Aktion. Wirke, ohne zu tun. Wiewohl der Weise immer wieder auf Schwierigkeiten stößt, erfährt er sie nie." Handeln im Einklang mit dem Tao heißt *wúwéi.* Dabei bleibt nichts ungetan, und alles Tun bleibt rückstandsfrei. In der Zukunft würde nichts auf einen zurückfallen, weder im guten noch im schlechten Sinn.

Im christlichen Kulturkreis spricht man nicht von Karma, sondern von „gesegnetem Tun" im Gegensatz zu „sündhaftem Tun". Der Grundgedanke ist allerdings der gleiche. In dem Wort Sünde steckt „Absonderung", nämlich diejenige vom rechten Weg, vom „Pfad der Tugend", der zur Erfüllung der eigenen Bestimmung führt und einen Gott näher bringt. Bezeichnenderweise kommt „Sünde" ursprünglich von altgermanisch *synn* und bedeutet „Schuld an einer Tat". Aufgehäuftes sündhaftes Tun bringt die spirituelle Verwirklichung zum Stillstand, die mit Erledigung des Urauftrags abgeschlossen sein würde; es hakt, es geht nicht weiter, es hängt: man ist ins „Verhängnis" geraten.

Beziehung: Wir sind alle tolle Telepathen

Eine Beziehung hat man als geistiges Wesen zu allem und jedem, auf das man auch nur für Sekundenbruchteile seine Aufmerksamkeit gerichtet hätte. Das mag ohne jegliche Konsequenz bleiben, kann aber auch zu Karma von langer Dauer werden.

29. Indem ein Geistwesen Mentalquanten platziert, interagiert es auf ureigene Weise mit unterschiedlichen Welten.

Jeder baut sich seine Welt

In Satz 14 ging es um das Erschaffen einer eigenen Welt, in Satz 15 um die Wahrnehmung bereits vorhandener Bezugspunkte. Was man mit einer solchen Welt anfängt, wie man damit interagiert, welche Beziehungen zu diesen Bezugspunkten entstehen, darum geht es in diesem Satz 29.

Die Wörterbuchdefinition von „Welt" ist vielfältig und umfassend: die Erde als der Planet, auf dem wir leben; der Lebensraum von Menschen, Tieren oder Pflanzen (Menschenwelt, Tierwelt, Pflanzenwelt); der Lebensraum in besonderen Kulturen (Welt der Nomaden) oder geschichtlichen Epochen (Römerwelt); schließlich das Weltall, das Universum samt Sternen und Planeten. Ein Universum wiederum ist laut Definition: „alles, was existiert", und zum anderen: „alles, was Gott geschaffen hat". In Ableitung all dessen ließe sich sagen: Eine Welt ist etwas von einem Verursacher Erschaffenes.

Schon ein Vorstellungs- oder Erinnerungsbild könnte man als eine kleine Welt bezeichnen, denn es handelt sich um eine von einem Geistwesen erschaffene Konfiguration von Mentalquanten in Raum und Zeit. „Herr der Ringe“ und „Star Wars“ sind Beispiele für Fantasiewelten, in denen man herumwandern kann, um sie zu erkunden. Wer sie erschaffen hat, ist nicht von Bedeutung. Man selbst könnte es gewesen sein oder jemand anders.

Beim Erkunden von Welten kommt jedes Wesen zu seinen eigenen Schlüssen. Demzufolge ist die „geistige Welt“ eines einzelnen Wesens eine rein subjektive Welt, bestehend aus persönlichen Vorstellungen, Erinnerungen, Gedanken und Bildern. Das Vorhandensein und die Unterschiedlichkeit solcher Welten sind eine anerkannte Tatsache, weswegen es zu Sätzen kommt wie: „meine Welt ist anders als deine“ oder: „sie lebt in einer völlig anderen Welt als ich.“ Gerade Kinder sind besonders geschickt darin, sich beim Spielen eine eigene Welt zu erschaffen und in ihr aufzugehen.

Eine objektiv vorhandene Welt wäre eine Welt in großen Dimensionen, etwa ein Unternehmen, eine Familie, ein Verein, ein Garten, ein Bauprojekt. In noch größeren Dimensionen wären es die Universen der Naturwissenschaftler, etwa der quantenmechanische Mikrokosmos der Physiker und der Makrokosmos der Astronomen.

Ohne eine Welt geht es nicht

Mit all diesen Welten, objektiv wie auch subjektiv, interagieren wir ausschließlich mit Hilfe unserer Mentalquanten. Wir platzieren sie auf bereits vorhandene Bezugspunkte. Dabei könnte es sich um nicht mehr handeln als feinste Mentalquanten-Wölkchen, die ein anderes Wesen zuvor bei einem platzierte, wie etwa bei der Telepathie. Auch könnte man in Kontakt treten mit den Energiekörpern „umherwandernder“ Geistwesen, könnte die Vorstellungs- und Erinnerungsbilder anderer Personen wahrnehmen und schließlich, ganz „grobstofflich“, die physikalische Materie. Ohne Mentalquanten keine Wahrnehmung, keine Kommunikation, keine Interaktion. Ganz simpel ausgedrückt: solange wir unsere Aufmerksamkeit nicht auf eine bestimmte Welt richten, existiert sie für uns nicht.

Gemeint sind hier natürlich Welten, die bereits existieren. Irgendwann wurden sie von jemandem erschaffen. Bei der Telepathie erfassen wir die bereits existierende geistige Welt eines anderen, beim Betrachten eines Kunstwerks die Welt des Künstlers, bei den Abendnachrichten die Welt, in der wir leben. Sie sind erschaffen, diese Welten, von wem auch immer.

Was aber, wenn es eine Welt noch nicht gibt? Das ist dann der Fall, wie in Satz 14 ausgeführt, wenn ein gerade erst erstandenes Geistwesen direkt nach seinem Ursprung als Wahrnehmungsposition „rein netto" in einer ihm fremden und unbegreiflichen Leere schwebt. Ohne irgendeine Welt geht es indessen nicht; da fühlt man sich nicht wohl. Deswegen, um sich zu orientieren und es sich in der Leere gemütlich zu machen, platziert dieses Wesen Mentalquanten „ins Nichts hinein", ein in Sitzungen häufig beschriebener Vorgang. Dadurch entstehen im Nichts Bezugspunkte, die sich wahrnehmen lassen. Energie wird eingesetzt, Materie bildet sich, dadurch wiederum entstehen Raum und Zeit, kurz, ein Universum formt sich, ein ganz privates.

Anschließend, nach erfolgter Orientierung in der metaphysischen Leere, findet sich ein Geistwesen in der Regel unversehens, unvermittelt und ohne jeden Übergang innerhalb des physischen Universums wieder. Es handelt sich um einen unmittelbaren Positionswechsel ohne den Faktor Zeit, „hier erschienen, dort verschwunden". In einer selteneren Variante wird berichtet, wie man sich aus großer Entfernung kommend dem in der Leere schwebenden physischen Universum annähert, was aus dieser Perspektive ungefähr wirkt wie ein kugeliges Lichtergewebe oder wie die Lichter einer nächtlichen Großstadt auf einem Satellitenfoto.

Woher wissen wir, wen wir angucken sollten?

Der Vorgang wirft eine ganz supersubtile Frage auf: Woher wissen wir, wo wir hingucken sollten? Wie kommt es, dass wir von einem Bezugspunkt wissen, noch bevor wir ihn gesehen haben? Bevor wir unsere Mentalquanten auf ihn platzierten, müssen wir notwendigerweise bereits von ihm gewusst haben. Wie das? Etwa bei der Telepathie: da muss der eine bereits vom anderen gewusst haben, bevor er ihn „anpeilte". Offenbar wissen wir von Bezugspunkten, die wir noch nicht wahrgenommen haben, und platzieren dort MQs, um sie wahrzunehmen – ist das nicht erstaunlich? Eine mögliche Erklärung wäre, dass der Weg über die Intuition und damit über das Allwissen führt.

30. Um dauerhaft Präsenz und Wiedererkennbarkeit zu bewirken, platzieren wir Geistwesen innerhalb einer bestimmten Welt kontinuierlich Mentalquanten. Insbesondere erschaffen wir als Kommunikationsplattform ein relativ dichtes Feld und geben ihm eine Gestalt. Das ist unser *Energiekörper*.

Viele Körper, viele Formen

In Satz 14 hieß es, ein Geistwesen als pure Wahrnehmungsposition, ein Geistwesen „rein netto" also, sei nicht wahrnehmbar; nur über das von ihm Veräußerte ließe es sich erkennen. Daran knüpft dieser Satz 30 an: Je mehr Mentalquanten ein geistiges Wesen in ein Universum platziert, desto höher ist seine dortige Präsenz. Es wird für andere zunehmend wahrnehmbar. Es ist wer. Übertragen auf unsere alltägliche Lebenswelt könnte das zum Beispiel so aussehen, dass jemand als Hinweis auf seine neu gegründete Dönerbude in jeden Briefkasten im Stadtviertel einen Werbeflyer steckt, um sich bekannt zu machen.

Direkt nach dem Ursprung beginnen wir mit dem Setzen einzelner Mentalquanten, um uns erst einmal in der Leere zu orientieren. Da andere das auch tun, entsteht zwischen diesen Mentalquantenfeldern unterschiedlicher Urheber Kommunikation und Interaktion. Irgendwann einmal wird das zur Gewohnheit, und statt seine Mentalquanten zurückzuziehen, hält man sie dauerhaft aufrecht, sozusagen als Klumpen oder Haufen. Im Vergleich gesprochen ist es, als würde eine Regierung eine feste diplomatische Vertretung in der Hauptstadt eines anderen Landes einrichten, statt einfach nur hin und wieder einen Diplomaten dort vorbeizuschicken. Genauso wie eine diplomatische Vertretung über Wappen und Nationalfahne am Gebäude ihre unverkennbare Charakteristik hat, verkörpert auch ein kontinuierlich erhaltenes Mentalquantenfeld die typischen Eigenschaften seines Erschaffers. Der Erschaffer ist sozusagen in das von ihm Erschaffene „eingeschrieben." Deswegen lassen sich Energiekörper wie auch Mentalquantenfelder mit Sicherheit ihren Erschaffern zuordnen.

Ein Energiekörper hat nicht in allen Fällen die Gestalt eines menschlichen Körpers mit Armen, Beinen, Kopf und Rumpf. Er könnte durchaus als Kugel oder Wölkchen oder in beliebig anderer Form erscheinen. Gleichwohl erleben wir in MindWalking-Sitzungen, dass Energiekörper in der Regel wie Menschenkörper geformt sind. Dass man auch im Energiekörper die menschliche Gestalt beibehält, scheint eine Gewohnheit zu sein. Je häufiger ein Wesen wiedergeboren wurde, so lässt sich vermuten, umso mehr ist es an einen biologischen Körper gewöhnt und behält dessen Form auch im „Astralkörper" bei, wie der Energiekörper bei den Theosophen heißt.

Was übrig bleibt, ist ein Gespenst

Um ein Sitzungsbeispiel zu nennen: Wird ein voranstürmender Soldat plötzlich von einer Kugel getötet, so rennt er mit seinem Energiekörper weiter, als sei nichts geschehen. Er behält die Körperform samt Uniform und Waffe bei, wiewohl der physische Körper tot im Graben liegt. Es braucht oft eine ganze Weile, oft Jahrhunderte, bis das Geistwesen das bemerkt – so groß ist die Überraschtheit und so gering die Wahrnehmung seines veränderten Zustands. Erst nach Erkenntnis des körperlichen Todes wird es seine Absicht des Voranstürmens aufgeben. Solange es das nicht getan hat, kann sein Energiekörper einem als „Gespenst" erscheinen.

Gespenster sind Geistwesen, die über einen bestimmten Verlust nie hinweg gekommen sind und den damaligen Energiekörper kontinuierlich erhalten, oft sogar am damaligen Ort. Deswegen gruselt es so manchen in Spukschlössern, ehemaligen Konzentrationslagern, auf Schlachtfeldern oder Galgenbergen (siehe MWU). Tritt man mit solchen Energiekörpern in Kontakt, genau genommen mit den dahinter stehenden Erschaffern, und führt sie durch das unverarbeitete Geschehnis, so fühlen sie sich erlöst und entschwinden.

Spirituelles PR und Marketing

Nicht nur auf der hier beschriebenen allerfeinsten Ebene erschafft man eine Kommunikationsplattform zum Zweck der Wiedererkennbarkeit. Das Gleiche geschieht in den Bereichen Marketing und PR, wie am Beispiel der Dönerbude beschrieben. Je mehr Produkte, Leistungen und Werbepartikel ein Unternehmen in den Markt hineinpumpt, desto wahrnehmbarer wird dieses Unternehmen. Je öfter ein Verliebter seiner Angebeteten einen Strauß Blumen schickt, desto mehr steigt seine Präsenz in ihren Augen. Je mehr Soldaten, Panzer, Kanonen und Raketen Nation A an der Grenze zu Nation B platziert, desto weniger kann Nation B Nation A ignorieren.

Auf jeder Ebene ist es das gleiche Prinzip. Die Welt, um die es jeweils geht, ist hier mal subtiler und dort mal massiver, doch so oder so gilt: je dicker sich jemand aufbläst und je länger er das halten kann, desto auffälliger und eindrucksvoller wirkt er.

31. Als Geistwesen kann man mit Hilfe seines Energiekörpers einen biologischen Körper übernehmen, kurz *Biokörper* genannt, ebenso einen physischen oder auch mechanischen Körper, einen *Festkörper*. Die Wahrnehmungsposition kann innerhalb des betreffenden Körpers sein *(Innenposition)* oder außerhalb *(Außenposition)*.

Menschenkörper, Tierkörper, Roboterkörper – alles geht

Wer auf der Erde inkarniert, ob zum ersten oder zum wiederholten Mal, nimmt sich in der Regel einen menschlichen Körper. Damit vermag er seiner Berufung besser nachzukommen als mit einem Tier- oder Pflanzenkörper. Zwar würde einem rein theoretisch auch diese Möglichkeit offenstehen, jedoch liegen bislang keinerlei Sitzungsberichte dazu vor. Und wieso sollte man auch? Eine Katze, ein Pferd, ein Baum mit reflektierendem Bewusstsein – und das zeichnet ein Geistwesen schließlich aus – wäre zwar ein höchst schlaues Tier oder eine sehr weise Pflanze, käme aber damit nicht sehr weit in der Welt.

Liest man die Bhagavad-Gita, so gewinnt man den Eindruck, als habe man sich über die Jahrmillionen allmählich vom Wurm zum Menschen „hochgedient", indem man unzählige Tiere und Pflanzenkörper bewohnte.[20] Nach MindWalking-Auffassung dürfte es sich hier um eine Verwechslung von Vitalwesen-Erinnerungen mit Geistwesen-Erinnerungen handeln. Das intelligente Energiefeld, das den Körper von Zeugung bis Tod begleitet, bei MindWalking „Vitalwesen" genannt, bietet Zugriff auf den gesamten Ablauf der Evolution (mehr dazu im letzten Kapitel des Teil 1). Gerät man im Verlauf einer Sitzung in Kontakt damit und sieht als Erinnerungsbild die Welt aus der Perspektive einer Eiche, so könnte man leicht glauben, man selbst sei einmal jene Eiche gewesen. Damit würde man aber zu einer falschen Auffassung hinsichtlich der eigenen Vergangenheit gelangen, denn in Wirklichkeit hat man lediglich die Wahrnehmungsposition des Vitalwesens einer Eiche nachvollzogen.

Abgesehen von einem Menschenkörper kann ein Wesen auch einen materiellen Körper übernehmen, zum Beispiel einen metallenen Roboterkörper oder einen Puppenkörper aus Kunststoff. Dazu liegen in der Tat Sitzungsberichte vor; der Ort des Geschehens ist in diesen Fällen allerdings nicht die Erde. Diese Form der Verkörperung ist in den bislang bekannt gewordenen Fällen immer zum Zweck der Bestrafung und Versklavung vorgenommen worden. Zuvor wurde die Identität des betreffenden Geistwesens mit vernichtender Gewalt gelöscht und die geforderten Verhaltensprogramme mit ebensolcher Gewalt implantiert, eine „Gehirnwäsche ohne Gehirn" sozusagen. Gerät man in einer Solo-Sitzung an ein solches Wesen, so zieht sich dessen Rehabilitierung über viele mühsame Stunden hin (siehe MWU).

Außerhalb des Körpers

Hat ein Geistwesen einen Biokörper oder Festkörper übernommen, so kann seine Wahrnehmungsposition innerhalb dessen lokalisiert sein

(Innenposition) wie auch außerhalb *(Außenposition)*. Eine typische Aussage dazu: „Ich sehe mich da unten sitzen, Distanz etwa drei Meter".

Befindet sich ein Geistwesen in der *Innenposition* zum Menschenkörper, so erlebt es seine Umgebung vom Kopf aus; es schaut durch die Augen und hört mit den Ohren. Es befindet sich samt Energiekörper im Biokörper drin.

In der *Außenposition* zum Biokörper schwebt der Energiekörper neben oder über dem Biokörper wie ein Luftballon. Die Wahrnehmungsposition des Geistwesens ist nach wie vor im Energiekörper. Das Geistwesen schaut sozusagen aus dem Energiekörper auf den Biokörper.

Es geht noch weiter: auch zum Energiekörper kann ein Geistwesen eine Außenposition einnehmen. Es vermag auch ihn zu verlassen und von außen zu sehen. Dies wird als *zweite Außenposition* bezeichnet. Ähnlich wie ein Wesen seinen Biokörper spätestens dann verlässt, wenn dieser schwer verletzt ist oder stirbt, wird die zweite Außenposition generell dann eingenommen, wenn der Energiekörper gefährdet ist, etwa wenn ein Wesen bei seinem Anflug zur Erde in Energiewirbel gerät oder von dämonischen Kräften angegriffen wird (siehe MWU).

Bei großem Schrecken ist man „außer sich", bei einem Wutanfall „fährt man aus der Haut". Indessen muss es nicht immer so düster hergehen, damit jemand eine Außenposition einnimmt. Es geschieht zum Beispiel auch bei großer Freude und im Überschwang der Begeisterung. Auf Techno-Partys geraten die Leute beim Tanzen in Ekstase – was nichts anderes bedeutet als „ein Zustand außerhalb". Ist die Identifikation mit Biokörper und Energiekörper nicht besonders groß, so wird ganz naturgemäß die Außenposition eingenommen. Je weniger Identifikation, desto leichter wird das Leben, auch auf der astralen Ebene.

Resonanz kann gefährlich sein

Dass jemand ein Geistwesen über dessen Energiekörper bedrohen und angreifen sollte, mag unglaublich klingen, doch liegen genügend Sitzungsberichte vor, um dies zu belegen. In der Regel handelt es sich um mentalenergetische Angriffe durch andere Geistwesen, um Machtkämpfe auf feinstofflicher Ebene, um die Auseinandersetzung zwischen Dunkelmächten und Lichtwesen, um es poetisch auszudrücken. Häufig wird von Raumschiffen berichtet, die mit vermutlich elektromagnetischen Peilstrahlen Astralwesen erfassen, binden und heranziehen, um sie mit Programmen zu implantieren und so gewaltsam von ihrer hilfreich gedachten Mission abzubringen.

Es ist alles eine Frage der Resonanz. Mentalquantenfelder wie auch mentalenergetische Körper existieren als Materie und Energie in Raum und Zeit. Sie sind keinesfalls so still und statisch wie ein Ententeich, sondern befinden sich in Abbildung der Absichten und Emotionen ihres Erzeugers ständig in Bewegung. Damit existieren sie als eine der vielen Schwingungen irgendwo auf dem Band der Frequenzen. Verfügt man über die nötigen elektronischen Geräte, um solche Frequenzen zu erfassen, so lassen sich über die Herstellung entsprechender Resonanz Energiekörper einfangen und in „mentalenergetische Gefängnisse“ stecken. Dass das leider keine Ausnahme ist, belegen zahlreiche Sitzungsprotokolle.

32. Als geistige Wesen vollziehen wir bezüglich eines Bezugspunkts die grundsätzlichen Aktionen *Hinstreben und Zurückziehen.*

Stillstand schmerzt

Nicht das körperliche Hinstreben und Zurückziehen ist hier gemeint, sondern das geistige: das Annehmen und Ablehnen von Bezugspunkten, seien es Personen, Dinge, Orte, Ideen, Ziele oder geplante Aktionsabläufe. Ist man dafür oder dagegen? Will man hin oder will man weg?

Sind Hinstreben und Zurückziehen von annähernd gleicher Kraft oder geht das Streben mit gleicher Stärke in mehrere Richtungen gleichzeitig, so tritt Stillstand ein. Dies charakterisiert den *Konflikt.* Ein Konflikt zeichnet sich aus durch ein Hin und Her, das zu nichts führt. Alle Aktionstendenzen heben sich gegenseitig auf. Im Konflikt ist man fixiert, man agiert nicht.

Kurz, solange wir als geistige Wesen im Spiel sind, interagieren wir mit vielerlei Bezugspunkten. Zu manchen möchten wir hin, von anderen lieber weg. Unsere gesamte spirituelle Dynamik wie auch alle unsere Emotionen beruhen hierauf, vom Ursprung bis zum Nirvana.

33. Je mehr Aufmerksamkeit bzw. Mentalquanten man als Geistwesen auf einen bestimmten Bezugspunkt richtet, desto mehr gewinnt er an Bedeutung.

Was uns wichtig ist, darauf achten wir ganz besonders

Dieser Satz knüpft an Satz 15 an und führt ihn weiter. Hier geht es nicht einfach um Wahrnehmung, sondern um Wichtigkeit, um Bedeutsamkeit, ob im guten oder im schlechten Sinn. Was wir nur am Rande wahrnehmen, weil wir ihm keine Bedeutung zumessen, an das können wir uns hinterher kaum erinnern. Was uns aber wichtig ist, das bedenken wir kräftig und wiederholt mit Aufmerksamkeit, deswegen steht es für uns felsenfest. Auf einen geliebten Menschen achten wir ganz besonders, auf einen gefährlichen Gegner ebenso, wenn auch mit anderer Wertigkeit. Gleiches gilt für einen jeden Bezugspunkt, sei es ein Tier, eine Pflanze, ein Ort, eine Idee, eine Aktivität, Möbel, Häuser, Zustände wie Gesundheit und Freiheit, Behörden, Staaten, Vereine, Hobbys, Vorstellungen und Ziele – mit je mehr Mentalquanten wir solche Bezugspunkte beschicken, desto größer wird uns ihre Bedeutung, desto größer aber auch unsere Abhängigkeit von ihnen.

Der erste wichtige Bezugspunkt eines Geistwesen ist sein gerade frisch erschaffener Energiekörper. Dieser besteht aus dem ureigenen „Stoff" des Wesens; es hat ihn selbst fabriziert und möchte ihn verständlicherweise erhalten und gegebenenfalls verteidigen. Dadurch wird diesem Energiekörper immer mehr Energie in Form von Mentalquanten zugeführt; er wächst und wird zunehmend verdichteter. Im irdischen Leben gelten Auto, Arbeitsplatz, Haus, Familie und insbesondere der eigene Biokörper als wichtige Bezugspunkte, denn mit diesen haben wir tagtäglich zu tun, wollen sie pflegen und erhalten. Entsprechend viel Aufmerksamkeit und Mentalenergie widmen wir ihnen. Was auch immer ihnen gefährlich werden könnte, jeder Feind oder Gegner, wird mit entsprechender Beachtung bedacht und nicht aus dem Auge gelassen, wenn auch mit anderen Vorzeichen.

34. Jedes Geistwesen erschafft seine ureigenen Mentalquanten und ist an ihnen erkennbar. In ihnen drücken sich aus: unsere Identität sowie unsere Emotionen und Absichten zum Zeitpunkt des Erschaffens.

Man kann sich nicht verstecken

Identität bedeutet Echtheit, Unverwechselbarkeit, innere Einheit. Es kommt von lat. *idem,* derselbe. Wenn man seinen Nachbarn heute aus der Haustür kommen sieht, ist man sich sicher: das ist derselbe wie gestern. An seiner Identität besteht kein Zweifel.

Diese Echtheit, Unverwechselbarkeit und innere Einheit zeichnen die Werke großer Maler, Schriftsteller oder Musiker aus. Man schaut auf ein Bild, hört ein paar Töne eines Musikstücks, liest einige Seiten aus einem Roman – und schon weiß man, wer dieses Werk geschaffen hat. Man spürt die Identität des Schöpfers, denn zwischen Werk und Schöpfer ist innere Einheit gegeben. Das Werk verweist auf seinen Schöpfer. Sicher, Menschen lassen sich täuschen und Geistwesen ebenso. Aber letztlich lässt sich eine Identität nicht verbergen.

Eine Brücke von Geistwesen zu Geistwesen

Mentalquanten sind das Werk eines Schöpfers. So winzig sie im Vergleich zu Bild oder Buch sein mögen, lassen sie sich dennoch einem bestimmten Urheber zuordnen. Mentalquanten sind demnach nicht neutral, sondern Ausdruck ihres Erschaffers. Jedes mentalenergetische Feld bis hinunter zu einzelnen Mentalquanten verweist auf die Absicht, durch welche es erschaffen wurde, auf die Identität des Erschaffers und seine damalige Emotion, auf den Ablauf des Erschaffungsgeschehnisses und sogar auf die Entwicklungsgeschichte des Feldes seit seiner Erschaffung. All das lässt sich durch entsprechende Einstimmung erfahren.

Wohl gemerkt ist diese Information nicht im Mentalfeld abgespeichert, vielmehr dient es als „Brücke“ zu seinem Erschaffer. Im Vergleich zu einem Brief: ein Brief weiß selbst nichts; weder das Papier noch die Buchstaben wissen etwas. In dem man aber den Brief liest und sich auf das Geschriebene einstimmt, die mentale Absicht also, baut sich Verständnis auf. Damit ist eine „Brücke“ zum Erschaffer entstanden, sei es über einen Brief oder ein Mentalfeld. Die Brücke erstreckt sich zum Schöpfer mit seinem (mentalen) Anliegen, nicht lediglich zum Kommunikationsmedium.

Als Sitzungserlebnis sieht das häufig so aus, als sei so ein Mentalquantenfeld wie ein Felsbrocken mit eingeritzten Runenzeichen. Hat man dann eine Weile herumgerätselt und nach und nach das eine oder andere herausgefunden, kann es geschehen, dass das ganze Feld schlagartig verfliegt und man einen direkten Draht zu dessen Erschaffer bekommt, zu einem Wesen irgendwo im geistigen Kosmos. Diese Gedankenverbindung erfolgt über keine Brücke mehr, sondern ist ein intuitives Nachvollziehen der fremden Wahrnehmungsposition mithilfe der eigenen. Man wird momentan zum Gegenüber, nimmt dessen Identität willentlich an, wird eins mit ihm (siehe Satz 23).

Auch vermischte Mentalquantenfelder gibt es, falls es sich um einen oder mehrere unterschiedliche Urheber handelt. Das lässt sich erspüren, und zu jedem einzelnen lässt sich eine Brücke schlagen. Das ist ganz ähnlich, wie wenn Jazzmusiker oder die Mitglieder einer Pop-Band zusammen improvisieren und man genau heraushört, wer gerade dran ist. Man erkennt es meist schon nach wenigen Tönen und nicht erst, wenn das Lied zu Ende ist.

35. Mentalquantenfelder mit eigenständiger Verhaltensdynamik bezeichnen wir als *Energiewesen*.

Frei schwebende Software

Energiewesen sind mit Absichten aufgeladene mentalenergetische Felder, die innerhalb der Bandbreite dieser Absichten quasi intelligent agieren und deswegen angesprochen werden können bzw. von sich selbst reden, als hätten sie ein Ich. Energiewesen sind sozusagen künstliche Intelligenzen ohne jegliche Hardware; sie bestehen nur aus Software, d. h. aus einem informationsgeladenen freischwebenden Energiefeld.

Auf den Betroffenen wirken Energiewesen häufig wie Geistwesen, denn sie äußern sich in Form von Stimmen oder eventuell sogar als Poltergeist. Spricht man sie an, so sprechen sie von sich selbst als einem Ich, genau wie es auch ein Geistwesen tun würde. Sie sind aber keine echten Geistwesen, denn nur innerhalb der ihnen innewohnenden Absichten vermögen sie intelligent zu agieren.

Energiewesen können absichtlich für strategische Zwecke geschaffen und programmiert worden sein, wie es in der Magie geschieht, sei es als Helfer oder als Aggressoren. Ebenso kann es sich um zufällige Überbleibsel spannungsgeladener Konflikte zwischen mehreren Geistwesen handeln. Geht beispielsweise eine Gruppe von Menschen (wohlgemerkt allesamt Geistwesen!) nach einem großen Streit auseinander, ohne sich versöhnt zu haben, so bleibt eine Mentalquanten-Wolke hängen, in der der gesamte Vorgang abgebildet ist. Diese Wolke mag kommen oder gehen, je nachdem ob sie von einem der Beteiligten aktiviert wird oder nicht. Ist sie aber gerade mal in Existenz, und gerät man als MindWalking-Solist in Kontakt damit, dann ist einem, als spräche man mit unterschiedlichen Individuen – doch handelt es sich in Wirklichkeit nur um Überbleibsel. Diese haben sich verselbstständigt, weil jeder ihrer Erschaffener auf seiner eigenen Absicht beharrte. Deswegen löste sich das Ganze niemals auf.

Dämon suggeriert Selbstmord

Ein Sitzungsbeispiel: die sechzehnjährige Maria steht morgens an der S-Bahn-Haltestelle in einem Vorort der Großstadt, um zur Schule zu fahren. Es ist eine nur kleine Station mit nur einem Gleis. Nur wenige Menschen stehen herum und warten. Auf dem anderen Bahnsteig, Maria schräg gegenüber, steht in ungefähr 15 m Entfernung ein junger Mann. „Der kam mir irgendwie komisch vor," sagt Maria. Sie spürt eine Spannung von ihm ausgehen, einen Konflikt, und möchte ihm am liebsten etwas zurufen, tut es aber nicht. Als der Zug einfährt, springt der junge Mann aufs Gleis und wird zerfetzt. Maria sieht die Leichenteile herumfliegen. Obwohl sie weiche Knie hat und ihr im Magen ziemlich schlecht ist, rafft sie sich auf, geht zur Bahnpolizei und macht Meldung. Ein Psychologe versucht sie zu beruhigen, aber es gelingt nicht. Zuhause angekommen, nimmt ihr Vater sie in Sitzung; er ist ein MindWalking-Sitzungsleiter. Was Maria geistig nachhängt, ist nicht etwa die Erinnerung an die auf Bahnsteig und Gleisen verstreuten Leichenteile, sondern der innere Konflikt des jungen Mannes auf dem gegenüberliegenden Bahnsteig, bevor er vor den Zug sprang. In ihrer Sitzung nimmt Maria wahr, wie dieser junge Mann von einem dämonischen Energiewesen gepeinigt wurde, das so etwas wie eine automatische Ansage auf einer Tonbandschleife abspielen ließ, gefolgt von einem dämonischen Lachen: „Das muss doch alles nicht sein, lass es los, du brauchst keinen Körper, hihihi – das muss doch alles nicht sein, lass es los, du brauchst keinen Körper, hihihi“ und immer so weiter, bis der junge Mann der Suggestion schließlich folgte und sprang.

Um Maria zu entlasten, war es nicht nötig, Herkunft und Entstehung dieses Energiewesens untersucht zu haben; es löste sich allein schon dadurch auf, dass man es zur Gänze erkannte und ohne jeden Vorwurf in der tadellosen Ausführung seiner Funktion bestätigte. Das geht deswegen, weil ein Energiewesen ein Automat ist und über keinerlei Verantwortungsbewusstsein verfügt. Es reicht, ihm zu sagen „gut gemacht“, um es zum Verfliegen zu bringen, auch wenn seine Auswirkungen übelster Art gewesen sein mögen. Moralische Wertungen haben hier keinen Platz.

Nach diesen Erkenntnissen fühlte sich Maria beruhigt und gestärkt. Eine telepathische Verbindung zu dem abgeschiedenen Geistwesen ergab sich übrigens nur kurz: der junge Mann steckte in einer pubertär bedingten Lebenskrise mit Freundin, Zukunft und Familie; daran konnte das Energiewesen andocken.

Schwarzmagische Programme

Im Falle einer schwarzmagischen Machenschaft werden vorsätzlich geschaffene Energiewesen programmiert und losgeschickt, um eine bestimmte Zielperson oder eine bestimmte Welt zu beeinflussen, zu behindern oder gar zu zerstören. Waren mehrere Urheber an der Entstehung eines solchen dämonischen Energiewesens beteiligt, so kann es erschreckend mächtig sein und über große Eigendynamik verfügen. Solche Fälle erleben wir nicht nur bei MindWalking, auch im alten Tibet wusste man davon[21] und selbst noch im Europa der Gegenwart werden zielgerichtete magische Beschwörung vorgenommen.[22]

Sind Fußballteams Energiewesen?

Damit dieses Kapitel nicht allzu abgehoben und gruselig klingt, soll die Funktionsweise von Energiewesen auf den menschlichen Alltag übertragen werden. Menschliche Organisationen haben eine systemische Eigendynamik sowie ihre eigene, den Individuen übergeordnete Intelligenz. Diese Intelligenz und Eigendynamik entstehen als energetische Verkörperung gemeinsamer Absichten, Vorstellungen und Regeln zum Wirken der betreffenden Organisation. Vergleichsweise stellen die elf Spieler eines Fußballteams elf Mentalquanten dar und damit ein Mentalfeld. Dieses Mentalfeld, das Team, hat ein Ziel: gemeinsam durch optimales Zusammenwirken im Rahmen der Regeln das Spiel gewinnen. Dieses Feld interagiert mit einem anderen Mentalfeld, nämlich den elf Spielern des anderen Teams. Die Information, an der sich die Spieler und damit das gesamte Feld intelligent orientieren, ist nicht sichtbar, nur die Spieler sind es. Natürlich sind die Regeln irgendwo abgedruckt und nachzulesen, aber solange sie nicht in den Köpfen der Mitspieler verankert sind, hülfe das wenig. Ähnlich verhält es sich mit rein feinstofflichen Energiewesen. Sie machen einen Job wie beauftragt, aber wie es dazu kommt, steckt nicht in ihnen, sondern im Auftraggeber (siehe LVO).

36. *Kommunikation* ist ein Aktionsablauf zur Mitteilung eines Gedankens mit Hilfe von Mentalquanten.

Telepathie ist immer dabei

Beziehungen leben von Kommunikation, vom Austausch von Gedanken und Botschaften. Wie alles in der geistigen Welt, beginnt Kommunikation mit einem Gedanken, nämlich dem eines Senders. Dieser Gedanke ist ein rein abstrakter Begriff und deswegen von anderen nicht wahrnehmbar, es sei denn über die Brücke von Intuition und Allwissen – aber das ist leider eher selten. In der Regel kommt der Sender nicht darum herum, seinen Gedanken mitzuteilen. Dazu muss er ihn wahrnehmbar machen. Zu diesem Zweck platziert er ein Mentalquantenfeld auf solche Weise, dass der Empfänger es wahrnimmt. Dieses Feld ist sozusagen ein „Hinweis" auf die Absicht und Emotion seines Erschaffers.

Auf unsere grobstoffliche Welt übertragen könnte das wie folgt umgesetzt werden: Franz schickt der Hilde mit Fleurop einen Blumenstrauß zum Geburtstag. Hilde als Empfängerin tastet das vom Sender platzierte Mentalquantenfeld (den Blumenstrauß) mit ihren eigenen Mentalquanten ab (indem sie den Strauß mit größter Aufmerksamkeit anschaut). So gewinnt sie Aufschluss über dessen Inhalt und Eigenschaften („aha, ein Geburtstagsstrauß!"), erkennt den darin „eingeschriebenen" Gedanken („da mag mich ja jemand richtig gerne!") und erfasst die Identität des Senders („muss von Franz sein"). Die Botschaft ist angekommen.

Nichts bleibt übrig

Ihr zum Abtasten benutztes Mentalquantenfeld braucht Hilde nach ihrer Erkenntnis nicht mehr aufrecht zu halten. Deshalb löst es sich auf. Hilde hat verstanden, was Franz ihr sagen wollte, und schickt ihm eine dankende SMS zur Bestätigung. Franz schließt daraus, dass seine Botschaft verstanden worden ist. Er ist erleichtert und freut sich. Damit schwindet seine Anspannung und auch sein eigenes Mentalquantenfeld löst sich auf. Ist auf beiden Seiten Verständnis in Verbindung mit emotionaler Anteilnahme und Heiterkeit eingetreten, dann und nur dann ist ein Kommunikationsablauf im besten Sinne wirklich abgeschlossen.

Der wahre Abschluss: Verständnis

Ganz ähnlich wie der „Aktionsablauf der Wahrnehmung" aus Satz 16 besteht der Aktionsablauf der Kommunikation aus den Komponenten *Energie* (denn ein Kraftaufwand ist damit verbunden), *Raum* (denn eine

Entfernung will überbrückt werden), *Materie* (denn es bedarf eines Partikels, sei es Brief, Stimme, Kanonenkugel, elektronischer Impuls oder Mentalquant) und *Zeit* (denn wie jeder Aktionsablauf findet auch dieser zu einem bestimmten Zeitpunkt statt und hat eine gewisse Dauer, selbst wenn es gleichzeitig hin und her geht wie bei der Telepathie und der Quantenverschränkung).

Dieser Ablauf gilt für jegliche Form der Kommunikation, nicht nur für die verbale oder schriftliche. Somit hat jegliche Kommunikation einen telepathischen Anteil. Sie beruht auf Aufmerksamkeit und dem Austausch von Mentalquantenfeldern, selbst wenn dabei gesprochen und gestikuliert wird.

Somit vollzieht sich Kommunikation genau genommen auf zwei Ebenen, auf der sinnlich wahrnehmbaren grobstofflichen und parallel auf der feinstofflichen. Erstere ist mit den Sinnen, letztere nur mit der geistigen Antenne wahrnehmbar. Und ganz oben – und das wäre wirklich nur etwas für Profis – wäre die Ebene der Intuition, des wortlosen Verständnisses ohne jeglichen Austausch, wenn die eine Wahrnehmungsposition zeitweilig und willentlich in die andere übergeht und der eine weiß, dass er weiß, was der andere weiß, und dem anderen ergeht es ebenso.

Sieben Faktoren sorgen für gute Kommunikation

Sinn und Zweck von Kommunikation ist: Erkenntnisse gewinnen, Übereinkunft erzielen, gemeinsame Realitäten herstellen, Verständnis erwecken. Ihre Qualität wird bestimmt von der geistigen Präsenz und der emotionalen Affinität der Gesprächspartner. Wichtigste Grundlage ist selbstverständlich: jemanden nehmen, wie er ist, und ihn trotzdem gern haben, ihn lieben.

Für gute Kommunikation sorgen sieben „Faktoren". Ein *factor* (lat.) ist ein „Macher", wir sprechen deswegen von den „Sieben Kommunikationsfaktoren". Sie sind: 1. Gesammeltheit („Ich ruhe in mir.") – 2. Achtsamkeit, Eingestimmtheit („Du interessierst mich.") – 3. Freundliche Gelassenheit („So was wirft mich nicht um.") – 4. Nachdrücklichkeit, Intensität („Ich meine dich!") – 5. Achtung, Respekt („Ich nehme dich an, wie du bist.") –

6. Beharrlichkeit („Ich bleibe dran.“) – 7. Anteilnahme („Ich kann mich da einfühlen.“)

Wem es gelingt, alle sieben Kommunikationsfaktoren gleichzeitig zu berücksichtigen, der verbindet emotionales Verständnis mit freundlicher Resolutheit. Er vermag Menschen auf angenehme Weise zu führen und Kommunikationsabläufe zu einem guten Ende zu bringen.

37. Je mehr wir uns mit den Gedanken und Energiefeldern identifizieren, die durch die Interaktion der Vielzahl geistiger Wesen seit Anbeginn entstanden sind und fortlaufend neu entstehen, desto mehr verstricken wir uns in ungelöste Beziehungen. Damit reduziert sich unser transzendentales Bewusstsein, und wir geraten als geistige Wesen in *unerwünschte Existenz-Zustände.*

Ich bin mein Auto

„Sich identifizieren“ bedeutet „sich zum selben machen“, von lat. *idem,* derselbe, und *facere,* machen. Der Begriff *Identifikation* beschreibt den Vorgang, der Begriff *Identifiziertheit* dessen Ergebnis. Wer sich identifiziert fühlt, ist zu etwas oder jemandem geworden. Er ist „zum selben“ geworden. Identifizieren kann man sich mit jedem beliebigen Bezugspunkt, seien es Gedanken, Energien, Personen oder Dinge. Geschieht dies unbewusst, so ist eine ungelöste Beziehung entstanden.

Bei Identifiziertheit mit Gedanken ist ein geistiges Wesen ideologisch verblendet. Er sieht sich als Vertreter einer Weltanschauung, sei es als Katholik, Protestant, Mormone, Zeuge Jehovas, Muslim, Marxist, als fanatischer Anhänger einer politischen Partei oder eines Fußballvereins. Sein gesamtes Handeln richtet er nach den dort vorgegebenen Prinzipien aus. Ohne weiter nachdenken zu müssen, ist er auf diese Weise „automatisch“ im Recht.

Bei Identifiziertheit mit Energieformen wie Prana, Ch′i, Kundalini oder Orgon kommt ein geistiges Wesen zu der Auffassung, es sei sein Energiekörper oder seine Vitalkraft. Es definiert sich und seine Befindlichkeit über Emotion, Schwingung, Resonanz und Harmonie.

Bei Identifiziertheit mit Materie glaubt ein geistiges Wesen, es sei sein Körper, sein Gehirn oder gar ein Objekt, z.B. sein eigenes Auto. Bekommt das Auto einen Kratzer, fühlt sich das für manchen Besitzer an wie eine körperliche Verletzung.

Bei Identifiziertheit mit anderen Personen, seien sie bewunderte Vorbilder oder bejubelte Diktatoren, kommt es zur Persönlichkeitsverschiebung in deren Richtung. Man wird wie sie, indem man in Haltung, Sprache und Lebensführung kritisch und unreflektiert dem betreffenden Helden nacheifert. In vielen MindWalking-Sitzungen hat sich gezeigt, dass der heute so unkritisch Anhimmelnde in ferner Vergangenheit das Opfer einer körperlichen oder sogar psychischen Vernichtung von Hand eines Mächtigen war und sich nur über Anbiederung und Unterwürfigkeit retten konnte – weswegen er heute ungewollt und unbewusst in dieses Muster hineinrutscht (fachlich bezeichnet als „Stockholm-Syndrom", siehe HHJ).

Kein Spaß mehr am Leben

Identifiziertheit bedeutet, man ist unbewusst eins geworden mit einem wichtigen Bezugspunkt, sei das eine Person, eine Aufgabe, eine Gruppe, Firma oder Behörde, sei es ein Hobby oder gar ein Objekt. Man ist nicht mehr unbegrenzt und frei, sondern hat sich auf das reduziert, womit man sich identisch fühlt. Man macht das eigene Wohlbefinden, unter Umständen sogar die eigene Existenz, von der Existenz dieses immens wichtigen Bezugspunktes abhängig. Ohne ihn, sie oder es sein, das geht nicht, das ist unvorstellbar.

Ist Identifiziertheit eingetreten, wird Hinstreben und Zurückziehen zwanghaft (siehe Satz 28). Nichts geht mehr leicht und spielerisch. Vermeiden oder Habenwollen, je nachdem, sind zu einem Muss geworden. *Unerwünschte Existenzzustände* wie Unfreiheit, Gehetztheit, Gereiztheit, Deprimiertheit und Krankheit sind entstanden, und das Geistwesen leidet darunter. Individualität, geistige Wachheit, Wahrnehmungsfähigkeit und das kritische Denkvermögen sind herabgesetzt. Man lebt in den engen Grenzen von Körper, Raum und Zeit. An seine Beziehung, seine Verwobenheit mit dem Transzendentalen denkt man nicht mehr.

Ethik: Wieso wir böse werden können

38. Im Zustand des transzendentalen Bewusstseins handeln wir als Geistwesen im Sinn *allseitiger Ethik.*

Rundum Rücksichtnahme, rundum Brückenbau

Ethik ließe sich definieren als „richtiges Tun im Hinblick auf verbindliche Werte und Ideale". Wer sich dabei auf allgemeinverbindliche Werte und Ideale beruft, vertritt eine *allseitige Ethik* (siehe LVO). Der höchste Maßstab dabei wäre das Ideal der Wiederherstellung transzendentaler Harmonie durch Erfüllen der eigenen Urberufung und durch Unterstützen anderer bei der Erfüllung der ihrigen.

Eine allseitige Ethik berücksichtigt alle erkennbaren Standpunkte, auch die widersprüchlichen, auch die miteinander in Konflikt stehenden. Sie strebt *optimale Lösungen* zur größtmöglichen Förderung aller Beteiligten an. Eine optimale Lösung ist das Beste unter den gegenwärtigen Umständen Machbare. Maßstab sind die verbindlichen Werte und Ideale einer Gruppe oder Kultur. Eine optimale Lösung stellt die *momentan* größtmögliche Annäherung an diese Werte und Ideale dar. Sie ist kein „todsicheres Rezept für sämtliche Gelegenheiten", kein für alle Zeiten verbindlicher Sittenkodex, sondern wird erstellt im Hinblick auf die Gegebenheiten einer bestimmten Situation zu einem bestimmten Zeitpunkt. Dementsprechend erfordert sie ständige Wachheit und Bewusstheit.

Ein in der Dualität von Ich-und-Du verhaftetes Wesen würde nur Gegensätze, Konkurrenten, Widersacher und Gefahren sehen, sowohl in physischer wie auch spiritueller Hinsicht. Um im Sinne allseitiger Ethik zu handeln, bedarf es eines transzendentalen Bewusstseins, eines Bewusstseins also, dass über die Grenzen des eigenen Ego hinaus die Bedürfnisse und Belange anderer Wesen erkennt und anerkennt (siehe Satz 24) und letztlich auf das Ideal transzendentaler Harmonie abzielt.

39. Indem wir unser transzendentales Bewusstsein verlieren, entsteht *Dualitätsbewusstsein.*

Eins ist größer als zwei

Individualität bedeutet „Besonderheit, Unteilbarkeit, Abgegrenztheit von anderen", von lat. *individere,* „unteilbar". Dualität wiederum bedeutet Zweiheit, von lat. *duum,* zwei.

Individualität und Dualität sind unvermeidbare Gegebenheiten diesseits der Transzendenz; sie sind sozusagen „systembedingt". Sobald ein Wesen aus dem Allsein austritt, erlebt es sich als „Ich" und jeden anderen als „Du". Zur Überbrückung benutzen wir als Kommunikationsmittel Mentalquanten. Eigentlich ließe sich auch alles über Intuition lösen, aber dann gäbe es nicht die Dynamik von Energie in Zeit und Raum, und damit kein Spiel und keinen Spaß.

Die grundsätzlichen Existenzzustände Individualität und Dualität bringen es keineswegs mit sich, dass man jedes andere Wesen als andersartig zu betrachten hätte, als fremdartig, gar als feindlich. Dazu kommt es erst, nachdem man sich intensiv mit seiner Individualität und seinem Ego identifiziert hat. Solche *Identifiziertheit* kann sich durch traumatische Erlebnisse ergeben. Durch sie entsteht ein Bewusstsein der Unvereinbarkeit von Ich und Du. Das übergeordnete „Wir" geht verloren. Diese Geisteshaltung der Unvereinbarkeit von Ich und Du ist mit *Dualitätsbewusstsein* gemeint. Betont wird die Verschiedenheit zweier Individuen statt deren Nicht-Zweiheit *(advaita)* auf Grund ihrer gemeinsamen Wurzel im Allsein.

Eins sein mit dem Göttlichen und gleichzeitig „ich" und „du" sein unter den Menschen, das ist kein Widerspruch. Denn das Eine ist größer als die Zweiheit.

40. Im Dualitätsbewusstsein vertritt man als Geistwesen eine *einseitige Ethik* mit gegensätzlichen Werten wie gut und böse.

Nur Sieger sein ist was wert

Einseitige Ethik ist egozentrisch und allein auf den eigenen Vorteil bedacht. Sie setzt ein Dualitätsbewusstsein voraus: ich hier, ihr dort; ich habe recht, ihr habt unrecht; was mir nutzt ist gut, was euch nutzt, ist schlecht. An ein übergeordnetes Wir wird nicht gedacht. Einseitige Ethik ist kurzsichtig und bedenkt weder Spätfolgen noch Kollateralschäden. Man brennt mal eben den Regenwald ab, weil man Agrarfläche braucht, um Soja zu produzieren. Man will also etwas Gutes, bedenkt jedoch nicht, dass die Rodung das Mikroklima zerstört und die Region langfristig zur Wüste wird. Oder man zettelt Kriege für den noblen Zweck an, das Christentum zu verbreiten (früher) oder die Demokratie (heute). Andere Menschen dabei zu töten, hält man für völlig in Ordnung, denn man sieht sie nicht als fühlende Wesen, sondern einfach bloß als Körper, als Figuren, als Symbole.

Fehlendes Bewusstsein zu übergeordneten Werten und Idealen, zu Sinnzusammenhängen und den Auswirkungen des eigenen Handelns, das ist der Kern der einseitigen Ethik. Diese Haltung drückt sich aus in Sätzen wie: „Wer nicht für mich ist, ist gegen mich. Wer für mich ist, ist gut, alle anderen sind böse. Wer böse ist, gehört vernichtet. Nur die Guten sollen übrigbleiben. Meine Wahrheit ist die einzig gültige, was die anderen sagen, ist alles verblendet und verlogen.“ Nicht bloß herrschsüchtige politische Machthaber predigen dies, auch viele Religionen sind vollgestopft mit solchem Gedankengut.

Nur mit Rechthaberei glaubt ein solches Wesen überleben zu können. Allein dass es glaubt, überhaupt überleben zu müssen, dass es die Möglichkeit seiner Vernichtung in Betracht zieht, ist bereits ein Zeichen spirituellen Abstiegs durch Identifikation mit der Idee der Begrenztheit.

Ethischer Abstieg – und Aufstieg

Zum Zeitpunkt seines Ursprungs verfügt jedes Wesen über allseitige Ethik, denn es will es jedem recht machen, so gut es nur geht, damit alle wieder in den Urzustand zurückkehren. Das Wesen weiß: nur wenn alle gewinnen, kann auch ich gewinnen. Im heutigen Management-Jargon nennt man das *win-win.* Indessen geht diese Haltung allmählich durch zunehmende Identifiziertheit mit den unterschiedlichsten Bezugspunkten verloren und macht einer einseitigen Ethik Platz, die auf Selbstverteidigung beruht. Einseitige Ethik vertritt den Standpunkt, dass man nur gewinnen kann, indem der andere verliert. Man muss ihn besiegen und zum Unterlegenen machen: eine als *win-lose* bezeichnete Haltung.

Zum transzendentalen Bewusstsein und damit auch zur allseitigen Ethik lässt sich zurückfinden. Die gesamte MindWalking-Arbeit ist von der ersten Stunde an dieser Rehabilitierung gewidmet. Indem der Sitzungspartner oder Solist seine Identifiziertheit mit Gedanken, Ideen und deren Manifestation in Form von mentalenergetischen Feldern, Erinnerungsbildern und Energiewesen erkennt und auflöst, gewinnt er seine geistige Freiheit und Umsicht zurück.

41. Im Dualitätsbewusstsein erfolgt Kommunikation ausschließlich mit Hilfe von Mentalquanten.

Wer einen Graben gezogen hat, braucht eine Brücke

Am transzendentalen Bewusstsein und damit an der Nicht-Zweiheit kann ein Geistwesen mithilfe der Intuition selbst dann noch teilhaben, wenn es in Ausübung seiner Berufung „hier unten" auf seinem Dharma-Weg unterwegs ist (siehe Satz 23). Befindet es sich aber mit „ich hier bin gut" und „du dort bist böse" im Zustand des Dualitätsbewusstseins, so hat es seinen Zugang zum Allsein und demzufolge auch zum Sein und Wissen eines andern verloren. Der direkte Weg über das intuitive „Anzapfen" des Allwissens ist ihm nicht mehr möglich.

In dieser Lage bleibt einem derart reduzierten Geistwesen als einziges Mittel übrig, über das Hin und Her von Partikeln Brücken zu bauen und auf diese Weise zu kommunizieren (siehe Satz 36). Die Feinste dieser Brücken, nur aus Mentalquanten bestehend, wäre die Telepathie. Hat ein Wesen mit ihr keinen Erfolg, so wird es zu massiveren Mitteln greifen, etwa zum Sprechen oder Schreiben. Bei zunehmender Identifikation mit der materiellen Welt werden seine zur Kommunikation eingesetzten Partikel immer solider und kompakter werden, bis schließlich hin zu Bomben und Raketen (siehe LVO).

Gelassenheit: Damit lässt sich alles lösen

Wie man sich über missliche Situationen in jeglicher Art hinwegzusetzen vermag, darum geht es in diesem Kapitel.

42. *Akzeptanzvermögen* ist die Fähigkeit, einen bestimmten Wahrnehmungsinhalt mit gedanklicher wie auch emotionaler Anteilnahme bewusst zu erfassen und dabei gelassen zu bleiben.

Erst kapieren, dann werten

Akzeptanz soll hier keineswegs bedeuten „etwas gutheißen“, „sich einverstanden erklären“ oder „etwas unkritisch hinnehmen“. Vielmehr ist die Fähigkeit gemeint, eine Äußerung, Meinung, Haltung oder Tat ohne jegliche Wertung aus der Wahrnehmungsposition des Gesprächspartners zu betrachten und nachzuvollziehen. Präsentiert einem ein Gesprächspartner überraschend einen Blickwinkel, den man nicht teilt oder auf den man selbst nie gekommen wäre, dann will der beachtet sein als eine Möglichkeit unter vielen. Man sollte fähig sein, den Standpunkt des anderen trotz konträrer Sichtweise zu begreifen und als mögliches Weltbild gelten zu lassen. Der möglichen Weltbilder gibt es viele, und jeder verfügt über sein eigenes, siehe Satz 29.

Ein nicht-wertendes Annehmen durch Verständnis ist dies, im Gegensatz zum leider so häufigen Wegschieben, Ablehnen ohne jeden Kommentar, Bestrafen. Akzeptanzvermögen äußert sich als liebevolles, bedingungsloses Verständnis, als Annehmen des gesamten Wesens mit seinen Emotionen, Erfahrungen und Überzeugungen – so wie dieses Wesen tatsächlich ist. Und um es noch einmal ganz klar zu sagen: Verständnis bedeutet nicht auch Einverständnis.

Wer aus einer solchen Haltung heraus agiert, wirkt keineswegs todernst, kühl und ungerührt. Auch das wäre nichts weiter als Abwehr. Vielmehr strahlt der Angesprochene Heiterkeit und Gelassenheit aus. Egal was es sein mag, er vermag trotz allem zu lächeln. Er verliert den Humor nicht. Er begreift den Standpunkt des anderen, begreift die Richtigkeit seines Tuns aus dessen Perspektive. Erst im Anschluss daran wäre es legitim, die Äußerung oder Tat eines Gesprächspartners kritisch zu bewerten. Beruhte seine Handlung auf einer einseitigen, d. h. egoistischen Ethik, die nur ihn und seine Gruppe fördert, oder um allseitige? War seine Handlung im Hinblick auf relevante Werte und Ideale förderlich oder schädlich? Hat es ihn hinsichtlich seines Urauftrags weitergebracht? Solche Urteile dürfte man erst nach genauem, gründlichem und wertfreiem Zuhören fällen – falls es der Gesprächspartner aufgrund des ihm entgegengebrachten Verständnisses nicht selbst schon getan hat.

Kein Wesen ist von Grund auf böse. Der gute Kern bricht immer durch, man muss nur Geduld haben und den rechten Nachdruck aufbringen. Das gilt auch für wirklich harte Fälle. Dieses Prinzip ist die Grundlage aller MindWalking-Sitzungen. Wem es als Sitzungsleiter an Akzeptanzvermögen mangelt, wird bei seinem Sitzungspartner weder Vertrauen aufbauen noch Erkenntnis und Erleichterung erzielen.

43. Akzeptanzvermögen ermöglicht den Abschluss von Aktionsabläufen.

Es darf ruhig auch mal schief gehen

Ein Aktionsablauf setzt sich zusammen aus Sein-Tun-Haben (siehe Satz 3). Er beginnt mit der Absicht, dass dies und jenes sein soll. Beispielsweise denkt man sich: „Der Zaun sieht nicht mehr schön aus. Man sollte ihn mal wieder streichen." Die wahrgenommene Abweichung vom Ideal ist der Beginn eines Aktionsablaufs. Im vorliegenden Fall ist der Anlass für die Aktion des Zaunstreichens, dass man es „schön" haben möchte.

Und schon entsteht, im Geist zumindest, ein Anstreicher. Damit wäre ein Sein gegeben, nämlich ein Spieler, der ein Spiel spielt. Ob man sich diesen Hut selbst aufsetzt oder jemand anderem, egal: ein Sein wurde postuliert. Aber geschehen ist noch nichts. Erst wenn mit entsprechendem Energieaufwand Materialien im Raum platziert und aktiviert worden sind, was eine gewisse Zeit kostet, vollzieht sich das eigentliche Tun. Bei einem Spiel auf feinster Ebene könnte es sich bei diesen „Materialien" um Mentalquanten handeln, auf gröberer Ebene um Tische, Stühle oder Baumaterialien. Oder eben um Farbe und Pinsel, wollte man einen Zaun streichen. Das vollzogene Tun führt unausweichlich zu einem Ergebnis irgendwelcher Art, zu einem Haben.

Zum Abschluss eines Aktionsablaufs zeigt sich die ursprüngliche Absicht als erfüllt oder auch nicht. Das Ergebnis mag der Vision entsprechen oder auch nicht. Der Zaun mag so gestrichen sein, wie man sich das vorgestellt hat, oder auch nicht. Ist es so geraten, wie man sich das vorgestellt hat, dann ist die Freude groß. Nicht so bei einem unerwünschten Ergebnis. Es lässt einen unzufrieden, man lehnt es ab, hadert damit. Obwohl, physisch betrachtet, der Zaun von Anfang bis Ende gestrichen worden ist, ist man, geistig gesprochen, mit dem betreffenden Aktionsablauf noch nicht fertig. Man wollte schließlich einen schönen Zaun haben! Das aber hat sich auf Grund empfundener oder sichtbarer Mängel noch nicht realisiert.

Eine Verfehlung ist entstanden, ein Fehlschlag. Beide Wörter bedeuten: Ziel verfehlt. Man wollte den Klotz mit einem Axthieb spalten und der Schlag ging daneben. Damit hat man keinen Fehlschlag „erlitten", wie die Redewendung lautet, nicht das Schicksal hat einen „heimgesucht", sondern man hat den Fehler selbst gemacht.

Wie immer bei Verfehlungen, hatte man eigentlich nur das Beste im Sinn, aber ungewollt hat man sein Ziel verfehlt – vielleicht wegen ungünstiger Umstände, vielleicht wegen mangelnden Geschicks. Der Zaun konnte nicht ordentlich gestrichen werden, weil es dauernd regnete. Oder weil die Farbe am Zaun anders herauskam, als sie auf der Dose aussah. Oder weil der Anstrich nicht gleichmäßig war.

Erwartung und Ergebnis klaffen weit auseinander. Gute Gründe hin oder her, falls man sich mit dem Unvollkommenen und Unabgeschlossenen nicht einverstanden erklären kann, „hängt es einem nach", wie man so sagt. Man hadert mit sich selbst. Die unerfüllte, jedoch nie aufgegebene Absicht wirkt weiter. Geistig gesehen, würde ein unabgeschlossener Aktionsablauf ewig an einem nagen. Die Gedankenmühle im Kopf würde ewig weiterlaufen. Damit hätte man sich ein ordentliches Stück Karma eingebrockt: eine Tat, die sich auf die Zukunft auswirkt, weil man nicht über das Akzeptanzvermögen verfügt, um sich mit einem Ergebnis abzufinden.

Genau genommen könnte man ständig missratene Ergebnisse produzieren und das mit Leichtigkeit wegstecken, vorausgesetzt, man verfügte über das entsprechende Akzeptanzvermögen. Aber man hat sich etwas in den Kopf gesetzt, wollte eine Vision realisieren, machte dabei aber dummerweise irgendwelche Fehler – und das kann man sich nicht verzeihen. Deswegen bleibt die Mühle im Kopf am Laufen.

Verzeihung und Neubeginn

Einen fehlgeschlagenen Aktionsablauf würde man erst dann abgeschlossen haben, wenn man sich die Unabgeschlossenheit einschließlich seiner eigenen Beteiligung und Verantwortung an dem Fehlschlag eingestanden und dies mit Gelassenheit akzeptiert hätte. Man hätte sich selbst seinen Anteil daran verziehen. Nun könnte man mit frischem Geist einen neuen Aktionsablauf beginnen. Ebenso könnte man den alten unter neuen Vorzeichen noch einmal in Angriff nehmen. Beides wäre ein positiver Neubeginn, nicht eine auf alter Frustration beruhende Hauruck-Aktion.

Akzeptanz erfolgt selten auf einen Schlag, sondern zumeist schubweise im Verlauf eines Erkenntnisprozesses. Je genauer man das missratene Ergebnis und den Weg dorthin inspiziert, desto mehr dämmert einem nach und nach, was sich wirklich abspielte und in welchem Maß man selbst an dem Debakel beteiligt war. Am Beispiel Zaun aufgezeigt: man war ungeduldig und strich weiter, obwohl es schon regnete; man hatte mit kurzem Blick auf die Dose die erstbeste Farbe kauft; man strich mit Blick auf die Uhr, um möglichst schnell fertig zu werden. Erst wenn man sich seine eigene Schuld am Ergebnis eingestanden und mit einem Grinsen vergeben hat, ist der Groll verflogen.

Genau das geschieht auch in MindWalking-Sitzungen. Deren Sinn und Zweck ist es, unabgeschlossene Aktionsabläufe in Erinnerung zu rufen und die damit verbundenen Emotionen und Frustrationen zu entlasten. Sie sind es, die den Sitzungspartner, den Solisten oder das telepathisch angesprochene Wesen an die Vergangenheit binden. Hat man erst einmal seine Eigenverantwortung erkannt und sich selbst verziehen, so löst sich das belastende Karma und gebundene Kraft wird freigesetzt – Kraft für die Zukunft.

44. Mangelndes Akzeptanzvermögen bewirkt die Fortdauer unerwünschter Zustände.

Karma hält ewig

Bleibt ein unvollkommener Aktionsablauf mangels Akzeptanzvermögen geistig existent, mag das schwerwiegende Folgen haben. War die Verfehlung nämlich mit tiefer Frustration und Selbstzweifel gekoppelt, so entwickelt das betreffende Wesen eine negative, einschränkende, pessimistische Haltung. Im Sinne von Sein-Tun-Haben ausgedrückt: es begann mit der Vorstellung eines idealen Habens und der Überzeugung, dies auch zu verwirklichen; es endete mit einem weit davon entfernten realen Haben.

Da verlässt den Spieler dieses Spiels aller Mut. Was mit „ich schaffe das!“ begann, wird zu „das schaff ich nie!“. Das haben ihm seine miesen Ergebnisse ganz unzweifelhaft vor Augen geführt. Diese neue, aus der Verfehlung resultierende negative Absicht reibt sich mit der ursprünglich positiven. Wo vorher nur eine Absicht war, sind nun zwei. Die eine drängt nach vorn, die andere bremst.

Von diesem Moment an begleiten den Urheber des betreffenden Projektes zwei widersprüchliche Absichten. Er hat einerseits die ursprüngliche Absicht und andererseits die handfeste Erfahrung, dass diese nicht erreicht werden kann. Was er ursprünglich wollte, kann er nicht loslassen, seinen durch Frustration eingetretenen Selbstzweifel ebenfalls nicht. Indem er weder von der ursprünglichen noch der einschränkenden Absicht lassen kann, wirken beide Absichten gegeneinander. Solange dieses Wesen seinen Fehlschlag nicht mit Humor und Heiterkeit verkraftet haben wird, verbleibt es im Zustand des Konflikts. Nicht die Zeit wird es heil machen, sondern das Erkennen von Eigenverantwortung am Debakel und die Verzeihung sich selbst gegenüber.

45. Begeht ein Geistwesen eine Verfehlung hinsichtlich eines bestimmten Bezugspunktes, und übersteigen die nur vermuteten Konsequenzen der Verfehlung sein Akzeptanzvermögen, so wird die Beziehung zu diesem Bezugspunkt gestört. Damit verbleibt die betreffende Welt in einem unvollkommenen Zustand.

Wie man Team und Spiel ruiniert

Bisher, in den Sätzen 44 und 45, ging es um ein einziges Geistwesen. Es hatte einen Plan und konnte diesen nicht zur Ausführung bringen, was ewig an ihm nagt. Jedoch war lediglich dieser Plan sein Bezugspunkt, andere Wesen waren nicht betroffen. Malte sich beispielsweise jemand eine schöne Fahrradtour durch den Wald aus und hätte auf halber Strecke einen Platten, aber kein Flickzeug dabei, so wäre er stinksauer. Andere wären jedoch nicht betroffen. Es wäre ein rein privates Missgeschick.

Hier, in Satz 46, sind mehrere Geistwesen beteiligt, die eine gemeinsame Lebenswelt erschaffen möchten. Dabei gilt die gleiche Gesetzmäßigkeit wie für ein einziges Wesen. Angenommen, die Mitglieder dieser Gemeinschaft hätten voneinander abweichende oder gar widersprüchliche Absichten und Idealvorstellungen, und das wäre irgendwie nie offen ausgesprochen worden; angenommen, es käme während des Erschaffungsprozesses der gemeinsamen Welt zu Verfehlung, Verheimlichung, Frustration und Selbstzweifel, und auch dies bliebe unausgesprochen; und weiterhin angenommen, alle Mitglieder dieser Gruppe beharrten mangels Akzeptanzvermögen auf ihren jeweiligen Absichten und Gegenabsichten, ohne auf die der anderen Rücksicht zu nehmen – da würden die Konflikte faustdick in der Luft hängen. Verheimlichung ist das Patentrezept zum Ruinieren von Team und Spiel.

Wie man zum Sauertopf wird

Angenommen, die betreffende Lebenswelt sei ein Unternehmen, die Beteiligten seien ein Arbeitsteam, und einem Mitspieler wäre gegenüber einem anderen Mitspieler oder sogar hinsichtlich des ganzen Projektes eine Verfehlung unterlaufen. Er hätte irgendeinen gewaltigen Bock geschossen, und das wäre ihm extrem peinlich. Die Folge: er weiß nicht, wie sich die anderen verhalten würden, fänden sie heraus, was da lief. In seinem Geist malt er sich die schlimmsten Folgen aus. Die lediglich *vermuteten* und *befürchteten* Konsequenzen seiner Verfehlung überschreiten sein Akzeptanzvermögen. Er fühlt sich schuldig und hat Angst vor möglicher Strafe, zumindest aber Angst davor, sich lächerlich zu machen.

Erst war er Mitspieler, okay. Dann war er Täter (nennen wir ihn mal so), auch noch okay. Nun fühlt er sich schuldig, bekennt sich aber nicht zu seiner Tat. Offenlegung erscheint undenkbar. Ab hier nicht mehr okay. Er greift zur Verheimlichung, um sich zu schützen. Das macht ihn wachsam, unruhig, misstrauisch. Wissen die anderen vielleicht Bescheid, ahnen sie etwas? Jede Bemerkung seitens der anderen, die in Richtung seiner Verfehlung geht, erweckt in ihm die Angst, er sei möglicherweise ertappt worden. Kontinuierlich leidet er unter einem schlechten Gewissen. Er weiß nicht, wem er noch trauen darf. Seine Beziehung zu den anderen Mitspielern im Team ist zunehmend konfliktbelastet. Er steht unter Dauerspannung. Das wiederum bewirkt schlechte Laune, Gereiztheit, Depression und eventuell sogar psychosomatische Krankheiten (siehe LVO).

Hätte er gleich etwas gesagt, dann wäre das alles nicht passiert. Aber dazu reichte sein Akzeptanzvermögen nicht aus. Deswegen bleibt diese Lebenswelt, die er mit anderen teilt, in ihrer Belastetheit bestehen.

Um dieses Beispiel zu potenzieren, stelle man sich nun vor, nicht nur ein einziges Mitglied des Teams hätte sich etwas zu Schulden kommen lassen, sondern jeder andere auch. Ein bisschen Ungenauigkeit hier, ein wenig Korruption da, eine kleine Pflichtverletzung, ein unauffälliger Übergriff, all das über die Jahre hinweg sorgsam vertuscht – das nähme einer Lebenswelt jede Lebensfreude.

Die Abhilfe wäre eine Offenlegung in aller Wahrhaftigkeit, eine verständnisvolle Auseinandersetzung mit entsprechendem gegenseitigen Akzeptanzvermögen, Generalamnestie und Wiedergutmachung. Ohne dies würde die missratene Lebenswelt in ihrem unvollkommenen Zustand bestehen bleiben.

46. Hat ein Geistwesen hinreichend Akzeptanzvermögen entwickelt, um die vermuteten Konsequenzen einer Verfehlung zu tragen, wird es auch die nötigen Schritte zur Wiedergutmachung einleiten. Danach würde die nun bereinigte Beziehung jedoch nicht unbedingt in der vormaligen Form weitergeführt.

Sich gütlich trennen ginge auch

Selbst wenn alle Beteiligten nach erfolgter Klärung und Bereinigung einer Beziehung miteinander Frieden schlössen, würde das nicht notwendig auch die Fortführung der bisherigen Beziehung bedeuten. Man hat seine Erfahrungen miteinander gemacht, der Groll ist verflogen, man ist nicht nachtragend – aber Glanz und Gloria sind vorbei. Vielleicht hat man sich auch anderweitig orientiert, sieht neue Projekte, neue Horizonte. Was nun?

Auch sich gütlich trennen wäre eine Option. Das würde bedeuten, dass keiner der Beteiligten Zorn, Grimm, Hass und Trauer mit sich davonträgt, denn wäre dem so, würde daraus keine ersprießliche Zukunft entstehen.

Letztendliches Ziel von MindWalking ist die Wiederherstellung von Selbstbestimmtheit. Jeder soll kommen und gehen dürfen, wie er mag – solange dies nur im Sinne von Einvernehmlichkeit geschieht. Rückstandsfreie Lösungen finden, das Optimum für alle Beteiligten im weitesten Sinn erzielen, karmafrei in die Zukunft schreiten, nur darum geht es.

47. Um bezüglich einer missratenen Welt Akzeptanzvermögen zu entwickeln, ist die Ursache für die Abweichung

vom ursprünglich rechten Weg zu untersuchen. Dabei sind die Wahrnehmungspositionen sämtlicher Beteiligter zu berücksichtigen und ihre jeweiligen Absichten und Entscheidungen nachzuvollziehen.

Der rechte Weg zur wohlgeratenen Welt

Eine „missratene“ Welt wäre ganz einfach eine, deren Ausführung nicht so wunderbar gelungen ist, wie man sich das erträumte. Das mag die Inneneinrichtung einer Wohnung sein, die Gründung eines multinationalen Unternehmens oder gar, vom Göttlichen her betrachtet, der Zustand der Welt, in der wir leben.

Dabei wäre derjenige Weg der „rechte“ zu nennen, von dem man sich mit guter Begründung eine möglichst rasche und reibungslose Annäherung an die erträumte Idealvorstellung versprach. Der rechte Weg besteht sozusagen aus einer Kette von Entscheidungen für die jeweils optimale Lösung. So betrachtet, kann der rechte Weg niemals von einer einseitigen, egozentrischen Ethik bestimmt sein, denn eine optimale Lösung ist per Definition die beste Lösung *für alle.*

Keiner tut je was Böses

Vom rechten Weg kann man durch Ablenkung, Widerstände und voreilige Entscheidungen abgeraten. Bei der Beurteilung solcher Abweichungen sind zwei Grundsätze zu beachten. Erstens, alle haben recht, jeder von seiner Sichtweise aus betrachtet. Zweitens, keiner tut je was Böses.

Jeder tut, was er tut, weil er das, was er tut, im Moment des Tuns für absolut richtig und vernünftig hält. Das gilt auch für Bankraub, Mord und Totschlag. Wenn jemand in Verblendung handelt, so ist er in diesem Augenblick genau das, nämlich verblendet, und in diesem Zustand ist das, was er anstellt, das absolut Beste, was ihm einfällt. Selbst wenn jemand während einer Tat an seinem Tun zweifelt, wird er dabei bleiben, denn er weiß es einfach nicht besser. Eine optimale Lösung wäre dies zweifellos nicht, denn sie würde nur einem gerecht, dem Täter, nicht auch allen anderen Beteiligten.

Schlichtung und Frieden ließe sich hier schaffen, indem man jedem Beteiligten Gelegenheit gäbe, von seiner Perspektive aus zu erzählen, was in ihm vorging, als er Täter war. Das wäre Anteilnahme im vollen Sinn, und zwar nicht nur in emotionaler, sondern auch in ethischer Hinsicht. Nicht lediglich um Gefühle ginge es dabei, sondern vor allem um Verantwortung: dass die von einem selbst gefühlte Richtigkeit einer Tat für andere eine Falschheit gewesen sein könnte. Denn genau dadurch bleibt eine Tat nicht rückstandsfrei, sondern prägt den Geist aller Beteiligten und wirkt in die Zukunft fort.

Erst wenn jeder der Beteiligten die Folgen seiner Tat oder seines Zutuns einsieht, ihre Auswirkungen auf andere bereut und von sich aus über eine angemessene Wiedergutmachung nachdenkt, erst wenn sich jeder zu seiner Verantwortung bekannt hat, ist vollständige Handlungsfähigkeit wieder hergestellt. Erst dann sind Altlasten aufgelöst, erst dann sind die Beteiligten frei, im Hinblick auf Berufung, Vision und Ziel neue Aktionsabläufe zu ersinnen und zur Erfüllung zu bringen.

Nach diesem Prinzip funktionieren MindWalking-Sitzungen. Die Rehabilitierung von Wesen hinsichtlich ihrer Berufung ist möglich, sofern Sitzungsleiter und Sitzungspartner die Demut haben, das betreffende Erlebnis voll anzuschauen und anzunehmen, und zwar aus der Perspektive zum Zeitpunkt der Tat. Was war damals das Motiv, die gute Idee, wieso war es *damals* richtig? Manche Verfehlungen sind grauenhaft. Davon darf man sich nicht schrecken lassen.

48. Vollkommenes Akzeptanzvermögen seitens aller Beteiligten ist die Voraussetzung für das Auflösen ihrer gemeinsamen Welt.

Ein Traum wurde wahr – und nun?

Jede Lebenswelt besteht aus angestrebten Idealen und – weil diese noch nicht realisiert wurden – aus unabgeschlossenen Aktionsabläufen. Existenz bedingt Unvollkommenheit und Unabgeschlossenheit. Irgendetwas war geplant und ist noch nicht fertig. Angenommen nun, es würde endlich so geworden sein, wie man es sich zu Anfang erträumte, dann hätte diese Lebenswelt ihren Sinn und Zweck erfüllt. Es gäbe keinen weiteren Anlass für ihren Fortbestand.

Allerdings könnten im Verlauf des Spiels Spannungen zwischen den Beteiligten aufgetreten sein, bedingt durch Verfehlung und Verheimlichung. Das würde den Genuss an der Erfüllung stören, würde unzufrieden machen. Die Erfüllung wäre vielleicht auf sachlicher Ebene erreicht, nicht aber auf geistiger. Beispielsweise ein Brückenbau: gemäß aller Pläne und Vorstellungen mag er als gelungen gelten, Ingenieure und Politiker lassen die Sektkorken knallen – die Arbeiter aber ballen die Fäuste wegen schlechter Behandlung. Das hätte Konsequenzen für das nächste Bauprojekt dieser Art.

Als weiteres Beispiel eine Ehe: zwei junge Menschen tun sich zusammen, weil sie einen Traum haben von Familie, Kindern, Haus und Hund. Fünfundzwanzig Jahre später sind die Kinder groß und ausgezogen, der Hund ist gestorben und das Haus abbezahlt. Der Traum hat sich erfüllt. Die beiden Ehepartner wissen nicht mehr, was sie noch miteinander anstellen sollen. Genau genommen wäre es an der Zeit, sich zu trennen. Im besten Sinne wäre das zu erreichen, indem man sich gegenseitig dafür würdigt und bestätigt, dass eingetreten ist, was man sich vorgenommen hat. Liegen aber emotionale Altlasten vor, so wäre für eine gutartige Trennung unabdingbar, die Verfehlungen und Verheimlichungen während der Ehejahre aufzuarbeiten, mit Gelassenheit anzunehmen und zu verzeihen.

Falls das Akzeptanzvermögen der beiden dafür nicht ausreicht, bliebe ihre Lebenswelt trotz Freud- und Perspektivlosigkeit bestehen. Das ehemalige Miteinander wäre zum Nebeneinander geworden.

Nirvana für alles und jeden

Erst, wenn sich alle Beteiligten zu ihren Taten und Untaten bekannt haben, hat ein Spiel seinen wirklichen, guten Abschluss gefunden. Auch für die größte uns bekannte Lebenswelt, das physische Universum, gilt dieser Grundsatz. Denn letztlich besteht diese unsere Welt aus Abermilliarden verdrängter Erlebnisse, aus unverarbeiteten Fehlschlägen, aus Geschichten, die nie erzählt und nie verziehen wurden, und die fortlaufend in Erinnerung treten, immer und immer wieder. Jede einzelne dieser Geschichten manifestiert sich als verdichtetes Mentalquantenfeld, als nicht vollständig inspiziertes Erinnerungsbild. Falls es stimmen sollte, dass hochgradig komprimierte Mentalquantenfelder die Form physischer Materie annehmen können (siehe Satz 14), dann ließe sich die Hypothese aufstellen, dass ein jedes Geistwesen an der Konstruktion des physikalischen Universums beteiligt ist, und sei es auch nur in kleinstem Maß. Natürlich kennen wir bei MindWalking nicht alle Geistwesen, die es je gab, gibt und geben wird. Doch ausgehend von denen, die wir in Sitzung hatten, und von unseren eigenen Erfahrungen, lässt sich diese Hypothese durchaus aufstellen.

Würde demnach jedes einzelne Geistwesen, das in diesem physikalischen Universum auch nur im Entferntesten seine Spuren hinterlassen hat, seine Wahrnehmungen, Erinnerungen, Konflikte und Spannungen restlos auflösen, würde jeder zu seinen Verfehlungen und Verheimlichungen stehen, würden also alle Geschichten, die es zu erzählen gäbe, in voller Wahrhaftigkeit erzählt worden sein, was bliebe dann von diesem Universum? Nichts. Nirvana, wie die Buddhisten es nennen. Einzelbewusstsein und Allbewusstsein wären eins geworden. Deswegen machen wir MindWalking.

Bewiesen wäre diese Hypothese natürlich erst durch das Verschwinden des Universums. Nur dass dann keiner mehr übrig wäre, den dieser Beweis interessieren würde …

Erinnerung: Im Internet der Wesen

Wer etwas erlebt hat, weiß darum und kann sich daran erinnern. Wie das funktioniert, und wieso es manchmal nicht funktioniert, ist Thema der folgenden Sätze.

49. Das spezifische Wissen um ein bestimmtes Erlebnis wird bezeichnet als *Mentaldatei.* Sie lässt sich verstehen als Unterabteilung des Gesamtwissens.

Jeder sieht's aus seiner eigenen Perspektive

Zu einem Erlebnis gehören Ort, Zeit, Ablauf, Umstände sowie die Absichten, Emotionen und Somatiken der beteiligten Personen. All diese Einzelheiten fließen in das ein, was wir als Mentaldatei bezeichnen. Man weiß, was los war; man weiß, wann und wo das geschah; man weiß, wer dabei war, wie es den Beteiligten sowie einem selbst dabei erging, und was man körperlich und geistig dabei empfand. Eine Mentaldatei ist somit das spezifische Wissen um ganz bestimmte Erlebnisse der Vergangenheit; jede bezieht sich auf ein ganz bestimmtes „Bündel" von Ort, Zeit, Ablauf, Umständen, Absichten, Emotionen, Somatiken und Beteiligten.

Sind bei einem Geschehnis mehrere Personen beteiligt, so erlebt jeder von seiner eigenen Wahrnehmungsposition aus. Erleiden beispielsweise die beiden Insassen eines Autos gleichzeitig einen Unfall, so entsteht dadurch nicht etwa nur eine einzige Mentaldatei, sondern vielmehr zwei, denn jeder der beiden erlebt das Geschehen von seinem eigenen Blickwinkel aus. Jeder der beiden hat seine eigene Wahrnehmungsposition und platziert von dort aus seine eigenen Mentalquanten, seine Aufmerksamkeit also, auf den Vorgang. Dadurch nimmt er ihn wahr. Und was man wahrgenommen hat, das merkt man sich und weiß es (siehe Satz 17).

Gesamtwissen: personal wie auch transpersonal

Alle Erlebnisse eines Geistwesens zusammengenommen, anders gesagt alle seine Mentaldateien, machen sein persönliches Gesamtwissen aus. Darüber hinaus hat man als Geistwesen Zugang zum transpersonalen Gesamtwissen, siehe Satz 22, womit sich einem auch die Mentaldateien anderer Wesen eröffnen können. Im obigen Beispiel etwa könnte der Fahrer zu einem späteren Zeitpunkt Erinnerungsbilder an den Unfall sowohl aus der eigenen Position wie auch aus der des Beifahrers nacherleben, und umgekehrt. Noch weit darüber hinaus können sich einem auch Geschehnisse aus fernen Zeiten und Räumen eröffnen, bei denen man selbst nicht dabei war.

Geistige Suchmaschine fürs geistige Internet

Jedes einzelne Erlebnis mit seinem Wann und Wo und Wie und Wieso ist eine separate Mentaldatei. Das Erlebnis mit dem Apfel gestern und das mit dem Apfel vorgestern sind zwei unterschiedliche Ereignisse, zwei unterschiedliche Merkvorgänge und damit auch zwei unterschiedliche Mentaldateien, an die man sich zu einem beliebigen späteren Zeitpunkt zu erinnern vermag. Sie sind nicht etwa in einem mentalen Aktenschrank abgelegt oder in Gehirnwindungen versteckt, sondern – ganz wichtig! – man *weiß* sie. Wie alles Wissen, sind sie abstrakt.

Wissen setzt sich zusammen aus abstrakten Konzepten, siehe Satz 2. Konzepte wiederum beruhen auf Erlerntem, das man sich gemerkt hat, auf Erlebnissen und Geschehnissen also. Grundsätzlich wissen wir als Geistwesen unser Wissen, wir kennen die Inhalte unserer Mentaldateien. Welche jeweils aufgerufen wird, hängt von der anstehenden Situation ab, die es zu bewältigen gilt. Kommen in einem Erlebnis ein Apfel, ein Baum, ein Kind und ein Pferd vor, so kann über jeden einzelnen dieser Begriffe auf eine dazu passende Mentaldatei zugegriffen werden, falls die anstehende Situation dies erfordert.

Nie hat man viele oder gar alle Mentaldateien gleichzeitig „auf dem Schirm“. Das wäre eine Überforderung, man würde mental zusammenbrechen. Im Normalfall öffnet sich eine Mentaldatei, weil man seine Aufmerksamkeit auf ein in ihr enthaltenes Konzept richtet; sie wird sozusagen „angeklickt“. Kaum hört oder liest man „Pferd“, wird das diesbezügliche Wissen erweckt und es fallen einem alle möglichen Erinnerungen und Vorstellungen nicht nur dazu ein, sondern auch Querverbindungen zu anderen Konzepten und Erlebnissen. Hat man zum Beispiel aus dem Auto heraus und zum Jubel der Kinder durchs geöffnete Seitenfenster einem Pferd einen Apfel gereicht, so entsteht zwischen den Begriffen Pferd, Auto, Kinder und Apfel ein ganzes Beziehungsfeld von Assoziationen, wozu sich eine entsprechende Reihe von Mentaldateien öffnen lassen würden.

Vergleichsweise gesprochen, verläuft der Zugriff auf Mentaldateien wie eine Suchmaschinen-Suche, nur dass diese Suchmaschine man selbst ist, das Geistwesen. Auf ein Stichwort hin durchforstet die „Suchmaschine“ allerlei „Webseiten“, ordnet deren Inhalte dem eingegebenen Stichwort zu, und am Schluss bekommt man das passende Ergebnis geliefert. Beispielsweise fallen einem zum Stichwort „Apfel“ nach und nach die unterschiedlichsten Erlebnisse zu Äpfeln ein, diejenigen nämlich, die mit dem Stichwort „assoziiert“ sind, so der psychologische Fachbegriff. Auf diesem Assoziationsprinzip beruht letztlich die Sitzungsarbeit bei MindWalking. Weil die Suche nicht nur personale, sondern auch transpersonale Inhalte zutage fördert, wäre der Vergleich mit einem „geistigen Internet“ durchaus zutreffend.

Dieses Organisieren von Wissen dürfte sich erst beim eigentlichen Aufrufen eines Konzepts durch das Geistwesen ereignen. Es ist also nichts „bereits vorsortiert“, jedenfalls nicht, solange man sein Wissen um seine Erlebnisse noch nicht reflektiert hat. Das erklärt den erleichternden Effekt von MindWalking-Sitzungen: sie schaffen Ordnung und Überblick im Geiste.

50. Eine Mentaldatei wird mittels Mentalenergie aktiviert. Das darin enthaltene Wissen manifestiert sich als Mentalfeld. Seine Erscheinungsform heißt *geistiges Bild* oder *Mentalbild.*

Videoclips auf dem geistigen Bildschirm

Wissen kann man abrufen – nicht alles gleichzeitig, nicht zu jedem beliebigen Zeitpunkt, aber grundsätzlich schon. Auf der Grundlage seines Wissens erschafft man mittels Mentalquanten ein Mentalfeld, und dieses nimmt man als geistiges Bild wahr. Dieses zeigt den Inhalt der angesprochenen Mentaldatei samt Ablauf, Beteiligten, Umständen, Empfindungen, Emotionen und Motiven (siehe Satz 18). Das Mentalbild „ist“ weder das Wissen, noch „enthält“ es das Wissen, genauso wenig wie ein Buch Wissen ist oder enthält. Vielmehr ist ein Bild, genau wie ein Buch, eine Erscheinungsform oder auch Ausdruck von Wissen.

Sagt man beispielsweise: „ich denke an Hans“, dann hätte man entweder eine bestimmte Szene vor Augen, etwa ein mentales Bild von Hans mit Freunden im Garten, oder man hätte ein „Gefühl für Hans", weil man telepathisch auf ihn eingestimmt ist. Beides ist nicht abstrakt, sondern energetisch, denn man aktiviert in diesem Augenblick Mentalenergie auf Grundlage bereits vorhandenen Wissens. Schon bevor man sich auf ihn einstimmte oder das Mentalbild sah, wusste man, wer Hans ist. Ohne dieses Wissen hätte man kein Bild erzeugen können, nicht „an ihn denken" können.

Auch hierin zeigt sich ein Aktionsablauf mit dem Grundmuster Sein-Tun-Haben. Als forschende und neugierige Wesen (Sein) aktivieren wir Mentalenergie (Tun), erschaffen ein Mentalfeld und erhalten als Ergebnis dessen ein geistiges Bild (Haben). Aus abstraktem, transzendentalem Wissen wird so eine mentalenergetische Erscheinung.

51. Das bewusste Aktivieren einer bestimmten Mentaldatei heißt *Erinnerung*.

Wir wissen mehr, als wir gesehen haben

Beim Erinnern aktivieren wir gezielt eine Mentaldatei, die bis dahin nur potenziell vorhanden war, die sozusagen noch schlummerte (siehe Satz 18). Vor dem „geistigen Auge" erscheint uns auf dem „geistigen Bildschirm" ein geistiges Bild. Dieses sehen wir aus genau der Wahrnehmungsposition, die wir zum Zeitpunkt des Geschehens innehatten.

Der Vorgang ist vergleichbar mit dem Fotografieren. Blicken wir auf ein Urlaubsfoto, so sehen wir ausschließlich das, was der Fotografierende zum betreffenden Zeitpunkt durch die Linse der Kamera sah, nicht mehr und nicht weniger. Dabei spielt es keine Rolle, ob wir selbst dieses Foto geschossen haben oder jemand anders. Ersteres wäre ein „personales Foto" zu nennen, letzteres ein „transpersonales". Bei einem transpersonalen Foto schaut man durch die Linse eines anderen in die Welt hinein.

Bemerkenswert dabei ist, dass man über die Urlaubsszene eine ganze Menge mehr weiß, als das Foto zeigt: man weiß, wann und wo es war, wer dabei war und vieles mehr – nur, auf dem Foto ist das alles nicht angegeben. Da steht kein Schild am Strand mit der Aufschrift „Mallorca

1984", und keinem der beiden fotografierten Menschen hat man mit Filzstift auf die Brust geschrieben „Hans" und „Grete". Man *weiß* einfach, das war Mallorca im Jahr 1984 und Hans und Grete waren dabei.

Um das Erlebnis „Mallorca" aufzurufen, wurde es mit Aufmerksamkeit bedacht, anders gesagt, das Wissen davon wurde in eine Mentalquanten-Wolke eingebettet. Diese enthält das Materielle und somit Fotografierbare, etwa Palmen, Strand und Meer, sowie das Immaterielle und Nicht-Fotografierbare, zum Beispiel Gefühle und Gedanken. An das eigentliche Mentalbild gekoppelt ist das Wissen, aus dem das Mentalbild letztlich hervorgeht. (Im MindWalking-Fachjargon meinen wir genau genommen die komplette Mentaldatei mit allem, was dazu gehört, wenn wir von einem „Bild" sprechen.)

Weil eine Mentaldatei über die spürbaren Sinneswahrnehmungen hinaus auch abstraktes, nicht-bildhaftes Wissen enthält, etwa Gedanken, Motive, Empfindungen und Absichten, stößt man beim genauen und gründlichen Beschreiben eines Bildes zunehmend auf dahinter verborgenes Wissen. Man gerät tiefer und tiefer und staunt, was unter der Oberfläche eines harmlosen Bildes so alles stecken kann. Indem wir diesen Mechanismus in unseren MindWalking-Sitzungen ausnutzen, geraten wir zu erstaunlichen Erkenntnissen nicht nur über unsere eigene Vergangenheit, sondern auch über unsere transpersonale Verschränkung mit anderen Wesen und Welten.

War es wahrhaftig so?

Beim Erinnerungsvorgang werden Wahrnehmungsinhalte von genau der Wahrnehmungsposition aus reproduziert, die bei der Wahrnehmung der ursprünglichen Realsituation vorlag. Werden Mentalbilder wahrheitsgetreu abgelesen, mit Wahrhaftigkeit also, entstehen Erleichterung und Entspannung – ein klares Zeichen dafür, dass man sich exakt und unverfälscht erinnert hat (siehe Satz 16).

Bei einer nicht wahrheitsgemäßen Erinnerung bleiben Restspannungen bestehen. Dieser Fall kann eintreten, wenn man sich etwas „passend zurechtlegte" oder oberflächlich über etwas weghuschte. In beiden Fällen erkannte man nicht in aller Wahrhaftigkeit das, was wirklich war. Das hängt einem nach und führt zu Grübeln und Sinnieren – ein unmissverständliches Zeichen dafür, dass etwas nicht richtig gesehen wurde. Das ist einem Sitzungspartner nicht immer auch bewusst; er tut es schließlich nicht absichtlich. Er befindet sich in Spannung, doch sieht man ihm das nicht immer an. Am *mind walker* hingegen lässt es sich ablesen, und deswegen verwenden wir ihn in der Sitzung. Er gestattet dem Sitzungsleiter nachzufragen, wo er es sonst vielleicht nicht getan hätte. Auf diese Weise erzielt ein Sitzungspartner das erwünschte Endergebnis von Erleichterung und Befreiung.

52. *Vorstellungen* beruhen auf der bewussten oder unbewussten, gewollten oder ungewollten Zusammenstellung unterschiedlicher Mentaldateien.

Jeder ein Kreativer

Jeder hat schon einmal einen Affen gesehen und einen Schornstein. Wir wissen bestens, was beides ist, und können uns jederzeit daran erinnern. Diese unsere Erinnerungsbilder können wir dazu benutzen, uns einen auf einem Schornstein sitzenden Affen auszumalen. Eine Erinnerung wäre dies nicht, denn wir hätten es ja nie erlebt. Es wäre ein Vorstellungsbild.

Das Wort „Vorstellung“ hat eine wunderbare Anschaulichkeit, denn tatsächlich stellt man ein Bild vor sich hin, das man aus verschiedenen Mentaldateien zusammengebastelt hat. Auf diese Weise kombinieren fantasiebegabte Leute ihre Erinnerungsinhalte und schaffen Gemälde, Filme oder Romane. Auf den Zuschauer oder Leser wirken diese kreativen Erfindungen „ganz real“, obwohl sich das Gezeigte nie irgendwo zugetragen hat. Das kommt daher, dass der betreffende Schriftsteller, Maler oder Filmemacher seine Vorstellungen mit größter Wahrhaftigkeit mental erschaffen hat (so er sein Handwerk versteht), und so sind sie für den Rezipienten mit entsprechender Wahrhaftigkeit erlebbar.

Auch Träume und Wahnvorstellungen beruhen auf der Zusammenstellung unterschiedlicher Mentaldateien. Allerdings geschieht dies nicht bewusst und absichtlich, sondern unbewusst oder gar zwanghaft. Der Betreffende hat es nicht unter Kontrolle und kann im Extremfall sogar darunter zusammenbrechen.

53. Dichte und „*Massigkeit*" eines Bildes beruhen auf der Menge der zu seiner Erschaffung eingesetzten Mentalquanten.

Kaffee bringt's nicht

Geistige Bilder können kräftig sein oder dünn, farbig oder verwaschen. Das hängt davon ab, mit wie vielen Mentalquanten man sie beschickt; es ist eine Frage der Konzentration oder auch Fokussierung. Beide Wörter bedeuten das Gleiche: man richtet seine Aufmerksamkeit mit Nachdruck auf ein bestimmtes *centrum*, auf einen Brennpunkt (lat. *focus*). Geschieht dies spontan als Ausdruck freudiger Erkenntnis, als Mitteilung an Gleichgesinnte („stell dir vor, was ich da vorhin gesehen habe/was mir vorhin eingefallen ist!"), so verfliegt das aufgebaute Mentalfeld unmittelbar, nachdem es angemessen bestätigt wurde. Die Bestätigung oder Würdigung könnte man für sich selbst ausgesprochen oder von einem Gesprächspartner erhalten haben, je nachdem. So oder so, entscheidend für das Verfliegen einer Mentalquantenwolke ist die Akzeptanz des Erkannten oder Geschauten (siehe Satz 16). Muss man aber bei sich selbst oder anderen Überzeugungsarbeit leisten, Zweifel überwinden, Details nachbessern, dann kostet das Kraft. Denn nun muss man die betreffende Mentaldatei aufrecht erhalten, sie immer und immer wieder aufrufen, und je länger man das tut, desto größer der Kraftaufwand und desto dichter wird sie. An diesem Punkt stellt sich das Gefühl von „*Massigkeit*" ein. Uns ist, als drückte uns eine schwere Masse nieder. Unser geistiger Raum wird eng und enger und wir fühlen uns ermüdet, niedergeschlagen, deprimiert, ausgelutscht. Irgendwann wird es zu anstrengend und wir brauchen eine Pause.

Abhilfe sucht man gerne bei einer Tasse Kaffee und einer Zigarette. Worum es dabei aber wirklich geht, ist der momentane Rückzug vom

Zielgebiet mit gleichzeitiger Orientierung an anderen Punkten der Umgebung. Die Wirkung von Kaffee und Zigarette ist weniger entscheidend als das ganze Drumherum dabei. Beim Kaffeemachen, beim Zigarettenrauchen platzieren wir unsere Mentalquanten auf viele unterschiedliche Dinge, verstreuen unsere Aufmerksamkeit rundherum, vergessen mal eine Zeitlang das Zielgebiet, verlieren es aus den Augen. Das ist das eigentlich Erholsame. Man könnte genauso gut einen kurzen Spaziergang machen oder mit jemanden zehn Minuten lang Tischtennis spielen. Dadurch weitet sich der geistige Raum, Entspannung setzt ein. Dann kann es weitergehen mit der Konzentration.

54. Ein Geistwesen vermag die aktivierten Mentalbilder eines anderen Geistwesens wahrzunehmen.

Geteiltes Leid ist halbes Leid

Sind wir in einer trübseligen Stimmung und grübeln vor uns hin, so wirkt das vergleichsweise, als hingen uns dunkle Rauchschwaden um den Kopf herum. Dies sind die dichten, massigen Mentalquantenfelder, die wir aufbauen, während wir uns gedanklich mit einem Thema auseinandersetzen. Die Wolken kommen dadurch zustande, dass wir etwas inhaltlich ablehnen, es bezweifeln oder als unlösbar betrachten, statt die Aufgabe mutig und optimistisch in Angriff zu nehmen. Wer sich mit freudigen Themen beschäftigt, hat keine Wolken um den Kopf herumhängen, denn er befindet sich im Zustand des liebevollen Annehmens und der genialen Lösungen.

Mit ein wenig Empathie und Anteilnahme spüren wir gelegentlich solche Wolken der Schwermut um unsere Freunde und Bekannten herumhängen. Bei starkem Einfühlungsvermögen spüren wir solche Mentalquanten-Schwaden nicht nur, sondern „sehen" sogar deren Inhalt. Indem wir dem Freund unsere volle Aufmerksamkeit zuwenden, tasten wir mit unseren eigenen Mentalquanten das Mentalquantenfeld des deprimierten Mitmenschen ab und erkennen mit oft erstaunlicher Deutlichkeit den Inhalt von dessen Mentaldatei (siehe Satz 16). Wir würden dann beispielsweise sagen: „Du denkst bestimmt an so-und-so“ oder: „Geht dir so-und-so immer noch durch den Kopf?“ Daraus ergibt sich in der Regel ein Gespräch und der Freund fühlt sich erleichtert. Geteiltes Leid ist halbes Leid.

55. Mangelnde Akzeptanz fremder Mentaldateien führt zur Identifikation mit ihnen. Dies führt zu geistigen Anhaftungen. Diesen Vorgang bezeichnen wir als *Herunterladen, Downloaden* oder *Anhängen.*

Geteiltes Leid kann auch doppeltes Leid sein

Teilt sich einem das Wissen eines anderen auf dem Weg der Intuition mit (siehe Satz 23), und akzeptiert man das so übernommene Wissen mit Interesse, Freude und Dankbarkeit, so ist alles in Ordnung. Eine geistige Erweiterung hat sich ereignet. Sträubt man sich jedoch gegen seine Einblicke in die geistige Welt eines anderen, lehnt man ab, was sich einem da eröffnet, oder erfolgt die Wahrnehmung nur „nebenher“ oder „am Rande“, so hätte man sich nicht in vollem Maße bewusst gemacht, was da war, und wäre nicht angemessen damit umgegangen. Das kann gefährlich werden, denn, wie aus Satz 16 bekannt, löst sich ein Mentalquantenfeld erst nach vollständigem Wahrnehmen der erfassten Inhalte wieder auf. Wenn nicht, bleibt es aktiviert und hängt um einen herum. Registriert man beispielsweise das bei einem trübseligen Zeitgenossen wahrgenommene Mentalquantenfeld nicht mit vollem Bewusstsein und der nötigen Gelassenheit, sondern schrickt davor zurück, so kann einem das gedanklich noch lange nachhängen. Man denkt immer wieder daran, kommt nicht davon los. Das bedeutet, die Sache hätte sich nicht nur für einen der beiden nicht erledigt, sondern für beide. Man hätte sich sozusagen von der schlechten Laune eines anderen anstecken lassen.

Das Problem entsteht dadurch, dass man etwas ansatzweise registriert, jedoch davor zurückzuckt mit „ich will das nicht hören/sehen/spüren/wissen“ – was dazu führt, dass man es gerade deswegen hört/sieht/spürt/weiß.

Der Ablauf: jemand tastet ein Mentalfeld ab, das um einen Mitmenschen herumhängt, erkennt den Inhalt jedoch nur unvollständig oder weigert sich gar, ihn zu akzeptieren, weil ihm das nicht ins Weltbild passt, ihm zu beschwerlich oder zu gruselig ist. Gleichwohl haben Kommunikation und Wahrnehmung stattgefunden, wenn auch ungewollt und unvollständig. Eine Verbindung mit dem Gegenstand der Wahrnehmung, einem fremden Mentalbild, ist entstanden. Damit wurde eine Brücke zu dem dahinter liegenden Wissen geschlagen. Der Abtastende weiß nun etwas, das er eigentlich nicht wissen möchte und gegen das er sich wehrt. Betrachtet man diese fremde Mentaldatei als einen Bezugspunkt, so ist hier eine gestörte Beziehung entstanden (siehe Satz 37).

Mit seiner Abwehr hat sich der Wahrnehmende nur scheinbar gegen das Wahrgenommene abgeschirmt, in Wirklichkeit aber sich daran gebunden. Das kommt, weil er den wahrgenommenen Inhalt weder zum Zeitpunkt der Wahrnehmung noch nachträglich gelassen akzeptieren konnte. Seine erste Absicht war: „ich will es wissen!", unmittelbar gefolgt von: „ich will es *nicht* wissen!". Emotional gesprochen, wandelte sich seine Haltung von Neugier zu Trotz, Zorn, Wut oder Angst (siehe HJTB).

Damit wurde die Luft dicker, salopp gesagt. Ein Klebstoff zwischen Wahrnehmendem und unerwünschtem Inhalt ist entstanden. Was ursprünglich um den anderen herumhing, hängt nun auch beim Wahrnehmenden selbst. Der nämlich versucht wegzudrücken, was da auf ihn einströmen will, nämlich das von seinen *eigenen* Mentalquanten getragene Wissen. Er selbst hat im Vollzug des Erfassens der fremden Mentaldatei ein eigenes Mentalquantenfeld geschaffen, will sich aber mit dessen Inhalt nicht auseinandersetzen, ihn nicht „für wahr nehmen". (Der mit dieser Verweigerung einhergehende Spannungsaufbau zeigt sich unmissverständlich am *mind walker*.)

Geteiltes Leid ist demnach nicht immer halbes Leid, sondern kann auch doppeltes sein – es sei denn, man hätte in aller Klarheit nicht nur vollständig erfasst und erkannt, um was es inhaltlich geht, sondern auch, dass es nicht von einem selbst kommt, dass man nicht selbst der Urheber ist. Hingegen entsteht durch die Ablehnung eine unbewusste und ungewollte Identifikation mit dem verweigerten Inhalt und eine Verbindung mit deren Urheber (siehe Satz 36).

Friedhöfe sind ein schwieriges Gelände

Demzufolge gibt es drei Möglichkeiten, über einen Friedhof zu gehen. Bekanntlich hocken dort die Gespenster auf den Grabsteinen und warten nur darauf, dass einer vorbeikommt, dem sie ihr Leid klagen könnten. Mancher Passant ist so dickfellig, dass er überhaupt nichts von ihnen mitbekommt. Der andere ist halbwegs sensibel, und den gruselt es, weil er das Flehen und Klagen spürt, das von rundum auf ihn eindringt. Doch nur spüren tut er es, darauf kommt es hier an; wahrhaben will oder kann er es nicht. Dennoch bekommt er genug davon mit, dass es ihn gruselt oder schaudert oder ihm mulmig wird. Die dritte Möglichkeit über den Friedhof zu gehen, ist mit freundlicher, bewusster Wahrnehmung all der einströmenden Eindrücke. Wer über solche Achtsamkeit und Gelassenheit verfügt, würde einfach freundlich lächelnd durchgleiten, indem er alles Wahrgenommene in dem Maße bestätigt wie im Moment nötig. Allenfalls würde er dem einen oder anderen Gespenst freundlich zunicken und ihm Mut zusprechen.

An einer solchen Person bliebe nichts haften. An dem ersten Passanten, dem dickfelligen, auch nichts, denn der ginge gar nicht erst in Kontakt mit irgendetwas. Nur der zweite, der etwas spürt, was er nicht spüren möchte, und den es deswegen gruselt, der hätte hinterher ein Problem. Im Vergleich mit einem Computer hätte sich im Hintergrund das Downloaden einer schädlichen Software ereignet. Der Inhalt der heruntergeladenen Dateien brächte den Computer von diesem Zeitpunkt an durcheinander.

56. Die unbewusst vollzogene Aktivierung einer Mentaldatei durch einen Wahrnehmungsinhalt heißt *Einschaltung*.

Wie viel ist zwei mal zwei?

Eine *Einschaltung* ist etwas anderes als die *Erinnerung* aus Satz 52. Das Erinnern ist eine gewollte und bewusst vorgenommene Aktivität, die Einschaltung hingegen erfolgt quasi automatisch, d. h. von selbst. Man kann sich ihrer nicht enthalten. Der Begriff „automatisch“ im Zusammenhang mit psychischen und mentalen Vorgängen mag befremdend wirken und bedarf deshalb einer Erklärung. Das Wort leitet sich ab von griech. *autómatos*, „sich von selbst bewegend“. Eine Einschaltung ist insofern „automatisch“ zu nennen, als sie sich ungewollt ereignet, unbewusst, ungezielt, unbeabsichtigt und zwangsläufig.

Nimmt man in seiner Umgebung etwas wahr, so weiß man spontan, ob man das kennt oder nicht. Kennt man es, so fällt einem oft auch ein, woher man es kennt, wieso man es sich anschaffte oder wer es einem schenkte, was man alles damit erlebte und so weiter. Das will heißen: trifft eine Wahrnehmung mit vorhandenem Wissen zusammen, wird unverzüglich die entsprechende Mentaldatei aktiviert.

Diesen blitzschnellen Ablauf von Reiz und Reaktion heißt bei Mind-Walking „Einschaltung“. Sinnierte man hingegen bewusst vor sich hin, um ein Problem zu lösen, konsultierte man also mit Bedacht sein Wissen, seine Kenntnisse und seine Erfahrungen, so wäre nicht von einer spontanen Einschaltung zu sprechen, sondern von Nachdenken und gezieltem Erinnern.

Eine Einschaltung ist unvermeidbar und zwingend. Weder kann man sich davor zurückziehen noch sie abstellen. Am Beispiel der Frage: „Wie viel ist 2 x 2?“ lässt sich das demonstrieren. Es ist praktisch nicht möglich, sich hier der Antwort zu enthalten. Die Frage „2 x 2?“ wäre der Wahrnehmungsinhalt, den man liest oder hört; die spontane Antwort „4“ wäre die Einschaltung der zugehörigen Mentaldatei und des mit ihr verbundenen Wissens. Sie kommt ohne jedes Nachdenken. Reiz und Reaktion, zack-zack. Hingegen käme man bei „13 × 16?“ ins gezielte Nachdenken.

Ist große Routine gegeben, erscheint einem die sich einschaltende Mentaldatei nicht bildhaft. Um die Antwort auf „2 x 2?“ zu geben, ist es nicht nötig, sich an die ersten Rechenstunden in der Grundschule zu erinnern oder sich geistig ein Blatt Papier vorzustellen und es auszurechnen. Bei großer Vertrautheit mit einem Thema antwortet man wie aus der Pistole geschossen. Ist einem das Wahrgenommene hingegen wenig vertraut, so rätselt man eine Weile herum, bis schließlich ein Bildinhalt heraufdämmert und langsam der Groschen fällt. Sehen wir beispielsweise einen Menschen in der Fußgängerzone und wissen, „den kenn ich doch, den kenn ich doch", so wäre das sozusagen erst die halbe Einschaltung. Wir grübeln und grübeln und erst eine Viertelstunde später fällt uns ein, woher wir diese Personen kennen, und wir sehen die Szene vor uns. Wegen der mangelnden Vertrautheit mit der betreffenden Person benötigten wir in diesem Fall ein Erinnerungsbild.

Eine Einschaltung kann durchaus nützlich und erwünscht sein. Wir sehen eine Zahnbürste, einen Kugelschreiber oder eine Tür und wissen sogleich, wie damit umzugehen sei. Einschaltungen helfen uns dabei, den Alltag zu bewältigen. Wenn ich ins Auto steige, erinnere ich mich nicht gewollt und bewusst daran, wie Autofahren geht, sondern weiß das einfach, kaum dass ich das Auto sehe. Die Wahrnehmung des Autos schaltet die dazugehörigen Mentaldateien ein. Schon kann ich losfahren. Es geht ganz von selbst, eben „automatisch".

Altes Leid ist unerwünscht

Registrieren wir bewusst, wie sich eine Mentaldatei einschaltet, und bleiben wir gelassen, so sind wir auch offen für ihren Inhalt und können selbstbestimmt damit umgehen. Wir können uns so lange damit beschäftigen, wie wir möchten, oder es bleiben lassen. Das ist der Fall bei der Einschaltung emotional unbelasteter Erlebnisse. Stecken in einem Geschehnis aber Leid, Trauer und Resignation, so verweigern wir häufig die Erinnerung. Schon im Erlebnis selbst steckt diese Verweigerung mit dem für die Schrecksekunde so typischen: „das kann nicht sein, das darf nicht sein!" Ein Beispiel: der Ast bricht, wir stürzen, denken „nein!!!", knallen auf den Erdboden, haben einen verstauchten Knöchel. Nichtsdestoweniger kennen wir den Inhalt, selbst wenn wir ihn am liebsten gar nicht kennen wollen.

Schaltet sich das Unglück später über einen entsprechenden Auslöser ein, so erzeugen wir automatisch, hier sogar zwanghaft, Mentalquanten. Wir erschaffen ein Mentalbild, das wir aber nicht an uns heranlassen.

So bildet sich ein Stau. Die massive Abwehr des Wahrnehmungsinhaltes bläht die Mentaldatei auf und macht sie stärker; das drückt uns nieder. Das Wohlbefinden ist damit spürbar eingeschränkt. Im Ergebnis wird man zu genau dem, was man *nicht* sein will; ungewollt und unbewusst ist man damit identifiziert. Auf diese Weise entstehen die „unerwünschten Existenz-Zustände“ aus Satz 36.

57. Ein Wahrnehmungsinhalt, der zu einer Einschaltung führt, heißt *Auslöser*.

Reiz und Reaktion

Ein *Auslöser* ist derjenige Reiz, der als Reaktion eine Einschaltung bewirkt. Im vorherigen Satz hatten wir „2 x 2?“ als Auslöser für die Einschaltung von „4“. Andere harmlose Auslöser mit entsprechend harmlosen Reaktionen wären beispielsweise: „Welches Wort folgt auf Coca …?“ Oder: „Alle guten Dinge sind …?“.

Weniger harmlose Auslöser, insbesondere wenn es um Leib und Leben geht, führen automatisch zur Einschaltung entsprechender Mentaldateien und damit zu äußerst komplexen Verhaltenssequenzen, wie jeder Autofahrer weiß, jeder Notarzt, Soldat oder Feuerwehrmann. Man sieht die Situation – erkennt die Gefahr – und reagiert blitzschnell. Ein durch viel Routine eingeübtes und abgespeichertes Verhaltensmuster spult sich ab.

Manche Auslöser rufen die schon mehrfach erwähnten unerwünschten Existenz-Zustände hervor, also solche, in denen man sich bedrückt, depressiv, hilflos oder gar überwältigt fühlt. Man sieht eine kleine blutende Schürfwunde am Knie eines Kindes und schreit vor Angst, man spürt eine Spinne über den Arm laufen und gerät in Panik. Bei Blitz und Donner verkriecht man sich unter dem Bett. Konfrontiert mit einer Autoritätsperson, fängt man an zu stottern. Da gibt es Tausende von Beispielen, jeder kennt sie aus dem eigenen Leben.

Für den Außenstehenden wirkt das wie ein „Verhalten ohne jeden vernünftigen Grund“ (siehe HJTB). Der Außenstehende sieht lediglich einen seiner Ansicht nach harmlosen Auslöser, sagen wir einen freundlichen Hund, und ahnt nicht, welche mit Schmerz und Leid behaftete Mentaldatei sich gerade bei dem vor Hundeangst zitternden Spaziergänger eingeschaltet hat. Nicht einmal der Betroffene selbst könnte Auskunft geben, denn es handelt sich um eine abgesperrte, verdrängte Mentaldatei. Dies deswegen, weil man einfach nichts davon wissen will, sich dieser bestimmten Erinnerung einfach nicht stellen mag, sie mit aller Macht nicht wahrhaben will („das darf nicht sein!!!“). Indem man aktiv verdrängt, ist man nicht etwa Opfer, sondern Täter. Dessen ungeachtet erfolgt hier die Einschaltung genauso spontan und automatisch wie bei „was ist 2 × 2?“, nur dass im Unterschied zu „2 × 2?“ sowohl der Vorgang der Einschaltung wie auch deren Inhalt völlig unbewusst bleiben.

Indianerdenkmal verursacht Ausschlag

Ein Beispiel zur Veranschaulichung des Zusammenhangs von Mentaldatei, Auslöser und Einschaltung: Ursula ist als Touristin in USA unterwegs. In der Stadt Fredericksburg schaut sie sich ein kitschiges Denkmal an, das die Kämpfe zwischen Siedlern und Indianern als große Vergangenheit der Region verherrlicht. Kurz darauf entwickelt sie einen Ausschlag am Rücken. Zu ihrem Glück ist ihr Begleiter ein MindWalking-Sitzungsleiter. Die beiden stoßen auf ein Erinnerungsbild, wie jemand hinter einem Pferd hergeschleppt und zu Tode geschleift wird. Dieses Erlebnis stammt nicht aus Ursulas eigener Vergangenheit, sondern hing sozusagen um das Denkmal herum und wurde von ihr unbewusst übernommen. Die Mentaldatei dieses Inhalts war von einem anderen Beschauer erschaffen worden. Diese Person war das damalige Opfer des lang vergangenen grausamen Todes, und das Denkmal erinnerte ihn daran.

Das Denkmal fungierte somit bei einem Beschauer als Auslöser für die Einschaltung einer alten Mentaldatei. Damit wurde diese Mentaldatei aktiviert. Sie blieb es wohl auch eine ganze Weile, zumindest bis zum Zeitpunkt von Ursulas Besuch. Wäre sie nicht aktiviert gewesen, so hätte sie sich Ursula auch nicht mitteilen und von ihr heruntergeladen werden können.

Dem vormaligen Beschauer des Denkmals waren die Vorgänge der Einschaltung und der Erinnerung nicht bewusst, genauso wenig, wie Ursula der Vorgang des Herunterladens bewusst war. Nachdem dies alles herausgefunden worden war, verschwand der Ausschlag.

58. Die Deaktivierung einer Mentaldatei heißt *Ausschaltung*.

Tapetenwechsel nur begrenzt heilsam

Gerät der Auslöser außer Sicht oder lenkt man seine Aufmerksamkeit auf etwas anderes, wird die Energetisierung der Mentaldatei eingestellt. Sie verschwindet aus dem Bewusstsein. Darin liegt der Segen des sogenannten Tapetenwechsels: man sucht eine andere Umgebung auf, fährt in Urlaub, wechselt den Arbeitsplatz. Dadurch erholt man sich. Der gewohnte Stress fällt von einem ab. Er ist entstanden durch die vielen Auslöser, mit denen man in der gewohnten Umgebung zu Hause und am Arbeitsplatz ständig konfrontiert ist. Diese Auslöser führen zur Aktivierung unangenehmer Mentaldateien und halten so die Erinnerung an eine endlose Kette früherer, ähnlich unschöner Geschehnisse wach. Das hält einen permanent auf Trab und macht den Alltag zum Hamsterrad. Im Urlaub gibt es diese Auslöser nicht. Deswegen gibt es dort auch keine lästigen Mentaldateien. Sie sind ausgeschaltet.

Für die Dauer der Ausschaltung ist eine deaktivierte Mentaldatei „nicht da". Weil man nicht an sie denkt, existiert sie für einen auch nicht. Sie „schlummert" im transzendentalen Raum des Wissens. Solange man keine Aufmerksamkeit auf sie richtet, solange man sie nicht mittels Mentalquanten erweckt, aufbläht und zum Mentalfeld macht, zum Bild, solange ist sie lediglich potenzielles Wissen.

Potenzielles Wissen tut nicht weh, aktiviertes Wissen aber schon, jedenfalls bei Mentaldateien mit grausigem Inhalt und fehlender Gelassenheit diesem gegenüber. Deren Einschaltung bekommt man in der Regel nur ansatzweise und in vielen Fällen gar nicht mit, denn man hat ihren Inhalt verdrängt. Sehr wohl aber spürt man ihre Auswirkungen in Form von Stress, schlechter Laune, Schlaffheit, Müdigkeit, Krankheit – von unerwünschten Existenzzuständen eben. Nach erfolgter Ausschaltung ist das alles „wie weg", und deshalb fühlen wir uns im Urlaub so jung, frisch, straff, gesund, unternehmungslustig und gelegentlich sogar verliebt.

Das Dumme dabei ist, dass Mentaldateien nur so lange ausgeschaltet bleiben, bis ein beliebiger Auslöser erneut zur Aktivierung führt. Und das könnte leider auch im schönsten Urlaub geschehen. Deswegen ist ein Tapetenwechsel, so heilsam er für eine gewisse Zeit auch sein mag, leider kein Allheilmittel. Auch in neuer Umgebung mit neuem Partner werden sich früher oder später Auslöser einstellen, welche in den entfernteren Hinterstübchen des Geistes unangenehme Erinnerungen einschalten. Dann wird auch unter den neuen Bedingungen ein ähnlicher Stress gegeben sein wie unter den alten.

Flucht vor dem Geist gescheitert

Selbst mit ständigem Tapetenwechsel kann man den Inhalten seines Geistes nicht davonlaufen. Das liegt daran, dass man Auslöser nicht immer als solche erkennt. Man glaubt beispielsweise, es läge am herrischen Abteilungsleiter oder der fiesen Kollegin nebenan, dass man jeden Tag so gestresst nach Hause kommt. Sicherlich würde man sich besser fühlen, so glaubt man, wäre man diesen Menschen nicht Tag für Tag ausgesetzt. Deswegen bloß schnell in den Urlaub. Oder einen neuen Job suchen. Aber danach, so wird man leider feststellen müssen, geht es wieder genauso los wie zuvor.

Dem Abteilungsleiter und der Kollegin ist vielleicht gar nichts vorzuwerfen. Die Einschaltung erfolgt mit höchster Wahrscheinlichkeit nicht durch sie als individuelle Personen, nicht durch ihr konkretes Verhalten, sondern vielmehr durch das, was sie in einem erwecken, nämlich die Bilder von unbewältigten Erlebnissen eigener oder fremder Herkunft. Mentaldateien aus lang vergangenen Zeiten werden aufgerufen, bleiben ungesichtet und legen sich wie ein Wahrnehmungsfilter über die Gesprächspartner. Man sieht etwas in sie hinein, man „projiziert". Wörtlich aus dem Lateinischen übersetzt, bedeutet dieser Fachausdruck: man wirft etwas über den anderen. Der Abteilungsleiter etwa mag auf einen wirken wie ein herrschsüchtiger Diktator, die Kollegin von nebenan wie eine launische Schuldirektorin – und genau das sind die wirklichen Auslöser. Das Problem liegt nicht in der Beziehung zu Herrn Müller oder Frau Meier, sondern in der Beziehung zu dem Typ, den sie für einen repräsentieren, dem Typ herrschsüchtiger Diktator oder launische Schuldirektorin. Ganz genau genommen liegt das Problem in der Beziehung zu den mit solchen Typen verbundenen, unbewältigten Erlebnissen. Auch in einer neuen Arbeitsumgebung wird man früher oder später auf ähnliche Typen wie den herrschsüchtigen Diktator oder die launische Schuldirektorin treffen, und es wird einem in der neuen Umgebung ähnlich schlecht ergehen wie in der alten.

All das steckt in nie gesichteten Mentaldateien. Schalten sich diese ein, dann ist das Sprengstoff. So kommt es zur Störung von Beziehungen, ob mit Kollegen, Familienmitgliedern, Sportsfreunden, Tieren, Pflanzen, Gegenständen, Orten oder beliebigen anderen Bezugspunkten. Da wäre Umgebungs- oder Partnerwechsel zum Zweck der Ausschaltung kurzfristig hilfreich, wie gesagt, aber eben nur kurzfristig. Das Sichten und Entlasten der Mentaldateien, die sich von hinterrücks immer wieder einschalten, wäre der empfehlenswertere Weg: nicht Flucht vor den Inhalten des Geistes, sondern bewusste Auseinandersetzung mit diesen.

59. Verhalten und Lebenseinstellung eines Geistwesens beruht auf aktivierten Mentaldateien.

Mit Spaß geht es besser

Aktivierte Mentaldateien sind so etwas wie „programmierte Kraftpakete", die einen in bestimmte Richtungen drängen. Sie bewirken das charakteristische Verhalten eines Geistwesens, ob es einen Körper bewohnt oder nicht; sie bestimmen seine Weltanschauung und seine Art, der Urberufung nachzukommen. Viele von ihnen sind kontinuierlich eingeschaltet. Welche es sind, hängt von den Lebensumständen des betreffenden Wesens ab und den damit zusammenhängenden Auslösern.

Inwieweit sich Mentaldateien förderlich oder hinderlich auswirken, hängt damit zusammen, ob man dem Wissen, das in ihnen steckt, oder dem Erlebnis des Wissenserwerbs gelassen gegenübersteht. War der Erwerb des Wissens eine Freude oder eine Pein? Wen man freundlich korrigiert, wenn er beim Rechnen Fehler macht, und ihn lobt, wenn er keine macht, für den ist der Mathematikunterricht eine Freude. Wer hingegen für seine Fehler Prügel bekommt und nie ein gutes Wort, wenn er es mal richtig gemacht hat, für den ist der Mathematikunterricht eine Pein. Soll er später im Leben einen Mietvertrag unterschreiben oder eine Steuererklärung anfertigen, werden ihm die Zahlen vor Augen verschwimmen und er wird müde und misslaunig werden: eine Einschaltung unschöner alter Zeiten. Deswegen können Tätigkeiten wie Lesen, Schreiben, Rechnen oder Autofahren bei dem einen zu freudiger, kreativer Kompetenz führen, bei dem anderen aber zu Zwangs- oder Vermeidungsverhalten.

Wahnsinn: Wenn der Geist gestört ist

Ausdrücke wie „Wahnsinn", „Geistesgestörtheit" und „Geisteskrankheit" sind in der heutigen Psychologie nicht in Gebrauch. Das liegt daran, dass der Begriff „Geist" für unwissenschaftlich erklärt wurde, seit die Neurowissenschaften auf dem Vormarsch sind. Man spricht heute von neuronalen Erkrankungen oder Verhaltensstörung, nicht etwa von gestörtem Geist. Als „gestört" gilt, was nicht den Anforderungen von Normalität, Sitte und Moral entspricht.

„Wahnsinn" leitet sich ab von dem alten Wort *wahn,* woraus Wörter wie „wähnen" und „wünschen" entstanden sind.[23] Da setzt man etwas als gegeben hin, was entweder einfach falsch ist („ich wähnte dich in Australien, und jetzt treffe ich dich hier in der Kneipe") oder als Wunsch krampfhaft verfolgt wird („ich ziehe nach Australien, da ist alles besser"). Im Wahnsinn liegt demnach eine Realitätsverzerrung vor.

Bei MindWalking sind wir der Auffassung, dass es an uns Geistwesen selbst liegt, ob wir unsere geistigen Fähigkeiten nutzen und pflegen oder aber sie verkommen lassen. Deshalb sind Wörter wie „gesund“ und „krank“ oder „gestört“ und „intakt“ durchaus am Platze: wer auf ethisch vertretbare Weise seiner Berufung nachkommt und dies mit vollem Bewusstsein tut, hat einen intakten Geist und ist geistig gesund. Wer das nicht kann, leidet unter Störungen. Wie es zu Geistesgestörtheit und den nachfolgenden Verhaltensstörungen kommen kann, ist Gegenstand der nächsten Sätze.

60. Erlangt man als geistiges Wesen die unzweifelhafte Gewissheit zur Vergeblichkeit seines Tuns, so bildet man ein *Negativprogramm*. Ein solches Erlebnis heißt *Urerlebnis*.

Das Ende aller Hoffnung

Jeder möchte gerne die Erfüllung dessen erleben, was er sich vorgenommen hat. Genau das Gegenteil geschieht in einem *Urerlebnis*: da wird ein Aktionsablauf massiv und gewaltsam unterbrochen. Besonders einschneidend ist das natürlich insbesondere, wenn dabei der höchste und wichtigste aller Aktionsabläufe vereitelt wird, nämlich die Erfüllung des Urauftrags. Der Urauftrag ist es, der den gesamten Verlauf der Existenzformen eines Geistwesens bestimmt, ob mit Biokörper oder auch nur mit Energiekörper. Wird ein Wesen auf dieser Bahn gestoppt, so stürzt es in massive Selbstzweifel und Selbstverleugnung.

Wird ein existenziell wichtiger Aktionsablauf gewaltsam und unwiderruflich unterbrochen, so negiert ein Geistwesen seine Fähigkeiten und formuliert ein *Negativprogramm*. „Negieren“ und „negativ“ kommen von *negare,* lat. für verneinen. Als Ergebnis massiver Frustration verneint ein Geistwesen sich selbst. Es bescheinigt sich Unfähigkeit. Eine positive Zukunft erscheint ihm ausgeschlossen. Bis dahin waren ihm seine Fähigkeit und Fertigkeit eine Selbstverständlichkeit, nun aber muss das Wesen erkennen: das Gegenteil ist der Fall. Sein Spiel begann mit: „ich schaffe es!“ Nun aber erkennt es: „ich schaffe es nie!“ War es zuvor noch mit Schwung und Macht ein „Weltenretter“, so begreift es sich nach einem vernichtenden Urerlebnis nur noch als „kleiner Mitläufer". Seine Identität, das also, was er unter seinem eigenen Sein versteht, hat sich zum Kleineren, Minderen hin gewandelt. Eine Selbstverleugnung hat stattgefunden.

Von Bedeutung ist hier das Wort „erkennen". Wenn ein Wesen *erkennt*, dass es nicht weiterkommt, so handelt sich hier nicht um Gedankenspielerei, nicht um ein lockeres „Hm, hat wohl nicht geklappt", sondern vielmehr um Gewissheit. Die unbestreitbare Tatsache der betreffenden Niederlage wird fraglos erkannt und anerkannt. Wenn sich der im Folterkeller angekettete Gefangene im Zustand von Verzweiflung und Hoffnungslosigkeit denkt, „die machen mit mir, was sie wollen. Ich habe keine Chance", dann ist das eine Tatsache, die er anerkennt. Er stellt mit aller Gewissheit und ohne jeden Zweifel fest: „Ich habe keine Chance." Genau das ist ein Negativprogramm.

Schlimmer als Erdbeben

Ein Urerlebnis beschränkt sich nicht darauf, dass man sich weh getan hat, verunfallt ist, sich die Knochen gebrochen hat, oder dass man mal nicht Sieger war, sondern Verlierer. Das geschieht jedem Sportler gelegentlich mal, ob Fußballer, Formel-1-Rennfahrer oder Bergsteiger. Entscheidend ist, ob es einen beeindruckt oder nicht. Lässt es einen unbeeindruckt, so läuft es unter „Abenteuer", und man kann es kaum abwarten, bis man wieder zusammengeflickt ist, um anschließend gleich weiterzumachen. Im Unterschied dazu ist das charakteristische Kennzeichen eines Urerlebnisses das Aufgeben.

Aufgeben bedeutet: man kämpft nicht mehr. Man muss erleben, wie der eigene Wille dem Willen eines Gegners unterliegt, muss erleben, wie der Wille bricht, weil man gegen die Gewalt des gegnerischen Wesens nicht ankommt. Natürlich gibt es auch Naturkatastrophen. Gegen sie nicht anzukommen ist zweifellos verlustreich und niederdrückend, kann die Vereitelung einer wichtigen Absicht bedeuten und ein Negativprogramm mit sich bringen, indessen haben Erdbeben und Wirbelstürme eher anonymen Charakter. Demgegenüber ist es weit schwerer zu verkraften, wenn man ein machtvolles Geistwesen zum Widersacher hat und ihm unterliegt. Das tut mehr weh als Gewitter und Blitzschlag, denn es ist persönlich gemeint.

Angesichts einer solchen Niederlage kommt das Opfer der Misshandlung zu der glasklaren, unzweifelhaften Gewissheit, die Erfüllung seines Urauftrags oder ein damit in Zusammenhang stehender Aktionsablauf sei unmöglich durchzusetzen. Sein Akzeptanzvermögen reicht nicht aus, den Schlag oder gar die Vernichtung mit souveräner Gelassenheit hinzunehmen. Der Verlust ist einfach zu groß.

Man bedenke, dem ging ein Kampf voraus. Das Geistwesen hat sich unter Aufbietung seiner gesamten Mentalkraft gegen die drohende Überwältigung durch einen übelwollenden Gegner gewehrt: „Das darf nicht sein, das kann nicht sein; das will ich nicht sehen und erleben." Diese Gedanken kennzeichnen den Moment des Entsetzens. Und dann geschieht sie doch, die Überwältigung. Ihr folgt die Hoffnungslosigkeit, ausgedrückt in der unzweifelhaften Feststellung: „Ich habe keine Chance. Ich schaffe es nie, ich bin nichts wert, ich tauge nichts" (siehe HJTB).

Positivprogramm und Negativprogramm: eine Batterie mit Dauerspannung

Natürlich gibt es nicht nur negative Programme, sondern auch positive. Das grundlegendste aller Positivprogramme ist der Urauftrag, die Definition unseres Seins und der Ausgangspunkt allen Tuns und Planens. Nur an ihm ermessen sich Erfolg und Misserfolg, alles andere ist Beiwerk.

Negativprogramme entstehen während eines Urerlebnisses; beides gehört zusammen. In jedem Urerlebnis stellt ein Geistwesen mit Sicherheit fest, dass ihm ein wichtiges Vorhaben und damit letztlich auch sein Urauftrag niemals gelingen wird (denn wichtige Vorhaben sind nur deswegen wichtig, weil sie im Zusammenhang mit dem Urauftrag stehen). Indessen kann ein Geistwesen von seinem Urauftrag keineswegs ablassen, denn schließlich ist es sein Wesenskern. Im Urerlebnis haben wir unser wahres Sein ja nicht annulliert, sondern lediglich als unerreichbar anerkannt, vielleicht gar bis dahin, dass es uns nicht mal mehr bewusst ist. War die betreffende Mentaldatei aber eine Zeitlang ausgeschaltet, könnten wir uns durchaus so weit von unserem Schock erholt haben, dass wir uns – wenn auch nur ganz aus dem Hintergrund heraus – unseres Urauftrags wieder bewusst werden und ansatzweise in seine Richtung agieren. Denken wir dann kühn: „Auf, los geht's!", dann folgt sofort: „Ich habe keine Chance!". Immer hin und her, bis zum Stillstand.

Auf Grundlage dieses fundamentalen Konflikts entsteht eine permanente, chronische Grundspannung. Zwei Pole sind das, Positivprogramm und Negativprogramm. Vom Positivprogramm können wir nicht ablassen, da es unser Wesenskern ist, vom Negativprogramm aber sind wir überzeugt, und weil wir beides aufrecht erhalten, kann, salopp gesagt, kein Strom fließen, kann keine Entladung stattfinden. Die Spannung bleibt.

61. Die Einschaltung eines Urerlebnisses führt zum zwanghaften Nacherleben von dessen Inhalten. Dieser Vorgang heißt *Dramatisierung*.

Abwehr macht alles schlimmer

Oft wundern wir uns über unser Verhalten, wenn es so gar nicht zur Situation passen will. Wir werden laut, drehen emotional auf, brechen depressiv zusammen, haben Ängste, Panik, Schmerzen – und nichts davon steht in begreifbarem Zusammenhang mit den gegebenen Umständen. Gerade war noch alles in Ordnung, und dann – zack! – so etwas. Keiner versteht es, auch man selbst nicht.

Mit größter Wahrscheinlichkeit handelt es sich bei solchem Verhalten „ohne vernünftigen Grund" um eine Dramatisierung. *Dramatisierung* bedeutet so viel wie „Nachspielen eines uralten Films, in dem man damals die Hauptrolle hatte." Ausgelöst wird sie dadurch, dass sich ein Urerlebnis eingeschaltet hat. Die damaligen Empfindungen und Gefühle erlebt man im Jetzt nach. Die Intensität von Dramatisierungen ist von Mal zu Mal unterschiedlich.

Der Mechanismus: Weil die Inhalte von Urerlebnissen entsetzlich sind, wollte man während des laufenden Geschehnisses nichts von ihnen wissen und will es auch heute nicht. Genauso wenig wie man sich dem Geschehnis aussetzen wollte, möchte man sich der Erinnerung daran aussetzen. Die Verdrängung ist dermaßen stark, dass man sich nicht einmal bewusst ist, dass es ein solches Erlebnis je gab. Das bedeutet, Wissen ist zwar vorhanden, jedoch nicht verfügbar. Man kommt nicht dran, selbst wenn man möchte. Was das für ein Kampf sein kann, zeigt sich in MindWalking-Sitzungen, in denen Sitzungsleiter und Sitzungspartner viele Stunden lang darum ringen, ein Urerlebnis bis hinunter zum grausamsten Kern zu enthüllen. Erst bei voller Kenntnisnahme in aller Wahrhaftigkeit wird Befreiung erzielt (Satz 16).

Die Verweigerung von Kenntnisnahme erfolgt während des Urerlebnisses im Moment des Entsetzens und hat mehr oder weniger die Form von: „Das kann nicht sein, das darf nicht sein!!!“, was so viel bedeutet wie „ich will das nicht wissen, nicht sehen, nicht erleben“. Diese Abwehr ist genauso Inhalt der Mentaldatei wie Zeit, Ort, Beteiligte, Emotionen und Schmerzen. Demzufolge schaltet sich bei entsprechendem Auslöser zusammen mit allem anderen auch der Wunsch ein, das Geschehnis nicht sehen zu wollen. Das Nichtsehenwollen wird genauso in der Gegenwart nachgespielt wie alle anderen Aspekte der Mentaldatei. Das macht die Erinnerung an ein Urerlebnis praktisch unmöglich. Wiewohl man eine mächtige, düstere Mentalquantenwolke aufbaut, will man diese aber auf keinen Fall inhaltlich wahrnehmen. Hilflos erlebt man sein eigenes unangemessenes Verhalten und hat keine Ahnung, worauf es beruht. Emotionen, Schmerzen und zwanghaft spontanes Fehlverhalten sind der sichtbare Teil einer Dramatisierung, die Verdrängung der unsichtbaren Wahrheit.

Was die Sache noch schlimmer macht, ist der Versuch, sein eigenes unangemessenes Verhalten zu unterdrücken. Im Versuch der Abwehr seines Missverhaltens pumpt das Geistwesen zunehmend Mentalquanten in die betreffende Mentaldatei hinein und steigert damit gar noch deren Dramatisierung. Es wehrt sich quasi blindlings, will, subjektiv gesprochen, einen mentalenergetischen Puffer gegen das unerwünscht eindringende Wissen aufbauen, einen Verteidigungswall errichten – und bläht die Mentaldatei damit umso mehr auf. Die Dramatisierung wird jenseits aller Kontrolle zum Selbstläufer.

Hinter jedem kleinen Leiden steckt ein großes Urerlebnis

Laut Satz 59 beruhen Verhalten und Lebenseinstellung eines Geistwesens auf aktivierten Mentaldateien. In Erweiterung dessen lässt sich sagen: hinter jedem unangemessenen Verhalten steckt ein eingeschaltetes Urerlebnis. In der Regel neigt man dazu, seine Dramatisierungen mithilfe von Disziplin und Training unter Kontrolle bekommen zu wollen, doch damit kommt man nicht weit, denn es handelt sich schließlich nur um Einschaltungen, um Folgeerlebnisse also. Die Mächtigkeit einer Dramatisierung beruht jedoch niemals auf Folgeerlebnissen – denn da spielt sie sich als Selbstläufer ja nur immer wieder ab –, sondern sie geht immer und ausschließlich zurück auf ein Urerlebnis und das dabei gebildete Negativprogramm. Konzentriert man sich auf Folgeerlebnisse, so läuft man Gefahr, das Urerlebnis dadurch permanent eingeschaltet zu halten. Besser wäre es, man täte etwas ganz anderes, etwas Positives, Freudvolles, um auf diese Weise eine Ausschaltung zu erzielen (siehe Satz 58).

Ohne Urerlebnisse wäre vieles leichter zu verkraften. Jedes Urerlebnis reduziert das Akzeptanzvermögen. Man wird als Geistwesen zunehmend empfindlicher und angreifbarer. Missgeschicke erscheinen einem weit größer, als sie es verdienen. Die Souveränität geht verloren. Ganz übermächtig wird eine Dramatisierung, wenn mehrere Urerlebnisse gleichzeitig eingeschaltet sind. Das könnte sich auswachsen bis hin zum Verlust des Realitätsbezugs: vor lauter Projektionen sieht man nicht mehr, was wirklich um einen herum ist (siehe Satz 58). Um Dramatisierungen auszuschalten, hilft nur ein Umgebungswechsel und ganz viel liebevolle menschliche Zuwendung.

Was aus dem Kapitän der *Titanic* wurde

Formal gesprochen, äußert sich eine Dramatisierung entweder als zwanghaftes Hinstreben oder zwanghaftes Wegstreben (siehe Satz 28). Der Kapitän der *Titanic* wird sich sein nächstes Leben vermutlich weit weg von Meer, Eisbergen und Schiffen ausgesucht haben und zu diesem Zweck mitten in der Zentralwüste Australiens inkarniert sein. Das wäre ein zwanghaftes Wegstreben. Oder aber er würde im nächsten Leben alles daransetzen, Schiffsunglücke zu verhindern, und sich für eine Karriere im Seenotdienst aufopfern. Das wäre ein zwanghaftes Hinstreben.

Auch ein Konflikt zwischen Hinstreben und Wegstreben könnte gegeben sein. Das bewirkt Starre, Stillstand, Handlungsunfähigkeit. So etwa könnte unser Kapitän, mitten in der australischen Wüste sitzend, eine innere Berufung zum Seenotdienst fühlen. Doch überfallen ihn Angst und Panik, wenn er auch nur an Wellen denkt. Trotzdem ist der Drang da. Der Unglückliche würde in einem ständigen Konflikt leben, der sich mit „vernünftigem Nachdenken“ einfach nicht lösen ließe.

62. Dramatisierungen bewirken unausweichlich bestimmte Verhaltensmuster.

Und immer wieder der alte Film ...

Wer dramatisiert, durchlebt unbewusst eine traumatische Szene der Vergangenheit. Er steckt in einem alten Film, der immer wieder durchläuft, und verhält sich ähnlich wie damals. Dramatisierungen können auf drei Ebenen auftreten, sei es getrennt oder gleichzeitig: *kognitiv* als situativ unangemessene Gedanken und Einstellungen, *emotional* als entsprechend unangemessene Gemütswallungen, und *somatisch* als medizinisch nicht erklärbare körperliche Erscheinungen.

Eine *kognitive Dramatisierung* hat die Form der ideologischen Verblendung: jemand läuft einer fixen Idee nach, einer Verschwörungstheorie, einem Größenwahn, einem Patentrezept für die Rettung der Menschheit, einem „gottgewollten“ Dogmatismus von Gut und Böse – und nichts vermag ihn davon abzubringen. Jede Diskussion läuft ins Leere, jedes Argument ist vergeblich. Mögliches Urerlebnis: Er war Opfer eines diktatorischen Regimes und will nun mit allen Mitteln das Gegenteil von Diktatur erreichen.

Eine *emotionale Dramatisierung* zeigt sich als übersteigerte Sehnsucht, untröstlicher Seelenschmerz, durch nichts aufzuheiternde Melancholie. Immer wieder hat Herbert die gleiche Art von Lebenspartnerin, immer wieder geht es schief. Immer wieder zieht es Ingrid nach Mallorca, nur dort ist man Mensch, dorthin möchte sie auswandern. Immer wieder hat Herr Ewald einen Hund oder eine Katze, ist untröstlich, wenn das Tier gestorben ist, sagt „nie wieder" – und schafft sich ein neues an. Auch ein permanenter Enthusiasmus mag auf einer emotionalen Dramatisierung beruhen. Sie könnte damit enden, dass jemand sich wegen eines kostspieligen Hobbys, von dem er einfach nicht lassen kann, körperlich oder zumindest finanziell ruiniert: mit Skifahren, Motorradfahren, Segeltouren oder dem Anhäufen von Antiquitäten oder anderen Sammlerobjekten. Mögliche Urerlebnisse: schmerzhafter Verlust von Menschen, Orten, Tieren oder Wettkämpfen.

Eine *somatische Dramatisierung* (*soma,* griechisch, bedeutet „Körper") bezieht sich auf medizinisch nicht erklärbare Erscheinungen. Das bedeutet, dass die somatische Ebene aus dem Hintergrund der Psyche angesteuert wird. Ein Urerlebnis hat sich eingeschaltet und wirkt sich körperlich aus.

Psychosomatik: Psyche steuert Körper an

Eine kurze Begriffsklärung zu *psychosomatisch:* Bricht man sich bei einem Motorradunfall das rechte Bein, so empfindet man einen *Schmerz*. Der Schmerz ist rein physisch, seine Ursache erkennbar, der Zusammenhang offensichtlich. Nach Verheilen des Beinbruchs ist körperlich nun zwar alles in Ordnung, gleichwohl wurde das traumatische Erlebnis des Unfalls nie aufgearbeitet. Die Mentaldatei kann sich jederzeit wieder einschalten. Beispielsweise kommt man ein paar Jahre später auf der Autobahn an einer Unfallstelle vorbei, sieht einen Verletzten auf dem Asphalt liegen und verspürt bald darauf einen dumpfen Schmerz im rechten Bein. Der Anblick des Unfalls war Auslöser für eine Einschaltung, die man aber nicht im mindesten registrierte. Eine solche, psychisch ausgelöste körperliche Empfindung bezeichnen wir bei MindWalking als eine *Somatik*. Medizinisch würde sich hier nichts diagnostizieren lassen.

63. Heruntergeladene Mentaldateien fremder Urheber können genauso kraftvoll dramatisiert werden wie eigene.

Wer hat das erlebt? Ich oder sonst wer?

Eher selten ist auf den ersten Blick zu sehen, ob eine Mentaldatei aus der eigenen Vergangenheit herrührt oder von der eines anderen. Beide, ob eigene oder fremde, wirken intensiv, farbig und dramatisch, wenn man die Erinnerungsbilder aufruft. Beide wirken, als sei man selbst der Erlebende. Entsprechend stark werden beide dramatisiert. Erst ganz am Ende, nach Abklingen der Dramatisierung, wird es in der Regel möglich, einen distanzierten Blick auf das Erschaute zu werfen und zu sagen: „Nein, das war nicht meins; das passt zu nichts, was ich von mir kenne, so würde ich mich nie verhalten."

Auch hier gilt das Prinzip der Wahrhaftigkeit. Wahrhaftigkeit erleichtert und entspannt. Die Zuweisung „mein eigenes Erlebnis" bzw. „nicht mein eigenes", die ein Sitzungspartner vornimmt, muss von Entspannung und Erleichterung begleitet sein. Ist das nicht der Fall, liegt eine Unwahrheit vor.

Unbewusstheit von Inhalten entsteht durch deren Verdrängung. Beim Aufarbeiten eines Urerlebnisses macht man sich Stück für Stück und Schritt um Schritt bewusst, was damals ablief. Mit jedem erkannten und bewältigten Detail steigt das Akzeptanzvermögen und ermöglicht die Bewältigung von zunehmend grausigeren Einzelheiten. Zumeist erkennt der Sitzungspartner oder Solist erst gegen Ende seinen eigenen Anteil am Geschehen und inwieweit er dazu beigetragen hat, dass es lief, wie es lief. Erst damit, erst mit Erkenntnis der eigenen Verantwortung, entsteht endgültige Erleichterung. Häufig ist auch erst dann die Zuordnung möglich, ob eigen oder fremd.

Geisterkontakt verdirbt Lebensfreude

Aus dem Bericht einen Sitzungsleiters: Seit Jahrzehnten klagte meine Sitzungspartnerin (SP) unter anhaltender Schwermut und Versagensängsten. Es hätte mit einem ganz bestimmten Kindheitserlebnis angefangen. Also schauten wir uns das genauer an. Und siehe da: Da waren im Kinderzimmer drei Gestalten über ihrem Bett, welche die SP damals aufs Strengste anwiesen, doch bitte immer Gehorsam zu sein. Das saß ihr seitdem tief in den Knochen.

Zu den drei Gestalten stand sie auch jetzt noch in direktem „Online"-Kontakt. Es handelte sich also nicht um Erinnerungsbilder, sondern um

Wesen, die sich nach wie vor bei der Sitzungspartnerin aufhalten und sie buchstäblich „umgeistern". Diese Gestalten waren durch Kriegserlebnisse, Flucht, Vertreibung, Vergewaltigung und Unterdrückung von Frauen zu dem geworden, was sie jetzt waren. Durch sie wirkte sich ein ganzes Sammelsurium von Erlebnissen, bis ins 17. Jahrhundert hinein, auf die SP aus. Jede dieser drei Gestalten erhielt individuell seine Sitzung, um diese düstere Vergangenheit zu sichten und emotional zu neutralisieren. Im Verlauf dessen dramatisierte die SP die Erlebnisse von allen dreien auf heftigste Art und Weise aus. Anschließend waren die Gestalten entlastet und entschwanden. In Summe enthielten deren Erlebnisse alles, was die SP im Interview als Problematik aufgeführt hatte. Als Ergebnis der Sitzung konnte sie sagen „heute ist ein schöner Tag" und dabei lächeln. Das hatte sie in all den Jahren ihres Schwermutes nie hinbekommen. (Sitzungszeit inklusive Interview 13:45 Stunden an drei aufeinander folgenden Tagen.)

Blitzableiter spielen wirkt geistreinigend

Im Verlauf der Aufarbeitung eines Urerlebnisses sind Dramatisierungen unvermeidbar, ganz unabhängig davon, ob es sich um eine eigene oder eine fremde, heruntergeladene Mentaldatei handelt. Man kann nicht wissentlich mit einer heruntergeladenen Mentaldatei in Kontakt treten und sich davor zurückziehen im Sinne von „geht mich nichts an". Ganz einfach deswegen, weil man den Kontakt hat, geht es einen unvermeidlich etwas an. Man weiß jetzt von dieser Mentaldatei, und sie geht nicht davon weg, dass man sie ignoriert.

Bereinigen kann man seine Beziehung zu dieser Mentaldatei nur, indem man sich ihrem Inhalt stellt und die Schmerzen und Emotionen jenes anderen, wer immer er gewesen sein mag, von dessen Wahrnehmungsposition aus nacherlebt und durch sich ableitet, als sei man ein Blitzableiter. Im Unterschied zu oben handelt es sich hier um keine rätselhafte, unbewusste Dramatisierung, sondern um eine gezielte, bewusst vorgenommene Aktivierung einer Mentaldatei.

Nach diesem Prinzip werden Sitzungen und Solositzungen durchgeführt. In der Praxis bedeutet das, dass Sitzungspartner oder Solist von

Zuckungen, Schmerzen, Hitzewallungen, Kälteschocks und gelegentlichen Dämmerzuständen heimgesucht werden, und zwar so lange und so oft, bis sich die Spannung gelöst hat. Kein gemütliches Geschäft, aber es lohnt sich.

64. Erleiden mehrere Geistwesen gemeinsam und gleichzeitig ein Urerlebnis, so kann eine *kollektive Mentaldatei* entstehen.

Wahrung des Urheberrechts entspannt die Lage

In Satz 50 hieß es, wenn beide Insassen eines Autos gemeinsam einen Unfall erlitten, entstünden zwei separate Mentaldateien. Das ist zwar richtig, in der Praxis aber entsteht hier häufig ein Problem dadurch, dass die beiden ihre Mentaldateien nicht auseinanderzuhalten wissen. Auf diese Weise entsteht eine *kollektive Mentaldatei* – und damit letztlich das in Satz 22 beschriebene Weltgedächtnis.

Stürzt beispielsweise ein Flugzeug ab, so richten sämtliche Passagiere ihre Aufmerksamkeit gleichzeitig und mit höchster Intensität auf dasselbe Geschehen. Jeder pumpt seine Mentalquanten in die Szene hinein, jeder greift den Ablauf des Absturzes mit seinem eigenen Mentalfeld ab. Deshalb weiß jeder der Beteiligten, was er selbst erlebt hat. Weil sich die vielen Mentalfelder aber vermischen, wird daraus ein gemeinsames Mentalfeld. Über diese Verbindung nimmt jeder Anteil an den Wahrnehmungen der anderen, und zwar von deren Wahrnehmungsposition aus. Bedingt durch das traumatische Geschehen hat sich das Akzeptanzvermögen der Beteiligten jedoch so weit reduziert, dass sie die Eindrücke nicht mehr voneinander trennen können und völlig mit dem Erlebnis identifiziert sind.

Vergleichsweise gesprochen ist es, als hätte jeder Passagier ein Foto des Flugzeugabsturzes gemacht, diese Fotos lägen nun alle miteinander vermischt in Schachteln, und ein jeder Passagier trüge eine solche Schachtel bei sich. Beim späteren Durchschauen der Schachtel weiß man dann einfach nicht mehr, welches der Fotos man selbst machte und welches die anderen. Damit entsteht der fälschliche Eindruck, jeder habe dasselbe erlebt wie jeder andere. In diesem Moment ereignet sich ein wechselseitiges Downloaden.

Durch diese Identifiziertheit mit dem Wissen sowie dem Nichtwissenwollen der anderen Beteiligten „verkleben" die Mentaldateien miteinander und man kommt zu der fälschlichen Auffassung: das alles habe „ich" erlebt. Denn man sieht ja jedes Foto aus der Ich-Position des Fotografierenden (siehe Satz 51).

Erst wenn man die verfügbaren Wahrnehmungspositionen nacherlebt und deren Urheberschaft korrekt zugeordnet hat, löst sich die zwanghafte Identifiziertheit mit ihnen, und sie trennen sich voneinander. Man weiß nun: das war mein Eindruck, das war der Eindruck der Frau zwei Reihen weiter hinten, das war der Eindruck des Piloten, und so weiter. Das schafft Erleichterung.

Kurz gesagt, gerät man in Kontakt mit einer kollektiven Mentaldatei, so lässt sie sich dadurch auflösen, dass man die Einzelerlebnisse den korrekten Wahrnehmungspositionen zuordnet. Bei jedem Bildeindruck ist herauszufinden, wer der Urheber sei und wie das Geschehnis für ihn ablief, sozusagen: „Wer hat dieses Foto gemacht? Wer jenes?" Auf diese Weise bricht die kollektive Mentaldatei auseinander und wird zu einer Anzahl individueller Mentaldateien, die sich eine nach der anderen ablesen und entladen lassen. Wird dies in aller Gründlichkeit durchgeführt, ist am Schluss das gesamte Feld aufgelöst. Zu vermuten ist, dass man dadurch nicht nur etwas für sich selbst tut, sondern auch für die anderen Beteiligten.

Diese Vorgehensweise ist vor allem dann nützlich, wenn man über Schlachtfelder oder alte Richtstätten wandert, denn bei dieser Gelegenheit kann sich einem vieles anhängen. Um sich davon zu befreien, genügt es, alle Bilder mit freundlicher Anteilnahme wahrzunehmen und jedes Bild dem zuzuordnen, der es „geknipst" hat. Damit vermeidet man bei sich selbst unerwünschte Anhaftungen und sorgt auch dafür, dass spätere Passanten von diesem mentalenergetischen Gewölk nicht behelligt werden (Beispiele dafür finden sich in MWU).

65. Die Einschaltung einer kollektiven Mentaldatei kann eine *multiple* oder gar *kollektive Dramatisierung* zur Folge haben.

Ein Schwelbrand des Bösen

Bleiben wir beim Beispiel des Flugzeugabsturzes. Die Passagiere haben ein gemeinsames Urerlebnis und damit auch eine kollektive Mentaldatei, die ihnen noch lange nach dem Zeitpunkt des Unglücks nachhängt und sich jederzeit einschalten könnte. Immerhin hält so eine Mentaldatei ewig, ob individuell oder kollektiv, doch obwohl sie die Zeiten überdauert, ist sie nicht unbedingt durchgängig eingeschaltet. Theoretisch könnte sie bei allen dreihundertfünfzig Passagieren mangels entsprechender Auslöser zeitweise komplett ausgeschaltet sein. Das wäre der Fall, wenn für einen bestimmten Zeitraum keiner an das Unglück denkt (siehe Satz 59).

Angenommen nun, fünfzig Jahre nach dem Absturz würde sich die Mentaldatei dieses Urerlebnisses bei dem einen oder anderen der damals Verunglückten einschalten. Die bislang nur als abstraktes, potenzielles Wissen existierende, „schlummernde" Mentaldatei würde also gerade mal bei nur einer einzigen Person aktiviert. Nun sind die Betroffenen aber über ihr Wissen alle miteinander vernetzt, denn es handelt sich um eine kollektive Mentaldatei. Deshalb kann die Einschaltung des einen auf telepathischem Wege kreuz und quer Einschaltungen bei den anderen auslösen. Jeder würde die entsprechenden Mentalfelder aufbauen, sei es aufgrund seines eigenen Erlebnisses oder wegen der heruntergeladenen. Eine multiple Einschaltung hätte sich damit ereignet, eine „Einschaltungslawine".

Dabei spielt keine Rolle, ob damals alle Passagiere zu Tode gekommen und wieder inkarniert sind, ob sie überlebt haben, oder ob sie nun umgekommen sind und immer noch körperlos umherschweben, denn eine Einschaltung vollzieht sich nicht auf körperlicher Ebene, sondern auf geistiger. Auch körperlose Geistwesen sind Einschaltungen ausgesetzt.

Die Folge einer multiplen Einschaltung wäre die multiple Dramatisierung. Einige oder gar alle Absturzopfer würden mehr oder weniger gleichzeitig verhaltensauffällig werden. Sie wissen nichts voneinander, kennen sich nicht persönlich und sind über die ganze Erde verstreut – und trotzdem.

Je mehr ehemalige Beteiligte von dieser Einschaltung betroffen sind, desto mehr wird sich die multiple Dramatisierung zu einer kollektiven ausweiten. Bei einem großen kollektiven Mentalfeld, wie es etwa in einem Krieg entsteht, besteht die Gefahr, dass es so gut wie nie zur Ausschaltung kommt. Irgendjemand ist immer am Dramatisieren und steckt die anderen Betroffenen auf transpersonalem Wege an.

Eine multiple Einschaltung und Dramatisierung erfolgt nicht zwingend. Sie ist kein „ganz oder gar nicht". Vielmehr hängt sie vom individuellen Akzeptanzvermögen der Beteiligten ab, und das ist von Tag zu Tag unterschiedlich. Eine im Krieg entstandene kollektive Mentaldatei könnte demzufolge als aktiviertes Mentalfeld wie ein „Schwelbrand des Bösen" kontinuierlich vor sich hin köcheln, könnte hier und da einmal lokal aufflackern oder sich gar zu einem globalen Flächenbrand auswachsen. Das ist der Grund für nicht enden wollende militärische Auseinandersetzungen, Völkermorde, Pogrome, Genozide und ähnliche Scheußlichkeiten.

66. Mit jedem geklärten Urerlebnis steigt das Akzeptanzvermögen.

Das Unbewusste hat auch mal ein Ende

Die Klärung eines Urerlebnisses setzt gebundene Kräfte frei, egal ob es das eigene war oder ein angehängtes. Zuvor musste der Sitzungspartner gegen etwas kämpfen, etwas abwehren, verdrängen, und das kostete Kraft. Mit dieser Abwehr ist es nun vorbei. Die gebundene Kraft steht ab jetzt zur freien Verfügung. Der Sitzungspartner wächst. Er traut sich mehr und mehr zu. Nicht nur im Leben, sondern auch in seinen Sitzungen. Was ihn wenige Sitzungsstunden zuvor noch schreckte und nur mit großer Mühe zu bewältigen war, erledigt sich nun mit einem kurzen Blick. Vormals tief vergrabene Erlebnisse kommen überhaupt nicht mehr zur Sprache, da irrelevant geworden, oder sie sind der freien Erinnerung zugänglich. Das emotionale Niveau hat sich beträchtlich gehoben: von Apathie, von Angst und Schrecken hinauf zu Wohlwollen und Interesse.

Diese positive Entwicklungsdynamik macht es unnötig, sämtliche Urerlebnisse aufzuspüren und zu bewältigen. Jede Sitzung steigert das Akzeptanzvermögen, vergleichbar mit dem Training im Fitnesscenter.

Wer nach einiger Übung mit 5-Kilo-Hanteln zurechtkommt, wird sich nicht länger für sie interessieren, sondern sich als nächstes an die 7,5-Kilo-Hanteln heranwagen.

Je mehr unser Akzeptanzvermögen wächst, desto mehr werden wir uns der Gegenwart und der kreativen Gestaltung seiner Zukunft widmen. Die Vergangenheit bindet uns nicht mehr. Sie ist buchstäblich vergangen, will heißen: sie schwebt nicht als potenzielle Belästigung in der Gegenwart mit. Sie ist nicht mehr da. Was aber da ist, ist Wissen um die Vergangenheit, mehr als je zuvor. Ehemals verdrängt, ist es nun im Sinne gelernter Lektionen bewusst verfügbar. Die wichtigste Lektion aber ist die von der eigenen Unvergänglichkeit, von der Zeitlosigkeit des spirituellen Seins.

Emotionen: Wieso es auch mal in den Keller gehen kann

Emotionen begleiten uns durch unser Leben. Hier steht, wie sie zustande kommen und wie sie wirken.

67. Emotionen eines Geistwesens zeigen sich als die Dynamik eines Mentalquantenfeldes. Diese entsteht durch das Hin- oder Wegstreben eines Geistwesens hinsichtlich eines Bezugspunkts.

Ohne Streben geht es nicht

Von lat. *ex movere* abgeleitet, bedeutet Emotion: „das, was sich herausbewegt". Der Begriff beschreibt treffend, wie wir Mentalquantenfelder zum Zweck der Wahrnehmung „aus uns heraus bewegen" und auf einem Bezugspunkt platzieren (Satz 16).

Schon in Satz 28 war von Hinstreben und Zurückziehen als den beiden grundsätzlichen Aktionen eines Geistwesens die Rede. Beides steht im Zusammenhang mit irgendeinem Bezugspunkt. Der mag etwas Materielles sein wie ein Tisch, ein Stuhl oder ein Himmelskörper, etwas Lebendiges wie ein Mensch, ein Tier oder eine Pflanze, etwas Mentalenergetisches wie ein Mentalquantenfeld, der Energiekörper eines geistigen Wesens oder ein Vorstellungs- oder ein Erinnerungsbild. Sogar etwas Abstraktes wie eine Idee, ein Konzept, ein Gedanke mag es sein. Dass auf diese Weise Emotionen zustande kommen, wurde in Satz 28 noch nicht erwähnt. Sie entstehen, weil wir jeden dieser Bezugspunkte mehr oder weniger abschreckend oder anziehend finden, je nach Ausmaß unseres Akzeptanzvermögens. Diese besondere Qualität der Beziehung, dieses Hinwollen oder Wegwollen, drückt sich aus als Emotion. Auch der Erfolg bzw. Misserfolg des Strebens fließt in die Emotion mit ein: glückt ein Hinstreben oder Wegstreben, so sind wir froh, missglückt es, sind wir traurig.

Der Begriff „Gemütswallung" bringt das bildhaft zum Ausdruck: der eben noch stille Ozean des Gemüts gerät durch einen unterseeischen Vulkanausbruch ins Wallen, und es entsteht eine Woge. Entsprechend wäre eine bestimmte Emotionsstufe wie Interesse, Trotz, Wut oder Trauer mit „Gemütslage" oder „Gemütsverfassung" zu übersetzen (siehe HJTB).

Ohne den grundsätzlichen Impuls des Strebens würden wir keine Visionen und Ziele formulieren. Ohne Visionen und Ziele gäbe es weder Erfolg noch Scheitern. Ohne Erfolg und Scheitern gäbe es keine Emotionen. Kurz: ohne Streben keine Emotionen. Gleichwohl kommen wir um das Streben nicht herum, denn wir sind mit einem Urauftrag unterwegs, den es zu erfüllen gilt. Ohne die absichtsvollen Gedanken des göttlichen Allbewusstseins, ohne das Streben „von höchster Stelle her", gäbe es unser Sein nicht. Erfüllung ist also angesagt, es bleibt uns nichts anderes übrig.

Kommt es hier zum Scheitern wegen massiver Widerstände und konträrer Absichten, so kann man unmöglich sagen „ist mir egal, was kümmert mich mein Urauftrag, mach ich halt was anderes". Aber eins kann man in solch einer Situation: das Scheitern hinnehmen und dabei seine Souveränität wahren, seine Anbindung an Allsein und Allbewusstsein, das Geschehnis nicht sich auswachsen lassen zu einem Urerlebnis samt Negativprogramm. Gelänge dies, käme man nicht zu Fall. Ganz schön viel verlangt, kann man da nur sagen. Möglicherweise bringen Heilige das fertig – aber auch nur möglicherweise. Christus am Kreuz zum Beispiel hat es nicht geschafft, siehe sein verzweifelter Satz: „Mein Gott, mein Gott, warum hast du mich verlassen?“ (Mk 15, 34).

Jede Emotion ist eine Botschaft

Beim Streben richten wir Aufmerksamkeit auf Bezugspunkte. Dazu erschaffen wir Mentalquanten und Mentalquantenfelder. Die sind nicht neutral und leblos, sondern haben eigene Strömungscharakteristika, welche durch die Absichten des Senders entstehen.

Beispiele: Bei Freude haben wir die Absicht, jemanden zu umarmen, ihn oder sie an uns zu ziehen. Mentalenergetisch erschaffen wir dazu ein entsprechendes Feld: wir umstrudeln den Gegenstand unserer Freude regelrecht, wollen ihn möglichst von allen Seiten gleichzeitig wahrnehmen, ihn voll umfassen. Das ist eine Strömung um den Bezugspunkt herum, ihn einbeziehend. Anders beim Trotz, da ziehen wir eine Grenze: bis hierhin und nicht weiter. Das dazu erschaffene Mentalquantenfeld gleicht einem Block, einer Mauer, einem Wall. Strömungstechnisch gesprochen ist das ein Stau; da strömt nichts. In der Wut hingegen erzeugen wir eine starke Strömung; sie richtet sich *gegen* den Bezugspunkt. Wir möchten ihn aus unserem Gesichtsfeld entfernen, ihn vom Spielfeld runterwerfen. Lässt sich der Gegner nicht beeindrucken, so lassen wir unsere aufgestaute Energie rund um uns herum verpuffen. Wir hauen auf alles und jeden drauf, obwohl sie nichts dafür können. Das ist der Ärger. Ärger ist eine Streuung; wir verströmen unsere Frustenergie in sämtliche Richtungen gleichzeitig. Dabei trifft es immer den Falschen, das ist das besondere Kennzeichen des Ärgers. Der Erreger des Ausbruchs bleibt unbehelligt (siehe HJTB).

Emotionen können hoch oder tief sein, stark oder schwach. Damit gleichen sie musikalischen Tönen. Die Höhe hängt ab von der Schwingungsfrequenz. Freude und Begeisterung sind hohe, flirrende Emotionen, Apathie hingegen ist eine zähe, langsame, teigige Schwingung. Die Stärke einer Emotion hängt ab von ihrer Amplitude. Je höher die Welle, desto mehr Wucht hat eine Emotion.

Der Vorgang, kurz zusammengefasst: Wir nehmen einen Bezugspunkt wahr. Dazu erschaffen wir ein Mentalfeld. Wir erkennen, ob wir von diesem

Bezugspunkt mehr wissen wollen oder besser nicht. Entsprechend wollen wir entweder hin oder weg. Diese Absicht drückt sich in dem Mentalfeld als seine besondere Schwingungscharakteristik aus.

Dies bleibt nicht unbemerkt, denn es teilt sich jedem beliebigen Beobachter mit, der gerade mit seinem Mentalfeld das unsere abtastet. Das ist der Grund dafür, wieso man spürt, wie es jemandem geht.

Emotionen sind Botschaften. Sie drücken die Haltung eines Geistwesens bezüglich eines Bezugspunktes aus. Emotionen teilen sich nicht allein durch Körpersprache und andere sinnlich wahrnehmbare Signale mit, sondern vor allem telepathisch. Über je mehr Empathie jemand verfügt, desto empfindsamer ist er für die Emotionen anderer, selbst wenn sie als körperlose Wesen umhergeistern sollten, denn auch Energiekörper sind Emotionsträger. Auf diesem Wahrnehmungsmodus beruhen die Solositzungen bei MindWalking.

68. In Abhängigkeit vom Grad des Akzeptanzvermögens eines Geistwesens lassen sich Emotionen untergliedern in solche des Annehmens, des Ablehnens und des Rückzugs.

Über dem Leben stehen ist besser als drunter

Die höchste Stimmungslage ist die Begeisterung. Ihr Kennzeichen ist das uneingeschränkte Hinstreben, das Annehmen sämtlicher Bezugspunkte in sämtlichen Richtungen gleichzeitig, die geistige Expansion in einen weiten Raum. Begeisterung ist Ausdruck vollsten Akzeptanzvermögens. In Trotz, Zorn und Wut hingegen zeigt sich die Ablehnung eines Bezugspunkts. Die Akzeptanz ist niedrig. In Angst und Panik zeigt sich das uneingeschränkte Wegstreben auf der Suche nach Rettung. Akzeptanz ist nicht mehr vorhanden. Daraus lässt sich eine Stufenleiter der Emotionen konstruieren und die Regel aufstellen: Je geringer das Akzeptanzvermögen eines Wesens, desto tiefer steht es auf der Stufenleiter der Emotionen.

Oberhalb der drei Kategorien Annehmen, Ablehnen, Rückzug liegt die heitere Gelassenheit. Sie ist keine Emotion, insofern sie keinerlei Dynamik enthält. In heiterer Gelassenheit kennt man sein Potenzial, kennt seine

Möglichkeiten, weiß mit Sicherheit: „*Alles* steht mir offen, *alles* wird gut.“ Man steht sozusagen über dem Spiel des Lebens. Aus diesem jenseitigen, transzendentalen Zustand heraus taucht man ein in die Welt von Materie, Energie, Raum und Zeit, man spielt sein Spiel. Hält man sich dabei von jeder Identifiziertheit frei, so bleibt man durchweg heiter und gelassen. Hat man sein Spiel erfolgreich gespielt und abgeschlossen, so entschwebt man zurück in die Transzendenz.

Unterhalb des Lebensspiels, unterhalb von Annehmen, Ablehnen und Rückzug findet sich die Absage an jegliches Streben: die Apathie, die Abgestumpftheit, die „Gefühllosigkeit“ (wörtlich übersetzt). Entstanden durch Spielaufgabe und vollständige Identifiziertheit mit Unterlegenheit und Verlust, ist sie charakterisiert durch die felsenfeste Überzeugung: „*Nichts* steht mir offen, *nichts* wird gut.“ Dieser Zustand liegt unterhalb aller Emotionen, insofern er keinerlei Dynamik hat. Er liegt sozusagen unterhalb des Lebens.

Zwischen diesen beiden Extremen namens „Gelassenheit“ und „Apathie“ erstreckt sich die gesamte Bandbreite der Emotionen. Je feiner das Einfühlungsvermögen, desto mehr Abstufungen in systematischer Folge lassen sich in der Emotionsleiter erkennen. Allen Stufen ist gemeinsam die charakteristische Dynamik von Strömung, Streuung oder Stau bzw. von Annehmen, Ablehnen, Rückzug. (siehe HJTB).

Win-win als Lebensweisheit

Bei vollem Akzeptanzvermögen würde einer seinen Humor nie verlieren. Er könnte ruhig und freundlich hinstreben, ablehnen, wegstreben, ohne den geringsten Anflug von Ermüdung, Genervtheit, Gekränktheit oder Frustration, immer und immer wieder, bis der Aktionsablauf seinen Abschluss gefunden hat. Er hätte zwar Emotionen und würde die auch zeigen, ließe sich jedoch von ihnen nicht vereinnahmen. Unter Beachtung der allseitigen Ethik als Richtschnur würde ein solches Wesen ohne Ego-Trips irgendwelcher Art der Sache dienen, Situationen und Menschen beurteilen, ohne in Parteilichkeit zu verfallen, würde ohne jegliche Macht- und Herrschaftsgelüste seine Entscheidungen treffen, hätte immer die

Förderung des Großen und Ganzen im Sinn – zweifellos ein Idealbild, aber warum auch nicht?

Ausgedrückt in der Sprache des Business-Management: ein Vertreter der *Win-win*-Philosophie. *Win-win* spricht für großes Akzeptanzvermögen und eine hohe Emotionsstufe, *win-lose* vom Gegenteil. Der eine weiß, er wird gewinnen, wenn alle gewinnen; der andere vermeint, nur gewinnen zu können, wenn er alle anderen in den Untergang treibt.

69. Unsere emotionale Grundstimmung als geistige Wesen hängt ab von der Anzahl und Intensität chronisch eingeschalteter Negativprogramme.

Miese Emotionen machen müde

Wer sich misslaunig und gereizt durch seinen beruflichen Alltag schleppt und abends seine Familienmitglieder anknurrt, ist offensichtlich in schlechter Stimmung. Er sitzt auf einer der niedrigeren Stufen der Emotionsleiter. Das liegt an der Einschaltung einer großen Zahl unschöner Mentaldateien, Tag für Tag, immer und immer wieder.

Eine Lebensgrundstimmung kommt dadurch zustande, dass sich manche Mentaldateien einfach nie ausschalten, auch im Urlaub nicht. Stellen wir uns vor, es hätte einer folgendes in chronischer Einschaltung: einen Soldatentod, eine Vergewaltigung, einen Flugzeugabsturz. Diese drei Mentaldateien samt ihren Negativprogrammen, ob eigen oder heruntergeladen, stellen gewaltige Verhaltensimpulse dar. Sie bewirken zwanghaftes Hinstreben, Wegstreben, Ablehnen, Vermeiden. Sie hämmern ohne Unterlass auf den Betreffenden ein und bestimmen sein Leben, ohne dass er erahnen würde, was die Quelle davon ist.

Nie kommt längerfristig Freude auf. Irgendetwas ist immer da, das als Auslöser fungiert – ein Blick in die Zeitung, ein Zufallsgespräch, der unerwartete Anblick eines Unfalls oder Unglücks. Selbst in der Freizeit wäre das so, selbst im Urlaub. Durchgängig erfolgen Einschaltungen, doch er weiß nichts von ihnen. Er spürt das Negative und kämpft dagegen an. Kein Wunder also, wenn einer niedrig auf der Emotionsleiter steht und ständig müde und kraftlos ist. Die eingeschalteten Mentaldateien in Verbindung mit seiner Gegenwehr gegen deren Inhalte zehren ihn aus.

Mit Bleiklotz am Bein gelingt kein Freudensprung

Geht ein solcher Erschöpfter und Gestresster mal länger in Urlaub, vielleicht in einen Abenteuerurlaub, der ihn beschäftigt hält und ablenkt, so mag er kurzfristig aufblühen. Wie kommt's? Weil sich die lästigen, quälenden Mentaldateien durch den Umgebungswechsel teilweise oder vielleicht sogar ganz ausgeschaltet haben. Er kommt auf andere Gedanken, wie man so sagt (Satz 59). Doch so schön der Urlaub auch sein mag, ist dem Betreffenden dennoch nie so richtig leicht und frei zumute, denn an seiner chronischen Lebensgrundstimmung ändert sich trotz Meeresstrand und Palmen nichts. Er mag zwar momentan mal in höhere Stimmungsregionen abheben, doch sackt er leicht wieder ab.

Gehen beispielsweise drei Freunde gemeinsam in Urlaub, und ist bei einem der drei das Leben von einer Grundstimmung der Ängstlichkeit geprägt, bei dem anderen von einer Neigung zum Jähzorn, beim dritten von einem Hang zur Hinterhältigkeit, so würde, kaum dass etwas Unerwartetes geschieht, der eine ganz verlässlich mit Ängstlichkeit reagieren, der andere mit Jähzorn, der dritte mit Hinterhältigkeit. Natürlich ginge es angesichts von Meeresstrand und Palmen bei allen dreien stimmungsmäßig zwischendurch immer mal wieder nach oben, doch würden sie nicht durchgängig oben bleiben, sondern bei entsprechendem Auslöser wieder in ihre übliche Lebensgrundstimmung zurückplumpsen. Kippte etwa dem Kellner beim Servieren der Drink um, ohne dass einer der drei dadurch auch nur im Geringsten zu Schaden gekommen wäre, so würde der Ängstliche erregt überlegen, ob er hier weiterhin seinen schicken Anzug tragen dürfte oder vielleicht besser nicht, der Jähzornige würde einen dicken Hals kriegen und den Kellner grob anranzen, der Hinterhältige ihn aber mit fieser Freundlichkeit als „vermutlich ungelernten Anfänger“ scheinheilig bedauern.

Erst der Aufbau von Akzeptanzvermögen bezüglich der aufgehäuften Vielzahl eingeschalteter Erlebnisse und schließlich des dahintersteckenden Urerlebnisses würde den Weg zu höheren Emotionsstufen hin eröffnen.

Seele und Leib: Wer sorgt für unser Wohlbefinden?

Wenn wir bei MindWalking „Mensch" sagen, so meinen wir damit ein Gebinde aus fünf Komponenten. Zwei davon, das Geistwesen und sein Energiekörper, wurden bereits behandelt. Die dritte Komponente wäre der physische Körper. Ob tot oder lebendig, rein materiell also, besteht er aus Zellen. Lebt der Körper aber, so produzieren seine Zellen ein bioelektrisches Feld (bios, griech., heißt Leben). Das bioelektrische Feld wäre die vierte Komponente. Für Gesundheit und Wohlbefinden sorgt das Vitalwesen, die fünfte Komponente in dem Gebinde namens Mensch. Vom Vitalwesen soll in diesem Kapitel die Rede sein.

70. Ein lebender Biokörper zeigt Wachstum, Heilung, Fortpflanzung und soziale Interaktion. Diese *Basisprogramme* koordiniert ein intelligentes Feld, das den betreffenden Organismus umhüllt und durchdringt. Es heißt *Vitalwesen.*

Tote Hunde hören nicht auf Frauchen oder Herrchen

Das englische Wort für Tier, *animal*, beruht auf *anima*, lat. für „Seele". In dem Tier, meinten die Lateiner, steckte eine Seele. Genau die ist das eigentliche *Lebe*-wesen. Ruft man seinen Hund herbei, dann spricht man nicht den physisch vorhandenen Hundekörper an, nicht ein Gebilde aus Fleisch, Fell, Haut, Knochen, Genen, Neuronen und Hormonen, sondern man meint das Lebewesen Hund. Ein toter Hund hört nicht auf Frauchen oder Herrchen.

Zum Zweck der Kommunikation stimmt man sich offensichtlich nicht auf Zellen, Moleküle und Atome ein, sondern auf diese Lebendigkeit und Intelligenz, genau genommen auf deren Quelle, das Lebewesen. Wenn verstorben, bestehen Pflanzen und Tiere unverändert aus Zellen, Molekülen und Atomen, mit denen aber lässt sich nicht reden. Da ist kein Leben mehr drin, wie man ganz richtig sagt.

Dieses Lebendige im Körper, das die Aktionen der körperlichen „Hardware" wie Wachstum, Heilung, Fortpflanzung und soziale Interaktion intelligent koordiniert, diese „Software" sozusagen, nennen wir bei MindWalking das *Vitalwesen*. Wir hätten auch bei „Lebewesen" bleiben können, doch leider ist dieser Begriff allzu sehr an das Vorhandensein eines physischen Körpers gebunden, als dass sich damit diese Instanz des Lebendigen definieren ließe, die wir bei MindWalking mit „Vitalwesen" meinen. Sagt man umgangssprachlich, „der Hund ist ein Lebewesen", so meint man damit das komplette Bündel von Hundekörper und Hundeseele. Bei MindWalking hingegen präzisieren wir, indem wir sagen: „in dem Hundekörper steckt ein Vitalwesen".

Der Ausdruck „Vitalwesen" setzt sich zusammen aus „Vitalkraft", einem Begriff des Paracelsus, des Begründers der Homöopathie, und dem Wort „Lebewesen". Es entspricht dem „Ätherleib" der Anthroposophen. Tiere, Pflanzen und Bakterien, solange lebendig, verfügen über Vitalkraft; sie sind „beseelt". Auch der menschliche Körper ist ein Lebewesen, auch er verfügt über Vitalkraft. Diese erspüren wir als sprudeliges Wohlgefühl, wenn wir gesund sind. Sind wir krank, alt oder dem Sterben nahe, so fühlen wir uns matt. Die Vitalkraft ist dann vermindert.

Mit Vitalwesen können wir in Verbindung treten, sei es mit dem eines Hundes oder dem des eigenen Körpers. Konzentriert man sich beispielsweise auf sein Herz, so lässt sich der Herzschlag beruhigen. Wer es nicht mit direkter Wahrnehmung schafft, dem helfen Biofeedback-Geräte. Damit lässt sich die nötige Sensibilität allmählich einüben (siehe HJTB).

Morphogenetische Intelligenz

Was wir bei MindWalking „Vitalwesen" nennen, findet seine Parallele im „morphogenetischen Feld" des Biologen Rupert Sheldrake.[24] „Morpho genetisch“ bedeutet wörtlich „Gestalt gebend“ (dies im Unterschied zu „morphischen Feldern“, von denen später die Rede sein wird). Nach Sheldrakes Auffassung wächst ein Baum nicht ausschließlich nach Vorgabe seines genetischen Programms heran. Bei identischer Erbanlage sind keine zwei Bäume gleich. Seine Gestalt formt ein Baum in intelligentem Abgleich mit den Umgebungsbedingungen. Er wächst nicht ins Unendliche, sondern hört irgendwann einmal auf damit. Beim menschlichen Körper ist es ähnlich: nach einer Verletzung heilt die Wunde, bis es wieder ist wie vorher. Nicht etwa, dass es heilte und heilte und größer würde und größer, sich gar zu einer Wucherung auswüchse – das gibt es zwar, ist aber selten. Die morphogenetische Intelligenz des Vitalwesens sorgt dafür, dass Heilung im rechten Moment zum Abschluss kommt.

Woher kommen die Instinkte?

Biologen sprechen zwar von angeborenen Instinkten, wie sie aber zustande kommen, vermögen sie nicht zu sagen. Der Begriff leitet sich ab von *instingere*, lateinisch für „anstacheln, antreiben“. Einem Lebewesen wird damit der angeborene Antrieb nachgesagt, sich in bestimmten Situationen auf ganz bestimmte Weise zu verhalten. Instinkte sind damit nichts anderes als auf die *Basisprogramme* eines Vitalwesens aufgesetzte artenspezifische *Sonderprogramme*, um das Überleben des Körpers unter möglichst allen Umständen zu realisieren. Wachstum, Heilung, Fortpflanzung und soziale Interaktion wollen alle, klar, aber dass Vögel Nester bauen und Spinnen Netze, das sind Sonderprogramme oder eben Instinkte.

„Die Natur“ habe diese Basis- und Sonderprogramme geschrieben, so heißt es, die Natur in ihrer Weisheit, „die Evolution“ hätte sie „hervorgebracht“. Wer ist das, die Natur? Die Evolution? Das klingt, als sei da ein kluger Jemand gewesen, der in grauer Vorzeit die Ärmel hochgekrempelt und sich planvoll ans Werk gemacht hätte.

Ob Natur oder Evolution, beide Begriffe sind verallgemeinernd, verwaschen, nichtssagend und letztlich unwissenschaftlich. Sie täuschen darüber hinweg, dass man letztlich nicht wirklich Bescheid weiß. Wissenschaftstheoretisch gesprochen handelt es sich um „Konstrukte“, um

Begriffe, mit denen man sich zumindest vorübergehend behilft, um eine verursachende Instanz zu benennen, die sich bislang noch nicht definieren ließ. Gängige Konstrukte sind beispielsweise „die Schwerkraft" oder „das Unbewusste": der Apfel fällt vom Baum „wegen der Schwerkraft"; die Wahnvorstellungen des Patienten „kommen aus dem Unbewussten". Beides klingt wie eine Erklärung, ist aber keine, denn weder hat die Physik die Schwerkraft definiert, noch die Psychoanalyse das Unbewusste. Genauso gut könnte man behaupten, der liebe Gott oder der Teufel hätten das so gewollt.

Zu wem gehört die Schwarmintelligenz?

Auch darüber, was „angeboren" bedeutet, ließe sich streiten. Heutzutage reduziert man Lebensleistungen gerne auf genetische Funktionen, indessen ist es bislang noch nicht gelungen, die beim Konstruieren von Nestern, Bienenstöcken, Spinnennetzen oder die beim Vogelflug anfallende Intelligenzleistung mithilfe der Gene zu erklären. Steht nicht eher die morphogenetische Intelligenz des Vitalwesens hinter diesen Vorgängen?

Man denke an die tausendfache Koordination und Kooperation, die im Zusammenleben von Bienen, Ameisen und Termiten anfällt, an die akrobatischen Wendungen von Starenschwärmen, an die sich ständig wandelnde und dennoch stabile Ordnung von Zugvogelformationen, an die präzisen, oft ruckartigen Bewegungen von Fischschwärmen – ist da ein einziges Wesen am Werk? Managt hier ein einziges Vitalwesen Hunderte und Tausende von Körpern? Oder sind da viele Vitalwesen optimal koordiniert? Sind die vielen vielleicht zeitweise zu einem einzigen geworden?

Der Körper ein Schwamm

Manche Menschen können das Vitalwesen als energetische Erscheinung mit ihrem „geistigen Auge" als eine Aura sehen, die den Körper umhüllt und je nach gesundheitlichem und seelischem Zustand unterschiedliche Farben aufweist. Indessen umhüllt das Vitalwesen den Körper nicht nur, sondern durchdringt ihn auch, etwa wie das Wasser den Schwamm in der Badewanne. Zu sagen, das Vitalwesen „sättigte" den Körper mit Vitalkraft oder „gäbe“ ihm diese, erscheint allerdings unrichtig, denn wäre es so, so müsste ein Vitalwesen auch einen organisch toten Körper wiederbeleben können. Zwar agiert das Vitalwesen als von Körper und bioelektrischem Feld unabhängige Instanz, jedoch nicht als Kraftquelle sondern eher als „Kraftmanager“, als Verwalter von Kräften.

Vitalkraft wird im Sanskrit *prana* genannt, in der chinesischen Heilkunde *ch´i,* in Japan *ki.* Die Germanen nannten es *Od*, woraus sich das alte Wort Odem für „Atem“ ableitet. Der Psychoanalytiker Wilhelm Reich bezeichnete es als *Orgon*. Diese Kraft ruht nicht in sich wie ein stiller Teich, sondern hat Dynamik und durchströmt Glieder und Organe, in konzentrierter Form insbesondere die auf Akupunktur-Puppen eingezeichneten Linien der „Meridiane“. Mit entsprechender Übung lassen sich diese Durchflusskanäle von Prana oder Ch´i erspüren. Doch selbst ohne jegliche Übung spüren viele Menschen ganz natürlich das Rieseln des Heilstroms als angenehmes Kribbeln im Nabelbereich oder in den Handflächen. Sie erhalten damit die Rückmeldung, dass auf vitalenergetischer Ebene alles bestens läuft.

Fühlt man sich ermattet oder krank, so ist dieses Rieseln nur schwach zu spüren. Begibt man sich aber in eine vitalenergetisch gesättigte Umgebung, zum Beispiel in den Wald, dann fließt das dort vorhandene Prana dem eigenen zu und man fühlt sich gestärkt.

Ebenso kann man als Geistwesen dem Vitalwesen bewusst zuarbeiten, indem man sich auf dieses innere Rieseln konzentriert. Ganz besonders dadurch lässt es sich steigern, dass man sich auf die sieben Chakren und die darin aufsteigende Kundalini einstimmt. Chakren sind energetische Knotenpunkte entlang des zentralen Meridians der Wirbelsäule; die dort spürbare, gebündelte Kraft heißt Kundalini (siehe HJTB). Beides sind charakteristische Energiephänomene des Vitalwesens. Der Energiekörper eines Geistwesens ist im Unterschied dazu *nicht* in Form von Chakren organisiert; das darf man nach Hunderten von MindWalking-Sitzungen mit nicht verkörperten Geistwesen mit Gewissheit sagen. Erst nach erfolgter Körperübernahme bindet ein Geistwesen seinen Energiekörper an ein Vitalwesen und damit auch an dessen Chakren-System (siehe HJTB).

Mieter spielt Hausherr

Ein Geistwesen übernimmt seinen Körper häufig schon bei der Zeugung, normalerweise während der Schwangerschaft, manchmal bei der Geburt und in seltenen Fällen erst in späteren Lebensjahren. Ganz selten, nachdem der Vorbesitzer mehr oder weniger freiwillig gewichen ist (was man als *Walk-in* bezeichnet, siehe MWU). Wann auch immer das Geistwesen sich zugesellen mag, das Vitalwesen war schon vorher da. Seit sich Eizelle und Samenzelle zusammengetan haben, ist es aktiv. Ohne dessen Grundprogramm des Überlebens und den damit zusammenhängenden, intelligent verwalteten Sonderprogrammen gäbe es kein Wachstum des Embryos, bei Verletzungen keine Heilung, keine soziale Interaktion und später im Leben keine Sexualität. Das Geistwesen kommt als der verspätete Dritte zu Körper und Vitalwesen hinzu.

In der Regel machen wir als Geistwesen den Fehler, unter Missachtung von Körper und Vitalwesen uns selbst als die Hauptperson dieses Gebindes zu betrachten. Ohne jede Rücksicht auf die Bedürfnisse des Vitalwesens neigen wir dazu, den Körper aus Sportsgeist, Not oder Faszination mit zu viel Sport, Sex, Alkohol, Drogen, schlechter Ernährung und übertriebenem Arbeitseinsatz in jeder Hinsicht zu überfordern. Das Geistwesen, in Wirklichkeit nur Untermieter, spielt sich als Hausherr auf. Gleichwohl ist das Vitalwesen liebevoll, freundlich, geduldig und nachsichtig. Es macht alles wieder heil, was wir Geistwesen durch unsere Unachtsamkeit dem Körper antun. Dessen ungeachtet wird das Vitalwesen leider kaum wahrgenommen und erfährt deswegen nur selten die angemessene Würdigung, insbesondere nicht in unserer gegenwärtigen „modernen“ Gesellschaft.

Das Vitalwesen brächte den Körper auch ohne Geistwesen durch. Bei Tieren und Pflanzen ist das offenkundig. Sie haben ihre Nischen, in denen sie sich instinktiv zurechtfinden. Der Mensch hat diese nicht. Um zu überleben, muss er Techniken ersinnen, und das ist Aufgabe eines verkörperten Geistwesens: Kleidung, Heizung, Behausung, Jagd, Ackerbau, Viehzucht. Ohne solche Versorgung ginge es nicht. Deswegen klammert sich das Vitalwesen eines Menschen mit aller Kraft an das Geistwesen;

es braucht dessen Führung, um ideales Wachstum und Gesundheit für den Körper zu gewährleisten. Das macht es so schwer, aus dem Körper auszusteigen und Astralreisen zu unternehmen. Zumindest hier auf der Erde ist das so, in anderen Regionen des Kosmos geht es anders zu, wenn man unseren Sitzungsberichten Glauben schenken darf. Zum Beispiel verlassen Raumschiffer ihren Körper, um hier auf der Erde oder sonst wo zu inkarnieren und ihren Einsatz zu leisten. Anschließend kehren sie zu ihrem samt Vitalwesen in einer Kühlbox gelagerten Stammkörper zurück.

Wird der Körper künstlich versorgt, wie etwa bei Koma-Patienten, erhält ihn das Vitalwesen auch ohne den Einfallsreichtum eines Geistwesens. Dennoch kann sich ein solches Geistwesen nicht einfach verabschieden und gehen, obwohl es das nach Jahren der Bettlägerigkeit wohl gerne möchte (dies erwies sich in einer entsprechenden Sitzung mit einem Wachkoma-Patienten).[25] Der Zugriff des Vitalwesens ist einfach zu stark, als dass das Geistwesen gehen könnte.

Die Ursache dieser für die Erde so typischen gegenseitigen Abhängigkeit von Vitalwesen und Geistwesen eröffnet sich uns in MindWalking-Sitzungen erst in jüngster Zeit. Leider lässt sich dieser Bereich nicht zielgerichtet und mit Nachdruck erforschen, denn er steht nicht für jeden Sitzungspartner als die große Sorge Nummer eins an. Nur bei wenigen Solisten, bei denen dieses Thema konkurrenzlos im Vordergrund steht, lässt es sich gezielt ansprechen.

Ein kurzes Sitzungsbeispiel zur Veranschaulichung dieser Abhängigkeit: die Sitzungspartnerin hat die Mentaldatei eines jungen Mannes zu sich heruntergeladen, der beim Zusammenstoß mit einem Auto ums Leben kam. Der Unfall wird beschrieben aus der Außenposition des Geistwesens. Sein Körper liegt mit zerschmettertem Kopf, aber noch lebend, auf dem Asphalt. Die Sanitäter laden ihn in den Krankenwagen. Das Geistwesen nimmt die Sache erstaunlich locker; da ist kein Bedauern, keine Trauer, nichts. Es will einfach nur weg von dem ganzen Geschehen. Der Krankenwagen ist nun unterwegs. Die Wahrnehmungsposition, wiewohl außerhalb des Wagens, nimmt wahr, was innen drin vor sich geht.

Jedes Mal, wenn die Sanis eine Wiederbelebungsmaßnahme durchführen, bekommt das Vitalwesen einen starken Impuls und ruft das Geistwesen wieder zurück. Das lässt sich verfolgen an der grünen Linie am Monitor: Wiederbelebung – Lebenskraft steigt – grüne Linie geht hoch – das Geistwesen fühlt sich runtergezupft. Erst nachdem schließlich der körperliche Tod unfraglich eingetreten ist, geben die Sanitäter ihre Maßnahmen auf und das Geistwesen kann entschwinden.

71. In seiner Interaktion mit der Umgebung zeigt ein Vitalwesen Aufmerksamkeit, Absicht und Emotion, dies in Abhängigkeit von der „Bauart“ des betreffenden Körpers und seiner Programme.

Bioroboter mit Künstlicher Intelligenz?

Damit ein Baum seine Umgebung wahrnehmen und intelligent mit ihr interagieren kann, muss er zwangsläufig über ein vitalenergetisches Feld von entsprechenden Dimensionen verfügen. Dieses lässt sich als Aura wahrnehmen und nach Meinung mancher sogar fotografieren.[26] Da ist es kein Wunder, wenn manche Pflanzen andere Pflanzen „nicht leiden“ können. An einen anderen Platz gesetzt, entwickeln sie sich und gedeihen. Aufmerksamkeit, Absicht und Interaktion sind offenbar auch in Garten, Wald und Feld zu beobachten.

Als Basisprogramm ist jedem menschlichen, tierischen und pflanzlichen Vitalwesen grundsätzlich eins mitgegeben: leben und überleben, egal wie. Höher entwickelte Tiere wie Hunde, Pferde, Schimpansen und Delphine, auch Fische und Vögel, zeigen zwar weit darüber hinausgehende Absichten wie Spielfreudigkeit und Kooperation, siehe Katze und Hund zusammen im Körbchen, aber über ihre spezifischen Sonderprogramme hinaus vermögen sie nicht zu agieren. Jeder Organismus hat seine Nische, und nur dort vermag er zu überleben. Deswegen haben Klimaschwankungen oder das Versetzen eines Organismus in ein ihm fremdes Ambiente je nach Anpassungsvermögen die bekannten schädlichen Auswirkungen im Tier- und Pflanzenreich.

Gleichwohl sind Organismen lernfähig und vermögen ihre Existenz im Rahmen ihrer Basis- und Sonderprogramme individuell auszugestalten. Aus diesem Grund entwickeln Säugetiere und Vögel Individualität (wie es bei Fischen, Reptilien und Insekten ist, entzieht sich meiner Kenntnis).

Kurz, ist ein Vitalwesen letztlich nichts anderes als ein mit Künstlicher Intelligenz ausgestatteter, selbstlernender Bio-Roboter? Ein IT-Experte könnte an dieser Stelle vielleicht einen solchen Vergleich ziehen – und hätte damit vielleicht nicht mal unrecht, wie sich in Teil 2 erweisen wird.

Gehirn ist Nebensache

Laut gängiger Lehrmeinung produziert das Gehirn Emotionen, Gedanken und somit auch das Verhalten. Nach MindWalking-Erkenntnissen dürfte eher das Umgekehrte der Fall sein: für Emotionen und Verhalten sind Geistwesen bzw. Vitalwesen zuständig, das Gehirn leitet lediglich die von diesen beiden produzierten Energie-Impulse ab, was sie messbar macht (siehe MWU und APR). Das Gehirn wäre folglich zu betrachten als Schnittstelle zwischen dem Körper und einerseits dem Geistwesen sowie andererseits dem Vitalwesen.

72. Ein Vitalwesen ist sich seiner selbst nicht bewusst.

Auch ohne Denken schmeckt der Knochen

Ob Moos oder Spinne, ob Vogel, Fuchs oder Mensch, sie alle werden von Zeugung bis Tod von Vitalwesen gemanagt. Sie erfassen ihre Umgebung, verfolgen Absichten und haben Emotionen, wenn auch in nur rudimentärer Form. Zumindest wissen sie, was gut ist für sie und was schlecht; das eine streben sie an, vom anderen streben sie weg. Das ist die Grundlage aller Emotionen. Darüber nachdenken tun sie jedoch nicht. Ein Vitalwesen denkt nicht über sich und seine Befindlichkeit nach. Insofern hat es kein reflektiertes Bewusstsein von sich selbst. Zumindest deuten die bislang in MindWalking-Sitzungen aufgearbeiteten Erlebnisse von Tieren nicht darauf hin (siehe MWU und HJTB).

Wenn ein Pferd vor einem Hasen scheut, der Hund hingegen dem Hasen nachhetzt, treten bei beiden kraftvolle Emotionen und Absichten auf. Das Pferd hat Angst und sucht Sicherheit; der Hund hingegen zeigt stärkstes Interesse und hetzt den Hasen. Gleichwohl sind beides keine *reflektierten* Emotionen und Absichten. Sie ereignen sich aufgrund der momentanen Wahrnehmung von auslösenden Reizen und der durch die Basisprogramme, Instinkte und Erfahrungen dieser Tiere bedingten Reaktion darauf.

Von Elefanten und Delfinen hört man, sie könnten sich im Spiegel selbst erkennen. Ob sie sich etwas dabei denken, ob sie über sich nachdenken, sich hübsch finden oder hässlich, das ist eine ganz andere Frage. Seine Umgebung erfassen und registrieren, seine Emotionen und Absichten ausleben geht auch ohne Bewusstsein, d. h. ohne das Vermögen von Selbstreflektion. Wenn der Hund den Knochen riecht, denkt er nicht: „Ah, was riecht der Knochen gut! Den fresse ich jetzt." Vielmehr riecht er den Knochen, bekommt Appetit – und schon zernagt er ihn. Zu all dem braucht es kein reflektierendes Ich-Bewusstsein, wohl aber sinnliche Wahrnehmung und davon ausgelöste Verhaltensimpulse im Rahmen seiner vitalenergetischen Basisprogramme, insbesondere Wachstum, Fortpflanzung, Heilung, Sozialverhalten.

Wie erstaunlich weit die Bandbreite von Intelligenz, Kreativität, Kommunikation und Interaktion angelegt ist, zeigt sich nicht nur in der Beziehung von Haustieren zum Menschen, sondern auch von Tieren untereinander, insbesondere bei denen, wo man es am wenigsten vermuten würde wie etwa Fischen, Krähen und Oktopussen, die über ausgeprägtes Erinnerungsvermögen verfügen, die Pläne fassen, Möglichkeiten abwägen und sogar Interessengemeinschaften bilden. Anders gesagt, sie sind innerhalb ihrer „Nischen" enorm flexibel und intelligent, können aber außerhalb der Nischen nichts unternehmen.

73. Ein Vitalwesen verfügt über kein reflektiertes Zeitbewusstsein.

Steckrübe sein: kein Meditationsziel

Ein Vitalwesen erfasst seine Umgebung von Moment zu Moment mithilfe der Sinne. Laut Satz 16 scheint der Begriff „erfassen" für Vitalwesen korrekter als „wahrnehmen", insofern das „als wahr Erkennen" bereits eine kognitive und reflektierte Leistung ist. Sie setzt korrektes Erfassen voraus. Ein Vitalwesen lebt im Zustand dieser Erfassung seiner Umwelt, es „ist" sozusagen die Erfassung. Es tut nichts anderes, als in seine Umgebung hinein zu spüren, den momentanen Ist-Zustand seines Organismus mit dem programmgemäß vorgegebenen Soll-Zustand abzugleichen. In Abhängigkeit von den Angeboten der Umgebung und zur Herstellung des momentan möglichen Optimums ergreift es die notwendigen Maßnahmen. Auf diese Weise wird aus einem Steckrübensamen schließlich die reife Steckrübe. Was ist da der Unterschied zum Geistwesen, könnte man fragen? Er liegt in Selbstbestimmtheit und der Möglichkeit bewusster Entscheidung.

Konzepte wie „vorhin" oder „später" bedeuten einem Vitalwesen nichts, denn es ist nicht mit ihnen ausgestattet. Es lebt in einem ewigen Jetzt. Einem Hund lässt sich nicht vermitteln, dass man „nachher" mit ihm spazieren gehen wird. Bei „nachher spazieren" hört er nur das „spazieren", und das bedeutet: jetzt.

Erfüllen Vitalwesen damit nicht die in Meditationszentren so häufig zu hörende Aufforderung: „Denke nicht, sei im Hier und Jetzt, spüre in die Umgebung hinein, hör den Wind, die Vögel, betrachte die Kerzenflamme"? Sind Vitalwesen nicht bereits da, wo Geistwesen vermeintlich erst hinwollen? Nein. Denn vor einer Kerzenflamme sitzen und erleben, wie die Welt zur Kerzenflamme zusammenschrumpft, wäre nichts weiter als eine hypnotische Fixierung, eine Trance. Würde sich ein Geistwesen in eine solche Form des Hier und Jetzt hineinmeditieren, so geriete es in letzter Konsequenz auf das Niveau einer in der Erde steckenden Rübe bzw. ihres Vitalwesens. Es wäre kein seiner selbst bewusster Akteur mehr.

Im Unterschied zu Vitalwesen haben Geistwesen Gedanken, Erinnerungen und Vorstellungsbilder. Sie haben Vergangenheitsbewusstsein und Zukunftsbewusstsein, Selbstbewusstsein und eine Verbindung zum Allbewusstsein. All das ereignet sich in der Gegenwart, im Hier und Jetzt. Vergangenheit und Zukunft treffen sich in der Gegenwart. Einfach bewusst da sein, *bewusst* wahrnehmen und *bewusst* den Urauftrag realisieren, allein darum geht es einem Geistwesen. Und zwar auf sämtlichen Ebenen, genau wie von den spirituellen Schriften in Ost und West gefordert, und nicht bloß im Hinblick auf die physische Umgebung und das physische Überleben.

74. Das Überleben des Körpers und der Spezies unter allen Umständen aufrechtzuerhalten, ist das zentrale Anliegen eines Vitalwesens, sein einziges Spiel, sein „Urauftrag".

Widerspruch ist ausgeschlossen

Für Tiere und Pflanzen hat das Leben den einzigen Sinn: das Leben weiterleben. Ein Vitalwesen kennt keine Sinnfragen. Solange es für Wachstum, Fortpflanzung und Heilung sorgen kann, tut es das. Was das für einen Zweck haben mag, fragt es nicht. Gegen den Überlebenstrieb ist Widerspruch ausgeschlossen.

Indem sich ein Vitalwesen bei seinem Streben nach Wachstum, Fortpflanzung und Heilung an seinem Urauftrag namens „Leben!" orientiert und alles tut, um diesem gerecht zu werden, unterscheidet es sich nicht grundsätzlich von einem Geistwesen. Auch für ein Geistwesen ist der Urauftrag das entscheidende Kriterium für richtig und falsch. Der Unterschied zwischen beiden liegt darin, dass das Geistwesen über die Möglichkeit verfügt, sich gegen seinen Urauftrag zu entscheiden. Das aber ist dem Vitalwesen nicht möglich. Es vermag sich nicht gegen seinen Überlebenstrieb zu wenden. Deswegen können Tiere ihren eigenen Körper nicht töten, wie Menschen es tun, wenn das Leben keinen Sinn mehr für sie hat.

75. Ein Vitalwesen erfasst Impulse aus seiner Umgebung, die ihm über die körperlich gegebenen Sinne wie auch übersinnlich (telepathisch) zufließen.

Tieren und Pflanzen lässt sich nichts vormachen

Hunde- und Pferdebesitzer wissen, wie sensibel Tiere auf die Anweisungen wie auch Launen von Menschen reagieren. Sie scheinen Absichten zu erfassen, noch bevor diese als Anweisungen in Worte gefasst und ausgesprochen worden sind. Wenn ausgesprochen, reagieren Hunde und Pferde nicht allein auf die Worte, sondern auch auf den Tonfall. Entsprechende Untersuchungen haben erwiesen, dass Hunde spüren, wann sich ihre Besitzer vom Büro auf den Heimweg machen.[27] Man darf annehmen, das liegt daran, dass Herrchen sich im Büro sitzend aufs Zuhause einstimmt, also bereits Mentalquanten im Haus platziert hat.

Auch Pflanzen verfügen über telepathische Wahrnehmung, wie der Lügendetektor-Experte Clee Baxter 1966 herausfand. Sie zeichnen Geschehnisse auf und reagieren zu einem späteren Zeitpunkt entsprechend. Baxter schloss Zimmerpflanzen an ein Hautwiderstandsmessgerät ähnlich dem *mind walker* an und stellte fest, dass Pflanzen unter einer Auswahl von Menschen denjenigen wiedererkennen, der ihnen zuvor Schaden zufügte. Gelegentlich reagierten sie sogar auf die pure Absicht der Zerstörung, bevor diese ausgeführt wurde. Sie nahmen offensichtlich den Täter an seiner Ausstrahlung wahr, an dem von ihm erschaffenen Mentalquantenfeld, und das wäre ein telepathischer Vorgang.[28]

Wen die Pflanze hier erfasst und damit eine Reiz-Reaktion-Beziehung eingeht, ist eine offene Frage. Interagiert hier das Vitalwesen der Pflanze mit dem Geistwesen des Menschen? Oder mit seinem Vitalwesen?

76. Die Wahrnehmungsposition eines Vitalwesens ist durchgängig innerhalb des Körpers lokalisiert.

Abschied erst *nach* dem Tod

Werden in einer MindWalking-Sitzung die Erlebnisse von Pflanzen und Tieren nacherlebt, so geschieht dies ausschließlich von einer Wahrnehmungsposition innerhalb der betreffenden Körper. Man erlebt keine Außenpositionen wie bei Geistwesen üblich. Ein Vitalwesen ist folglich nicht außerhalb des Körpers angesiedelt. Erst eine Zeitlang nach Eintritt des körperlichen Todes hebt sich das Vitalfeld vom Körper. Es entschwebt und löst sich dabei auf wie ein Wölkchen am blauen Sommerhimmel. Im Unterschied dazu erfolgt die Loslösung eines Geistwesens vom biologischen Körper zumeist schon *vor* dem Tod.

Wer schon einmal einen todkranken Hund oder eine Katze vom Tierarzt töten ließ und ein Weilchen wartete, bevor er das Tier begrub, der kennt diese Erscheinung. Oft wird von Sitzungspartnern bei der Schilderung eines vergangenen Todes berichtet, wie sie, als Geistwesen von oben auf ihren leblosen Körper schauend, eine Energiewolke austreten und sich verflüchtigen sehen: das Vitalwesen (siehe MWU).

77. Erlebnisse von Vitalwesen werden als *Vitaldateien* aufgezeichnet.

Hund zeigt Film

Von Vitalwesen erfasste Geschehnisse heißen Vitaldateien. Wenn aktiviert, erscheinen sie uns Geistwesen als Bilder. Infolgedessen vermag sich ein MindWalking-Solist in seiner Sitzung gezielt auf eine verhaltensgestörte Katze oder einen kranken Hund einzustimmen, um deren Bilder abzulesen und zu entlasten.

Ein Beispiel: Wir haben einen neuen Hund, Nico, eine Art Windhund aus Spanien, abgerichtet für die Hasenjagd. Mit zwei Jahren hatten sie ihn ausgemustert, weil für die Hasen allmählich zu langsam. Solche ausgemusterten Hunde werden üblicherweise ausgesetzt, an Bäumen erhängt oder totgeknüppelt. Nico wurde von einem spanischen Tierheim gerettet, dort acht Jahre lang aufbewahrt und kürzlich in ein deutsches überführt. Er war nie unter Menschen, immer in der Meute, ob früher bei der Jagd oder später im Tierheim. Eine Wohnung, ein Haus hat er noch nie von innen gesehen.

An der Leine zappelte er anfangs wie ein Fisch am Haken vor lauter Angst. Später ließ er sich führen, wirkte aber widerstandslos, willenlos, apathisch. Seine einzige Reaktion auf jede kleinste Kleinigkeit war schiere Panik. Dann duckte er sich flach auf den Boden, kroch auf dem Bauch liegend weg, wollte entkommen.

Mit Frauen kommt er einigermaßen zurecht, doch ich als Mann kann mich ihm anfangs nicht einmal nähern. Um herauszufinden, was ich bei ihm auslöse, begebe ich mich ins Sitzungszimmer, schalte den *mind walker* an und stimme mich auf Nico ein, der ein paar Räume weiter in der Küche liegt, Luftlinie zwölf Meter.

Allmählich kommen mir seine Bilder: straff geführte Koppeln von bis zu zehn Hunden, stämmige spanische Aufseher, Peitsche und Knüppel als Erziehungsmethode, kein Lob, Hunger, Durst, Angst. In der Meute geht es ähnlich zu: Machtkämpfe, Futterneid, keine ruhige Minute. Ich beginne zu begreifen, wieso ich für ihn der Böse bin, der Auslöser für Panik: er hatte immer nur mit Männern zu tun, und die waren alle grob und gefühllos. Von denen erwartete er das Schlimmste.

Ich vollziehe bildhaft nach, wie er unter der unfasslichen Brutalität und Gefühlskälte der Hundeführer leidet, sehe seinen Film. Keinerlei Ermutigung, nur Stopps, nur Schläge. Er lernt: Kriechen hilft. Sofort gehorchen, ducken, kriechen, unterwürfig sein, damit sichert man sein Überleben. Dann kommen Szenen, wo ausgemusterte Hunde totgeprügelt werden. Das ist nicht Nicos eigenes Erlebnis, er war Zeuge. Die gelernte Lektion: Kriechen hilft *nicht*. Folge beider Lektionen: Es gibt *keinen* Ausweg, es gibt *kein* Überleben. Deswegen die Panik, denn Panik bedeutet: Ausweglosigkeit erkennen.

Ich spüre die Emotionen, die Schläge an meinem eigenen Körper. Nach einer Dreiviertelstunde flacht die Dynamik ab, ich beende die Sitzung. Am nächsten Tag kann ich Nico anleinen. Er ist nervös und vorsichtig, aber lässt es zu. Am übernächsten Tag wagt er sich aus der Küche vor und besucht meine Frau und mich im Wohnzimmer. Bis Nico ein freundlicher, ganz normaler Hund wurde, brauchte es allerdings noch viele Monate. Die eingeschliffenen Gewohnheitsmuster verfliegen nicht über Nacht; das wäre zu viel verlangt (weitere Beispiele von Sitzungen mit Katze und Hund siehe MWU und APR).

Die Vitaldateien, die sich bei ihm durch die fremde Umgebung und durch mich als verhassten Mann einschalteten, wurden von mir gesichtet, die darin enthaltenen Spannungen geistig und körperlich abgeleitet und neutralisiert. Hat aber auch er, Nico, im Verlauf dieses Prozesses seine Erinnerungen bildhaft wahrgenommen? Ob Tiere ihre Bilder selbst zu sehen vermögen, das wissen wir nicht.

Pflanzenleid macht Menschen krank

Das Beispiel mit Nico zeigt die bewusste und gezielte Interaktion zwischen einem Geistwesen, in diesem Fall mir als Sitzungsleiter, und einem Vitalwesen. Doch auch unbewusst ist Interaktion mit leidenden Tieren oder Pflanzen möglich. Das kann beim empfangenden Menschen zur Beeinträchtigung von Gesundheit oder Verhalten führen, falls sich die Vitaldatei des leidenden Tieres bzw. der Pflanze dem Vitalwesen des Sitzungspartners anhängt. Bedauert man beispielsweise einen frisch abgehackten Baum mit noch „stehendem" Vitalwesen, ohne sich aber dieses Vitalwesens bewusst zu werden, so könnte das zu Schmerzen in den Knöcheln führen (siehe MWU). Mit dieser Doppelung würde dem leidenden Vitalwesen sein Leid keineswegs abgenommen, denn auch hier gilt: geteiltes Leid ist doppeltes Leid.

Nur durch bewusstes Nacherleben ist eine Vitaldatei zu neutralisieren, nicht anders als bei Mentaldateien üblich. Ein Beispiel: Laut Bericht eines Sitzungsleiters von vor wenigen Wochen verspürte ein Sitzungspartner während laufender Sitzung eine Somatik im Hals. Sie ging darauf zurück, dass einem Löwenzahn die Blüte abgerissen wurde, „gefilmt" aus der Innenposition des Vitalwesens der Pflanze.

Schimmelpilz sucht neues Plätzchen

Ein weiterer Sitzungsbericht, September 2021: „Meine Sitzungspartnerin (SP) war am Wochenende bei ihrem Bruder und Familie gewesen. Beide Kleinkinder hatten Schnupfen und bekamen schlecht Luft durch die Nase. Dies ging der SP noch nach, also stiegen wir darauf ein. Sie entwickelte unvermittelt Halskratzen, verstopfte Nase, Schwindel, und sie spürte diese Symptome ganz klar aus der Perspektive der Kinder. Auf die Frage, was die Ursache sei, sagte sie: die schlechte, stickige Luft dort im Haus und ein Schimmelpilz.

Spontan sah sie vor ihrem geistigen Auge das Innere eines Lüftungsrohrs (das Haus ist ein Neubau, hermetisch abgeriegelt und mit Lüftungsanlage ausgestattet). Da waren ein paar Inseln zu sehen, schwarzer Schimmel, weiter hinten sogar ein ganzer Teppich davon. Die SP schüttelte sich vor Ekel. Ursache für den Pilzbefall waren Kondensfeuchtigkeit und Lebensmittelpartikel, welche beim Kochen dort abgelüftet werden (kombinierte Wohn- und Küchenzeile ohne separate Belüftung). Das war ein Festmahl für den Pilz.

Nun, da wir den Pilz erblickt hatten, kam uns die Frage: „Und nun? Was machen wir damit?" Versuchsweise ermunterte ich die SP: „Sprich ihn mal an, ob er reagiert." Das funktionierte tatsächlich. Die SP konnte zu dessen Vitalwesen Kontakt aufnehmen. Der Pilz fühlte sich dort richtig wohl, weil rundum versorgt. Dass er Schaden mit seinen Sporen anrichtete, war ihm nicht klar; dass da außerhalb des Rohres noch Leute wohnen, lag außerhalb seiner Wahrnehmung. Der Aufforderung, woanders hinzugehen, folgte er (ähnlich einem Hund) und suchte sich was Neues. Daraufhin hatte die SP plötzlich extrem Hunger, mit Magenknurren – klar, der Pilz hatte ja jetzt nichts mehr zu fressen! Die SP sah ihn anschließend auf einem Stein neben dem Haus sitzen, bei ein paar Flechten. Dort war es ihm wieder wohl. Der Vorgang des Umzugs hatte zwei Minuten gedauert, und sofort war das Magenknurren weg. Außerdem konnte die SP wieder frei atmen. Ihre Erkältungssymptome waren verflogen.

(Insgesamt ging es ca. 25 Minuten. Am längsten hat gedauert, den Pilz als solchen zu identifizieren (Bilder der Kinder, Luft, Lüftungsrohr, Schimmel, Feuchte - aaah ein Pilz!). Danach ging es recht schnell.)

Wie sieht eine Schnecke die Welt?

Bemerkenswert an der Sitzung mit Nico ist der Umstand, dass ich problemlos den „Film“ ablesen konnte, der sich mir zeigte. Es erscheint uns selbstverständlich, dass ein Haustier die Welt mit den uns vertrauten fünf Sinnen erfasst. Bei Hund und Katze, Pferd und Rind fällt das Ablesen ihrer Bilder tatsächlich entsprechend leicht. Wie aber nimmt eine Biene ihre Welt wahr? Auf welche Weise tut es ein Huhn, eine Schlange, eine Weinbergschnecke? Ihre Erlebnisbilder gezielt anzusprechen ist weit schwieriger als bei Säugetieren wie etwa im Fall Nicos, weil der Erlebnismodus von Mollusken, Insekten, Reptilien, Fischen und Vögeln ein ganz anderer ist.

Zwar drängen sich dem Solisten in seinen Sitzungen häufig die Traumata auch solcher Tierarten in Form heruntergeladener Vitaldateien auf, oder gar solche von Pflanzen und Pilzen, doch teilt sich das einem bildhaft zumeist nur recht diffus mit, und die Somatiken reduzieren sich auf dumpfe Druck- und Schmerzempfindungen. Hier gibt es noch viel zu erkunden.

Was weiß ein Hund von vergangenen Leben?

Auf welche Weise ein Vitalwesen seine Vitaldateien aufzeichnet, ist uns bei MindWalking noch nicht bekannt. Anzunehmen ist, dass sie im Zuge des Widerstands gegenüber Lebensbedrohung entstehen, wenn die zerstörerische Kraft eines Gegners auf den Lebenswillen eines Vitalwesens prallt: Kraft gegen Kraft, mit der Folge von Überwältigung und Vernichtung.

Der Mechanismus ist der gleiche wie bei Geistwesen: um sich zu schützen, schiebt ein angegriffenes Wesen ein Mentalquantenfeld als Puffer gegen das hereindrängende gegnerische Feld. Ergebnis ist ein massiver mentalenergetischer „Klumpen“, in dem das komplette Erlebnis eingeschrieben ist. Nach einer Weile würde sich der Klumpen ausschalten und auflösen, doch würde sich die solchermaßen neu angelegte Mentaldatei durch einen entsprechenden Auslöser wieder einschalten, und erneut würde sich ein Klumpen bilden. Eine entsprechende Dramatisierung wäre die Folge.

So weit, so gut, aber: auf welche Weise merkt sich ein Vitalwesen das Erlebte? Wie wird Erlebtes zu Wissen und zu abrufbarer Erinnerung? Ein traumatisierter Hund beispielsweise ist nicht andauernd verhaltensgestört, sondern nur dann, wenn gewisse Auslöser die entsprechende Vitaldatei, das Wissen also, bei ihm einschalten. Wo war diese Vitaldatei vor ihrer Einschaltung, als das Tier nicht „daran dachte"? Insbesondere dann fragt man sich das, wenn sich das entsprechende Urerlebnis nicht im Verlauf des Lebens des betreffenden Tieres ereignete, sondern in lang vergangenen Zeiten, und deshalb in einer überindividuellen, kollektiven Vital-Datenbank abgelagert gewesen sein musste. So etwa ging die Sitzung mit Nico bis in ägyptische Zeiten zurück und die mit dem Kater Bernstein bis zu mittelalterlichen Katzenverbrennungen (siehe MWU).

Beim Geistwesen ist eine Mentaldatei als transzendentales potenzielles Wissen vorhanden, das sich durch Aktivierung von Mentalquanten zum Bild wandeln würde (siehe Sätze 17 bis 19). Dieser Mechanismus vom abstrakten Konzept zum konkreten Bild ist für Geistwesen bekannt, für Vitalwesen jedoch nicht. Ob es ein abstraktes Vitalwesen-Wissen gibt oder dieses in energetischer Form gebunden und „gelagert" ist, wurde noch nicht entdeckt.

78. Vitalwesen entwickeln keine so differenzierten Negativprogramme wie Geistwesen.

Auch ohne Denken lebt sich's gut

Vitalwesen sind sich ihrer selbst nicht bewusst, so wie Geistwesen es sind. Sie denken und lernen nicht in der differenzierten Art von Geistwesen, sondern eher in Gleichsetzungen. Messlatte dabei ist der Urauftrag des Überlebens. Entsprechend reflexhaft reagieren sie, wie das Verhaltenstraining über Konditionierung erweist: ein Hund bekommt ein Leckerli gezeigt, der Speichel fließt, gleichzeitig erklingt ein Glöckchen. Zum Schluss läuft dem Hund schon beim Erklingen des Glöckchens das Wasser im Maul zusammen. Gelernte Lektion: Glöckchen gleich Futter gleich Hinstreben. Klaut der Hund den Schinken vom Tisch, setzt es Prügel. Gelernte

Lektion: Tisch gleich Prügel gleich Wegstreben. Alles dies sind Gleichsetzungen.

Ein Zeitempfinden braucht es dazu nicht, denn all das geschieht in einem fortlaufenden Jetzt. Genauso wenig handelt es sich um einsichtsvolle Schlussfolgerungen auf abstrakter Ebene, sondern um durch Lohn und Strafe konditionierte Programme, um erlernte Koppelungen von Reiz und Reaktion.

Wegen des fehlenden Ich-Bewusstseins und der nicht vorhandenen Einsicht in größere Zusammenhänge bilden Vitalwesen bei Erlebnissen von Schmerz, Gewalt und Tod keine so differenzierten Negativprogramme wie Geistwesen. Geistwesen verweisen auf sich selbst mit: „ich hab keine Chance / ich schaffe das nie / aus mir wird nichts" und Ähnlichem. Im Gegensatz dazu trifft ein Vitalwesen lediglich simple Wertungen im Sinne von „ist gut für das Überleben dieses Körpers" bzw. „ist schlecht für das Überleben dieses Körpers". Bei entsprechendem Auslöser schalten sich diese Wertungen reflexhaft ein, begleitet von den entsprechenden Emotionen und Verhaltensmustern des impulsiven Hin- oder Wegstrebens. In dieser Reflexhaftigkeit sind sich Geist- und Vitalwesen selbstverständlich ähnlich, der Unterschied liegt im Inhalt der Einschaltung. Ein Geistwesen würde sagen: „Nie kann ich mich retten!", ein Vitalwesen wie Nico hingegen: „Männer sind schlecht fürs Überleben".

79. Vitalwesen bilden sich aus einem amorphen, kollektiven Gesamtfeld heraus, dem *globalen Vitalfeld.*

Ohne Zündfunke kein Start

Stimmt man sich telepathisch auf ein krankes oder verhaltensgestörtes Haustier ein, so stammen die dabei entstehenden Erinnerungsbilder nicht immer lediglich aus dessen gegenwärtigem Leben. Oft rühren sie auch von einer kollektiven Ansammlung von Vitaldateien aus den unterschiedlichsten Zeiten und Gegenden her, ganz gleich, um welche Art Biokörper es sich handeln mag. Abgesehen davon, dass er *amorph* wirkt, gestaltlos, ist zu Bauart und Gliederung dieses globalen vitalenergetischen

Datenspeichers noch nichts bekannt. Durchaus aber besteht zwischen ihm und dem individuellen Vitalwesen eine Verbindung. Nur deshalb kann es geschehen, dass sich die Kommunikationslinie bis ins globale Vitalfeld „hinauf“ erstreckt, während man sich bewusst und gezielt auf sein Haustier einstellt. Auf diese Weise erhält der Solo-MindWalker Aufschluss über Zusammenhänge weit über die Situation des leidenden Haustieres hinaus.

Im Augenblick einer Zeugung – und zwar in dem Moment, wenn der bioenergetische „Zündfunke“ zwischen Ei- und Samenzelle das Zellwachstum anregt – scheint sich ein individuelles Vitalwesen aus diesem globalen Vitalfeld zu lösen. Von diesem Moment an sorgt es mit seinen Basisprogrammen für die bestmögliche Ausgestaltung sowie den Erhalt des heranwachsenden Organismus. Das zumindest ist das Denkmodell, mit dem wir gegenwärtig bei MindWalking arbeiten.[29]

Was denkt sich Sperma auf dem Weg zum Ei?

Das hier vorgestellte Denkmodell würde bedeuten, dass sich im Moment der Zeugung nicht bloß rein mechanisch zwei in Protoplasma gehüllte DNS-Stränge miteinander kombinieren. Vielmehr träfen drei (!) Akteure zusammen, alle drei intelligent. Zwei davon sind Ei und Samenzelle, beide lebendig, jedes ein Teil und Abbild des Vitalwesens von Vater bzw. Mutter. Im Moment des Zusammentreffens ereignet sich eine Verschaltung mit dem globalen Vitalfeld als drittem Akteur. Aus diesem Zusammentreffen entsteht ein neues Vitalwesen.

Demzufolge würde bei der Vererbung die Übermittlung verhaltensbestimmender Software nicht lediglich über Gene erfolgen, sondern außerdem über Kopien der elterlichen Vitaldateien. Ganz so theoretisch, wie das klingen mag, ist es allerdings nicht, denn in manchen Sitzungen eröffnet sich einem, wie auf Wahrnehmungsebene des Vitalwesens eine Befruchtung abläuft. „Gefilmt“ aus der Wahrnehmungsposition entweder eines zielgerichtet vorandrängenden Spermiums oder einer aufnehmenden Eizelle zeigt sich der Vorgang auf dem geistigen Bildschirm. Hier liegen vor: ein Streben, eine Wahrnehmung und eine intelligente Interaktion, nicht lediglich ein biochemischer Automatismus.

Selbstverständlich sei die Rolle der Gene hiermit nicht in Frage gestellt, wie sich am schauerlichen Beispiel des Inzest in den Adelshäusern vergangener Jahrhunderte erweist. Gleichwohl scheinen in weniger extremen Fällen bei der Vererbung neben den Genen auch Vitalwesen beteiligt zu sein, erstere als biochemische Informationsträger, letztere als Übermittler vitalenergetischer Programme.

Jeder kommt aus seiner eigenen Ursuppe

Geistwesen erschaffen ihren Energiekörper. Gelegentlich erschaffen sie Energiewesen (Sätze 30 und 34). Vitalwesen hingegen erschaffen sie nicht, zumindest aktuell nicht. Früher einmal, als die Welt begann, taten sie das. Das „Baumaterial" dafür war eine riesige, unaufgeräumt liegen gebliebene Mentalquantenwolke, aus der heraus sich das globale Vitalfeld unserer Erde bildete. Wie das alles geschah, steht in Teil 2 zu lesen.

Energiewesen lassen sich auflösen, weil sie ihren Urheber kennen und zu ihm Zurückstreben, sobald die Absicht erkannt worden ist, aus der heraus sie erschaffen wurden (siehe Satz 16). Vitalwesen hingegen lassen sich so lange nicht auflösen, wie man ihre Erschaffungspostulate nicht erkannt hat, die zudem von Einsatzzweck zu Einsatzzweck unterschiedlich sein mögen. Das Auflösen von Vitalwesen gelang bislang noch nicht und wurde auch nicht einmal versucht, denn gelänge das, so würde es den Tod des betreffenden Organismus zur Folge haben.

Die Parallele zwischen der Entstehung eines Geistwesens aus dem Allbewusstsein und der eines Vitalwesens aus dem globalen Vitalfeld ist offensichtlich. Bildhaft gesprochen, gibt es in beiden Fällen eine Regenwolke, aus der sich ein Tropfen löst. Der große Unterschied liegt darin, dass es sich beim Allbewusstsein nicht um ein Energiegebilde handelt, sondern um einen transzendentalen Zustand jenseits von Materie und Energie in Raum und Zeit. Das Vitalwesen hingegen formt sich im Moment der Zeugung aus einer real vorhandenen Energiesuppe, es hat keinen transzendentalen Ursprung.

80. Die Existenzspanne eines einzelnen Vitalwesens reicht von Zeugung bis Tod des betreffenden Körpers. Danach löst es sich in das globale Vitalfeld auf.

Keine Zeugung ohne Update

Zusammenfassende Wiederholung: Zum Zeitpunkt einer Zeugung löst sich ein individuelles Vitalwesen aus dem globalen Vitalfeld und gesellt sich den elterlichen Vitalwesen zu, die von Ei und Samenzelle getragen werden. Während der Lebensspanne des Körpers sorgt das Vitalwesen für Wachstum, Heilung, Fortpflanzung und Sozialverhalten. Nach dem Tod des Körpers löst es sich auf wie eine aus dem Wasserkessel steigende Dampfwolke. Es reinkarniert nicht, indem es von Biokörper zu Biokörper hüpfen würde wie ein Geistwesen mit seinem Energiekörper, nein, es löst sich auf.

Das alles lässt sich in Sitzungen nachvollziehen oder persönlich miterleben. Was jedoch im Anschluss an die Auflösung in das globale Vitalfeld geschieht, ist derzeit noch reines Modelldenken. Es ist anzunehmen, dass sich die während der Lebensspanne eines Vitalwesen erlernten Daten während seiner Auflösung ins globale Vitalfeld einspeisen. Genauso könnte dies auch ein fortlaufender Prozess sein, sofern man eine kontinuierliche, niemals abreißende Online-Verbindung zwischen individuellem Vitalwesen und globalem Vitalfeld annimmt. So oder so wäre ein während der Zeugung neu entstehendes Vitalwesen damit mit dem letzten Update versehen und sozusagen auf dem neuesten Stand. Zu den Daten, die da ins globale Vitalfeld eingespeist werden, gehört selbstverständlich nicht jeder Husten und Schnupfen, sondern vielmehr großflächige, breit angelegte traumatische Erlebnisse, die zur kollektiven Gefährdung des Überlebens oder gar Auslöschung einer Spezies führen, etwa Strahlungsschäden infolge von Atombomben-Abwurf, massenhaftes Sterben infolge chemischer Kriegführung oder Pandemien wie Pest, Spanische Grippe oder Corona.

Was gilt als „speicherwürdig"?

Es stellt sich hier die Frage, welche Ausmaße ein traumatisches Geschehnis haben muss, um im globalen Vitalfeld abgelegt zu werden. Wie viele Vitalwesen müssen da betroffen sein? Wir bekommen einerseits Bilder von der Vernichtung ganzer Arten durch die Zerstörung der Erde während der Atlantis-Katastrophe (siehe APR), wobei wir die Wahrnehmungsposition von Dinosaurierherden nachvollziehen, die in Sturmfluten untergehen, oder die von Milliarden in der Sonne austrocknender Muscheln, deren Küstenstrich im Verlauf des Kataklysmus nach oben geworfen wurde.

Dann wiederum erhält man Eindrücke von Traumata weit geringeren Ausmaßes, wie etwa am Hund Nico ersichtlich, dessen Bilder bis zurück zu Hetzjagden im alten Ägypten reichten, oder bei dem Kater Bernstein und seinen Erinnerungsbildern an Katzenverbrennungen auf Scheiterhaufen im Mittelalter (siehe MWU). In beiden Fällen handelt es sich nicht um individuelle Bilder, sondern um solche aus dem kollektiven Speicher, doch bleibt die Frage: Was ist „speicherwürdig" und was nicht? Woran entscheidet sich das?

Auch Vitalwesen lernen dazu

Auch positives, nicht traumatisch bedingtes kollektives Lernen gibt es. In der Theorie der „morphischen Felder" des Biologen Rupert Sheldrake erfolgt es dann, wenn eine Großgruppe von Tieren kreativ eine neue überlebensförderliche Verhaltensweise beispielsweise bei der Nahrungsbeschaffung aufbaut. Genauso wie Negativerlebnisse wird diese positive Erfahrung abgespeichert und zu einer verbindlichen Verhaltensweise für die Zukunft.

Morphische Felder (im Unterschied zu den morphogenetischen Feldern aus Satz 71) sind „gewohnheitsbildende Felder". Ein Gewohnheitsfeld bildet sich, wenn eine Gruppe von Tieren ein neues Verhalten entwickelt, um gewisse Probleme zu lösen. Nach einer Weile lässt sich diese neue Verhaltensform auch bei anderen Tiergruppen dieser Art beobachten, die an ganz anderen Orten der Erde wohnen. Sheldrake stellt fest: „Jedes Individuum bedient sich des kollektiven Gedächtnisses der Art und trägt dazu bei."[30] Laut Sheldrake sei demnach eine Brücke zu vermuten, zwischen dem lokal sich bildenden Gewohnheitsfeld und einem vermittelnden globalen Feld – eben dem, was wir bei MindWalking unter globalem Vitalfeld verstehen.

Die Lösung wird zum Problem

Aus MindWalking-Sitzungen wissen wir, dass Alter, Krankheit und Tod vor der Atlantis-Katastrophe weit anders verliefen als heute, nämlich weder schmerzhaft und beschwerlich noch körperlich entstellend. Diese Veränderung zum Schlechteren dürfte das Ergebnis des globalen Traumas sein, welches das globale Vitalfeld zum Zeitpunkt der Vernichtungskatastrophe erlitt. Es führte zu dem für jedes einzelne Vitalwesen zwanghafte Gebot „Überleben *um jeden Preis!*" – was ein Gegeneinander bewirkt, wenn es jeder für sich selbst tut, statt ein Miteinander (siehe APR).

Zu allem Unglück sind nicht nur die durch planetarische Traumatisierung entstandenen Probleme abgespeichert, sondern ebenfalls deren damalige Lösungen. Frische Lösungen sind für eine gegebene Situation hilfreich, überalterte, unzeitgemäße Lösungen jedoch nicht. Sie werden unweigerlich ihrerseits zum Problem. Denkbar wäre zum Beispiel, dass Allergien, saisonale Gewichtsschwankungen oder altersbedingte Fettleibigkeit sinnvolle Nothilfemaßnahmen aus vorgeschichtlichen Zeiten der Menschheitsentwicklung sind, die sich bei entsprechenden Auslösern individuell einschalten können. Auch der Krebs, eine Überproduktion an Zellen, könnte die sich verselbstständigt habende Lösung einer urzeitlichen Überlebensnot sein. Dies ist derzeit reine Hypothese; es liegen hierzu noch keine Sitzungserfahrungen vor.

81. An Verhalten und Zustand eines menschlichen Körpers wirken sowohl ein Vitalwesen wie auch ein Geistwesen mit.

Der Chauffeur macht alles mit

Von sich aus würde das Vitalwesen absolut nichts unternehmen, was unnötig anstrengend ist, jedenfalls nicht, wenn sein Körper ausgewachsen ist. Im Erwachsenenalter ist es die geborene Couch-Potato und denkt an nichts anderes, als dass es dem Körper gut gehen möge. An den Tieren kann man es sehen: wenn sie sich nicht ums Fressen kümmern müssen, schlafen sie. Gelegentlich paaren sie sich zum Zwecke der Fortpflanzung treiben dabei erheblichen Aufwand für Balz, Nistplatz und Brutpflege, aber eben nur gelegentlich. Wenn sie im Rudel oder einer Herde leben, beschränken sie sich auf die dazu nötige minimale Interaktion, die durchaus liebevoll, freundlich und gelegentlich spielerisch sein mag. Jedoch käme ein Vitalwesen nie auf die Idee, auf lebensfeindliche Abenteuer auszuziehen, den Mount Everest zu besteigen oder ohne Not eine Wüste zu durchqueren. Abenteuerdrang ist typisch für Geistwesen. Das Vitalwesen macht es duldsam mit.

Im Vergleich mit Fahrgast, Chauffeur und Taxi wäre der Körper das Taxi, das Vitalwesen der Chauffeur und das Geistwesen der Fahrgast. Der Fahrgast gibt die Richtung vor, der Chauffeur steuert den Wagen und kümmert sich um dessen Instandhaltung. Das Vitalwesen ist dem Geistwesen gegenüber duldsam, willfährig und widerspruchslos. Es nimmt dessen Anweisungen entgegen und führt mit allen Kräften aus, was das Geistwesen von ihm fordert. Es würde als Chauffeur jegliche Geschwindigkeitsbeschränkung außer Acht lassen, mit quietschenden Reifen um die Kurven jagen und keinen Blechschaden scheuen, wenn es der Fahrgast eilig hat.

Sich beklagen gibt‘s nicht

Bei Unfall oder Verletzung trägt das Geistwesen die Schuld, klar, denn die Sache wurde von ihm angeheizt, nicht etwa vom Vitalwesen. Nichtsdestoweniger behebt das Vitalwesen klaglos den Schaden, bis alles wieder heil ist. Das Geistwesen erwartet das mit größter Selbstverständlichkeit. Das Vitalwesen hat seinen Job zu machen, für Heilung zu sorgen und den Körper in Schuss zu halten, fertig, da braucht man kein Wort drüber zu verlieren. Seinem Vitalwesen dafür dankbar zu sein, kommt dem Geistwesen kaum einmal in den Sinn. Umgekehrt würde es dem Vitalwesen nie einfallen, sich zu beschweren, ganz gleich wie abenteuerlich die Pläne und Projekte des Geistwesens sein mögen.

Selbst wenn dem Polarforscher einige Fußzehen erfrieren, käme das Vitalwesen seines Körpers nie auf den Gedanken, diesem risikofreudigen Geistwesen einen Vorwurf zu machen. Es ist die unerschütterlich loyale und diensteifrige „Seele des Unternehmens" wie man von Menschen sagt, die sich für eine Firma aufopfern. Die Parallele zu gesellschaftlichen Strukturen wie etwa die macho-typische Missachtung und Unterdrückung von Frauen, Service-Personal, Sklaven und Tieren liegt nahe.

Rebellion durch Erkrankung

Mit all dem sei nicht gesagt, dass ein Vitalwesen nicht leiden würde, wenn es gegen die überlebensgefährdenden Anforderungen des Geistwesens nicht ankommt. Es mag sich traurig, grollend, abartig fühlen, das schon, aber sich beim „Chef" beschweren, das würde es niemals tun.

Hat das Geistwesen gute Laune, so macht das Vitalwesen alles mit, auch den Mount Everest, die Antarktis oder die Mondlandung. Die in Sitzungen erfolgenden Dialoge mit dem eigenen Vitalwesen oder dem eines Sitzungspartners zeigen allerdings auf, in wie hohem Maß sich diese dienstwilligen Kooperationspartner missachtet fühlen können, ohne je zu klagen. Zum Glück lässt sich ein solchermaßen gebrochenes Vertrauensverhältnis wieder rehabilitieren.

Stürmt das Geistwesen aber mal nicht in vollster Überzeugung voran, sondern fühlt sich deprimiert und introvertiert, so ist das Vitalwesen gegen negative Einflüsse nicht geschützt. Es fühlt sich alleingelassen. Negativität kann das Vitalwesen auf mehrfache Weise zu spüren bekommen: auf seiner eigenen Ebene durch Interaktion mit anderen Vitalwesen und deren eingeschalteten Vitaldateien, dann durch Umwelteinflüsse wie etwa elektromagnetische Schwingungen, Radioaktivität, Viren und minderwertige Ernährung. Beides ereignet sich in der Horizontalen. In der Vertikalen kommen zusätzlich von oben herunter, vom Geistwesen her, Anweisungen, Anforderungen und veraltete Tagesbefehle in Form von Negativprogrammen.

Zwar würde es dem Vitalwesen nie einfallen, offen zu rebellieren, ignoriert man als Geistwesen seine Belange jedoch allzu sehr, so kann das

Erkrankung zufolge haben – eine Form der „schweigenden Rebellion". Die Interaktionen des Vitalwesens, seine Verbindung mit dem globalen Vitalfeld, die vitalenergetische Ausstrahlung lebendiger pflanzlicher, menschlicher und tierischer Körper, die elektromagnetischen und tellurischen Strahlungen, etwa von Wasseradern, all dies ist uns Geistwesen in der Regel nicht bewusst. Das Vitalwesen jedoch registriert sie, nur dass wir eben nicht auf es hören. Außerdem setzen wir häufig von oben runter, in der Vertikalen, noch einen drauf, was die Sache noch verschlimmert. Schweine zum Beispiel, sensibel für Strahlung, suchen sich strahlungsarme Nachtplätze, der Mensch hingegen würde sich vielleicht genau dort sein Schlafzimmer hinbauen, weil er den Ort so hübsch findet. Gegen einen solchen Entschluss wäre ein Vitalwesen selbstverständlich hilflos, aber „rebellieren" täte es – über eine nachfolgend sich entwickelnde gesundheitliche Beeinträchtigung braucht man sich dann nicht zu wundern.

Die Parallele zur Beziehung zwischen Herr und Hund, Erziehern und Kindergruppen, Belegschaft und Unternehmensmanagement wird hier offensichtlich: der Fisch fängt vom Kopf an zu stinken, wie man gerne sagt (siehe LVO).

82. Das Vitalwesen interagiert mit umgebenden Vitalwesen, registriert den Zustand des Körpers sowie die aktivierten Mentaldateien des Geistwesens. All das wirkt auf sein Management des Körpers ein.

Unkontrollierte Telepathie kann schädlich sein

Wie von Yogis bekannt, lassen sich durch gezielte Konzentration auf bestimmte Chakren, durch Meditation, Mantras und Atemübungen die Grenzen der körperlichen Leistung und Duldungsfähigkeit im Hinblick auf Hunger, Hitze und Kälte beträchtlich erweitern. Ähnlich, wenn auch weniger extrem, ergeht es uns normalen Zeitgenossen: im Zustand der sportlichen Begeisterung vermögen wir den Körper weit über das normale Maß hinaus zu belasten. Berichte von Soldaten im Einsatz und von Überlebenden gescheiterter Expeditionen zeigen, wie weit das gehen kann. Menschen, so sie den Willen dazu haben, überleben auch noch unter extremen Umständen. Die Unterstützung des Vitalwesens ist ihnen gewiss.

Leider bringt die unkritische Loyalität und Willfährigkeit des Vitalwesens auch Nachteile mit sich. Indem es praktisch jedem telepathisch übermittelten Gebot des Geistwesens folgt, führt es nicht nur dessen sportliche Leistungsanforderungen aus, sondern reagiert auch auf verdrängte Mentaldateien. Urerlebnisse enthalten unbeabsichtigte Anweisungen in Form von Negativprogrammen, Emotionen und Somatiken. Obwohl dem Geistwesen nicht bewusst, teilen sich eingeschaltete Mentaldateien dem Vitalwesen sozusagen „von hinterrücks" mit.

Erlitt zum Beispiel jemand bei einem Motorradunfall eine schwere Gehirnerschütterung, so kann dies in den folgenden Jahren bei entsprechender Einschaltung mit der Somatik eines immer wieder auftauchenden Kopfschmerzes ausdramatisiert werden. Kaum wird der Motorradfahrer durch irgendeinen Auslöser ganz am Rande an seinen lange vergangenen Unfall erinnert, schaltet sich die dazu gehörige Mentaldatei samt Emotionen und der Erinnerung an die damalige Gehirnerschütterung ein. Der Motorradfahrer selbst mag das nicht mitbekommen, sein diensteifriges Vitalwesen jedoch sehr wohl: „Der Chef denkt an seinen Motorradunfall mit Kopfschmerz? Gut, kann er haben!" Und schon versorgt das duldsame und willfährige Vitalwesen den Körper des Geistwesens mit dem „gewünschten" Kopfschmerz. So entstehen die somatischen Dramatisierungen aus Satz 63.

Auch Bakterien hören zu

Auch Bakterien sind letztlich nichts anderes als vitalenergetisch umhüllte Zellen, und das bedeutet: sie lassen sich ansprechen.

Hierzu eine Anekdote: ich wate im Wasser, der Fluss ist nicht besonders sauber, und stoße mit dem Zeh an einen Stein. Es blutet, hört aber bald wieder auf. Eine Stunde später zieht sich eine blaue Linie den Fuß entlang die Wade hinauf. Es pocht und pulsiert. Meine Begleiterin, eine Ärztin, diagnostiziert Blutvergiftung. Eine zeitnahe medizinische Behandlung ist nicht möglich. Doch Not, wie man weiß, macht erfinderisch. Ich begebe mich geistig in die betroffene Vene hinein, stimme mich ein - sowohl auf die aggressiven wirkenden Bakterien wie auch auf die verteidigenden Blutkörperchen, sage ihnen, sie hätten beide recht, jeder auf seine Weise, aber dieser Konflikt sei, von höherer ethischer Ebene betrachtet, nicht sinnvoll, denn immerhin hätte ich noch was zu erledigen und bräuchte dazu am besten zwei heile Beine statt bloß eins, und man möge es bitte bleiben lassen. Ich spüre Entladungen durch meinen ganzen Körper schießen. Eine weitere Stunde später ist die blaue Linie verschwunden.

Das konnte deswegen funktionieren, weil Vitalwesen, selbst aggressive Bakterien, generell auf die Ansprache von Geistwesen hören, sofern diese direkt und souverän ist. Der Trick besteht darin, nicht Kontra zu geben, den Bakterien also nicht etwas zu verbieten, sondern sie vielmehr mit verständnisvoller Anerkennung dafür zu würdigen, dass sie ihren Job machen so gut sie eben können, „aber bitte nicht hier und heute, vielen Dank für die Bemühungen."

83. Durch bewusste Einstimmung auf ein Vitalwesen vermag ein Geistwesen dessen Beruhigung oder auch Dynamisierung zu bewirken.

Der Körper zeigt dir, was du kannst

Geistwesen und Vitalwesen verhalten sich zueinander wie Reiter und Pferd. Ein Pferd ist seinem Reiter willfährig in dem Maße, wie sich der Reiter auf sein Pferd einzustimmen versteht. Gelingt ihm dies, so wird sich das Pferd auch in Situationen sicher führen lassen, bei denen es normalerweise scheuen oder ausbrechen würde. Ein guter Reiter vermag seinem Pferd Mut zuzusprechen und es auf diese Weise anzuspornen, sein Äußerstes zu geben. Bei einem schlechten Reiter würde das genaue Gegenteil eintreten. Ist der Reiter nervös und behandelt das Pferd grob, wird das Pferd mit ebensolcher Nervosität reagieren und möglicherweise sogar in Panik geraten. Ein Vitalwesen macht nur dann klaglos alles mit, wenn die Führung stark und eindeutig ist. Ist sie es nicht, so überträgt sich die Gemütsverfassung des Geistwesens auf das Vitalwesen, und entsprechend kraftlos wirkt der Körper.

Welch geballte Wirkung sich auf physischer Ebene mit der gekonnten Kombination von Mental- und Vitalenergie erzielen lässt, zeigen zahllose YouTube-Videos von fortgeschrittenen Meistern des Karate, Kung-Fu und Ch'i-Gong. Die zur Anwendung gebrachten Ch'i-Kräfte sind vitalenergetische Projektionen. Sie hervorzubringen setzt allerdings eine ungeheure, nur durch jahrelange Meditation zu erlangende geistige Fokussiertheit voraus.

Offensichtlich kommt es ganz auf die Einstimmung des Geistwesens auf das Vitalwesen an, wenn es zwischen den beiden gut laufen soll. Denkt man dies zu Ende, so hieße das, dass dysfunktionale neuronale oder hormonelle Aktivitäten sich über die bekannten biochemischen Ursachen hinaus auch als Reaktion auf eingeschaltete Mental- und Vitaldateien verstehen lassen können. Je länger und intensiver die Einschaltung, desto gravierender die körperlichen Folgen in Gehirn, Drüsen und Genen. Aber selbst wenn Geistwesen und Vitalwesen miteinander in bester Harmonie wären, man aber Gendefekte hat, angeborene Fehlbildungen, in Tschernobyl wohnt, mit Mikrowellen bestrahlt wird oder Glyphosat in Massen zu sich nimmt, so wäre man körperlich nicht voll funktionsfähig. Wiewohl MindWalking erstaunliche Ergebnisse haben kann, quasi „Gesundung als nicht unerwünschte Nebenwirkung", gibt es nun einmal Hardwareschäden, die sich auch mit der besten und intaktesten Software nicht reparieren lassen.

84. Spürt das Vitalwesen ein körperliches Bedürfnis, so schalten sich Vitaldateien ein, deren Befolgen erfahrungs- und programmgemäß zur Stillung des Bedürfnisses führt.

Instinktesser machen es richtig

Geistwesen haben Intuition (siehe Satz 40); Vitalwesen haben Instinkte. Diese seine auf die Basisprogramme aufgesetzten Sonderprogramme (siehe Satz 71) schalten sich bei Bedarf ein. Tiere folgen dieser Einschaltung und den damit verbundenen Geboten unkritisch und unreflektiert. Deswegen erspüren sie Erdbeben und Tsunami im Voraus und ziehen sich rechtzeitig zurück. Der Mensch hingegen beachtet solche Hinweise häufig nicht, weil er als Geistwesen alles ständig besser weiß und das Vitalwesen missachtet. Stellt sich ein Geistwesen aber auf die Hinweise seines Vitalwesen ein, dann findet man als Wüstenbewohner Wasser oder spürt bei Krankheit oder während der Schwangerschaft, welches Nahrungsmittel einem gut täte, obwohl man sonst vielleicht nie davon äße.

Mithilfe seiner in Form von Vitaldateien abgespeicherten kollektiven Erfahrungen verweist das Vitalwesen sozusagen darauf, was im gegebenen Moment das Richtige für einen wäre. Solch Verweise können extrem bedrängende Formen annehmen, etwa bei den Hunger- und Durst-Halluzinationen verschmachtender Menschen wie auch den Sexualfantasien während der Pubertät.

85. Zwischen Geistwesen, Vitalwesen und Körper ereignet sich psychosomatische Interaktion.

Wenn drei Ballons sich treffen ...

Der Begriff „Psychosomatik" wurde bereits in Satz 62 erwähnt. Hier soll das bei MindWalking verwendete Denkmodell veranschaulicht werden, das „Drei-Ballon-Modell". Man stelle sich drei ineinander gelagerte, wassergefüllte Ballons vor: der innerste wäre das bioelektrische Feld. Jede einzelne Zelle bildet ein solches Feld und damit auch der Körper insgesamt. Das bioelektrische Feld ist umhüllt vom vitalenergetischen Feld, dem Vitalwesen also, und dieses wiederum vom mentalenergetischen Energiekörper des Geistwesens. In der Regel steckt das Geistwesen, will heißen die Wahrnehmungsposition „netto", im Energiekörper drin; Geistwesen und Energiekörper würden hier also denselben Platz einnehmen. Eine „Zweite Außenposition", wo das Geistwesen außerhalb seines Energiekörpers lokalisiert wäre, kommt in der normalen psychophysischen Interaktion eher selten vor (siehe Satz 31).

Diese drei Ballons – das bioelektrische Feld, das Vitalwesen und der Energiekörper – stehen miteinander in fortlaufender Verbindung, vermutlich über Schwingungsresonanz. Selbst wenn sich der Energiekörper samt Geistwesen in einer Außenposition zum physischen Körper befinden sollte, hätte es Aufmerksamkeit auf ihn, womit eine Verbindung über Mentalquanten geschaffen wäre. Ob aus der Innen- oder der Außenposition, eine Verbindung existiert also durchgängig.

Tippt man einen dieser drei mit Wasser gefüllten Ballons an, so wabbeln die beiden anderen mit. Denkt man beispielsweise daran, in eine Zitrone zu beißen, so beginnt sogleich der Speichel zu fließen. Allein das schon wäre eine psychosomatische Interaktion. Laut unseren MindWalking-Prinzipien würde sie wie folgt ablaufen:

Das Geistwesen stellt sich eine Zitrone bildhaft vor. Dazu hat es zum Begriff „Zitrone" die entsprechende Mentaldatei aufgerufen und ein entsprechendes Mentalquantenfeld erschaffen. Dieses enthält bekanntlich nicht nur das „Foto" einer Zitrone, sondern auch das Wissen um die damit einhergehenden sinnlichen Erlebnisse, vor allem, dass Zitronen sauer sind. Das Mentalquantenfeld wirkt auf das Vitalwesen ein, ebenfalls ein Energiefeld. Über Schwingungsresonanz (so ist zu vermuten) registriert das Vitalwesen die Mentaldatei des Geistwesens und versteht sie als Aufforderung, etwas zu tun. Es findet die zu sauren Zitronen passende Vitaldatei.

Sowohl Mentaldatei wie auch Vitaldatei sind informationsgeladene Schwingungsfelder. Deren Schwingung überträgt sich nun „nach unten hin" auf das bioelektrische Feld des Körpers. Über diese Schwingungsfortsetzung von Geistfeld zu Vitalfeld zu bioelektrischem Feld entsteht schließlich auf physiologischer Ebene eine biochemische Reaktion: der Speichelfluss.

Keine Brandblasen bei Feuerlauf?

Eine ähnliche Wirkungskette liegt bei der Hypnose vor. Suggeriert man beispielsweise jemanden, eine auf seinem Handrücken liegende Münze sei glühend heiß, so entsteht eine Brandblase. Auch das Umgekehrte funktioniert, wie sich am „Feuerlauf" zeigt. Da wird durch entsprechende Einstimmung eine hypnotische Suggestion erzielt. Sie verhindert, dass man sich beim barfüßigen Laufen über rotglühende Asche Verbrennungen holt. In beiden Fällen beeinflusst das hypnotisierte Geistwesen das Vitalwesen und dieses das bioelektrische Feld und letztlich den physischen Körper. Macht das Geistwesen bei der Hypnose nicht mit, so funktioniert diese Wirkungskette nicht; es würden Verletzungen entstehen.

Wie bereits früher ausgeführt, wirken unbewusst eingeschaltete Mentaldateien am Geistwesen vorbei und „von hinterrücks" auf das Vitalwesen ein. So kommt es zu somatischen Dramatisierungen und damit zu psychosomatischen Erscheinungen (siehe Sätze 62 und 63). Stark vereinfacht veranschaulicht: ein ständiges Kältegefühl könnte auf ein eingeschaltetes Erlebnis von Tod durch Erfrieren zurückgehen, eine ständige Fresslust auf einen Hungertod, ein andauernder Kopfschmerz auf einen Tod durch Kopfschuss. Weil Ursache und Wirkung hier nicht eindeutig kausal verknüpft sind, lassen sich angesichts solcher Erscheinungen keine medizinischen Diagnosen erstellen. Man kann nur Fall für Fall separat und individuell mit MindWalking-Mitteln nach eventuellen mental- oder vitalenergetischen Ursachen forschen oder diese zumindest ausschließen.

Bei schlechter Laune versagen alle Mittel

Am Ende der Kette Geistwesen-Vitalwesen-bioelektrisches Feld steht der Körper. Über ihn wird die psychische Dynamik des Geistwesens abgeleitet bzw. ausdramatisiert. Falls es das Geistwesen vor lauter Einschaltungen nicht fertigbringt, seinen Energiekörper-Ballon vom Wabbeln abzuhalten, würde dieser die beiden anderen ständig anstupsen. Ein solcher Mensch könnte zum Beispiel häufig körperlich krank oder von Fress- oder Sexsucht befallen sein. Da bliebe zur Umgehung dieses überforderten Geistwesens nichts anderes übrig, als die beiden anderen Ballons direkt anzusprechen.

Auf den vitalenergetischen Ballon lässt sich einwirken mit energetischen Mitteln wie Homöopathie und Bioresonanz. Den bioelektrischen Ballon erreicht man „von unten her" über den Körper durch Einnehmen, Verdauen und Absorption pflanzenmedizinischer und pharmakologischer Mittel. Von jedem der solchermaßen angesprochenen Ballons ginge das Wabbeln weiter zu den beiden anderen Ballons hin, und die gewünschte allseitige Beruhigung würde einsetzen – sofern der Impuls entsprechend ausreichend war und die geistigen Widerstände nicht zu groß.

Langfristig erfolgreich kann eine solche Einwirkung „von unten her" nur dann sein, wenn sich das Geistwesen psychisch wohlauf fühlt, wenn also, um im Bilde zu bleiben, sein eigener Ballon nicht mehr permanent wabbelt und die anderen beiden ungewollt anstupst. Ist dem nicht so, wird weder der Erfolg einer energiemedizinischen noch der einer medikamentösen Kur lange anhalten. Die alten Leiden werden wieder auftreten, sofern diese durch das Geistwesen verursacht wurden.

Letztlich sind es die gute Laune und Zuversicht des Geistwesens, was Gesundheit und Heilung ermöglicht, denn dann wird das Vitalwesen nicht fälschlich beansprucht und sogar gekräftigt. Steckt das Geistwesen jedoch voller aktivierter Negativprogramme und sieht die Welt und seine Zukunft als ein trübseliges Jammertal, so bringen auch die schönsten energiemedizinischen, homöopathischen, medikamentösen und pharmakologischen Anwendungen keine nachhaltige Abhilfe.

86. Ist ein Geistwesen mit „seinem" Vitalwesen identifiziert, so hält es die Bilder oder Impulse aus Vitaldateien für seine eigenen Wünsche, Erinnerungen oder Impulse.

Geistwesen in Sekunden auf den Kopf gestellt

Für ein Vitalwesen gibt es nur eine einzige Priorität: das Fördern und Erhalten körperlichen Überlebens in möglichst idealer Ausprägung von Gesundheit und Kraft, sowie die Erhaltung der Art. Dazu gehören in erster Linie Nahrung und Sexualität. Für ein Geistwesen hingegen haben Bedürfnisse des Körpers lediglich nachgeordnete Bedeutung, weil es sich vorrangig geistig beschäftigt, seinen Gedanken nachhängt, Probleme löst, Projekte plant und umsetzt. Vor Übernahme eines Biokörpers samt Vitalwesen frei im weiten Weltall schwebend hat ein Geistwesen weder körperliche Bedürfnisse noch sexuelle Orientiertheit. Kaum aber mit Biokörper und Vitalwesen ausgestattet, weicht seine vorgeburtliche Neutralität in Sachen Körper, Sex und Nahrung überraschenderweise einer diesbezüglichen Zwanghaftigkeit. Ohne Unterlass den Impulsen der Vitaldateien seines Vitalwesens ausgesetzt, verhält sich das Geistwesen entsprechend, ohne zu wissen, wie ihm geschieht.

Bei der Körperübernahme ereignet sich in kürzester Zeit ein gigantisches, ungewolltes, unkontrollierbares Downloaden. Es vollzieht sich in zwei Etappen. Dutzende von MindWalking-Sitzungen zeigen den folgenden typischen Verlauf: Angenommen, ein fleckenlos reines Geistwesen käme, motiviert von seinem Urauftrag, aus fernen Astralwelten hier zur Erde heruntergeschwebt. Es würde den in MWU und APR gründlich beschriebenen „Erdschirm" zu durchqueren haben, eine die Erde umhüllende Schicht aus abgelagerten und eingeschalteten, weil nie aufgelösten Mentalfeldern. Dieses kollektive Gedächtnis ist keineswegs abstrakt, sondern eine Ansammlung traumatischer Lektionen seit Anbeginn dieser Erde mit tausendfachen Bildern, Stimmen und Energieimpulsen. Würde es dem herbeischwebenden Geistwesen gelingen, diesem Ansturm mit Gelassenheit zu begegnen und alle Inhalte bewusst wahrzunehmen, so wäre ihm dies nichts weiter als eine nützliche Informationsveranstaltung zur Vorbereitung auf den Zielort: „Aha, so also geht es dort zu."

Leider reicht das Akzeptanzvermögen des heranreisenden Geistwesens in den meisten Fällen dafür nicht aus. Es fühlt sich überwältigt. Zur Überwältigung gehört die Abwehr, das Sich-klein-machen, beides die beste Voraussetzung für die Anhaftung ganzer Schwaden von fremden Mentaldateien. Ergebnis dieser Überwältigung ist erst Verwirrung, dann Panik, dann Selbstschutz durch Verweigerung von Kommunikation, Rückzug nach innen, Reduktion der nach außen gerichteten Aufmerksamkeit auf null. So entsteht Bewusstlosigkeit im geistigen Sinn, verstanden als Nichtwissen, Nichtwissenwollen, Nichtkommunizierenwollen. Nicht etwa der noch gar nicht bezogene Körper ist bewusstlos geworden, sondern das geistige Wesen selbst hat sich bewusstlos gemacht. Es stellt sich nicht bloß bewusstlos, sondern ist es wirklich, so schlimm ist der negative Ansturm in dieser ersten Etappe des Downloadens.

In diesem beklagenswert reduzierten Zustand gerät das nun sehr erdnah herum driftende Geistwesen in die Nähe einer Schwangeren. Zumeist geschieht das per Zufall und ohne Wunsch und Willen. Von dem Vitalwesen des Embryo oder Fötus wird das Geistwesen regelrecht angesaugt, erfahrungsgemäß ohne dabei auch nur den geringsten Widerstand zu leisten oder leisten zu können.

Damit setzt die zweite Etappe des Downloadens ein: die aktivierten Vitaldateien des betreffenden Vitalwesens, welche großenteils dem globalen Vitalfeld entstammen, stürmen auf das Geistwesen ein. Das Geistwesen kann diesen Schwall in der Eile unmöglich durchschauen und sortieren, wehrt ab, so gut es kann, und genau deshalb identifiziert es sich mit diesen Inhalten.

Zur Überwältigung in der ersten Etappe kommt nun die in der zweiten hinzu. Eins türmt sich aufs andere. In seiner Überforderung ist es dem Geistwesen unmöglich, noch zwischen Eigenerlebnis und Fremderlebnissen zu unterscheiden. Sein Eigenerlebnis wäre letztlich nichts weiter als erstens die Herabkunft, zweitens die Erdschirmdurchquerung und drittens die Übernahme eines Fötus oder schon geborenen Babys. Alles andere wäre ganz klar fremdes Material. Weil das Wesen aber zwischen beidem nicht mehr zu unterscheiden vermag, entsteht Identifiziertheit mit dem Angehängten (siehe Satz 36). Folglich glaubt ein eben noch blitzsauberes, fleckenfreies Geistwesen von jetzt auf gleich nicht nur, es sei ein biologischer Körper, sondern es habe Hunderte und Tausende vergangener Leben hinter sich. Eben noch hatte das Wesen seinen Urauftrag im Sinn, nun ist der unter einer Masse grauenhafter Eindrücke verschüttet. Innerhalb von Sekunden hat eine ungewollte und unbewusste Verwirrung und Wesensveränderung stattgefunden.

Zwar geht dies einher mit dem Vergessen von Herkunft, Herabkunft und Auftrag, bedeutet aber keineswegs auch immer Depression, wie das Beispiel zahlloser strahlender Babys zeigt. Gerade Geistwesen, welche, direkt aus Astralwelten herabkommend, hier erstmalig inkarnieren, sind von ihren beim Erdschirm-Durchgang eingefangenen Anhängseln nicht allzu sehr zu beeindrucken, insofern sie nur wenig einschaltbares persönliches Karma mitbringen. Erst im Verlauf der Pubertät, wenn das Vitalwesen zur Sexualität drängt und Überlebensnotwendigkeit anmahnt, kommt es zu

Einschaltungen quasi „von unten her“, gefolgt von Sinnfragen, Lebensunlust und Suizidgedanken.

Viele falsche vergangene Leben

Manche Meditationslehren des Ostens meinen, ein Geistwesen habe unzählige frühere Inkarnationen in verschiedenster Form durchlebt und es sei ein großes Verdienst, wenn sich jemand bis zum menschlichen Körper emporgearbeitet habe, denn nur in der Existenzform *(gati)* als Mensch könne Erlösung aus dem Rad der Wiedergeburten *(samsara)* erlangt werden: „Der unentwickelte Mensch muss unzählige Inkarnationen auf irdischer, astraler und kausaler Ebene durchgehen, um sich von diesen drei Zuständen zu lösen.“[31]

Dieser Glaube ist vermutlich dadurch zustande gekommen, dass einem während der Meditation die entsprechenden Bilder in den Sinn kommen. Tatsächlich schreiben sich Meditierende, Hellsichtige und mit Regressionstherapie Behandelte häufig eine große Anzahl von früheren Leben zu, einfach deswegen, weil sich ihnen die entsprechenden Bilder zeigten. Die meisten vergangenen Leben, die einem in den Sinn kommen, dürften indessen eher auf angehängten Mentaldateien und Vitaldateien beruhen. Um seine wahre Identität und Herkunft zu erkennen, gälte es hier, strikt nach Urheberschaft zu sortieren: welche Bilder sind fremde, welche sind eigene?

Jeder trägt den Horror in sich

Nach erfolgter Herabkunft und Übernahme eines Embryo ist das eben noch so unschuldige Geistwesen nun überfrachtet mit ungesichtetem Material. Damit sind den vielfältigsten Dramatisierungen Tür und Tor geöffnet. Mentaldateien von Völkermord, Massenvergewaltigungen und Hungersnöten kombinieren sich mit dem fundamentalen Drang des Vitalwesens nach Sex und Nahrung einerseits und traumatischen Vitaldateien von Umweltkatastrophen und Artensterben andererseits. Mentaldateien aktivieren Vitaldateien und umgekehrt. Die entsprechenden Dramatisierungen können sich im Verhalten eines Menschen, selbst eines gerade neu angekommenen Erdbewohners, aufschaukeln bis hin zu unkontrollierbarer Fresslust, Sex-Sucht, Sado-Masochismus, Drogenmissbrauch, Panikattacken und Depression. Geht man ihnen auf den Grund, so gerät man unvermeidbar an transpersonale Erlebnisse, an heruntergeladene Anhängsel aus allen Epochen der Zeitgeschichte, wo Menschen, Tiere und Pflanzen gleichermaßen die Opfer waren.

Das lässt sich zwar alles handhaben und neutralisieren, allerdings braucht es dazu einiges an Sitzungsstunden. MindWalking versteht sich keineswegs als „schnelle Kur für dies und jenes“, sondern als Persönlichkeitsentwicklung, und die kann ein halbes Leben dauern, ganz ähnlich wie auch Fitness und Gesundheit nicht an ein paar Wochenenden zu erlangen wären.

Kundalini-Glück noch lang nicht alles

Hat ein Geistwesen auf die beschriebene Weise seine Herkunft vergessen und sich mit fremden Inhalten identifiziert, so kann dies auf unterschiedliche Weise dramatisiert werden. Viele Menschen glauben, sie seien ein Körper, den nach dem Tod die Würmer fräßen, und damit wäre alles vorbei. Ihre Gedanken, so vermeinen sie, kämen aus dem Gehirn, und ihre Persönlichkeit wäre ein Produkt von Genen und Kindheitsentwicklung. Ein solcher Mensch wäre mit seiner Körperlichkeit identifiziert. Auch mit dem Erlebnismodus seines Vitalwesens könnte sich ein Geistwesen identifizieren und glauben, es sei Lebensenergie, eine „Seele“.

Das birgt die Gefahr, dass man einen vitalenergetischen Rausch für ein spirituelles Erlebnis ansieht. Beispielsweise lässt sich mit gewissen Techniken eine Art Kundalini-Glückseligkeit erreichen, wie in manchen Meditationsformen und bei Tantra-Workshops praktiziert oder unter Drogen erlebt. Sie entsteht durch die Bündelung und Harmonisierung von *prana*, der Vitalenergie, entlang der Wirbelsäule und der Chakren. Das fühlt sich für den Betreffenden ganz wunderbar an. Er genießt seine Einstimmung auf vitalenergetische Felder und Strömungen und verfügt bei entsprechendem Training eventuell sogar über paranormale Kräfte. Selbst wenn einer dabei aus dem Körper ausstiege und ein grandioses Gefühl von Allverbundenheit hätte, handelte es sich dabei gleichwohl um ein reines Energie-Erlebnis, denn Kundalini und Prana sind Energieformen.

Ein Bewusstsein der eigenen Spiritualität wäre damit jedoch nicht erreicht. Eintauchen in die Transzendenz, Kontaktaufnahme mit dem Göttlichen und der Ewigkeit sind schließlich keine Energie-Erlebnisse. Das Einssein mit dem Allbewusstsein zu erkennen und sie im Sinne der eigenen Urberufung zu leben, das wäre der anzustrebende Bewusstseinszustand – und ein solcher lässt sich mit Meditation erzielen, keine Frage.

87. Das Geistwesen trägt die Verantwortung für den gesundheitlichen Zustand eines Menschen.

Mens sana andersrum

Was ist der Mensch? Zum Abschluss unserer Betrachtungen ließe sich da ganz nüchtern sagen: ein von Geistwesen und Vitalwesen gesteuerter biologischer Körper. Das entspräche ganz der traditionellen Auffassung von Geist, Seele und Leib (sofern man Vitalwesen mit Seele gleichsetzt).

Die alte Weisheit *mens sana in corpore sano,* nach der ein gesunder Geist *(mens sana)* in einem gesunden Körper *(corpore sano)* steckt, klingt bei manchem Gesundheitsapostel so, als brauchte man sich um Moral und Spiritualität keine Sorgen zu machen, solange man nur brav sein Müsli isst und seine Kniebeugen macht: „Du bist, was du isst!" Indessen sollen angeblich auch maximal gesundheitsbewusst lebende Menschen gelegentlich Fahrerflucht oder Ehebruch begehen. Ethik entsteht demzufolge wohl eher nicht im Magen.

Bei MindWalking würden wir das *mens sana in corpore sano* anders interpretieren und sagen: „Ein gesunder Geist besitzt auch einen gesunden Körper." Im Langtext ausgeführt: ein Geistwesen, das nicht unter Dutzenden von Einschaltungen leidet, vermag im Sinn einer allseitigen Ethik Vorhaben zu entwerfen und auszuführen; es wäre deshalb als geistig gesund zu bezeichnen. Interagiert es zudem bewusst mit seinem Vitalwesen und achtet angemessen auf Ernährung und Leibesübung, dann kann es kaum anders sein als auch körperlich gesund (solange nicht die oben angedeuteten Hardwareschäden durch Inzucht, Strahlung oder Gifte vorliegen).

Wo sind die Grenzen?

Stoffwechselstörungen, genetische Schäden, Unfälle, Umweltgifte, elektromagnetische Strahlung, Radioaktivität – all das sind nicht lediglich Einschaltungen von Mentaldateien mit psychosomatischer Folge, sondern echte Hardwareschäden. So zumindest ist die gängige Auffassung. Hört man demgegenüber von Yogis und ihren Wunderkräften *(siddhis)*, liest man in den Yoga-Sutren des Patanjali[32] von höchsten Bewusstseinsdimensionen, bedenkt man, dass auch Menschen des Westens, wie etwa Therese von Konnersreuth, für Jahrzehnte ohne jegliche Nahrung auszukommen vermögen,[33] hält man sich vor Augen, wie ein bescheidener Heiliger im Himalaja vor den Augen des Psychologen Richard Alpert eine ganze Handvoll psychedelischer Drogen verschluckte, ohne im Geringsten darauf zu reagieren[34] – da mag man sich zurecht fragen: wo sind die Grenzen des Geistes?

TEIL 2, DIE KOSMOGONIE:

ENTSTEHUNG DER WELT

Auf der Suche nach der letzten Wahrheit

Sagen, Mythen und Modelle

Wissenschaftler drängt es nach Erkenntnis. Sie wünschen der letzten Wahrheit hinsichtlich des Ursprungs und der Bauart dieses Universums näher zu kommen. Dazu benutzen sie Theorien und Modelle. Bevor es die moderne Naturwissenschaft gab, behalfen sich Menschen mit Legenden, Sagen, Mythen und Märchen, wenn sie sich die Welt erklären wollten. Sie beschworen eine Welt der Feen und Elfen herauf, der magischen Wandlungen vom Frosch zum Prinzen, der Bannflüche und Verwünschungen, der Helden und Götter. Reine Fantasie? Oder vielleicht Erinnerung? Nach allem, was wir durch MindWalking wissen, scheint Letzteres der Fall zu sein: eine mythische, auf tief verborgenen Erinnerungen beruhende Märchenwelt.

Mythen, Sagen und Legenden sind symbolische Erzählungen. Sie handeln von Göttern, übermenschlichen Wesen und Helden in geschichtlicher wie auch vorgeschichtlicher Zeit. Ein Mythos wird häufig für „bloß eine Story" gehalten, weil keinerlei Beleg dafür vorliegt. Deswegen sei er nicht ernst zu nehmen. Auf der anderen Seite bilden Mythen häufig den Unterbau für epische Erzählungen mit historischem Charakter. Beispiele sind das Alte Testament, das Nibelungenlied, das Mahabharata Indiens oder die Odyssee des Homer. Wie ernst die in der Odyssee gegebenen Hinweise zu nehmen sind, bewies der Archäologe Heinrich Schliemann, der ihnen trotz allen Spotts nachging und 1870 Troja ausgrub. Demnach enthielt die Erzählung des Homer neben ihrer mythischen Vorstellung von Göttern und Halbgöttern genügend historische Indizien, um Schliemanns Ausgrabung zu ermöglichen. Ähnlich verhält es sich mit dem Alten Testament. Im nächsten Kapitel wird sich erweisen, in welch erstaunlichem Maß die biblische Schöpfungsgeschichte vom mythischen Jehova, der aus dem Nichts heraus in sieben Tagen die Welt erschuf, den Erinnerungen an urzeitliche Begebenheiten entspricht, wie wir sie mit MindWalking zutage fördern.

Beide, Wissenschaftler wie auch Mythendichter, erzählen von der Entstehung der Welt. Auch die hier vorliegende Sammlung von Erinnerungen tut das. Sie lassen sich historisch nirgends einordnen. Wo also gehört sie hin, diese Sammlung? Ist sie als Mythos einzustufen, als Sage, Legende – oder als historische Studie?

Um als Autor hier Farbe zu bekennen, sei offen bekannt: für mich ist es eine historische Studie. Wenn man vierzig Jahre lang bei der Erinnerungsarbeit mit Menschen, die einem rein zufällig über den Weg laufen und nichts voneinander wissen, immer und immer wieder Varianten derselben Geschichte erzählt bekommt, dann lässt sich das irgendwann einfach nicht mehr als Fantasterei abtun. Dass diese Historie zu nichts von dem passt, was die Wissenschaft anzubieten hat, wohl aber zu dem, was Mythen, Sagen und Legenden uns erzählen, wertet weder die Wissenschaft ab, noch die mythische Welt auf. Es heißt lediglich, dass sich die Welt aus unterschiedlichen Blickwinkeln beschreiben lässt. Je nach Aufgabenbereich ist mal der eine und mal der andere Blickwinkel vorzuziehen. Wichtig sind Ergebnisse, die uns das Leben leichter machen. Eine Theorie ist genau so wertvoll, wie sie praktisch anwendbar ist.

Subjektivität auch in der Wissenschaft

Das wissenschaftliche Modell von der Entstehung des Universums ist mithilfe der Mathematik zustande gekommen. Es beruht auf Berechnungen, nicht auf Zeugenaussagen. Materie sei aus dem Nichts heraus in die Existenz regelrecht hineinexplodiert. Anschließend habe sich diese Urmaterie im Lauf unfassbar langer Zeiträume ganz von selbst zu dem Leben entwickelt, wie wir es heute kennen. Woher die Gesetzmäßigkeiten kommen, an welcher sich die Materie ausrichtete, um Welt und Leben zu formen, ist nicht bekannt. „Woher ‚weiß' ein bestimmtes Universum, welche Gesetze und Naturkonstanten es regeln?", fragt Rupert Sheldrake in seinem Buch „Der Wissenschaftswahn". Es ist, als wäre den Teilchen aufgeprägt, wie sie sich zu verhalten haben würden – aber woher? Anscheinend wurden gleichzeitig mit der Materie auch die Naturgesetze aus dem Nichts heraus geboren, und alle Teilchen unterlagen ihnen von Anfang an.[35]

Den Kosmos erfassen wir mit Radioteleskopen und der Spektralanalyse des Sternenlichtes. Anschließend bilden wir ihn mithilfe computergestützter Hochrechnungen ab. Ob er wirklich so aussieht, kann niemand sagen. Wir akzeptieren seine Darstellung in der Form, wie sie uns ein bestimmtes Medium liefert: das Radioteleskop, die Spektralanalyse, der Computer. Das gleiche tun wir im Grunde genommen auch mit jedem normalen Foto. Fotografiert man eine Tür und sagt hinterher, auf dem Foto ist genau das abgebildet, was ich mit den Augen sehe, also ist die Welt auch so, dann heißt das nichts weiter, als dass man mit dem Darstellungsmodus der Augen und des Fotoapparates in Übereinkunft ist. Eine Biene würde diese Tür ganz anders sehen. Und quantenphysikalisch betrachtet wäre sie nichts weiter als eine Konfiguration wirbelnder Energiefelder und sozusagen „gar nicht da".

Unsere normale Wahrnehmung erfolgt über die Augen. Wo sie nicht ausreichen, nehmen wir Ferngläser, Nachtsichtgeräte, Hochgeschwindigkeitskameras und Teleskope zu Hilfe. Wo auch das nicht mehr weiterhilft, benutzen wir die Analysen der Rechenzentren in unseren Universitäten. Mit anderen Worten, ähnlich wie der Jäger durch sein Fernglas, schaut der Wissenschaftler durch seinen Computer in die Ferne. Jedoch kann der Astrophysiker im Unterschied zum Jäger nicht „mal rüber gehen und nachgucken", jedenfalls nicht beim derzeitigen Stand unserer Astronauten-Technologie. Deswegen sind wir auf das zurückgeworfen, was uns unsere wissenschaftlichen Wahrnehmungsinstrumente über den Kosmos verraten. Damit bekommen wir einen terrazentrisch begrenzten Blick. Man darf davon ausgehen, dass die Navigatoren der uns besuchenden Raumschiffe diesen terrazentrischen Blick nicht haben, sondern den Kosmos völlig anders sehen und beschreiben als wir – was der Grund dafür sein dürfte, dass die Raumschiffe der Außerirdischen zu uns kommen und nicht unsere zu ihnen.

Von außen betrachtet, wirkt die Wissenschaft, als sei sie aus einem Guss. Doch dieser Eindruck täuscht. Es gibt nicht „die Wissenschaft", sondern vielmehr zahllose unterschiedliche Wissenschaftszweige, an denen Tausende von Wissenschaftlern arbeiten und seit Jahrhunderten gearbeitet haben, und die nicht immer besonders viel voneinander wissen. Daraus entstehen nicht nur unterschiedliche Weltbilder, sondern auch jede Menge Konkurrenzdenken, Rechthaberei und Druck durch mangelnde Forschungsgelder, wie eben überall im menschlichen Leben.

In „Die Atlantis-Protokolle" wurde aufgezeigt, wie sehr es den Welterklärungen von Physik, Quantenphysik, Archäologie, Anthropologie, Geologie und Biologie an einem gemeinsamen Nenner mangelt. Den sogenannten Mainstream mit seiner vorgeblichen Objektivität gibt es nicht. Vielmehr hat man es in den meisten Fällen mit persönlichen Weltanschauungen zu tun, die die betreffenden Wissenschaftler im Rahmen ihres Lebenswerkes möglichst allgemeingültig unter Beweis zu stellen suchen – eben das, was der Autor dieses Buches gerade selbst unternimmt. Extrem ausgedrückt, ließe sich sagen: alle Wissenschaft ist letztlich so subjektiv wie ein Blick durchs Fernrohr: mehr als ein Ausschnitt lässt sich nicht erfassen.

Niemand war beim Urknall dabei. Es handelt sich, wie gesagt, um ein von Physikern benutztes mathematisches Modell. Ihre Berechtigung finden solche physikalischen Modelle darin, dass sich in ihrer Anwendung nützliche Dinge bauen lassen wie etwa Eisenbahnen, Kühlschränke, Computer und Mondraketen. Ohne Physik gäbe es diese Dinge nicht. Ohne Physik gäbe es auch keine Chemie, und ohne Chemie gäbe es keine bunten Farben und Lacke, keine Pflanzenschutzmittel, kein Benzin und keine tiefgefrorenen Pizzas. Ohne Physik und Chemie hätten wir keine Medizin. Dennoch ist der bloße Umstand, dass man „es rechnen kann", wie die Physiker gerne sagen, noch lange kein Argument dafür, dass eine letzte Wahrheit gefunden worden sei.

Ganz gleich, ob sie auf letzten Wahrheiten beruhen mag oder nicht: ordentlich funktionierende Wissenschaft ist eine gute Sache. Richtig verwendet, bringt sie Gemütlichkeit und Bequemlichkeit ins menschliche Leben. Weniger richtig verwendet, führt sie zu fabelhaft mörderischen Waffensystemen und Bergen von Plastikmüll, aber dafür kann die Wissenschaft nichts. Man kann den Erfinder des Hammers nicht dafür haftbar machen, dass sich ein Benutzer damit auf den Daumen haut.

Wahr ist, was wir dafür halten

MindWalking dient dem Aufarbeiten von belastenden Erinnerungen, damit der Blick frei wird für die Zukunft. Das ist eigentlich alles. Ungeachtet dieser bescheidenen Zielsetzung ist man als Sitzungsleiter immer wieder verblüfft, in welche Urtiefen der Zeit diese Erinnerungen zurückreichen. Sie beschreiben völlig andere Welten als unsere heutige. Auch erfahren wir, wie sich die eine Welt zur nächsten wandelte und schließlich zur heutigen wurde. Stellt man diese individuellen Erinnerungssequenzen im Sinne von Plausibilität und Logik zusammen, so entsteht ein historischer Film im Breitwandformat, ein Panorama der Weltgeschichte und Weltentstehung.

Jeder Sitzungspartner stößt völlig unvorbereitet auf seine ureigenen Bilder. Zwar haben alle zuvor irgendwelche Bücher gelesen, darunter auch die MindWalking-Bücher, oder sie haben Filme gesehen, an denen sich ihre Fantasie entzündete, das schon, und dennoch sind ihre Erinnerungen authentisch. Was sich Sitzungspartnern in ihren Sitzungen bietet, liegt in der Regel weit außerhalb ihres Vorstellungsvermögens. Das sorgt für fassungsloses Erstaunen bis hin zur Zurückweisung: „Das kann doch nicht sein, das ist doch absurd!" Genau diese Skepsis sowie die damit einhergehenden Tränen der Erleichterung machen die Sache glaubhaft.

Ähnlich wie man sich in der Naturwissenschaft auf Objektivität der Befunde aufgrund wiederholter Beobachtungen beruft, geschieht dies auch bei MindWalking. Objektivität ergibt sich grundsätzlich aus vielen unabhängig voneinander getroffenen subjektiven Aussagen zu einem bestimmten Thema. Objektivität ist damit das Ergebnis der Übereinstimmung, die man wegen wiederholter Beobachtungen mit sich selbst hat, wie auch der Übereinstimmung unterschiedlicher Quellen. Beispielsweise stimmen Sie als Leser damit überein, dass Sie dieses Buch in Händen halten. An der Realität von Buch und Händen hegen Sie nicht den geringsten Zweifel. Sie stimmen mit deren Vorhandensein überein. In der Sicherheit ihres Urteils fühlen Sie sich noch bestärkt, wenn ein Familienmitglied ins Zimmer tritt und fragt: „Was hast du denn da für ein Buch in der Hand?" Durch diesen „objektiven Beleg von außen" gewinnt die bereits vorhandene subjektive Überzeugung mächtig an Gewicht. Die Übereinstimmung zwischen Ihnen selbst und dem Zeugen Ihres Tuns macht das Vorhandensein von Buch und Händen völlig unzweifelhaft: unerschütterliche objektive Realität ist entstanden.

Erschüttern ließe sich diese Realität im Zustand der Fieberfantasie, des Drogenrauschs, der Psychose, in Zuständen also, wo sich die gewohnte Wahrnehmung der Welt aufzulösen beginnt. Doch lediglich für den Betroffenen entstünde diese Auflösung, rein subjektiv also. Die Umstehenden, nach wie vor von der Realität der existierenden Welt überzeugt, würden den Bedauernswerten wieder in die „Normalität" zurückzuholen suchen. Weil er in einen anderen Bewusstseinszustand verrückt wurde, gilt er als ein „Verrückter".

Wie in den MindWalking-Prinzipien ausgeführt, erschafft und gestaltet jeder seine Welt auf seine Weise. In dieser Subjektivität mag man sich gelegentlich alleingelassen, zweifelnd und unsicher fühlen. Man sucht Übereinstimmung, denn wo wir Übereinstimmung antreffen, da fühlen wir uns sicher. Wo nicht, zweifeln wir an unserem Verstand. Oder an dem des anderen. Vielleicht sind wir – oder der andere – aber auch genial? Was da einer visionär erschaut, ist das Genialität oder bloße Spinnerei? Das ist nicht immer leicht auseinanderzuhalten.

Objektivität auch bei MindWalking

Lässt sich ein Geschehnis durch entsprechende Recherche nachträglich belegen, so bleibt kein Zweifel an dessen Authentizität. Deckt ein Sitzungspartner bei seinem MindWalking einen Missbrauch im Babyalter auf oder eine missglückte Abtreibung im Hinterzimmer eines Quacksalbers, so lässt sich beides in manchen Fällen nachträglich verifizieren. Es handelt sich also um Tatsachen, nicht etwa um Einbildung. Erinnern sich Menschen an die Römerzeit, an Hexenverbrennungen und Ritterkämpfe, an die großen europäischen Kriege, so lassen sich mit Blick ins Geschichtsbuch Belege finden – bis hin zur Identifikation der verwendeten Waffen und Uniformen.

Geschehnisse, die sich durch Recherche *nicht* belegen lassen, sind deswegen nicht immer unsinniges Zeug. Erinnern sich nämlich genügend viele Leute unabhängig voneinander an ein bestimmtes Ereignis, so besteht Daten-Konvergenz und damit „forensische Objektivität". Will heißen: wenn so viele davon reden, muss was dran sein. *Forensisch* kommt von Forum, und *Forum* wiederum bedeutet: ein Kreis von Zeugen, Beteiligten oder Fachleuten.

An einem einfachen Beispiel veranschaulicht: meldete ein Spaziergänger dem Förster, er hätte im Wald ein Zebra gesichtet, würde der Förster die Sache kopfschüttelnd zur Seite schieben. Meldeten sich ein Dutzend Spaziergänger mit der gleichen Beobachtung, so würde sich der Förster zu wundern beginnen. Er würde noch nichts unternehmen, denn bei Spaziergängern weiß man ja nie. Berichtete ihm aber auch nur ein einziger Jäger von einer Zebra-Sichtung, so würde der Förster die Sache ernst nehmen. Ergänzend kämen die Meldungen der Spaziergänger hinzu. Möglicherweise haben die Leute ja doch recht? Damit hätte dieses Forum ausreichend an Bedeutungsmächtigkeit gewonnen, um der Aussage nachzugehen. Hörte der Förster außerdem in den Nachrichten, einem Wanderzirkus sei ein Zebra entlaufen, dann gäbe es keinen Zweifel mehr; er würde sogleich aufspringen und entsprechende Maßnahmen ergreifen.

Hier wäre eine „objektive Realität" entstanden, die da heißt: ein Zebra läuft bei uns im Wald herum. Obwohl es so etwas eigentlich nicht gibt, gibt es das eben doch. Die forensische Daten-Konvergenz macht es unzweifelhaft.

Zeugen der Weltgeschichte

MindWalking-Sitzungsleiter erfahren über ihre Sitzungspartner von fremden Welten. In ihren Solositzungen erleben sie diese auch persönlich. Beim fachlichen Austausch zum Zweck der Qualitätssicherung stellt man häufig Übereinstimmungen zwischen den Erlebnissen ganz unterschiedlicher Menschen fest. Auf diese Weise bauen sich unvermeidbar bestimmte Vorstellungen von der Entstehung und Beschaffenheit der geistigen wie auch der physischen Welt auf.

In meinem Buch „Die Atlantis-Protokolle" wurde mithilfe wörtlich zitierter Sitzungsaussagen ein kleiner Ausschnitt dieser Weltentwicklung dargestellt, insbesondere hinsichtlich der damaligen Erdvernichtungskatastrophe und ihrer Auswirkungen auf die heutige Zeit. Kurz zur Erläuterung: Unter „Untergang von Atlantis“ ist nach MindWalking-Auffassung nicht lediglich das Versinken einer Insel im Atlantik zu verstehen, sondern die vorsätzliche globale Zerstörung durch eine extraterrestrische Attacke, bei MindWalking genannt die „Erdvernichtungskatastrophe“. Durch sie wurde eine blühende Zivilisation zur Steinzeit reduziert. Wie es dazu kam, soll im folgenden Kapitel, „Die Schöpfung der Welt“, beleuchtet werden. Damit werden noch weit größere Dimensionen von Zeit und Raum abgegriffen als in „Die Atlantis-Protokolle“ (es ist nicht erforderlich, APR vorher gelesen zu haben, wäre aber hilfreich).

Gegen den Vorwurf der Fantasterei lässt sich zur Rechtfertigung nur vorbringen: die es erzählten, waren dabei. Das mögen die betreffenden Sitzungspartner oder Solisten selbst gewesen sein oder aber diejenigen Wesen, mit denen sie während ihrer Sitzungen auf transpersonaler Ebene telepathisch in Kontakt gerieten. In beiden Fällen handelt es sich um Zeugen und deren Aussagen.

Wie auch in meinen früheren Werken sind hier Erinnerungsberichte zusammengetragen, doch habe ich dieses Mal bewusst darauf verzichtet, aus Dutzenden und Dutzenden von Sitzungsprotokollen relevante Passagen auszufiltern und sie zu zitieren. Stattdessen nehme ich mir die Freiheit, ohne spezifische Quellenangabe die Erkenntnisse aus unzähligen Sitzungen und somit den gesamten Erfahrungsschatz der vergangenen Jahrzehnte zu nutzen. Zu diesem gehören neben den Zeugnissen von Sitzungspartnern selbstverständlich auch meine eigenen Solositzungen. Nichtsdestoweniger wurde dem Anspruch an ordentliches wissenschaftliches Arbeiten insofern Genüge getan, als nichts von dem, was Sie lesen werden, nur aus einer einzigen Quelle käme. Zumindest drei Sitzungspartner mussten unabhängig voneinander auf einen bestimmten Sachverhalt gestoßen sein, damit er hier Erwähnung findet. Wo die „Beweislage“ wegen einer allzu geringen Anzahl von Aussagen nur dürftig ist, wo es sich um Annahmen, Vermutungen und Schlussfolgerungen handelt, ist das jeweils angegeben.

Zur Beruhigung des Lesers

Zum Abschluss noch ein Hinweis zur Beruhigung: nichts von dem, was Sie im folgenden lesen werden, mag auf Sie selbst und Ihre Vergangenheit zutreffen. Vielleicht wird nichts davon je in Ihren MindWalking-Sitzungen auftauchen. Nicht alle Geistwesen waren in jenen lange zurückliegenden Epochen schon unterwegs; sie wissen also nichts davon. Und selbst wer damals existent war, hat nicht sämtliche Szenarien durchlebt, sondern allenfalls einige wenige persönliche, und die mögen ganz anders verlaufen sein als man aufgrund seiner Lieblingsvorstellungen erwartet hätte. Manche nämlich wünschen sich regelrecht, Atlantis- oder Raumschiff-Erlebnisse in ihrer Vergangenheit vorzufinden, weil sie das spannend finden, haben aber keine.

In Ihren Sitzungen werden Sie mit Gewissheit Ihre eigenen Entdeckungen machen. Gleichwohl werden diese mit dem nachfolgend Geschilderten in näherem oder weiterem Zusammenhang stehen. Welcher das genau ist, wird sich von Fall zu Fall individuell herausstellen. Vergleichsweise sprechend, lebte auf dieser Erde nach dem Jahr 1939 kein einziger Mensch, der mit dem Zweiten Weltkrieg absolut nichts zu tun gehabt hätte. Zumindest wusste er davon. Selbst die nach 1945 Geborenen haben zumindest davon gehört und sind von dem davon ausgelösten globalen Karma tangiert.

Das folgende Kapitel über die Entstehung der Welt versteht sich als Zusammenfassung der jahrzehntelangen Sitzungsarbeit vieler Sitzungsleiter und Solisten. Es gibt den noch lückenhaften Gesamteindruck wider, der sich bis zum heutigen Stand ergeben hat. Als Leser sind Sie keinesfalls aufgefordert, ein Dogma zu teilen, einen Glauben anzunehmen, wissenschaftliche Befunde anzuzweifeln, Ihr Weltbild umzuwerfen. Zwar könnte die Lektüre einige liebgewonnene Überzeugungen infrage stellen, doch das kann Ihnen selbst mit Blick auf die neusten Nachrichten passieren.

Viel von dem, was hier berichtet werden wird, ist als Ergebnis der intensiven Sitzungsarbeit der vergangenen Jahrzehnte bereits abgeräumt worden. Es tritt nicht mehr auf. Man kann es deshalb nicht durch seine eigenen Sitzungen verifizieren im Stil von „mal gucken, ob ich das auch kriege, was der da hatte; mal gucken, ob das stimmt". Darüber möge man bitte nicht enttäuscht sein. Abgeräumt ist abgeräumt, und das ist gut so. Denn es entlastet, sowohl individuell wie auch kollektiv, und das ist schließlich der Zweck des Unterfangens.

Abgesehen davon würden wir mit MindWalking niemals aus bloßer Neugier im weiten Weltall herumschnuppern. Das entspräche nicht unserer Ethik; es wäre übergriffig. Um es noch einmal zu wiederholen: MindWalking dient dem Aufarbeiten von persönlich belastenden Erinnerungen, damit der Blick frei wird für die Zukunft. Dass man dabei auf transpersonale Zusammenhänge stößt, auf fremde Welten und Wesen, deren Lasten man unbewusst mitträgt oder die einem sogar ihren Willen aufzwingen, ist unvermeidlich. Aber gewollt ist es nicht.

Nicht Recherche ist unser Ziel, sondern Befreiung. Indem man sich mit dem Mittel eines verständnisvollen und liebevollen Gesprächs selbst befreit, werden auch die anderen frei. So lernt man die Welt kennen. Aber keinesfalls würde man sich an den *mind walker* setzen, um die Welt zu ihrem Glück zu zwingen oder etwas über sie herauszukriegen.

Diese meine Berichterstattung soll zukünftigen MindWalkern ermöglichen, die sich ihnen zeigenden Geschehnisse in Kenntnis der hier geschilderten Zusammenhänge zu verstehen und einzuordnen. Indessen ist es keinesfalls nötig, diese Historie zu kennen, um seine Sitzungen zu machen. Diese Historie ist keine Voraussetzung für irgendetwas. Sie setzt keine anderen Geschehnisse außer Kraft, sondern versteht sich als Ergänzung. Es handelt sich lediglich um den Versuch eines Rückblicks über vierzig Jahre MindWalking.

Die spirituelle Schöpfung der Welt

Am Anfang war die Leere

Versetzen wir uns zurück in eine Zeit, als es diese Welt noch nicht gab, diese Welt hier und jetzt, mit ihren Häusern und Straßen und Menschen und Tieren, mit ihren Wiesen, Wäldern, Meeren und Gebirgen, ihren Sternen und Galaxien.

Wo kam sie her, diese Welt? Nach Auffassung der Schöpfungsgeschichte im Alten Testament, der Genesis, war es Gott, der sozusagen aus dem Nichts Himmel und Erde erschuf. Zu Anfang war diese Erde keineswegs ein gemütlicher Ort; sie „war wüst und leer und Finsternis lag über der Urflut".

Mit diesem Bild setzen die alttestamentarischen Autoren die Erde bereits als gegeben voraus – was aber war, bevor es die Erde gab? War da vielleicht alles rundherum wüst, leer und finster? Das entspräche den Vorstellungen anderer alter Völker und auch den Erinnerungen, die wir aus MindWalking-Sitzungen beziehen: bevor die Welt zustande kam, war nichts als dunkle, bewegungslose, unbelebte Leere, lichtlose Stille. Laut der „Edda", der Schöpfungsgeschichte der Germanen, habe es eine mit magischer Kraft aufgeladene Leere gegeben, *Ginnungagap,* bevor es zur Schöpfung kam. Den Griechen zufolge entstand die Welt aus dem Chaos, was soviel bedeutet wie „gähnende Leere". Auch der Taoismus kennt diesen Zustand, bezeichnet als *wújí:* die Leere, das Nichtseiende, die absolute Ruhe.

Aus dieser Leere heraus entstand die Welt. Für den Taoismus ist dieses Geschehen abstrakt und anonym: da gibt es das Tao als Urgrund, aus dem die Dinge entstehen, weil Ch´i als universelle Antriebskraft es in Yin und Yang aufteilt. Ganz im Gegensatz dazu meinten die alten Griechen, die Edda wie auch die Verfasser des Alten Testaments, ein ganz konkreter Jemand habe die Welt erschaffen. Den Griechen zufolge waren das Zeus und die gesamte griechische Götterfamilie. Sie entsprangen dem Chaos und schufen den Kosmos, was soviel bedeutet wie „Ordnung".[36] In der Edda heißt es, Gott Odin habe zusammen mit seinen zwei Brüdern die Erde geschaffen, und anschließend aus zwei abgestorbenen Baumstümpfen ein Menschenpaar. Die Bibel wiederum betrachtet die Schöpfung als eine Einzelleistung des Gottes Jehova oder Jahwe (Gen. 1, 1). Dieser ist ein mit recht gegensätzlichen Launen ausgestatteter Herrscher, mal liebevoll, häufig aber zornig, nachtragend und strafend. Damit entspricht er eher einem herrschsüchtigen Geistwesen mit individuellen Charakterzügen als dem abstrakten, absoluten Urquell allen Seins, dem unbewegten Beweger des Platon also, dem Tao der Chinesen oder dem Brahman der Hindus.

Wegen dieser Widersprüchlichkeit wird die weltenschöpfende Instanz in diesem Buch nicht mit dem missverständlichen Begriff „Gott" bezeichnet, sondern als „das Göttliche" oder auch „das Allsein". Das Göttliche ist weder männlich noch weiblich, sondern angenehm geschlechtsneutral: das Göttliche. Nicht nur laut MindWalking-Erkenntnissen ist dies kein Wesen, kein Individuum, sondern ein wirkendes Prinzip, ein ewiger und immerfort sich wandelnder Zustand. Ein Bewusstsein ist dieses Göttliche, ein Allbewusstsein, das sich seiner selbst bewusst ist, und das aus sich heraus Formen, Gestalten und Ereignisse hervorbringt und wieder verschwinden lässt. „Rückkehr ist die Bewegung des Tao. Nachgiebigkeit ist die Weise des Tao. Die zehntausend Dinge sind geboren aus Sein. Sein ist geboren aus Nichtsein", heißt es in Vers 40 des Tao-te Ching.

Entstehen und Vergehen sind beides gleichermaßen Aspekte des Göttlichen. Als immerwährend bewusstes Sein weiß es um seinen Zustand und um alle Zustände. Aus der Stille heraus erschafft es Bewegung, aus der Bewegung heraus die Stille, und selbst während der Bewegung ist es in der Stille. Für den griechischen Philosophen Platon war es der „unbewegte Beweger", der die „Urformen" entstehen ließ, die Grundmuster für alles Seiende.

Dieses Konzept, weil unendlich hoch und abstrakt, ist für den Menschen schwer nachzuvollziehen. Viel leichter fällt es uns zu glauben, das Göttliche habe uns persönlich gemeint, wenn uns das Schicksal trifft. Hier hilft ein wenig weiter, wenn man – ein wenig salopp gedacht – das Wirken des Göttlichen vergleicht mit der Dynamik des Wetters. Das Wetter tut nicht aktiv etwas; es ereignet sich wie von selbst aus großen systemischen Zusammenhängen heraus. Sagen wir „es regnet" oder „die Sonne scheint", so beschreiben wir fortlaufend sich wandelnde Zustände, für die kein Absichtsträger zu nennen ist. Weder „will" das Wetter den Regen machen, noch will es die Sonne scheinen lassen. Indessen wirkt das auf uns so, und deswegen sagen wir Dinge wie „das Wetter meint es nicht gut mit uns" oder „der Blitz hat ihn erschlagen" oder „das Hochwasser ist unser größter Feind". Wir schreiben dem Wetter, dem Blitz, dem Hochwasser einen auf uns persönlich abzielenden Willen zu, wohl wissend, dass das nicht stimmt. Mit dem Göttlichen machen wir es genauso, denn wir hätten das Göttliche lieber persönlich als abstrakt.

Einen solchen persönlichen Gott, den man anbeten und bei dem man sich für sein ungerechtes Schicksal beschweren kann, kennt der Hinduismus und nennt ihn *Isvara.* Im Unterschied dazu heißt der übergeordnete, ungerührte, ewige Zustand des Absoluten *Brahman.* Von *Isvara* kann man sich ein Vorstellungsbild machen oder eine Statue, von *Brahman* hingegen nicht, denn er ist abstrakt und damit jenseits des Bildhaften. Alles, was man sich vorstellt oder vorstellen kann unter *Brahman,* alles das ist er gerade nicht. Deswegen ist *Brahman* so schwer zu begreifen, ähnlich schwer wie das Tao oder das göttliche Allbewusstsein der MindWalking-Prinzipien.

Der Schöpfer hätte es gern heller

Keineswegs habe ich als Autor die Absicht, das Alte Testament neu zu interpretieren. Doch sind die Parallelen zwischen Sitzungserinnerungen und Genesis einfach zu verblüffend, als dass man sie ignorieren könnte. Sie verweisen auf tiefe Ahnungen, zwar etwas verschroben formuliert, aber deswegen nicht einfach vom Tisch zu fegen. Abgesehen davon ist das Alte Testament seit Jahrtausenden die sittliche, moralische und religiöse Richtschnur für viele Menschen, heutzutage gar für Milliarden. Da ist es nicht ganz unerheblich zu fragen: Beruhen diese Ahnungen auf fundamentalen Wahrheiten? Oder handelt es sich um einen Irrglauben? Dem wird hier nachgegangen werden, wenn sich die Gelegenheit bietet.

Also: wüst und leer war es, und finster. Nichts los, nirgends. Zur Rehabilitierung dieser Leere sei hinzugefügt, dass sie in den Erinnerungen als so wüst und finster nicht beschrieben wird wie in Luthers Übersetzung, sondern eher als samtig, still und Geborgenheit vermittelnd. Sie hatte nichts Negatives – und hat es auch heute nicht, denn es gibt sie ja nach wie vor.

In diese Leere hinein sprach das Göttliche: „Es werde Licht!“ Und es ward Licht. (Gen. 1, 3). Den Anlass für diese Idee kennen wir nicht; er liegt jenseits unserer Erinnerungsfähigkeit, denn das Göttliche war schon da, als es uns noch gar nicht gab. Kein Wesen erlebte diesen Uranfang mit.

Besonders bemerkenswert ist hier, dass das Göttliche überhaupt etwas vorhatte: der „unbewegte Beweger“ des Platon schickte sich an, etwas in Bewegung zu setzen. Natürlich „sprach“ das Göttliche zu diesem Zweck nicht, sondern hatte lediglich das Konzept „Licht“ im Sinn, den abstrakten Gedanken, das Postulat. Das Göttliche postulierte den Zustand „Licht“. Postulieren bedeutet soviel wie „fordern, dass etwas sein möge“. Weil sich ein Postulat des Göttlichen jedoch sogleich verselbstständigt und zu einem eigenständigen Wesen wird, wie wir aus der Erinnerung wissen, entstand ein Lichtbringer, ein Luzifer sozusagen, denn Luzifer, lateinisch, bedeutet: Lichtbringer (siehe Satz 6).

Ähnliches wie unsere Erinnerung sagt auch der Evangelist Johannes, wie bereits im Kommentar zu Satz 2 zitiert: „Am Anfang war das Wort, und das Wort war bei Gott, und das Wort war Gott. Im Anfang war es bei Gott. Alles ist durch das Wort geworden, und ohne das Wort wurde nichts, was geworden ist“ (Joh. 1, 1-3).

Luther übersetzte den griechischen Begriff *logos* mit „Wort“. Doch ließe sich *logos* auch mit „Gedanke“ wiedergeben. Dann läse sich das Zitat in freier Wiedergabe so: „Vor allem Anfang war das Göttliche. Der Anfang wurde gesetzt durch einen Gedanken. Dieser Gedanke entsprang dem Göttlichen und war selbst das Göttliche. Im Anfang war der Gedanke bei dem Göttlichen. Alles, was je geworden ist, ist so geworden durch diesen Gedanken.“

Das Göttliche dachte sich also: „Es werde Licht!“, und aus diesem Gedanken, diesem logos, wurde ein Lichtbringer. Und was tat er, der Luzifer, was sagen uns die Erinnerungen? Er ließ Funken sprühen, schuf Lichtbögen, ließ farbenprächtiges Nordlicht wabern, stellte regenbogenfarbige Wellenbänder in die Leere. Das Göttliche hatte seine Freude daran. Wie es scheint, kann der göttliche Zustand emotionale Färbungen annehmen, Freude zum Beispiel. Das mag gewagt klingen, aber es muss wohl so sein, denn indem das Göttliche seine Freude hatte, indem es dachte „wie schön!“

oder „nochmal!", entstanden weitere Lichtbringer und immer weitere, bis schließlich Tausende und Abertausende von Lichtgestalten ihr lichterfunkelndes Feuerwerk flackern, sprühen, blitzen und gleißen ließen. Nicht bei einem Luzifer blieb es; nein, zahllos wurden sie. Ein göttlicher Gedanke vertausendfachte sich, wurde zur wirkenden Wirklichkeit.

Die Lichtbringer: Spaß ohne Ende

Diese Lichtbringer, diese ersten geistigen Wesen, hatten keinerlei Substanz. Jeder von ihnen war nichts weiter als das Postulat, dass etwas sein möge, nämlich Licht und Lichtbringer. Ein jeder bestand aus nichts anderem als göttlicher Freude und göttlichem Schaffensdrang. Jeder von ihnen war ein eigenständiges Gedankenwesen, denn jeder war entstanden zu einem unterschiedlichen Zeitpunkt. Jeder war als geistiges Ebenbild des Göttlichen ausgestattet mit den fundamentalen Eigenschaften des Göttlichen: mit kreativen Impulsen, mit Selbstbestimmtheit und mit der Fähigkeit, Potenzial in Form von Mentalquanten zu aktivieren und in Energie umzuwandeln.

Sie fanden sich gegenseitig ganz toll, diese Lichtbringer, sie liebten ihr Spiel; ein einziger, riesiger, jubelnder Chor waren sie, und sie übertrumpften einander mit fabelhaft fantasiereichen Funkenkaskaden und Tongebilden, denn Musik war Licht, und Licht war Musik: ein nächtliches Open-Air-Festival mit Kompositionen von Johann Sebastian Bach samt Feuerwerk und Lightshow.

Keiner will heim

Da sah das Göttliche, dass das Licht gut war (Gen. 1, 4). Etwas trockener ausgedrückt: ein Aktionsablauf hatte sich zur Zufriedenheit erfüllt und wäre damit eigentlich abgeschlossen. Deshalb der Gedanke: „Es ist gut. So wie es jetzt ist, ist es gut. Das Spiel ist vorbei." Weil aus jedem Gedanken des Göttlichen ein Wesen wird, entstand in diesem Augenblick ein neues Wesen mit eigenem Auftrag.

Das neue Wesen war kein Lichtbringer, sondern ein Heimholer. Sein Auftrag war, die Lichtbringer heimzuholen, ihnen zu sagen, es sei nun gut und vorbei, und alle bitte wieder nach Hause. Was der Heimholer auch tat. Er überbrachte seine Botschaft. Die Lichtbringer allerdings wollten nichts davon hören. Sie waren im Schöpfungsrausch, begeistert, waren nicht zu bremsen, konnten kein Ende finden. Obwohl das Göttliche befunden hatte, dass es gut war und sein Ende haben sollte, blieben die Spieler unbeeindruckt, und das Spiel lief weiter. Sie waren selbstbestimmte Wesen, sie hatten Freude, sie führten ihren göttlichen Auftrag aus – warum damit aufhören?

Führen wir uns die Szene vor Augen, wie wir sie aus Sitzungen kennen: diese Lichtbringer, allesamt Geistwesen in reinster Form, sind nicht sichtbar. Sie haben zu diesem Zeitpunkt noch keine Energiekörper, das kommt erst viel später. Sie sind reine Wahrnehmungspositionen, nulldimensionale Punkte im Nichts. Aus diesen nicht wahrnehmbaren Quellen heraus explodieren Lichtfontänen, Feuerwerksgefunkel entfaltet sich zu voller Pracht, ein Urknall folgt dem anderen. Sie ergänzen einander, diese Kreationen, spielen einander zu, überstrahlen einander, formen Gebilde und Gestalten, zerfallen wieder, werden zu nichts, erstehen neu – ein himmelweites farbenfrohes Spiel. Ohne einen einzigen sichtbaren Spieler.

Das Material dieses Spiels waren Mentalquanten, Mentalteilchen, Mentalstäubchen, Mentalflocken, aus den zahlreichen Wahrnehmungspositionen mit Überschwang hinaus in die Leere platziert. Sie unterschieden sich je nach Urheber in Form, Farbe und Persönlichkeitscharakteristik, denn man vergesse nicht: jeder Urheber war eine Persönlichkeit eigener Art. Die Lebensdauer dieser Mentalfünkchen war nur kurz, denn sobald ein Urheber einen neuen Einfall hatte, sobald er seine Aufmerksamkeit woanders hin richtete, kehrten die zuvor erzeugten Mentalquanten zurück zu ihm, womit sie in das Nichts verschwanden, aus dem sie gekommen waren. Mentalquanten tauchten am Zielpunkt in Form bestimmter Gebilde auf – und verschwanden sofort wieder, kaum dass ihr Urheber seine Aufmerksamkeit vom Zielpunkt abzog. Und dann ging es munter weiter, neue wurden erschaffen, wurden „hinausgeschleudert“ (um es bildhaft auszudrücken), kehrten zurück – ein ewiges, leuchtendes Spiel, sich aufbauend, abflachend, sich aufschaukelnd und beruhigend, jedoch immer weiter sich fortsetzend, immer weiter.

Selbstverständlich war auch der Heimholer ein nicht sichtbares Geistwesen. Um zu vermitteln, dass das Spiel vorbei sei, sprach er die Lichtbringer an, einen nach dem andern, um sie zur Heimkehr zu bewegen, denn es sei doch nun gut, so wie es war. Selbstverständlich wurde dieser Dialog nicht mit Wörtern geführt, vielmehr bestand er aus einem Pingpong von Mentalquantenfeldern mit darin eingelagerten Botschaften, so als würde man Taschenlampen in der Dunkelheit aufblitzen lassen, um einander Botschaften zu übermitteln. Doch er kam bei den Lichtbringern nicht an, der Heimholer. Zu mächtig, zu explosiv war die allseits herrschende Begeisterung. Wie schickt man Tausende von jubelnden Teilnehmern eines Open-Air-Festivals nach Hause?

Man kann es dem Heimholer nicht verdenken, wenn er sich ein wenig zaghaft zu fühlen begann. Wie sollte er bloß seinem göttlichen Auftrag gerecht werden? Zudem sah er die Freude der Lichtbringer, ihren Stolz auf das Geleistete, er wollte kein Spielverderber sein – und ließ sich beschwichtigen. „Lass mich doch gerade noch fertig machen, bitte, dann kehre ich zurück," kam von dem einen. Und von dem anderen: „Ja, bin gleich soweit, komm später noch mal vorbei, bin gerad mitten in was drin, dauert nicht mehr lang." Er hatte Verständnis, der Heimholer, er hatte ein Einsehen. „Ja, mach nur fertig, mach wie du denkst," sagte er, „schau, wie weit du damit kommst. Wenn du fertig bist, meldest du dich. Oder am besten, du kehrst gleich zurück ins Allsein."

So ging er vom einen zum anderen, nahm Anteil, ermutigte jeden, seine kreative Gestaltung zu Ende zu bringen – und wurde damit allen wahnsinnig sympathisch. Melden tat sich selbstverständlich niemand. Alle machten einfach weiter, und so fand sich der Heimholer allmählich in seine Rolle eines schulterklopfenden Kumpels hinein: mit freundschaftlicher Autorität durchwanderte er die Lichterwelten, mahnte hier, erinnerte dort, hatte Verständnis für alles und jeden, hielt insgesamt den Gedanken an die Heimkehr aufrecht – kümmerte sich aber kein Bisschen drum, ob etwas draus werden würde. Strenge war ihm fremd, Druck machen kannte er nicht, Verbot und Strafe waren ihm nicht mit auf den Weg gegeben. Sein Auftrag war lediglich das Heimholen, und das tat er so friedlich und gütig es nur irgend ging. Sprach man von ihm, so nannte man ihn den Weichen, den Netten, den Harmlosen.

Nichts geschah. Auftrag an die Seite geschoben. Genau deswegen liebten ihn alle. Und genau in dieser Rolle gefiel er sich, wie er in seinen Sitzungen gerne zugab. Er sah keine Veranlassung, sich zu ändern.

Das Göttliche hat ein Problem

Dem Göttlichen erwuchs der Gedanke, dass hier andere Saiten aufzuziehen wären, um dieses Spiel, nun zum Selbstläufer geworden, abzuschließen. Wieso eigentlich, darf man fragen? Wieso dachte das Göttliche daran, das farbenprächtige Lichtertreiben abzuschließen, statt es einfach ewig weiterlaufen zu lassen? Denn als es lief, lief es ja harmonisch, alles war mit allem in Einklang. Erst mit dem Gedanken, dass es nun mal gut sei damit, kam es zu Spannungen. Wieso aber Schluss sein sollte, das hat sich durch MindWalking bislang genauso wenig beantwortet wie die Frage, wieso das Göttliche sein Spiel überhaupt je anfing.

Wie es scheint, denkt das Göttliche in Aktionsabläufen; es denkt im Sinne des Prinzips, dass zu einem Anfang auch ein Ende gehöre. Hat das Göttliche einen Gedanken, so erstrebt es auch dessen Erfüllung und damit einen Abschluss für diesen Gedanken. Denn alles, was einmal angefangen wurde, endet im Moment der Erfüllung.

Wieso sich das Göttliche das Prinzip eines Aktionsablaufs je auferlegte, lässt sich allenfalls vermuten. Die Antwort ergibt sich möglicherweise mit Blick auf das Endergebnis eines Aktionsablaufs: wird er vollkommen und rückstandsfrei abgeschlossen, so ist alles Geschaffene wieder entschaffen, alles Veräußerte zurückgeholt, alles zur Wirklichkeit gewordene Sein, Tun und Haben zurückgekehrt in den Zustand des Potenzials. Aus der Leere erstehen die wirkenden Kräfte der Wirklichkeit, die Wirklichkeit wird wieder zur Leere. Aus dem Nichts das Etwas, das sich wiederum auflöst ins Nichts. Nach dem Ende ist es wieder wie vor dem Anfang. Könnte das der Grund dafür sein, warum es dem Göttlichen so wichtig ist, etwas abzuschließen? Wieso es das Angefangene nicht einfach unfertig herumstehen lässt, wieso es seine einmal in die Welt gesetzten Gedanken nicht einfach munter weiter vor sich hin wurschteln lässt? Wir wissen es nicht.

Durchaus aber wissen wir, denn daran erinnern sich MindWalker, dass die Langmut des Göttlichen ihre Grenzen erreichte. Wie es scheint, agiert auch das Göttliche in Impulsen, die sich als Emotion definieren lassen, nur dass diese funktional ausgerichtet und nötig sind, um ein Spiel voranzubringen. Das Göttliche ist nicht identifiziert mit seinen Emotionen. Und so – aus einer funktional nötigen und gezielt ausgespielten Emotion der Strenge heraus – entstand Heimholer Nummer zwei. Der erste Heimholer wurde berufen in einer Stimmung großzügiger Wohllaunigkeit, als das Göttliche befand, das Lichterspiel sei gut gelaufen und nun vorbei. Aus dem gedachten guten Ende wurde indessen nichts, weil die Geschöpfe des Göttlichen sich hinwegsetzten über das Gebot des Göttlichen und einfach weiter machten und weiter und weiter. Da schien Strenge angebracht. So entstand der zweite Heimholer, erscheinend als „der Strenge“.

Beide Bezeichnungen, der „Weiche“ wie auch der „Strenge“, stammen übrigens von einem Sitzungspartner, aus dem im Zustand einer visionären Schau, einer buchstäblichen shruti (Sanskrit), die Beschreibung dieser vorzeitlichen Ereignisse im Verlauf mehrerer Stunden in voller Länge ungebremst hervorsprudelte. Erstaunlicherweise deckt sie sich mit allem, was auch anderen MindWalkern davor und danach in Erinnerung geriet.

Vom menschlichen Standpunkt aus sprechend, hatte das Göttliche ein Problem, und zwar dieses: a) Jeder göttliche Gedanke wird zu einem Wesen, das selbstständig Gedanken fassen und Energie aktivieren kann. b) Jedes so geschaffene Wesen ist seiner Berufung verpflichtet. c) Die Folge: Jedes Wesen macht im Sinne seiner Berufung weiter bis Erfüllung eingetreten ist. Nur – nach welchem Maßstab? Das Problem ist, dass Gott Gedanken hatte, die kein Ende vorsahen. „Mach mal Licht an“ – gern, aber wann ist das erfüllt? Wie hell soll das sein? Wie viel Freude darf man für wie lange haben?

Jedes Wesen kennt seine Urheimat, und man darf annehmen, dass jedes Wesen irgendwann einmal Erfüllung erleben wird, gesättigt sein wird vom Zustand der Existenz, heimkehren möchte – aber wann, das ist seine

Sache. Zum damaligen Zeitpunkt wäre die Heimkehr jederzeit freiwillig möglich gewesen, es gab keine Traumata, keine unbewältigten Altlasten, keine Negativprogramme, nichts dergleichen – nur: warum heimkehren, wenn man doch so viel Spaß hat?

Wenn weder Zeitbegrenzung, Termine oder definierte Endergebnisse vorgegeben waren, wie sollte ein Wesen dann wissen, wann Spiel und Sein ihr Ende gefunden hätten? Mittels der Forderung: „Es werde Licht!" erschuf das Göttliche Wesen, diese erfüllten ihre Aufgabe pflichtgemäß – da kann man ihnen schlecht vorwerfen, sie hätten sich über das nachträglich erfolgende Gebot, endlich aufzuhören, hinweggesetzt, denn Aufhören war nicht Bestandteil der Berufung. Das Machen wohl, nicht jedoch das Aufhören. Genau da schien das Problem des Göttlichen zu liegen.

Einwenden ließe sich hier, dass das Göttliche, da transzendental und allbewusst, doch wohl um Zukunft und Folgen wissen müsste. Müsste es nicht vorauszusehen in der Lage sein, wohin sich ein Spiel entwickeln würde? Indessen wäre unter dieser Voraussetzung ein Spiel kein Spiel, sondern lediglich eine sich selbst erfüllende Prophezeiung. Um ein Spiel zu sein, muss ein Aktionsablauf die Komponente der Unwägbarkeit enthalten. Wüsste man von vornherein mit Sicherheit, was bei einem bestimmten Unterfangen am Ende herauskommen wird, so wäre das Tun nichts als langweilige Routine, die man am liebsten gleich bleiben lassen würde.

Man darf folgern, dass das Allbewusstsein, um ein Spiel mit sich selbst zu spielen – im Sanskrit: *lila* – seine Allwissenheit dosiert einzuschränken hatte, um Überraschungen zuzulassen.

Wer nicht hören will, braucht Strenge

Wie dem auch gewesen sein mochte – und nur das Göttliche selbst weiß es –, es kam zu einem Heimholer Nr. 2. Er, weil er ein Strenger war, verfuhr nicht bescheiden, nicht diplomatisch, nicht freundschaftlich sich anbiedernd, nicht auf die Wünsche und Ziele der Lichtbringer eingehend, nicht konziliant, sondern: fordernd. Strahlend. Gestalthaft erscheinend. Nicht wie alle anderen als nicht sichtbare Quelle sprühender Feuerwerksraketen trat er auf, nein, als Gestalt erschien er, als eine sichtbare, ihre Gestalt in Permanenz aufrecht erhaltende Quelle, deren Lichterfunkeln nicht immer wieder verging, um sich in Abständen erneut zu zeigen, nein: der Strenge präsentierte sich ohne jegliche Unterbrechung als eine paillettenglitzernde Gesamterscheinung. Er war ständig da, war Präsenz schlechthin. Einen atemberaubenden, Ehrfurcht gebietenden Auftritt bot er – nicht etwa mit Armen, Beinen, Kopf und Rumpf, so weit sind wir noch lange nicht, sondern als ein wirbelndes Gemenge von Glitzerpünktchen, amorph, die Gestalt wechselnd wie ein Schwarm von tausend Fischlein, der hundertfältige Formen annimmt und doch immer eins bleibt – so erschien der Strenge.

Als erster war er auf die Idee gekommen, einen persönlichen Energiekörper in Permanenz erschaffen zu halten, und das machte den gewünschten Eindruck. Es war atemberaubend. Faszinierend. Ehrfurcht erweckend. Wegschauen war undenkbar, hatte man ihn erst einmal erblickt. Man wollte sein wie er, teilhaben an ihm, erhoben werden, geadelt durch seine Gunst.

Die Permanenz der Erscheinung, die der Strenge da leistete, ging weit über alles Übliche hinaus. Ganz offensichtlich war er im Lichtmachen und Leuchten der Meister aller Meister. An ihm nahm man sich ein Beispiel, ihm wollte man es gleich tun, wollte in sportlichem Wettbewerb ihn gar übertrumpfen. Nichts davon wollte der Strenge hören. Nicht Weitermachen war angesagt, keineswegs, sondern Aufhören. Ende des Form- und Farbenspiels! Schluss! Und ab nach Hause!

So einfach ging es denn doch nicht. So beeindruckend der Strenge auch wirken mochte, hatten die anderen Spieler des Lichterspiels doch durchaus ihren eigenen Stolz, hatten ihre Teams, hatten ihren Spaß miteinander – und damit sollte jetzt zack-zack Schluss sein? Knall auf Fall? Nein. Undenkbar. Man fand ihn toll, nahm ihn sich als Messlatte für den sportlichen Wettbewerb – aber sich von ihm was sagen lassen, sich Vorschriften machen lassen? Nein. Das gab es noch nie, das wollte keiner hinnehmen. Man machte weiter wie zuvor.

Der nette harmlose Weiche, Heimholer Nr. 1, stand unbeachtet beiseite. Wurde belächelt. Und fühlte sich gekränkt. Wo er sich doch so viel

Mühe gab! Wo ihn doch alle so gut leiden konnten! Und jetzt auf einmal kommt dieser freche, aufgeblasene, auftrumpfende Nachzügler daher, dieses großsprecherische Glitzerbündel aus Selbstherrlichkeit und Arroganz, und reißt alles an sich. Eine Unverschämtheit war das. Genau! Eine Frechheit.

Konsequenzen? Ganz was Neues!

Im Unterschied zum Weichen nahm der Strenge seine Berufung bitter ernst. Heimholung war der Auftrag, und Aufträge galt es auszuführen, keine Frage. Wie aber dieser Horde herumalbernder Beach Boys (so nannte ein Sitzungspartner sie) den Marsch blasen, wenn sie nichts anderes im Sinn haben, im Vergleich sprechend, als Sand, Sonne und Surfen? Wie sie auf den Teppich holen, sie davon überzeugen, dass jede Party auch mal ihr Ende hat?

Der geniale Einfall des Strengen war, etwas völlig Neues und Unerhörtes ins Spielfeld hineinzutragen: nämlich die Idee der Konsequenz. Bis zu diesem Zeitpunkt waren Konsequenzen unbekannt. Man spielte miteinander und hatte Spaß. Endlos das Spiel, endlos der Spaß. Als unsichtbares Geistwesen blies man von einer unsichtbaren Wahrnehmungsposition farbige Mentalquantenwolken hinaus, pumpte sie auf mit weiteren Mentalquanten, ließ sie sich ausbreiten – und kaum dachte man etwas anderes, puff!, waren sie verschwunden. Sie blieben nicht von selbst am Platz. Sie erhalten war nur möglich über ständiges Erschaffen-Erschaffen-Erschaffen. Sie nicht mehr erschaffen war gleichbedeutend mit automatischem Auflösen ins Nichts. Vergleichsweise war es wie mit dem Ton einer Geige: solange der Bogen über die Saite streicht, erklingt ein Ton, setzt man den Bogen ab, so verklingt er. Aus der Stille entsteht ein Ton, in die Stille entschwindet er. Andere Musiker machen andere Töne, jeder auf seinem Instrument, man spielt gemeinsam, spielt alleine, spielt miteinander, manchmal auch gegeneinander, egal: jeder Ton erklingt – verklingt – nichts bleibt. Ganz von selbst.

Zwar lösten sich die damaligen Kreationen genauso ins Nichts auf, wie ein Ton in der Stille verklingt, doch gab es dabei einen Unterschied, eine Besonderheit von größter Tragweite: ein Ton kehrt nicht in das Instrument zurück, das ihn hervorgebracht hat. Genau das aber tun Mentalquanten. Sie kehren zurück zu ihren Urhebern. Ganz von selbst tun sie es, damals wie heute. Sie verlieren sich nicht in der Leere, so wie sich ein Glas Rotwein im Ozean bis zur Unerkennbarkeit verdünnen würde, nein, sie kehren zurück zu ihren Urhebern und lösen sich auf ins Potenzial.

Genau so war es damals in jener Zeit der Lichtbringer. Ihr Tun hatte keinerlei Konsequenz. Das einzige, was es in der Leere gab, waren bewusst und willentlich platzierte Mentalquanten-Wolken. Das war kein Sein-Tun-Haben mit solidem, bleibenden Ergebnis. Es war Sein und Tun, ja, aber mit einem Haben von nur kürzester Dauer, denn ohne permanentes Tun verflog das Geschaffene sofort, und man war zurück im reinen Sein. Etwas langfristig erhalten war nur möglich über ständiges Erschaffen, aber dazu gab es keine Veranlassung.

In diese frohgemute Szene hinein platzte der Strenge. Wie könnte er wohl seiner Berufung gerecht werden und die Lichtbringer dazu bringen, ihr Tun zu beenden? Würden diese allzu leichtherzigen Wesen begreifen – so dachte er bei sich –, dass ein Tun Konsequenzen haben kann, dann würden sie vielleicht ein wenig vorsichtiger sein. Würden sie gar unter ihrem Tun leiden, seine Konsequenzen beschwerlich finden, dann würden sie es bestimmt lassen – von sich aus lassen, man würde sie nicht einmal mehr zu überreden brauchen. Von sich aus würden sie heimkehren ins göttliche Allbewusstsein – so sein Gedanke –, würden sich als Wesen auflösen, sich als nicht mehr aktivierte Gedanken im Potenzial verflüchtigen. Also einfach ein bisschen Druck machen, dachte er sich, und schon hätte man seinen Auftrag erledigt.

Es mag dem Leser dreist erscheinen, über die private Gedankenwelt eines Geistwesens der frühesten Stunde so genaue Auskünfte zu geben. Zum Verständnis sei daran erinnert, dass die hier vorliegende Betrachtung auf vielfältigen telepathischen Begegnungen beruht, die eine beträchtliche Anzahl von Solisten, auch ich, mit verschiedenen großen und kleinen Spielern, Mitspielern und Gegenspielern im Verlauf der Jahre immer wieder hatten. Dazu zählen auch wiederholte Kontakte mit dem „Weichen“ und dem

„Strengen“. Das war keineswegs Absicht, sondern kam jeweils dadurch zustande, dass die damaligen MindWalker im Verlauf ihrer persönlichen Befreiung häufig an bestimmte mentale Kontroll-Installationen stießen und in der Bemühung, sich davon zu befreien, am anderen Ende die telepathische Alarmanlage auslösten. Auf diese Weise kamen dann der Kontrollierte und die Kontrollierenden ins Gespräch miteinander.

Der Plan des Strengen

Die Vorgehensweise des Strengen war denkbar einfach. Üblicherweise spielte man kooperativ miteinander, indem man mit seiner eigenen Kreation zu der eines anderen beitrug. Man legte die eigene über die des anderen, vermischte die beiden, umhüllte die eine mit der anderen – es gab tausend Möglichkeiten. Es war, als baute man zu zweit, zu dritt oder zu viert aus Lego-Bausteinen einen Palast, wobei aber die Bausteine eines jeden ihre eigene Farbe hatten. Je mehr Mitspieler hinzu kamen und mit ihrem endlosen Einfallsreichtum dazu beitrugen, desto mächtiger, vielgestaltiger und bunter wurde diese gemeinsame Kreation – bis am Ende keiner mehr die Spannung halten konnte, alle in Lachen ausbrachen und das ganze Gebilde verpuffte. Woraufhin alle Bausteine ganz von selbst zurückkehrten zu ihren Urhebern. Es ging damals so zu wie noch heute beim Singen: der eine singt einen Ton, der andere stimmt sich drauf ein, der dritte setzt den Bass drunter, der vierte geht in die Oberstimme, und so entsteht ein Klanggebilde, ein kooperatives Klanggebilde, eine klangliche Kokreation – die jedoch nur so lange hält, wie man sie erschafft, nicht länger. Singen hat keine bleibende Konsequenz.

Seit seinem Auftreten hatte der Strenge diesem Spiel der Kokreationen lediglich zugeschaut, hatte zugesehen, wie der eine Spieler mithilfe seiner Energiefünkchen die Mentalwolkengebilde des anderen verschönerte, veränderte, umgestaltete, und wie alles schließlich wieder verflog und zu Nichts wurde. Zur Umsetzung seines Plans nahm er selbst nun auch kräftig teil an diesem Spiel, allerdings unter einer völlig anderen Voraussetzung als all die anderen: denn seine persönlichen Mentalquanten befrachtete er im Augenblick ihrer Erschaffung mit dem Gebot: „du bist ich – ich bin du – wir sind eins – sind immer eins – bleiben eins – ewig eins".

Solch hochfliegende Gedanken waren den Geistwesen jener Zeit als geistige Urwahrheit zutiefst vertraut. Sie erkannten sie an als eine fundamentale Wahrheit ihres Ursprungs als Wesen. Im Allsein nämlich gibt es keinen Unterschied zwischen Ich und Du (Sanskrit: *advaita*). Das galt als spirituelle Selbstverständlichkeit, als transzendentale Binsenweisheit. Deswegen erregte das Gebot des Strengen bei niemandem Argwohn, blieb völlig unbeachtet, traf gar auf volle Zustimmung. Auf der Energieebene des Spiels hingegen bewirkte es etwas Ungeahntes, Verblüffendes und letztlich Katastrophales: es verklebte Mentalquanten miteinander. Sie wurden in der Tat „eins", nämlich ein zusammengepappter Haufen.

Dachte sich der Strenge beispielsweise einen Regenbogen, so entstand der auch, nur dass jedes Partikel in diesem Regenbogen getränkt war mit dem Kerngedanken „wir sind alle eins". Dadurch gesellten sich die Partikel des Regenbogens einander zu, zogen einander magnetisch an, ließen nicht voneinander, hafteten aneinander. Über ihre gegenseitige Abhängigkeit wurden sie in der Existenz gehalten. Der Strenge konnte wegmarschieren, um sich anderen Dingen zu widmen – und der Regenbogen blieb!

In einer Welt, wo alles sofort verpuffte, war das grandios, unerhört, sensationell, jenseits aller Vorstellung, geradezu skandalös. Das war, als würde der Musiker von der Bühne gehen und der Ton seines Saxophons in der Luft hängen bleiben. Man staunte. Man rätselte. Man wollte rauskriegen, wie das ging. Man studierte den Regenbogen des Strengen, durchdrang ihn mit den eigenen Mentalquanten, klopfte ihn ab, fügte hier einen dekorativen Tupfer hinzu, dort einen Schnörkel. Mit all dem wurde der Regenbogen des Strengen immer dicker, mächtiger und vielgestaltiger, denn das Gebot des Strengen teilte sich über seine Mentalquanten auch den neu hinzugekommenen Mentalquanten der staunenden Zuschauer mit, und auch sie blieben haften, auch sie wurden alle eins. Auf diese Weise wurde der Regenbogen zur Kokreation mehrerer Wesen, vieler Wesen, und als diese sich schließlich davon zurückziehen wollten, nachdem sie einfach nicht herausbekamen, wie der Bursche das fertig brachte, da stellten sie mit Verblüffung fest, dass das so geschaffene Gebilde als gemeinsame Kokreation stehen blieb. Ihre eigenen Mentalquanten blieben dort hängen, mitten in der Leere! Sie kehrten nicht zurück wie gewohnt. Sie klebten zusammen.

Sie waren schockiert und erstaunt zugleich. Ja, wie denn das? Der Strenge sagte: „Verrate ich nicht. Ich wollte euch nur zeigen, was man unter Konsequenz versteht: dass einem Tun ein Haben folgt. Und dass das Haben immer ein Verlust ist. Weil die eigene Energie in Form von Mentalquanten drin steckt. Ihr habt sie veräußert, nun ist sie dort drin und kommt nicht zurück. Sie ist verloren. Je öfter ihr das tut, desto schwächer und kleiner werdet ihr. Versteht ihr?"

Sie verstanden nicht. Erstens mal sagten ihnen die Konzepte „kleiner und schwächer" gar nichts, denn damals kannte man kein Limit, keine Erschöpfung, keine Begrenzung. Jeder aktivierte einfach so viel Energie, wie er mochte, fertig. Zweitens war ihnen das Gebot des Strengen „du bist ich – ich bin du – wir sind eins" als spirituelles Prinzip lieb und zutiefst vertraut. Jeder stimmte dem zu. Es als Machtmittel zu missbrauchen, damit jemanden zu hintergehen, ihm hinterrücks eine Lektion zu erteilen, darauf wären sie nie gekommen. Argwohn war den damaligen Wesen fremd, Hintertriebenheit ihnen unbekannt. Sie waren naiv und gutgläubig.

Man legt Wert auf Erscheinung

In ihrer Gutherzigkeit und Naivität begriffen jene leichtherzigen Wesen die Rede des Strengen nicht. Was meinte der damit, dass auf ein Tun ein Haben folgen sollte? Das kennen wir doch, sagten sie; immer wenn wir was erschaffen, dann haben wir etwas. Nur dass es halt immer weg geht, wenn wir uns mit was anderem beschäftigen. Und da hast jetzt du, der Große Strenge, eine wunderbare Abhilfe gefunden. Endlich können wir unsere Lichtwunder erschaffen und dürfen erleben, wie sie stehen bleiben, selbst wenn wir weg gehen und erst viel später wieder zu ihnen zurückkehren. Wir schaffen Bleibendes! Können es anderen dauerhaft zeigen! Es aufheben für später! Ungeahnte Möglichkeiten tun sich auf. Wir danken dir, oh du Großer Strenger, für deine erhabene Idee. Und sie verehrten ihn umso mehr, bewunderten ihn, bemühten sich um seine Gunst, wollten Teil sein des großen Spiels, das da heißt: alles bleibt, alles wird fester, dichter, massiver. Dass es in letzter Konsequenz heißen würde: aller Geist gefriert unauflöslich zu Materie – das ahnte damals noch keiner.

Die zu diesem Zeitpunkt zu verzeichnende, verblüffende und geradezu peinliche Unterwürfigkeit und Anbiederei beruht zum einen darauf, dass das Gebot „wir sind alle eins" beinhaltet, man möge eins sein mit dem Strengen, möge sein wie er. Zum anderen aber geht sie auch darauf zurück, dass der Strenge, was Machtgefühl, Selbstherrlichkeit und kreative Kompetenz angeht, tatsächlich ein ganz anderes Kaliber war als die meisten. In den Online-Sitzungen mit damaligen Zeugen und Beteiligten tritt diese Anhimmelei immer wieder deutlich zutage.

Im Verlauf ihrer Dialoge mit dem Strengen ahmten die Lichtbringer zunehmend ihn und seinen beispielhaft gestalteten Energiekörper nach und machten sich zu individuell unterscheidbaren Erscheinungen. Denn je mehr man miteinander kommunizierte, desto nützlicher war einem eine wiedererkennbare Adresse, eine Identität. Man hätte es auch vorher tun können, aber jetzt war es auf einmal „modern". Aus diesem Bedürfnis heraus erschuf sich jeder sein aus Mentalquanten gebautes Inselchen, jedes ein Repräsentant des betreffenden Lichtbringers. Weil Mentalquanten den charakteristischen Stempel ihres Erschaffers tragen, wusste man bei jedem Inselchen sogleich, mit wem man es zu tun hatte.

Nach und nach bastelte sich jeder seine mentalenergetische Kommunikationsplattform, seine permanente Erscheinungsform, seinen unverwechselbaren Energiekörper – noch nicht in menschlicher Gestalt, noch lange nicht, sondern irgendwie geometrisch oder amorph, gestaltlos oder gestaltwechselnd, und selbstverständlich in bunten Farben. Man war nun wer und erschien als wer – ganz so wie der Strenge.

Permanente Individualität war entstanden. Die anfänglich so spielerische Dualität von „Hier ich, eine Lichtfontäne – und weg bin ich! Dort du, eine funkelnde Feuergarbe – und weg bis du!" war zur ernsthaften, kontinuierlich aufrecht erhaltenen und sichtbaren Zweiheit geworden. Aus „ich bin wir" wurde ein real erlebbares „ich bin ich und du bist du". Aber das störte niemanden. Es fiel einfach niemandem auf, dazu geschah es viel zu allmählich, und Argwohn gab es keinen, wie gesagt. Abgesehen davon war die neue, von dem Strengen eingebrachte Spieldimension viel zu verführerisch, als dass man sich Gedanken gemacht hätte. Wieso auch? Scheitern und Mangel kannte man nicht.

Man bastelt sich ein Universum

Die faszinierende neue Spieldimension hatte zur Folge, dass alles Geschaffene einfach stehen blieb, wie und wo es war. Man hatte eine Idee, rief ein paar Kollegen herüber, gestaltete gemeinsam, freute sich über das Ergebnis oder auch nicht, und anschließend ging jeder seiner Wege. Das Werk hinterließ man, ob vollständig ausgeführt oder unvollständig, ob in Bruchstücken oder als vollendetes Ganzes; so oder so, es blieb bestehen. Wie vorauszusehen, kamen mit ungebrochen fortschreitender, emsiger Kreativität mehr und mehr fertige wie auch unfertige Kreationen hinzu. Kein Problem; Platz hatte man ja genug, denn die Leere war damals wie heute ohne Ende.

Raum existiert grundsätzlich als Umgrenzung von Geschaffenem. Ein Würfel zum Beispiel nimmt mit seinen acht Eckpunkten und zwölf Kanten einen bestimmten Raum ein. Heutzutage wäre der Raum des Würfels eingebettet in einen umgebenden größeren Raum, zum Beispiel den eines Zimmers. Nicht so damals, denn diesen größeren Raum gab es nicht. Der Würfel stand mutterseelenallein in der Leere.

Das brachte die sensationelle Möglichkeit der Orientierung mit sich, bis dahin ganz unbekannt. Von seiner eigenen Wahrnehmungsposition aus konnte man zur Orientierung anderer erstmalig auf etwas bereits Bestehendes verweisen. Es gab auf einmal „vor dem Würfel“ und „hinter dem Würfel“. Es gab „den Würfel dort, zwischen deinem Energiekörper und dem Regenbogen“. Sensationell war das, keine Frage. Ungeahnte Möglichkeiten der Verständigung, Koordination und Kooperation taten sich auf.

Jeder verfügte mittlerweile über seinen selbstgebastelten Energiekörper, doch war die Wahrnehmungsposition der Wesen damals nicht in diesen eingebettet – was später zum Normalfall wurde und bis heute so ist –, sondern man befand sich in einer Außenposition dazu, genauso wie man als Autobesitzer nicht durchgängig in seinem Auto sitzt, sondern es meistens irgendwo stehen sieht. Auch auf sie, die Energiekörper, erstreckte sich die neuartige Beständigkeit und Festigkeit der Gestaltungen, vermutlich deswegen, weil die Mentalkontamination des Strengen mittlerweile auch im eigentlich privaten Bereich gegriffen hatte. Oder einfach deswegen, weil es jetzt dazugehört. Jedenfalls wurden sie nach Gebrauch nicht mehr aufgelöst. Diese neuartige Permanenz von Energiekörpern ermöglichte es, sie als Orientierungsmarke zu verwenden und zu sagen „links von dir" und „rechts von dir" oder „hinter ihm" und „vor ihm" oder „über mir" und „unter mir". Das waren aufregende Erfahrungen; die gab es früher nicht, als man noch als unsichtbares Wesen aus einer unsichtbaren Wahrnehmungsposition heraus Feuerwerksraketen in der Leere explodieren ließ. Nun aber konnte man Räume definieren, wie es einem passte, konnte sagen „von hier bis da". Man hatte Länge, Breite und Höhe. Ein bleibender dreidimensionaler Raum war entstanden.

Gleichzeitig mit dem Raum war eine vierte Dimension entstanden, die Zeit. Es gab „bevor ich den Würfel machte" und „nachdem ich den Würfel machte". Die nun fest gewordenen, greifbaren, sichtbaren Ergebnisse von Aktionsabläufen ermöglichten Orientierung in der Zeit, eine im Gegensatz zu früher unfassbar bequeme, verlässliche Orientierung. Zuvor war Orientierung recht abstrakt, weil man nichts Greifbares hatte, woran man das Vorher und Nachher hätte festmachen können, weil ja nichts bestehen blieb. Sagte man damals „bevor ich die Rakete in die Luft schoss, hattest du deinen Regenbogen gemacht", so setzte das voraus, dass sich der Angesprochene beider Vorgänge erinnerte. Denn mehr als die Erinnerung an Ereignisse hatte man nicht, weil das Resultat des Tuns, nämlich Rakete und Regenbogen, schon längst verflogen waren, wenn man sich irgendwann später drüber unterhalten wollte. Aufgelöst und verflüchtigt waren die Gebilde, zurück beim Urheber. Nun aber hatte man etwas, auf das man zeigen konnte.

Kurz, in dieser neuen, von Permanenz gekennzeichneten Phase des Spiels ließen sich in der Unbegrenztheit der großen, weiten Leere künstliche Grenzen ziehen, Räume ließen sich definieren und Zeitabläufe bestimmen, und diese Räume waren angefüllt mit objektiv vorhandenen Requisiten. Die Leere war zu einem Universum geworden, zu einem Universum aus geschaffenen Dingen.

Da will einer sein wie Gott

So nachdrücklich und eindeutig der Strenge den Lichtbringern auch vermittelt haben mochte, dass ein Tun Konsequenzen haben kann und man vielleicht darüber nachdenken sollte, ob man die erleben möchte – er kam damit nicht bei ihnen an. Wiewohl immer mehr Fertiges und Unfertiges in der Leere umeinander schwebte, waren dennoch alle so begeistert von den sich eröffnenden ungeahnten Möglichkeiten, dass sie sich um die ihnen angedrohten Konsequenzen kein bisschen scherten. Sie erkannten nicht, dass genau das eintrat, wovor der Strenge gleich zu Beginn gewarnt hatte: dass in all diesen Kreationen die Aufmerksamkeitskraft ihrer Erschaffer in Form von Mentalquanten gebunden sein würde, womit sich die Erschaffer schwächten, und dass sie zunehmend geschwächt werden würden, je länger sie dieses Spiel trieben. Dabei hätte es den Lichtbringern nach dem Basteln einer Kokreation eigentlich freigestanden, ihre Mentalquanten nachträglich herauszuziehen, ähnlich wie man einen Haufen achtlos weggeworfener Flaschen dadurch zum Verschwinden bringen würde, dass jeder seine eigene Flasche wieder zurücknimmt. Das aber setzt Verantwortungsbewusstsein voraus sowie das Denken in Konsequenzen – und beides gab es nicht, ganz im Gegenteil. Immer mehr Anhänger fand die Idee der Verklebung von Teilchen, der automatischen Solidifizierung; immer mehr Bewunderung floss dem Strengen zu, immer größere Ehrerbietung und Verehrung ließ man zu ihm hinströmen. In einigen Fällen ging das bis hin zu Anbiederei und Unterwürfigkeit: „Du bist so groß, ich bin so klein, nimm mich bei dir auf. So wie du zu strahlen verstehst, werde ich es nie schaffen. Lass mich teilhaben an deinem Glanz. Lass mich sein wie du."

Der Strenge genoss es. Und mehr als das; es stieg ihm zu Kopf. Glasklar erkannte er: zurück in den Zustand des Göttlichen wollte offensichtlich keiner, aber zu ihm hin, dass wollten alle, zumindest die meisten. Und das sollten sie haben dürfen! Statt also enttäuscht zu sein über den Fehlschlag seiner Mission, statt vor sich und dem Göttlichen zuzugeben, dass er genauso versagt hatte wie der erste Heimholer, der Weiche, verfiel der Strenge in einen Machtrausch. In Anbetracht seiner Beliebtheit war es ihm undenkbar, seine ursprünglich als Lektion gedachte Verklebungsidee als Manipulation zuzugeben und den schwerwiegenden Fehler einzugestehen. Um seine Verheimlichung zu zementieren und komplett wasserdicht zu machen, blieben ihm als Ausweg nur totale Kontrolle, Größe und Macht. Nur die Rolle eines Herrschers über alle Wesen würde ihn retten können – und er wurde es. Mit derselben kalkulierenden Intelligenz und Logik, die seinen Mentalquantenklebstoff in die Welt gebracht hatten, organisierte er nun seine Karriere bis hinauf zum Status eines Allmächtigen. Gleichzeitig damit hatte er, vorausgreifend gesprochen, bereits seinen eigenen Fall eingeleitet, denn indem er alle an sich band, war er auch an sie gebunden, war Teil des von ihm geschaffenen Machtblocks und damit unfrei.

Herrschaft durch Manipulation

Der Strenge hatte Geschmack an der Macht gefunden, am Herrschen, am Personenkult. Sein karrierefförderndes Mittel, seine Geheimwaffe sozusagen, war die neu eröffnete Möglichkeit von Kontrolle durch Manipulation. An so etwas hätte früher niemand gedacht. Man spielte, man kreierte, ließ Glitzerfontänen leuchten, Strahlen verpuffen – Kontrolle brauchte man dazu keine. Man tat es einfach. Kontrolle, schon gar einander gegenseitig kontrollieren, das gab es nicht. Undenkbar. Jetzt aber gab es das. Denn indem der Strenge seine Verklebungsstrategie lanciert hatte, war erstmalig bewusste und gezielte Beeinflussung möglich, eben manipulative Kontrolle. Seine Teilchen saßen überall mit drin – und über sie vermittelte sich sein Einheitsgebot und sein Herrschaftsanspruch an andere.

Die damaligen Mitspieler, naive und unbedarfte Beach Boys, die sie nun mal waren, luden ihn über ihre rückhaltlose Bewunderung geradezu dazu ein, sie fremdzubestimmen, sie boten es ihm auf dem Silbertablett regelrecht an. Er ergriff die Gelegenheit beim Schopfe. Das wollte er sich nicht entgehen lassen!

So sehr der Mechanismus der Verklebung auch das Geheimnis des Strengen war, gab es dazu im Grunde nicht viel zu verheimlichen, denn eigentlich keiner wollte wirklich wissen, wie es ging. Keiner hatte Bange, es könnte etwas schief gehen, keiner wollte seine investierten Mentalquanten wieder zurück haben. Dazu waren alle viel zu begeistert, viel zu sehr mit Mitmachen beschäftigt, zumal der Energieverlust ihnen nicht spürbar war. Sie bemerkten keinen Mangel und daher auch keine Verringerung von Fähigkeit. Deshalb ging der Plan des Strengen auf, es lief wie am Schnürchen. Zunehmend brachte er es fertig, die Mentalquanten von Mitspielern mit der Programmierung seiner eigenen Mentalquanten zu infizieren und sie miteinander zu verkleistern. Nicht nur blieben auf diese Weise Kreationen erhalten, sondern darüber hinaus teilten sich die Gedanken und Absichten des Strengen anderen Geistwesen mit. So gewann er heimliche Kontrolle über die Betroffenen, Gedankenkontrolle.

Im nächsten Schritt seiner Kampagne wendete er dieses Prinzip im großen Stil an. Dabei war er nicht alleine zugange. Einige seiner Bewunderer waren zu engen Mitarbeitern geworden und dem Strengen regelrecht hörig. Er war der Star, sie die Fans; alles, was der Star sagte, war den Fans ein Gebot. Einen Spaß-Faktor gab es dabei nicht. Die Hierarchie war eindeutig diktatorisch. Wer führte, war klar, wer gehorchte, auch. Wer aus der Reihe tanzte, bekam das zu spüren, vergleichsweise gesprochen mit Stromschlägen. Das geschah über die vom Strengen so clever eingerichtete telepathische Direktverdrahtung mit seiner Gefolgschaft: jede Absicht, jede Laune, jede Misslaunigkeit des hochverehrten Allmächtigen setzte sich über die Mentalquanten-Verkettung unmittelbar in den Geistkörper des angesprochenen Wesens fort und versetzte dieses in Furcht und Zittern. Folgsamkeit beruhte nicht auf Ethik und Loyalität, sondern auf Unterwürfigkeit und Angst. Je länger das Spiel lief, desto schlimmer wurde es. Misslaunigkeit, Angst – das war neu. Das gab es zuvor nie.

Die Enteignung von Geiststoff

Der erste Akt der großflächigen Macht-Kampagne des Strengen war das Absaugen von Mentalquanten aus bestehenden Kreationen. Partikel sollten gesammelt, programmiert und anschließend Geistwesen zum Zweck der heimlichen Manipulation wie auch der gewaltsamen Gedankenkontrolle implantiert werden. Das wurde mit einer Strudelbewegung bewerkstelligt, ähnlich einem Wirbelsturm. Der Effekt war eine gewaltige Saugkraft, wie man sie in den Fernsehbildern von Tornados sieht. Dieses Prinzip nutzend, wurde vielen der in der Leere umhertreibenden Objekte ein Saugrüssel angesetzt und deren Mentalquanten ganz oder teilweise abgesogen. Damit war die betreffende Kreation ausgedünnt oder gar zum Verschwinden gebracht. Nur dass ihre Mentalquanten eben nicht zurück zu ihrem Urheber gingen und ins Nichts entschwanden, sondern zwecks späterer Verwendung aufbewahrt wurden.

Wo der Strenge die Idee eines Saugrüssels hernahm, ob er dessen Erfinder war, und auf welchen Prinzipien und Gesetzmäßigkeiten der Mechanismus beruht, hat sich in MindWalking-Sitzungen trotz Hunderter diesbezüglicher Zeugenaussagen bislang nicht erschlossen (die Wirkungsweise und Wirkungsmächtigkeit solcher Strudel lässt sich einer Reihe von Beispielen in MWU und APR entnehmen).

Was da zwecks späterer Verwendung aufbewahrt wurde, sind selbstverständlich nicht einzelne Mentalquanten, sondern eine komprimierte Mentalquantenpampe, ein von einer großen Zahl von Urhebern herrührendes Gemisch. Wie das betreffende Behältnis gefertigt ist, das ja als Energiefeld ein anderes Energiefeld, nämlich die Masse der eingefangenen Mentalquanten, begrenzt und komprimiert, ist noch nicht bekannt. Wohl aber ist bekannt, wie das Material nach Aufbewahrung verwendet wurde: jedesmal, wenn die Mannschaft des Strengen plante, andere zu unterdrücken, zu kontrollieren und ihrer Selbstbestimmtheit zu berauben, wurde dieser Mentalquantenpampe eine Portion entnommen, vergleichsweise wie mit einer Suppenkelle. Diese Mentalquantenportion, ihrerseits nichts anderes als ein kleines Mentalquantenfeld, wird anschließend durch energetische Einwirkung verdichtet, durch Druck. Gleichzeitig wird es von intensiven Absichtskräften „beschallt", die wie tausend Stimmen auf es einhämmern. Die Inhalte prägen sich dem ausgesonderten Feld mit ähnlicher Gewalt ein wie beim Prägen von Münzen der Stempel dem Metall.

Als Ergebnis dessen hat man eine Kreation, die auf gewaltsame Weise zustande kam und aus den geraubten Teilchen Tausender von Urhebern besteht. Technisch gesprochen handelt es sich um ein kollektives Mentalfeld, siehe Satz 64. Dieses Produkt böswilliger Fremdbestimmtheit formt man anschließend zu einer bestimmten Gestalt, sagen wir zu der eines Würfels, einer Wolke, einer Maske, einer Fratze, egal. Anschließend hext man dieses Gebilde jemandem an, um ihn auf depressive und selbstzerstörerische Gedanken zu bringen. Dazu richtet man als Täter seine Absicht auf eine Zielperson. Falls das Opfer die Attacke nicht bemerkt, oder sie zwar bemerkt, sich aber davor ängstigt, übernimmt es den Inhalt des Mentalquantenfeldes und reproduziert ihn, sobald der sich einschaltet. Auf die gleiche Weise funktionieren bis zum heutigen Tage Hexerei, schwarze Magie und Voodoo. Sie bedienen sich der gleichen Prinzipien, siehe Sätze 37 und 55.

Woher will man wissen, dass es damals so zuging? Zur Veranschaulichung sei ein typischer Sitzungsvorgang beschrieben: ein Solo-MindWalker gerät beim Verfolgen seines persönlichen Themas in Kontakt mit einer mentalenergetischen Installation. Sagen wir der Anschaulichkeit halber, sie hätte die Gestalt eines Salzfasses. Eine „Installation" ist nicht ansprechbar, denn sie ist kein intelligentes Geistwesen, mit dem man in Dialog treten könnte, sie ist nicht mal ein programmiertes Energiewesen mit einem künstlichen Ich. Gleichwohl weiß man aber, dass eine Installation in ihrer Substanz aus Abertausenden von Mentalquanten besteht, die in eine bestimmte Form gebannt wurden, hier in die eines Salzfasses. Auf diese Tausende von „Salzkörnchen" stimmt man sich ein, spürt in sie hinein, tritt mit ihnen in Kontakt. Man fragt: „Wie seid ihr dazu geworden?" Daraufhin enthüllen sich einem die oben genannten Bilder und Eindrücke: die Mentalquanten wurden ursprünglich von mehreren Urhebern erschaffen und zu einer spaßigen Kreation gemacht, die fortdauerte, statt sich aufzulösen, wie in früheren Zeiten noch üblich. Ihre Mentalquanten wurden abgesaugt, gesammelt, aufbewahrt und anschließend zwecks Weiterverwendung verdichtet, programmiert und im Zielgebiet platziert. Im vorliegenden Fall machte man sie zum Salzfass und schärfte ihnen ein, der Zielperson, in diesem Fall dem Solisten, die Suppe zu versalzen.

Diese ganze Story lässt sich ablesen, sie läuft mit nicht geringen emotionalen und somatischen Begleiterscheinungen auf dem geistigen Bildschirm des Solisten ab wie ein Film. Die komplette Information teilt sich einem mit, so als hätte man es selbst durchgestanden. Nach erfolgter Entlastung verschwindet das Salzfass. Alle Teilchen sind zurück zu ihren unterschiedlichen Urhebern und damit zurück im Nichts. Die Wahrheit befreit, diese Grundannahme zeigt hier ihre Gültigkeit.

Mithilfe dieser Absaugstrategie gelang es dem Strengen, die Mentalquanten unzähliger Urheber zu vermischen und zur anonymen Masse zu machen. Sein Ziel war, daraus Instrumente zur Einflussnahme auf mentalenergetischer Ebene zu fabrizieren, selbstverständlich mit dem weiteren Ziel, harmlose Lichtbringer auf diese Weise zu Untergebenen, Handlangern und Lakaien zu machen. Er hatte keinen äußeren Anlass dazu, keine Gegner, keine Anfeindungen, keinen Grund zur Verteidigung, nichts dergleichen – er wollte einfach die Nummer Eins sein, der Größte, der Einzige. Und das selbstverständlich ausschließlich deswegen, um seine Verheimlichung zu pflegen. Bewunderung und Applaus waren ihm nicht mehr genug, nein, Einzelherrschaft, totale Diktatur, so hieß nun sein Spiel. Aus den freiwillig agierenden fröhlichen Geistwesen der Anfangszeit zwangsrekrutierte er seine private Armee, bestehend aus gehirngewaschenen Marionetten, genauer gesagt aus mentalprogrammierten Marionettenwesen, denn Gehirne gab es ja damals noch keine.

Frei denken ist strafbar

Bei der Absaugerei schöpfte niemand Verdacht, denn die exzellente PR-Abteilung des Strengen vermochte überzeugend zu vermitteln, dass es sich hier um eine Reinigungsmaßnahme zum Besten aller handelte. Immerhin war der Fortbestand der Kreationen langsam zum Problem geworden. Überall sichtbar, drifteten sie in der Leere so ungenutzt umher wie heute unser Satellitenschrott im Weltraum. Mit der Absaugmaßnahme aber würde dieser doch ein wenig lästig werdende Müll nach und nach beseitigt, oder etwa nicht?

Natürlich nickten alle die begeistert, die von dem Strengen sowieso begeistert waren, die Fans also. Wer von ihm nicht begeistert war, bekam hinterrücks einen mentalenergetischen „Chip“ angesetzt, der als Zweiweg-Kontrollgerät fungierte: er registrierte nicht nur die Emotionen und Gedanken der Zielperson, sondern vermochte sie zudem suggestiv zu beeinflussen.

Gute Laune und Freiheitsgedanken hatten in der Welt des Strengen keinen Platz und waren strafbar. Was Freiheit war, bestimmte allein er, und eine emotionale Regung oberhalb der seinen – er fluktuierte zwischen Zorn und Grimm – stand niemand zu. Wer zu lachen imstande war, könnte eventuell auch über ihn, den Strengen, lachen, und das war auf keinen Fall zuzulassen. Regungen und Impulse dieser Art wurden durch entsprechende Impulse sogleich geahndet. Das lief ungefähr so wie heute, wenn Geheimdienste Telefonate und E-Mails abschöpfen, speichern und nach Schlüsselwörtern untersuchen, um bei entsprechender Meldung aktiv zu werden. Was heute von Geheimdiensten getrieben wird, überhaupt jegliche Gedankenspitzelei, ist letztlich nichts weiter als die Dramatisierung einer bereits vor Urzeiten getroffenen Maßnahme des Strengen. („Dramatisierung“ bedeutet: unbewusst und ungewollt wiederholt sich was, siehe Satz 61.)

Gedankenkontrolle, Gemütskontrolle, Seelenkontrolle wurden im Einzugsbereich des Strengen zu festen Einrichtungen. Man bedenke, noch gab es keine festen Formen, sondern lediglich feinstoffliche Gestalten, noch lebte man in einer mit menschlichen Sinnen nicht greifbaren Astralwelt. Natürlich traten immer wieder mal Opponenten und Kritiker auf, auch in den eigenen Reihen des Strengen, doch mit ihnen wusste man dank der genannten Methoden umzugehen. So sank die Zahl der Widersacher. Die Schar der Begeisterten stieg, was nicht verwundert, waren die meisten von ihnen doch mit entsprechenden Mitteln aus Resignierenden zu Marionettenwesen gemacht worden.

Allmählich zeigte sich der vom Strengen ursprünglich vorausgesagte Effekt, vor dem er ehemals gewarnt hatte, das er nun aber nachträglich genoss: die abgesaugten, zwischengelagerten Mentalquanten, diese Massen von nicht rückerstatteten Energien schwächten die Kräfte der Wesen. Immerfort kreativ hinauspusten, überall mit der Aufmerksamkeit hängen bleiben, ohne dass je etwas zurückfließt, das ermüdet. Das Lichterspiel wurde langsamer, zäher, düsterer, eingeschränkter – für heutige Verhältnisse natürlich immer noch brillant.

Vergleichsweise ergeht es uns heutzutage mit dem kapitalistischen Geldsystem und seinen Steuern und Zinsen ganz ähnlich. Gegen das Absaugen der eigenen Energien, ausgedrückt als Geld, vermag man immer wieder zu gewinnen, wenn auch nur knapp, und entsprechend ausgebrannt fühlt man sich. Das System bringt zwangsläufig mit sich, dass am Ende nur einer als Gewinner übrig bleibt. Auch dies dürfte eine Dramatisierung sein, zurückgehend auf die Uranfänge des Universums und den Plan des Strengen.

Die größte Show der Astralwelt

Von einer besonders groß dimensionierten Variante zur Ankopplung von Geistwesen an die zentrale Kontrolle des Strengen hört man in Sitzungen immer wieder, nämlich vom „Zirkuszelt-Event". Im Rahmen dieser Aktion wurden nichtsahnenden geistigen Wesen gezielt mentalenergetische Chips, winzige Mentalquantenfelder also, implantiert. *Implantieren* bedeutet soviel wie „einpflanzen"; es mag medizinisch gemeint sein oder psychisch. Das psychische Extrem einer Implantierung ist die Gehirnwäsche.

Für den Zirkuszelt-Event stand eine Anlage von den Ausmaßen eines Open-Air-Popkonzerts mit beleuchteter Bühne und Platz für Zehntausende von Besuchern bereit. Platz war damals kein Problem, denn die Anlage befand sich in einem riesigen, in der Leere schwebenden Veranstaltungsraum, dem „Zirkuszelt". Die atemberaubende Sensationsshow lief nicht etwa bloß einmal, sondern immer wieder, ähnlich wie ein Musical wie „Starlight Express" an derselben Bühne jahrelang läuft.

Selbstverständlich war alles virtuell und holographisch, alles aus abgesaugten Mentalteilchen gebastelt, mithin astral, feinstofflich und für das menschliche Auge nicht sichtbar. Offensichtlich machte man sich zum damaligen Zeitpunkt gar nicht mehr die Mühe, Neues aus dem großen Nichts zu schaffen. Man benutzte einfach das überall herumliegende Zeug. Trotz aller Feinstofflichkeit war die Anlage für die Wahrnehmungsfähigkeit der damaligen Wesen so solide wie für uns Menschen eine Ziegelmauer. Man möge nicht vergessen: keiner hatte einen Körper, jedenfalls keinen festen. Zwar hatte mittlerweile jeder seinen Energiekörper, aber der war weder besonders fest noch von bleibender Gestalt, heute mal so und morgen mal so. Zwischendurch war er vielleicht auch einfach mal aufgelöst, wenn man mal Pause machen wollte und sich in seine Unsichtbarkeit zurückzog – was natürlich nur ging, solange man nicht mit den Mentalquanten des Strengen oder seiner Anhänger kontaminiert oder gar ein umprogrammiertes Marionettenwesen geworden war. Rückzug in die Unsichtbarkeit war dem Strengen selbstverständlich unerwünscht – da wäre man ja außerhalb seiner Kontrolle! Genau dieser Möglichkeit eines Rückzugs sollte ein Ende gesetzt werden. Deswegen der Zirkuszelt-Event.

Um die frecherweise noch freien Wesen mit programmierten Mentalchips zu implantieren, wurden ihren Energiekörpern, in welchen sie erschienen, bestimmte Positionen zugewiesen. Sitzplätze waren vorgesehen, nicht etwa Stühle oder Bänke, sondern vom Veranstalter zuvorkommender Weise angebotene Hohlformen, in die man sich bitteschön energetisch hinein zu begeben hatte, damit alle genug Platz hätten und gut sehen könnten. Völlig verständlich, das machte jeder gerne, man war ja rücksichtsvoll. Der Hintergedanke war, die Besucher dort zumindest so lange verharren zu lassen, bis man ihnen ihr Implantat versetzt hatte.

Das Innovative, Neuartige und für einige etwas Befremdliche an diesen bereitgestellten Hohlkörpern war ihre Form. Sie waren mit Armen, Beinen, Kopf und Rumpf ausgestattet, der Grundform des heutigen menschlichen Körpers. Nur rudimentär waren sie gestaltet, nicht so feingliedrig wie heute und eher wattig und wolkig, aber nichtsdestoweniger mit Armen, Beinen, Kopf und Rumpf.

Hinterhältige Kooperation auf Chef-Ebene

Als Designer dieser menschenähnlichen Hohlform ließ grüßen der erste der beiden Heimholer, der Weiche. Der hatte diese ganze Entwicklung der Dinge distanziert von der Seite beobachtet, war nicht fasziniert gewesen vom glorreichen Aufstieg des Strengen vom ehemals frustrierten Heimholer zum späteren bejubelten und gefürchteten Halbgott, war keinen Moment auf dessen Glitzerpaillettenkostüm hereingefallen. Für den Weichen war der Strenge die ewige Nummer Zwei, er hingegen die Nummer Eins – was ja zumindest hinsichtlich der zeitlichen Reihenfolge ganz korrekt war.

Was die beiden charakterlich unterschied, war das völlige Desinteresse des Weichen, den Showmaster zu spielen, die Rampensau, den Gottgleichen – dazu war er einfach nicht der Typ. Selbstverständlich liebte er es, seine Wirkung zu erzielen, doch immer schaute er als stiller Genießer aus dem Hintergrund zu, drängte sich nie als der geniale Verursacher in den Vordergrund – und entzog sich damit elegant jeder Verantwortung. Den Kontrollmaßnahmen des Strengen fiel der Weiche ganz einfach deswegen nie zum Opfer, weil er absolut nichts daran auszusetzen hatte, niemals in die Opposition ging, nicht kritisierte, nicht wertete, sondern das ganze Schauspiel mit gnädigem Auge an sich vorbeiziehen ließ. Schulterklopfend wie immer sagte er zum Strengen: „Mach du nur weiter, schau wie weit du kommst. Schau was dabei herauskommen wird, und wenn du fertig bist mit deinem Spiel, dann geh nach Hause." Das hörte der Strenge gerne – selbst wenn er keinen Moment lang vorhatte, „nach Hause" zu gehen, denn immerhin hatte er es sich auf ewig als Weltenherrscher eingerichtet. Zurück ins Allsein – das war nichts für ihn.

Nach und nach bezog der Strenge den Weichen in sein Weltenbeherrscher-Spiel ein, denn so einen harmlosen und willfährigen Kollegen, das sah man doch gerne. Irgendwann gehörte der Weiche schließlich in beratender Funktion zum engeren Umkreis des Strengen. Weil er insbesondere ein Händchen für Design hatte – wir wissen nicht, wieso –, wurde ihm anlässlich der größten Show der Astralwelt die Gestaltung der „Sitzplätze" für die erwarteten Besucher übertragen, für die millionenfach samt Energiekörper herbeiströmenden Geistwesen.

Indem der Weiche den Besuchern eine Körperform als Sitzplatz anbot, machte er Körperformen sozusagen attraktiv und salonfähig. Dass er damit sein eigenes, langfristig angelegtes Spiel trieb, würde sich erst in einer späteren Phase seiner Kooperation mit dem Strengen zeigen. Von diesen Hintergedanken des Weichen ahnte der Strenge nichts.

Die Show selbst bestand aus einer ebenfalls vom Weichen gestalteten Parade von Engelsgestalten, geflügelten Pferden und Fanfarenchören – zwar inhaltlich absurd, aber insofern sensationell, als hier definitive, fest umrissene Gestalten wie auf einer Theaterbühne interagierten, Kreationen also, welche fest definierte Szenen abspielten. Man zeigte sich beeindruckt, war hingerissen, fasziniert. Das war doch mal was anderes als bloß immer diese Lichtfontänen und dieser leblose Weltraumschrott, nicht wahr?

Ein kurzer Seitenblick: Jedem heutigen Besucher von bayrischen Barockkirchen wird sofort die Ähnlichkeit der Altar- und Wandgemälde mit den Inhalten der Zirkuszelt-Show auffallen. Das so häufig gewählte Sujet der Barockmaler geht auf die Offenbarung des Johannes zurück: „Und die sieben Engel, die die sieben Posaunen hatten, bereiteten sich, damit sie posaunten" (Joh. 8.6). Wieso gerade dieses kleine Zitat aus der dicken Bibel die Barockmaler so nachhaltig inspiriert haben sollte, das macht schon nachdenklich. Auch dies eine Dramatisierung, wie man vermuten darf, eine, die sich nicht nur in Johannes und den Malern des Barock ausdrückt, sondern auch in den Fanfarenzügen des Militärs sowie im Trompetenschall fürstlicher und hohepriesterlicher Auftritte seit Anbeginn der Geschichte.

Zurück zum Verlauf: Die besuchenden Geistwesen nahmen innerhalb der zugewiesenen Hohlformen ihren Platz ein, indem sie sozusagen ihren eigenen Energiekörper in den vorgegebenen hineinstopften. Damit hatten sie eine klar definierte Position, sodass man problemlos auf sie einwirken konnte. Die Einwirkung bestand aus der Interaktion der Mentalquanten des Besucher-Körpers mit denen des Hohlkörpers, was zu einer unbemerkten Infektion und Kontamination mit dem Verklebe-Programm des Strengen führte. Die ganze Geschichte war keineswegs traumatisch, sondern vielmehr spaßig und unterhaltsam – und umso besser funktionierte sie, denn alle waren so wunderbar abgelenkt von der Show, dass man die aus den Hohlkörpern herüberfließenden Informationen und Programme unbemerkt und ungefiltert übernahm. Wem es zu viel wurde, der zog sich in sich zurück, weswegen es ihm momentan schwarz „vor Augen" wurde – die naturgemäße Begleiterscheinung einer mentalen Kommunikationsverweigerung. Doch kaum hatte man sich erholt, ging es munter weiter mit der Show.

Als ihr Ergebnis entstand eine mächtige Übereinkunft: es gab feste Kreationen, es gab aktive Macher und passive Zuschauer, es gab eine Bühne und eine Distanz zwischen ihr und dem Publikum, und es gab – eine Etage tiefer sozusagen – die unbewusst implantierte Übereinstimmung mit dem „Einheitsgebot" des Strengen und seinem Anspruch, alle an sich zu binden. Und es gab die vom Weichen entworfenen, attraktiven Körperformen sowohl als Sitzplatz wir auch auf der Bühne. Damit hatte der Weiche ganz subtil und unbemerkt sein eigenes Spiel eingeleitet.

Wie das Böse in die Welt kommt

Eine knappe zusammenfassende Rückschau: Die solide Welt aus feinstofflichem „Material", Energie, Zeit und Raum entstand aufgrund einer gravierenden Verfehlung des zweiten Heimholers hinsichtlich seines Urauftrags und seiner Handhabung dieser Situation. Keiner der schaffenstrunkenen Lichtbringer war gewillt gewesen, der Aufforderung zur Heimkehr Folge zu leisten. Deshalb beschloss der Strenge, ihnen auf drastische Weise vor Augen zu führen, dass es so etwas Unerhörtes gäbe wie Konsequenzen. Damit vermeinte er seinen Auftrag zu erfüllen. Das gewählte Mittel, der Mentalquanten-Klebstoff, wurde entgegen aller Erwartung zum Selbstläufer. Die vom Strengen in Aussicht gestellte langfristige Konsequenz einer Schwächung durch Verkleisterung ernüchterte die Mitspieler keineswegs, sondern faszinierte sie vielmehr, weil sie Schwäche ja nicht kannten.

Der eigentlich gut gemeinte Plan des Strengen erwies sich als Fehlschlag. Aus egoistischen Gründen – er genoss die Bewunderung, die ihm zuteil wurde – verheimlichte er seine Verfehlung. Indessen wären Demut und eine Offenlegung am Platz gewesen. Der Strenge hätte zugestehen sollen, dass er genauso wenig zustande gebracht hatte wie zuvor der Weiche. Das aber konnte der Strenge nicht mit sich vereinbaren. Zudem packte ihn der Machtrausch; dies umso mehr, je länger er im Spiel war und sich unter Jubel zum Herrscher stilisierte, zum Halbgott und Gott.

Wie also kam das Böse in die Welt? Durch eine eigentlich gute Absicht, die aber fehlschlug. Was noch nicht schlimm wäre. Schlimm wurde es, weil der Strenge seine Verfehlung aus Arroganz und Selbstherrlichkeit verheimlichte. Wer aber erst einmal etwas verheimlicht, der muss jeden ausschalten, der auch nur den Anflug einer Ahnung haben könnte. Der muss jeden kritischen Geist auslöschen. Alle Diktatoren verfahren so. Den Anfang setzte der Strenge.

Himmlische Finsterlinge

Nicht nur MindWalking-Erinnerungen verweisen auf das Erscheinen eines machtgierigen Widersachers gegen den göttlichen Plan, auch das Christentum tut dies mit seinen Verweisen auf Teufel, Satan und Luzifer – wobei man in der Bibel unter Luzifer allerdings jemand anderen versteht als unsere fröhlichen Lichtbringer der ersten Stunde. Ähnliches findet sich weltweit in Mythen der Weltentstehung.

Von Luzifer berichten die Propheten Jesaja und Hesekiel. Sie bezeichneten ihn mit dem hebräischen Wort *helel*, was so viel wie glänzend, prächtig oder herrlich bedeutet. In der lateinischen Bibel wurde *Luzifer* daraus, verschiedentlich übersetzt mit „Lichtträger“, „Sohn der Morgenröte“, „schöner Morgenstern“. Diese machtvolle und herrlich anzuschauende Persönlichkeit, dieser „Glanzstern“ empörte sich gegen Gott und wird zum „Fürst der Finsternis“. Jesaja berichtet die Geschichte seines Falles: „Du sprachst in deinem Herzen: Zum Himmel will ich hinaufsteigen, hoch über die Sterne Gottes meinen Thron erheben […], will hinauffahren auf Wolkenhöhen, mich gleichmachen dem Höchsten“ (Jes. 14, 13-14). Luzifer erhöhte sich selbst, durch Hochmut fiel er.[37]

Von Luzifer ist es nicht weit zu **Satan**. Möglicherweise sind beide identisch, denn zum Ursprung des Satans findet sich nichts in der Bibel. *Satan* bedeutet „Widersacher“, dies auch ein dem **Teufel** gegebener Name.[38] Der „Drache“, die „alte Schlange“, Teufel und Satan, sie alle verkörpern den gleichen bösen Geist (Off. 20,2). Zu Beginn der Menschheitsgeschichte betrog er Eva, später stellte er Hiob aufs Grausamste auf die Probe. Man stelle sich vor: Gott wettet mit Satan, dass der den Hiob nie herumkriegen würde. Wer wettet da mit wem, und was für ein fieser Gott ist denn das? Das will so gar nicht zu dem von Jesus Christus gepriesenen liebenden Vaterwesen passen.

Als weiterer Finsterling wäre der Demiurg der Gnosis zu nennen. *Gnosis* bedeutet: Erkenntnis, die zur Befreiung führt. Es handelt sich um eine kritische Parallelbewegung zum Christentum, die im Jahr 100 entstand. Der Schöpfer der Welt heißt dort „Demiurg“, ein von Platon übernommener Ausdruck. Wörtlich übersetzt: „Der vor dem Volk, *demos,* ein Werk, *ergon,* Schaffende“, gewissermaßen also ein Handwerker des öffentlichen Dienstes, mal ironisch ausgedrückt. Dieser Weltenschöpfer, der Demiurg, ist für die Gnostiker nicht identisch mit dem übergeordneten All-Gott, dem „unbewegten Beweger“ des Platon. Vielmehr sehen sie ihn als einen machtgierigen, böswilligen Alleingänger, der ganz einfach deswegen schlecht ist, weil er die Materie geschaffen hat. Nach Auffassung der Gnostiker ist die Materie schlecht, der Geist hingegen gut.

Helfer des Demiurg sind die Archonten, wörtlich übersetzt die „Urwesen“. Vom Demiurg geschaffen, haben sie nichts anderes im Sinn, als den Menschen zur versklaven, indem sie den ihm innewohnenden göttlichen Funken vor ihm verbergen. Jesus Christus kommt in der Gnosis die Rolle eines Fährmanns und Lotsen zu, der die Seelen durch die dunkle, von Archonten bewachte Zone leitet und damit den Rückweg zum göttlichen Licht sichert.[39]

Auch Zarathustra, der im 6. Jh. v. Chr. in Persien die Parsen-Religion begründete, sah das Böse gleichzeitig mit dem Guten auftreten. Der höchste Gott, Ahura Mazda, schuf Himmel und Erde, die materielle Welt, die spirituelle Welt, Licht und Dunkelheit. Außer ihm gibt es keine anderen Götter, auch keine Göttinnen. Sein Gegenspieler ist Ahriman. Der und seine Gefolgsleute verkörpern das Böse. Ganz am Anfang soll es ein

Treffen gegeben haben zwischen Ahura Mazda und Ahriman, jeder bezog Stellung, und daraus entstanden zwei Himmelreiche, einerseits das der Gerechtigkeit und andererseits das der Lüge und der bösen Geister. Jedes geistige Wesen hat zu entscheiden, wo es hingehört, zu diesem oder jenem Reich. Diese Entscheidung ist nicht rückgängig zu machen, deswegen besteht die Welt aus zwei verfeindeten Blöcken.[40]

In den Mythen der Welterschaffung aus Finnland, Ungarn, Nordamerika und Sibirien wird ein Teufel genannt: Gott erschafft die Welt, indem er in die grenzenlose Weite des Urmeeres spuckt und zusieht, wie die Spucke zu Erde und Leben heranwächst. Zugleich aber entsteigt diesem Gebilde auch schon der Teufel. In der slawischen Welt will Gott eine Handvoll Sand vom Boden des Urmeeres emporgeholt sehen, um daraus das Land zu machen. Wer den Job ausführt, ist der Teufel.

Auch an neueren mythischen Gestalten mangelt es nicht, wie ein knapper Seitenblick auf den Bereich der Sekten und Kulte zeigt. Wie der Autor L.Kin referiert, kreist die Gedankenwelt des L. Ron Hubbard, Begründer der Scientology-Bewegung, um einen Xenu genannten galaktischen Imperator, der nichts anderes im Sinn hat als die totale Unterwerfung aller Wesen; L.Kin seinerseits entwirft eine ähnlich weltenbewegende Gestalt namens Yatrus.[41]

Der Kosmos: Absicht oder Zufall?

Über einige grundsätzliche Komponenten sind sich die Mythen einig: vor allem Anfang war ein grenzenloses, leeres Nichts. Durch einen Schöpfungsakt eines Gottes oder mehrerer Götter entstand die Welt, gleichzeitig aber auch ein Gegenspieler. Auch die moderne Physik nimmt eine ursprüngliche Leere als Ausgangspunkt. Ihren mathematischen Modellen nach verdichtete sich diese Leere zu einem Punkt, aus dem beim „Urknall" eine Urmaterie herausexplodierte, welche die Basis für Kosmos und Leben darstellt.

Der bedeutsame Unterschied zwischen dem Mythos der Physiker und den Mythen der Völker liegt darin, dass die Physiker keine verursachende Instanz annehmen, keine schöpferische Intelligenz, kein absichtsvolles Bewusstsein, keinen „Gott“. Laut Physik geschah alles irgendwie von selbst, sozusagen per Zufall. Laut den Mythen geschah es mit Absicht. Wer hat recht?

Lucy Ver und die Lichtbringer-Kunst aus Müll: die Himmelskörper

Um den Verlauf der kosmischen Entwicklung weiterzuführen: seit dem Zirkuszelt-Event sind Äonen und Äonen vergangen. Abertausende von Geistwesen sind mit dem Verklebe-Gebot des Strengen infiziert, unzählige Kreationen kontaminiert und unauflösbar geworden. Es wurde langsam eng in der Leere, so paradox das auch klingen mag. Gleichwohl war der Spielraum, wiewohl theoretisch unbegrenzt, rein praktisch doch begrenzt. Das hängt mit seiner Entstehungsgeschichte zusammen. Der Spielraum definierte sich über das Erscheinen unvergänglicher Kreationen, die einfach von selbst stehen blieben, ohne zu verfliegen. Es fing an mit ein paar, und es wurden immer mehr. Diesem bestehenden Spielraum gesellte man sich zu nach dem Motto: „Ich guck mal, was die da machen; mal sehen, ob ich das auch kann“. Das lief ähnlich wie mit neuen menschlichen Ansiedlungen: sie sind selten weit entfernt von anderen Ansiedlungen, selbst wenn das Territorium rundherum riesig Platz aufweist.

Wegen dieser nachbarschaftlichen Nähe entstand im Lauf von schwer fassbaren, mit keinem Maß zu messenden Zeiträumen eine nicht mehr zu ignorierende Vermüllung. Vergleichbar wäre das damit, dass man in den 1970er Jahren die eine oder andere am Strand herumliegende Plastikflasche noch mühelos ignorieren konnte, heute aber eher das Problem hat, zwischen den ganzen Plastikflaschen überhaupt noch den Strand zu finden. Genauso wie man heute am Strand über Plastikmüll stolpert, stießen die damaligen Geistwesen mit ihren Energiekörpern an umeinander driftende, liegengebliebene Kreationen. Der dahinter steckende Grundgedanke ist ähnlich: im Ozean bzw. in der Leere ist ja endlos Platz, da braucht man sich keine Gedanken zu machen.

Als Problemlösung beschloss man, aus Müll Kunst zu machen. So entstanden kugelförmige Himmelskörper. Der Klebstoff war bereits vorhanden, alles war durchtränkt damit. Es genügte, die umher driftenden Teile zusammenzuschieben. Die Kugelform entstand von selbst, weil sie die naheliegende Form für gegenseitig sich anziehende Teile ist. Denkbar ist, dass in dieser Phase die Atome und die Gravitation entstanden sind.

Auf welche Weise das Zusammenschieben genau bewerkstelligt wurde, ist im einzelnen noch nicht bekannt. Manuell wohl nicht, eher dürfte man Keimzellen gesetzt haben, die sich im Laufe der Zeit aufgrund der gegenseitigen Anziehung von selbst mit immer mehr Teilchen bestückten. Ist ja unverändert noch heute so: „ein großer Haufen zieht Partikel an".

Irgendwann war es jedenfalls soweit. Immer wieder finden sich Erinnerungen an ein Universum aus durchsichtigen Kugeln, gefertigt aus Astralstoff und nicht mehr Substanz aufweisend als das dreidimensional in der Luft schwebende Hologramm eines Luftballons. Auch zu Sitzungskontakten mit Geistwesen, die damals dabei waren, kommt es hin und wieder. Bis heute sind manche fürchterlich stolz auf „ihren" Planeten (was vermuten lässt, dass die von Astrologen in die Planeten unseres Sonnensystems hineingesehenen Charakterzüge tatsächlich auf deren Urheber verweisen).

Merkwürdig ist, wieso niemand auf die Idee kam, seine persönlichen Anteile aus den stehen gelassenen Kreationen gezielt und absichtlich herauszulösen, noch bevor man sie zu Müllbergen zusammenfegte und daraus Planeten fabrizierte. Bekanntermaßen kehren Mentalquanten zu ihren Urhebern zurück, so man sich auf sie einstimmt und sie aufruft. Dieser Mechanismus, so darf man annehmen, war den damaligen Wesen aus ihrer Lichtbringer-Zeit vertraut, denn da vollzog sich dieses Zurückkehren ohne jedes Zutun ganz von selbst, weswegen sich Kreationen genauso schnell wieder auflösten, wie man sie hingesetzt hatte. Gleichwohl zeigte zu Beginn, als das noch leicht gegangen wäre, keiner Interesse daran, und später war es praktisch nicht mehr durchführbar, weil zu aufwändig. Nicht nur einer verantwortungsvollen Haltung seitens aller Beteiligten hätte es dazu bedurft, sondern auch einer recht ausgefuchsten Organisation. Den Müll sich selbst verdichten zu lassen, war auf jeden Fall eine bequeme Lösung.

Im Vergleich sprechend ist es wie mit diesen riesigen Plastikmüll-Inseln im Pazifik. Da könnte man locker sagen: jeder gehe bitte hin und hole seine eigenen Plastiktüten da wieder raus. So leicht sich das auch empfehlen ließe, so unmöglich ist es durchzuführen. So ungefähr scheint die Lage damals gewesen zu sein, als man sich zur Notlösung des Planetenbaus entschloss.

Genau genommen baut man ja Himmelskörper, wozu vor allem die Sterne zählen. Jedoch scheint mir die Bezeichnung „Stern" hier nicht zutreffend, denn jene Himmelskörper damals waren nicht viel lichtvoller als innen von einer Kerze erhellte Lampions, sie strahlten nicht, wie es Sonnen und Sterne tun. Deswegen bleiben wir bei „Planeten".

Großes Entsetzen angesichts fester Materie

Der Übergang vom automatischen Verfliegen zur bleibenden Festigkeit geschaffener Gebilde wurde nicht von allen Geistwesen als innovativer Fortschritt begrüßt, im Gegenteil, viele erkannten darin eine Begrenzung, Beengung, Behinderung, fühlten sich aber dagegen wehrlos und hilflos ausgeliefert.

Ich gebe hier den Bericht einer Sitzungsleiterin vom August 2021 wieder. Ihr Sitzungspartner beschreibt, wie frei spielende Geistwesen feinstoffliche Materie schaffen und wieder auflösen, und wie unversehens bleibende feinstoffliche Materie entsteht. Er sagt:

„Hohe Geschwindigkeit, rasend, zack-zack, Wesen schwirren und flitzen, wie Pappelsamen so fluffig, nur halt schnell, leuchtend. Hin- und Hersausen, im Zickzack, Spiralen drehen, zielgerichtet, schwarmintelligent, wir sind einfach *da.* Alles funktioniert perfekt, dadurch entstehen Formen. Wir erobern Raum und wir schaffen ihn! Wir machen einfach *Raum!* Vorher ist quasi nichts, aber wir definieren Raum, das hat vorher keiner gemacht! Wir machen es dreidimensional wie in einem Computerprogramm, wo so Flächen mit nichts sind, in die man dann was reinanimiert, die Formen entstehen aus uns selbst heraus, der Raum entsteht durch uns. Wir sind alle eins, wir sind alle Energie, alles muss fließen, nichts sollte stehen bleiben. Es gab Konventionen und Regeln: jeder räume seinen Kram auf. Aber das geht auf einmal nicht mehr so einfach. Wir haben Formen und Farben und alles Mögliche gemacht! Und erst ging es weg, aber dann blieb es! Bin sauer deswegen! Da sind riesige Energiewirbel, Wolken, farbige Tornados. Schlaufen, Kringel, Wellen, Farben (lacht). Wie konnte uns das passieren (weint)! Das passiert, wenn man glaubt, dass man alles weiß (schluchzt). Wenn man sicher, selbstverliebt, arrogant ist; man ist ja sooo entwickelt (ironisch, schluchzend)! Dann ist man nicht mehr aufmerksam (lacht, weint). Ich habe keinen Durchblick mehr, bin fasziniert von den Farben, hingerissen, unaufmerksam gewesen (schluchzt). Dieses Geflashtsein! Emotionen sind eine tolle Sache. Sie fühlen sich toll an! Aber sie lenken ab. Wir haben den Überblick verloren in Energiewolken, haben uns einnebeln, verschlucken lassen von den Wirbeln und Farben. Erst fühlt sich das so gut an! Ein subtiles Sich-einvernehmen-lassen, Übernommenwerden. Ich kringele mich rein mit Schwung, eine Wasserrutsche aus Farben, es ist so gut gemacht, scheint so harmlos! So lustig! (Strahlt, lacht und weint gleichzeitig die ganze Zeit, gestikuliert wild). Aber da im Rausch wird irgendwas mit einem gemacht. Da war ein Sekundenbruchteil, wo man vor lauter Freude nur im Wirbel ist und unaufmerksam ist, nur für einen Minisekundenbruchteil, das ist der Moment (weint). Scheiße, seitdem immer aufmerksam sein zu müssen! (leuchtet auf, schnauft).

(Die Sitzungsleiterin fragt: Was wurde dir oder euch da genommen oder hinzugefügt?) Die volle Schaffenskraft, die Liebe am Schaffen, Erkunden, Beobachten, wie es entsteht, wie es vergeht (weint), die Leichtigkeit, das Spielerische, das Naive, Kindhafte (lacht/weint). Etwas nicht mehr vergehen lassen können, alles festhalten müssen – absurd! Das war noch nie so, dass etwas bleibt! Denn es soll ja nicht bleiben (weint schlimm)! Was ist mit der Leichtigkeit geschehen, ewiges Glück, ewige Glückseligkeit? – Da ist wer… Er hält etwas fest und andere auch… Wer er ist, weiß ich nicht… Irgendwann kommt es so, man nimmt es hin, man lebt damit und die Erinnerung geht weg, wer wir waren und was wir konnten.

Wir haben einfach gemacht! Alles war Spaß! Wir haben gemeinsam die ganze Zeit gespielt, uns gefreut, haben es ausgekostet und dann war's auch gut. Und heute diese Angst, wenn was Geschaffenes verschwindet! Es war früher *nie* so, dass es blieb. Das ist ein ethisches Problem, ist das erlaubt? Bleiben? Behalten? Wesen nehmen sich Dinge, besitzen sie? Darf man das?“

Die Welt wird fest und fester

Aus der Hilflosigkeit hinsichtlich der fortschreitenden Verfestigung war das Entsorgungsprojekt „Kunst aus Müll“ entstanden. So erfolgreich es zunächst auch war, stellte es die weitere Produktion von weiterem unauflösbarem Material nicht ab. Das geschah immerfort von alleine. Dass es an dem Strengen lag, war allgemein bekannt, aber erstens gab der sein Geheimnis nicht preis und zweitens wollten die meisten auch nicht in den Zustand zurück, wo alles verpufft, kaum dass man es hergestellt hatte. Dafür war der Genuss am konkreten Haben viel zu groß. Das Geschaffene genießen, Bewunderung einheimsen, sich mit anderen vergleichen, es ihnen gleichtun, sie übertrumpfen – dieses Spiel, diese Spannung wollte keiner mehr missen. Die Zahl der Skeptiker und Kritiker war klein, und der Strenge sorgte mit seinen mentalen Kontrollmaßnahmen dafür, dass sie auch klein blieb.

Mittlerweile war es ungemütlich eng geworden; eine Lösung musste her. Zwar hätte man ewig lang eine Himmelskörperkugel nach der anderen fabrizieren können, sicherlich, denn rein theoretisch wäre Platz genug für alles gewesen. Schließlich ist eine Leere nach allen Seiten hin unbegrenzt. Man hätte sich endlos ausbreiten können, aber letztlich wäre das kein Ausweg gewesen. Denn immer mehr Material kam hinzu, immer mehr – und fester und zäher wurde es auch. Das ununterbrochen wirkende Zueinanderstreben von Teilchen, ursprünglich ausgelöst durch das Einheitsgebot des Strengen, machte die Verdichtung der Teilchen zunehmend und unausweichlich größer. Spätestens in dieser Phase war Gravitation gegeben. Die Welt wurde massiver und massiver. Formten sich vielleicht hier die Atome? Man bedenke, dass Atome keine herumsausenden Sandkörnchen sind, sondern letztlich nichts anders als Energiewirbel. Ein Solist berichtete einmal von einem Erlebnis, als der Druck auf die Teilchen so groß wurde, dass sie sich selbst organisieren oder arrangieren mussten, da einfach kein Platz zur Verfügung stand.

Gemessen an der Feinwahrnehmung der damaligen Geistwesen war die Welt geradezu bedrohlich massiv, fast hätte man sie schon mit dem heutigen menschlichen Auge erblicken können, so schlimm war es bereits – da, in dieser kritischen Situation, trat der Weiche auf den Plan, der stille, zurückhaltende erste Heimholer. Er schlug einen pfiffigen Auflöseplan vor.

Weltauflösung geplant

Den Äther heimlich nutzen

Kern und Grundlage des Auflöseplans des Weichen war der „interplanetarische Dunst", der sich mittlerweile gebildet hatte. Die Planetenkugeln hingen nicht in einer völlig sterilen Leere, zwischen ihnen war kein komplett substanzloses Nichts, sondern vielmehr das, was wir heutzutage vielleicht „Äther" nennen würden: nämlich ein hauchfeiner Nebel aus Milliarden und Milliarden von Mentalquanten. Sie waren im Lauf der Äonen entstanden und entstanden permanent neu, weil die Wesen ihre Aufmerksamkeit nicht lediglich auf ihre persönlichen Kreationen gerichtet hielten, sondern auch auf das umgebende Spielfeld. Sie guckten auch mal in der Gegend herum, salopp ausgedrückt. Jeder ließ seine Aufmerksamkeit kontinuierlich über einen riesigen Raum schweifen; dessen Eckpunkte waren die mittlerweile zur Gewohnheit gewordenen Himmelskörper. Anders gesagt, man dachte dauernd an das große Spiel. So entstand der Mentalquantendunst.

Dieser Äther fiel nicht weiter auf, störte niemanden, war durchlässig, stand nicht im Wege. Man konnte ihn mit Leichtigkeit ignorieren. Auf der anderen Seite aber war er benutzbares, herrenloses Material, und diesen Umstand machte sich der Weiche zunutze. Er konstruierte daraus Installationen zum Auflösen von feinstofflicher Materie. Das Prinzip war so einfach wie genial: man raffe den Äther ein wenig zusammen und mache ihn portionsweise ein klein wenig dunstiger, als er eh schon ist, aber nur ganz wenig. Man festige ihn gerade mal so weit, dass er wie ein hauchfeiner Nebel wirkt, der aus der Wiese steigt. Diesem Nebelwölkchen gebe man eine

Form, sagen wir die einer Röhre. Und nun programmiere man dieses Gebilde, bestehend aus nichts als den Mentalquanten unterschiedlicher Urheber, mit der Aufgabe, folgendes weiter zu geben: „Alle Teilchen gehen zum Urheber zurück, jedes zu seinem eigenen!" Zum Urheber zurück!, abgekürzt: ZUZ! – das war die Zauberformel.

Selbstverständlich war dies kein Ein-Mann-Unternehmen des Weichen, sondern teilte sich unter viele Mitarbeitern auf. Wie sie vorgingen, klingt ähnlich wie im Märchen, wenn die gute Fee ihren Zauberstab schwingt, ein Sternchengeriesel entsteht und sich daraus ein wunderhübsches Gebilde formt. Laut Beschreibung der damals Beteiligten schwebte man als Geistwesen mit seinem Energiekörpern durch den Ätherdunst und gab einen linksdrehenden Impuls hinein, gegen den Uhrzeigersinn also, und erzeugte so ein Wirbelchen und damit ein sich selbst erhaltendes Feld. Dieses diente anschließend als Ausgangsmaterial für die späteren ZUZ!-Installationen.

Die rettende Formel

Die ZUZ!-Formel ist nicht lediglich der Vergangenheit zuzuordnen, vielmehr gehört sie in MindWalking-Sitzungen zum grundlegenden Handwerkszeug. Man löst damit mentalenergetische Installationen auf, siehe vorhin das Beispiel mit dem Salzfass. Installationen im Unterschied zu Wesen verfügen über keinerlei Intelligenz, nicht einmal über die programmierte künstliche Intelligenz von Energiewesen. Sie sind genauso wenig intelligent wie ein Ziegelstein und lassen sich entsprechend schlecht ansprechen. Aber einstimmen kann man sich auf sie, kann sich ihrer Teilchen bewusst werden und diese Teilchen dazu bewegen, sich an ihren Urhebern zu orientieren und zurückzukehren. Man hebt die Verklebung der Mentalquanten auf, welche ihre Auflösung behindert, indem man jedes Mentalquant an seine Herkunft erinnert. Man muss es nur wollen und es ihnen mit Nachdruck sagen, dann tun sie das auch. Die Kraft der Absicht ist das Entscheidende. Auf feinstofflicher, d. h. mentalenergetischer Ebene funktioniert es, wie wir in unseren Sitzungen erleben. Man spürt es als körperliche Erleichterung; am *mind walker* zeigen sich entsprechende

Entladungen. Dass es auch auf grobstofflich-materieller Ebene funktionieren kann, beweisen manche Yogis und Tao-Meister. Sie vermögen aus der leeren Luft Dinge erscheinen zu lassen und wieder zum Verschwinden zu bringen.[42]

Letztlich beruhen auch Duo-Sitzungen auf dem Prinzip „zum Urheber zurück", obwohl es dort nicht als Formel ausgesprochen würde. Denn in einer Duositzung geschieht ja grundsätzlich nichts anderes, als dass der Sitzungsleiter seinen Sitzungspartner mit Geduld und freundlicher Beharrlichkeit dabei unterstützt, die Abwehr gegen seine schrecklichen Erinnerungen durch Aufbau des Akzeptanzvermögens aufzuheben und den Rückfluss der zurückgedrängten Mentalquantenmasse zuzulassen, in diesem Fall den Rückfluss zu ihm selbst (siehe Satz 16).

Bei ZUZ! handelt es sich deshalb nicht etwa um eine MindWalking-Spezialität, sondern um eine grundsätzliche psychische Gesetzmäßigkeit (siehe Satz 12). Eben deswegen kann man jedes Geistwesen auffordern, seine eigenen Mentalquanten zurückzunehmen, und nur deswegen war es damals, in jener Urzeit, dem Weichen möglich, sie als Auflösewerkzeug im großen Stil einzusetzen. Sein Grundgedanke war, wie eben angedeutet, Installationen zu produzieren, hauchfeine Verdichtungen von Dunst im Dunst, sie mit „ZUZ!" zu programmieren und auf die Oberfläche eines „Planeten" zu pflanzen (nennen wir diese Kugelgebilde mal so). Die simpelste Ausführung einer solchen Installation hätte die Form einer Röhre. Diese Röhre, senkrecht auf den „Erdboden" gestellt wie ein Ofenrohr, würde das Gebot „ZUZ!" nach unten hin kommunizieren, hin zu den verdichteten und verklebten Mentalquanten der Planetenmasse. Diese würden sich voneinander lösen und – bildlich gesprochen – durch die Röhre hinauf fliegen wie die Funken durch den Schornstein. Ein jedes Teilchen zurück zu seinem Urheber, ganz von selbst. Das war der Plan des Weichen. Und er funktionierte.

Das Design-Projekt

Als dem Weichen die ersten Prototypen der ZUZ!-Installationen geglückt waren, gab er sein Projekt bekannt. Weil es auf große Zustimmung stieß, hatte er keine Schwierigkeiten damit, eine Handvoll tatendurstiger Geistwesen als Mitarbeiter zu engagieren. Viele scheinen es nicht gewesen zu sein, denn die Erinnerungen an diese Epoche stammen von einer recht kleinen Zahl von Solo-MindWalkern, die sich im Lauf der Jahre nicht vergrößerte. Es werden zweifellos mehr dabei gewesen sein, nicht jedoch eine riesige Schar. Dies steht im Unterschied zum Zirkuszelt-Event oder der Erdvernichtungskatastrophe, wovon über die Jahrzehnte hinweg immer wieder berichtet wird, was daran liegt, dass so viele betroffen waren.

An einem dafür ausgewählten Himmelskörper demonstrierte der Weiche samt Team, wie sich eine kugelförmige Masse mithilfe von ZUZ!-Installationen zumindest ansatzweise auflösen ließ. Und tatsächlich: die ZUZ!-Installation tat das Gewünschte. Der Planet dünnte wirklich aus! Die Zuschauer waren fasziniert. Fabelhaft. Das nahm ihnen alle Verantwortung und daraus sich ableitende Arbeit ab. Es geschah ja von selbst! Die Begeisterung war groß, wie man sich vorstellen kann.

So begann das „Design-Projekt", wie wir es bei MindWalking heute nennen. Welch kreativer Kopf der Weiche war, hatte sich schon anlässlich des Zirkuszelt-Events gezeigt, als er Körperformen mit Armen, Beinen, Kopf und Rumpf ersann und einsetzte. Ganz ähnliche Gebilde wie die damalige Menschenkörperform ersannen nun der Weiche und seine Designer, produzierten sie und setzten sie auf den als Versuchslabor auserkorenen Himmelskörper zwecks dessen Auflösung.

Nicht abstrakte geometrische Formen wie etwa Würfel oder Zylinder wählte man, sondern organisch wirkende Gestalten wurden da geschaffen, rudimentäre Tiere und Pflanzen, Fische und Vögel. Wieso der Weiche diesen ästhetischen Aufwand trieb, ist nicht bekannt. Es war eben sein Ding, genauso wie der Strenge in sterilen geometrischen Gebilden dachte. Gemäß ihrer Bauart existierten diese Gestalten nur, solange ein von ihnen „angesaugter" Strom von Mentalquanten durch sie hindurchging. Dann blähten sie sich auf wie ein Windsack am Flughafen, sobald ein Luftstrom ihn durchweht, und sie wirkten ganz real wie ein Baum oder Tier. Die Strömung erhielt das Gebilde in seiner Form. Von unten strömten Mentalquanten hinein und lösten sich während dem schon auf; man möge also bitte nicht an einen rauchenden Schornstein mit Funkenflug oder an Leuchtspurmunition denken Alle gingen automatisch zurück zu ihren Urhebern. ZUZ!

Verblüffender Weise funktionieren Bäume nach wie vor nach diesem Prinzip der Durchlässigkeit. Durch die Rinde des Baumes fließen von unten nach oben Nährstoffe und Mineralien. Der Baum wirkt wie ein riesiger Strohhalm, der sich von der Erde unter ihm nährt, Wasser hochzieht und in die Atmosphäre abgibt – und dabei ganz nebenher Gestein, Mauern und Felsbrocken knackt. Er löst buchstäblich die Erde auf, auf der er steht, heute wie damals. Mit dem Menschenkörper lässt sich Ähnliches erleben. Bei entsprechendem Feingefühl für vitalenergetische Strömungen (Prana oder Ch'i) spürt man, wie die tellurischen Erdströme von unten kommend den Körper durchrieseln, wobei sich – sofern man völlig wach und entspannt dasteht – die Arme ganz von selbst heben und man schließlich dasteht wie ein großes X. Man bildet eine Brücke zwischen Erde und Himmel. Die X-Haltung lässt sich ohne jede Mühe aufrechterhalten, solange man sich nur auf diesen Durchfluss konzentriert. Genau dieses Prinzip des durchfließenden Kraftstroms machen sich beispielsweise die asiatische Kampfkunst sowie die Kundalini-Meditation zunutze, und das ist auch der Grund, wieso den Germanen die X-Rune heilig war.

Im Design-Projekt erschufen die emsigen, fröhlichen und kreativen Kollegen des Weichen Fische, Vierbeiner, Pflanzen und Insekten. Zumindest der Form nach taten sie das, indem sie bestimmten grundlegenden Prinzipien folgten. Eines dieser Prinzipien ist der Goldene Schnitt. Dabei handelt es sich um geometrische Proportionen, deren Anwendung zu etwas so Wundervollem führt wie beispielsweise der sich verengenden Spirale eines Schneckenhauses, den idealisierten menschlichen Gesichtern griechischer Statuen sowie der Anordnung von Blättern und Blüten mancher Pflanzen. Die Designer erschufen praktisch die Urformen der späteren biologischen Lebewesen. Zu jenem Zeitpunkt gab es so etwas Grobstoffliches natürlich noch nicht; noch bestanden all diese Gebilde aus Astralstoff, aus Mentalquanten also. Ihre Bestimmung war, über die Verdichtetheit des Planeten Mentalquanten in die Leere des Nichts abzuleiten und sie ihren Urhebern zurückzuerstatten, und das taten sie. Solange es geschah, erschienen sie in der ihnen gegebenen Gestalt.

Das Designer-Team war begeistert von seiner Arbeit, überzeugt von seiner ethischen Zielsetzung und voller Vertrauen in den Weichen als Führungsperson. Die Welt schien gerettet. Alle gebundenen Kräfte würden rückerstattet sein, die Fähigkeiten und Kräfte aller Spieler voll rehabilitiert. Nach der eindrücklichen und durchaus unschönen Erfahrung dessen, was Konsequenz bedeutet, würden sie nach Rückerstattung ihrer gebundenen Energien von sich aus zurückkehren wollen ins Allbewusstsein. Der Plan des Strengen, unterstützt von dem des Weichen, hätte gefruchtet. Beide Heimholer hätten ihren Auftrag letztlich erfüllt, wenn auch auf seltsamen und vielleicht fragwürdigen Umwegen.

Die Rolle der Erde

Jener Himmelskörper, auf dem das ZUZ-Experiment vorgenommen wurde, ist der, auf dem wir hier und heute sitzen und „Erde" nennen. Zu jener Zeit unterschied sich die Erde in nichts von den vielen anderen künstlich geschaffenen Himmelskörpern; sie sahen alle ziemlich gleich aus. Wie es der Zufall wollte, wurde nun mal gerade diese eine Kugel zum Experimentierfeld des Weichen. Sie war damals nicht besonders groß, bei weitem nicht so wie heute, weswegen die schön gestalteten, organisch wirkenden Gebilde, erfindungsreich ausgeheckt vom Design-Team, mächtig ins Auge fielen. Diese Gebilde saugten Mentalquanten ab, der Planet dünnte aus, zumindest im Außenbereich wurde er von dickem Nebel zu dünnerem Nebel. Es klappte. Unsere Erde hatte damit eine Sonderstellung gewonnen. Aller Augen waren auf sie gerichtet; man beobachtete die Vorgänge mit höchster Spannung.

Nimmt man sich das Buch Genesis im Alten Testament als Leitfaden, dann sind wir mittlerweile am fünften Tag der Schöpfungsgeschichte angelangt: „Dann sprach Gott: das Wasser wimmele von lebendigen Wesen, und Vögel sollen über dem Land am Himmelsgewölbe dahin fliegen. [...] Dann sprach Gott: das Land bringe alle Arten von lebendigen Wesen hervor, von Vieh, von Kriechtieren und von Tieren des Feldes. So geschah es.“ (Gen. 1, 20-25) Zwei Tage früher, am dritten Tag, hatte Gott sich die Pflanzen einfallen lassen: „Und das Land lasse junges Grün wachsen, alle Arten von Pflanzen, die Samen tragen und von Bäumen (…).“ (Gen. 1, 11-13)

Ist der, den die Autoren des Alten Testaments in ihrer visionären Schau als Gott bezeichnen, vielleicht in Wirklichkeit der Weiche? Der Weiche ein Gott? Das lässt sich auch aus folgender Stelle vermuten: „Lasst uns Menschen machen als unser Abbild, uns ähnlich. […] Gott schuf also den Menschen als sein Abbild. […] Als Mann und Frau schuf er sie.“ (Gen. 1, 20-27) Das ließe sich durchaus auf die Gestaltung von rudimentären Menschenkörpern beziehen, eine Idee des Weichen schon damals beim Zirkuszelt-Event.

Zwischendurch, am vierten Tag, war die Gestaltung von Himmelskörpern dran: „Gott setzte Lichter an das Himmelsgewölbe, damit sie über die Erde hin leuchteten, über Tag und Nacht herrschen und das Licht von der Finsternis scheiden.“ (Gen. 14-19)

Hier unterscheidet sich die in der Genesis angegebene Reihenfolge von derjenigen aus MindWalking-Erinnerungen, nach denen die Zusammenfege-Aktion von Mentalmüll zwecks Bau von Himmelskörpern erfolgte, *bevor* man sie mit Lebensformen bestückte. Welcher Gott bzw. welche Geistwesen das „Kunst aus Müll“-Projekt erdachten und koordinierten, hat sich bei MindWalking bislang noch nicht erschlossen. Bemerkenswert allerdings ist, dass es solche feinstofflichen Planeten noch heute zu geben scheint. Erst im Januar 2021 gab ein Sitzungspartner an, er sei hier auf der Erde in seiner ersten Inkarnation und stamme von einem „Astralplaneten“ mit menschenähnlichen Körpern, Gebäuden, Bibliotheken und Versammlungen, jedoch weit feinstofflicher, als wir es hierzuplanete bei unserem Grad der Verdichtung gewohnt sind.

Zwei Götter in Konkurrenz

Bis hierhin war der Auflöseplan ein großer Erfolg. Das Team war happy. Der Weiche war super. Doch dann kam der Schock. Zur Entrüstung und Enttäuschung aller, nicht nur seines Designer-Teams, ließ sich der

Weiche auf einen faulen Handel mit dem Strengen ein und spielte unversehens falsch. Einen völligen Verrat des in Aussicht gestellten Rettungsvorhabens beging er, einen Verrat an allen Wesen, die auf dieses Rettungsvorhaben gesetzt hatten.

Zu diesem Handel kam es, weil der Strenge angesichts der so wunderbar verlaufenden Präsentation des Weichen sogleich witterte, welche Konsequenzen das ZUZ!-Projekt für ihn und seine Allmachtsbestrebungen haben würde. Er sah mit größter Klarheit, dass der Weiche dabei war, sein Spiel, das des Strengen, komplett zu unterminieren, seinen Klebstoff aufzuweichen, seine sorgsam gespannten Kontrollfäden zu zerschneiden. Der Erfolg des ZUZ!-Projekts würde ihn der Lächerlichkeit und vielleicht sogar der Bestrafung anheim geben, seine Missetat würde offensichtlich werden. Das durfte er nicht zulassen. Mit allem Nachdruck drang er auf den Weichen ein, bot ihm einen Handel an, zog ihn auf seine Seite: „Du und ich, wir teilen die Bereiche unter uns auf. Ich kontrolliere die Geistwesen über Mentalquantenkontamination. Du hingegen hast die Freiheit, deine komische Menagerie, dein Aquarium oder Terrarium oder was immer du da bastelst, nach Gutdünken zu betreiben und auszuweiten; ich, der große mächtige Strahlende, werde dir dabei nicht in die Parade fahren. Aber geh mir nicht an meinen Klebstoff! Schließlich hast auch du was davon, denn deine Gebilde werden erhalten bleiben und du kannst deinen Spaß damit haben."

Den Weichen auf diese Weise „einzukaufen" fiel deswegen nicht schwer, weil der überhaupt nichts zu verlieren hatte. Er hatte nie ernsthaft daran gedacht, das zu diesem Zeitpunkt bestehende physikalische Universum mit seinem ZUZ!-Projekt zurück zu verwandeln in die Leere. Er wollte bloß – mal wieder! – eine Wirkung erzielen, wollte zeigen, was er für ein genialer Bursche war. Nicht das Auflösen des Universums war ihm wichtig, sondern die Bewunderung seitens der Geistwesen dafür, dass er doch so ein lieber, verträglicher, sympathischer Bursche war, der einfach jeden machen ließ, wie er wollte. Sogar den Strengen! Denn auch dem klopfte der Weiche freundlich auf die Schulter mit seinem: „Mach nur weiter, ist in Ordnung, schau wie weit du damit kommst", und damit war der Pakt geschlossen.

Indem der Weiche rundum für Sympathie sorgte, hatte er keinerlei Anfeindungen zu befürchten. Er war immer auf der sicheren Seite.

Den Weichen als hinterhältig zu bezeichnen, trifft es nicht ganz. Wer hinterhältig ist, kalkuliert, wie er es jemandem heimzahlen kann, ohne dabei aufzufallen. Der Weiche hingegen griff nie und niemanden an, weder offen noch versteckt. Er wollte auch niemandem etwas heimzahlen, nicht einmal dem Strengen. Er nahm einfach seinen Vorteil wahr. Er hielt sich aus allem raus, stand außerhalb jedes Spiels als wohlwollender, allseits bekräftigend nickender Zuschauer und Förderer – aber immer mit einem Auge auf die Chance, eine interessante Wirkung zu erzielen und einen Nutzen zu haben. Ein charmanter und komplett verantwortungsloser Egozentriker.

Der Weiche stimmte also zu, der Strenge rieb sich die Hände. Damit begann ein endloses Machtspiel des einen in Konkurrenz mit dem anderen. Machtbesessen und von sich selbst eingenommen, war der Strenge außerstande, die weit in die ferne Zukunft reichende Strategie des Weichen zu überblicken. Wie sich zeigen wird, würde der Weiche mit dem hier geschlossenen Pakt in Zukunft mehr Kontrolle über geistige Wesen gewinnen, als der Strenge sich vorstellen konnte, mehr Kontrolle, als sich zu jenem Zeitpunkt überhaupt jemand vorstellen konnte. Damit gab der Weiche dem Strengen die Quittung dafür, dass der Strenge ihn, den Weichen, bei seinem ersten Auftauchen dermaßen verächtlich übergangen hatte, so, als hätte es den Weichen nie gegeben. Nicht aus Rache jedoch, nicht um sein Mütchen zu kühlen, nicht weil er sich beleidigt fühlte, nein, so kleingeistig war er nicht. Er zeigte einfach ganz nebenher und souverän, wer den längeren Atem hatte.

Denn – das sah der Weiche sehr wohl voraus, der Strenge aber nicht – die Design-Installationen würden genau wie alles andere mit der Zeit immer fester werden. Die von dem Strengen so verächtlich als Menagerie betitelten Kreationen des Weichen würden ihre Dunstigkeit und Durchsichtigkeit verlieren und genauso real und konkret werden wie alles andere. Mit zunehmender Verdichtung würden sich die Design-Installationen, weil ausgestattet mit künstlicher, programmierter Intelligenz, zu eigenständigen Energiewesen wandeln. In einem bestimmten, vorgegebenen Rahmen würden sie eigenständig zu handeln vermögen.

Geistwesen an diese Energiewesen zu binden und damit beide zu manipulieren, das würde gelingen, da war sich der Weiche sicher. Er liebte Manipulation, warum auch immer. Nicht das Spiel zu beenden, wie es sein Urauftrag verlangt hätte, hatte er im Sinn, sondern es elegant aus dem Hintergrund zu manipulieren – wohl auch, um seine Fehlleistung zu vertuschen.

Der Unterschied zwischen beiden lag im Charakter. Der Strenge war der konfrontative Hau-drauf-Typ, der Weiche hingegen der konziliante, liebenswürdige Einschmeichler. Ersterer war als lautstarker Gegner jederzeit problemlos erkennbar, letzterer blieb unsichtbar im Hintergrund.

Eine parallele Schöpfung: Atlantis

Aus Frust und Treulosigkeit …

Mit der Erschaffung eigenständiger Energiewesen hatte eine Parallele zur Ur-Schöpfung stattgefunden. Geistwesen, aus dem Göttlichen hervortretend, sind eine Schöpfung des Göttlichen. Energiewesen hingegen sind eine Schöpfung der Geistwesen. Energiewesen bestehen aus von Geistwesen abgesonderten, jedoch nie zurückgeforderten Mentalquanten. Eine besondere Erscheinungsform solcher „herrenloser" Mentalquanten war der oben erwähnte Mentalquanten-Äther, dem der Weiche und sein Designer-Team das Material für ihre ZUZ!-Installationen entnahmen.

Mit dieser parallelen Schöpfung, eine Etage tiefer, war die ursprünglichen Absicht des Göttlichen auf den Kopf gestellt. Licht sollte sein, und es wurde Licht, und es war gut so. Weil indessen nach erfolgter Lichtbringerei keiner in den Ursprung heimkehren wollte, wurde ein Heimholer berufen und, weil dieser erfolglos blieb, ein zweiter, auch dieser erfolglos. Beide Heimholer wurden ihrem Auftrag untreu und riefen stattdessen ihr eigenes, gottähnliches Spiel ins Leben. So wie das Göttliche Geistwesen in die Welt schickte, schickten die beiden treulosen Heimholer nun ihre

Energiegebilde in die Welt. Statt dass das ursprüngliche Schöpfungsspiel beendet worden wäre, fing nun unter veränderten Vorzeichen in Parallele ein zweites an: dass der selbstständig existierenden Energiewesen, Vitalwesen und Biokörper.

Damit war der Anfang gesetzt für eine Äonen dauernde, zeitlich aber nicht fassbare Folge von Entwicklungsepochen, in diesem Buch unter dem Oberbegriff „Atlantis" zusammengefasst. Sie endete mit der Erdvernichtungskatastrophe und damit dem Untergang von Atlantis (APR).

Mit den beiden ursprünglichen Heimholern war allerdings keineswegs Schluss, ganz im Gegenteil. Weil das Göttliche unvermindert die Absicht verfolgt, die Ur-Harmonie wieder herzustellen, dabei weder Ungeduld noch Eile kennt und aus dem unerschöpflichen Reservoir des Potenzials schöpft, werden bis zum heutigen Tag immer wieder Geistwesen ausgesandt mit dem Auftrag, Liebe und Frieden zu bringen und die mit ihren Spielen identifizierten Wesen an ihren Ursprung und ihre Heimkehr zu erinnern. Nicht nur die großen Religionsgründer waren solche Boten, sondern auch unzählige andere, die die Welt philosophisch, technisch, wirtschaftlich und politisch weitergebracht haben.

Genau genommen gibt es seit jener großen Veruntreuung seitens der ersten beiden Heimholer kein Wesen, das aus einer anderen Absicht heraus auf den Weg geschickt worden wäre; jedenfalls ist uns bei Mind-Walking keines bekannt geworden. Viele, frisch aus dem Allsein herabkommend, stehen gegenwärtig in ihrer ersten Inkarnation auf dieser Erde und haben nichts anderes im Sinn, als an das göttliche Urlicht zu erinnern (Sitzungsbeispiele in MWU und APR).

Einer spielt falsch

Um sein verräterisches Vorhaben durchzuführen, programmierte der Weiche die ZUZ!-Installationen dahingehend um, dass sie feinstoffliche Materie nicht mehr auflösten, sondern langfristig das Gegenteil bewirkten, nämlich Verfestigung. Um auf das Bild eines Schornsteins zurückzugreifen, durch welchen die Funken nach oben fliegen: die ursprüngliche Absicht war, diese Funken sich ins Nichts verlieren zu lassen, indem man sie zu ihren Urhebern zurück beorderte. Das funktionierte; es wurde überzeugend demonstriert. Nach dem Pakt zwischen dem Weichen und dem Strengen aber wurde dieses Projekt regelrecht auf den Kopf gestellt: per neuem Programm wurden die nach oben steigenden Teilchen umgelenkt in die Waagrechte, vergleichsweise als wäre ein Wind aufgekommen und triebe den vormals senkrecht aus dem Schornstein aufsteigenden Rauch nun quer übers Land. So entstand ein Kreislauf. Zwar zogen die ZUZ!-Schornsteine nach wie vor Mentalteilchen durch sich hindurch, doch flossen die nicht etwa nach oben ab, sondern gingen in die Breite. Ofen-Benutzer kennen das Phänomen: man heizt an, öffnet das Fenster, damit der Ofen besser zieht, der Qualm steigt durch den noch kalten Schornstein nach oben, wälzt sich übers Dach herunter – und kommt durchs geöffnete Fenster wieder rein in die Wohnung. Da wird die Luft dicker.

Als Ergebnis dessen wurde nicht nur der Planet nicht weiter aufgelöst, auf dem die ZUZ!-Installationen saßen, sondern diese ihrerseits wurden dichter und dichter und fester und fester. Die wiederholt durchlaufenden Partikel verkrusteten allmählich miteinander, und alles wurde immer solider und massiver. Weil als lernfähig programmiert, wandelten sich die für den ZUZ!-Vorgang gedachten Installationen mit zunehmender Verfestigung zu sichtbaren Energiewesen mit eigenständigen Verhaltensweisen. Im Lauf der Epochen kam es zunehmend zu selbstständigen Modifikationen und Mutationen. In immer neuen Formen und Gestalten erschienen diese Energiewesen, nun nicht mehr als Ergebnis von Design, sondern sozusagen als selbsttätige Evolution im Rahmen vorgegebener Prämissen und Konzepte (d.h. nicht im Sinne Darwins oder der Gesetze Mendels).

Der für das Experiment ausersehene Planet, die Erde, wurde zunehmend bunter und belebter. Im weiteren Verlauf der Verdichtung verfestigten sich die Energiewesen letztendlich zu massiven Biokörpern. Diese wiederum wurden von einer feineren Art von Energiewesen gesteuert, nämlich denen, die wir bei MindWalking als „Vitalwesen" bezeichnen (siehe Satz 70). Wieso die Vitalwesen nicht der gleichen Verdichtung unterlagen wie die von ihnen bedienten energetischen und später organischen Körperformen, ist uns bei MindWalking derzeit noch nicht bekannt.

Diese Ausführungen werfen selbstverständlich viele Fragen auf, und Zweifel sind angebracht. Man möge aber bitte im Sinn behalten, dass es sich um wenige, erst in jüngster Zeit geschaute bildhafte Eindrücke handelt, um Szenenfotos, die sich über eine gewaltige Zeitstrecke verteilen. Es ist ungefähr, als suchte man in ferner Zukunft die Entwicklung des Autos nachzuvollziehen und fände beim ersten Zugang nur über die Jahrtausende verteilte archäologische Fragmente wie etwa hier eine zerbrochene Holzscheibe (ehemaliges Vorderrad eines Schubkarrens), dort das Bruchstück eines eisenbereiften Speichenrades, dann mal einen Gewindebolzen, ein Kupplungspedal, eine Radkappe – man würde zwar erkennen, dass hier Entwicklung stattgefunden hat, aber deren Logik und Feinabstufung würde sich einem erst nach Entdecken weiterer Funde in großer Zahl erschließen. Kurz, weitere Sitzungen werden mehr Material ans Tageslicht fördern, und das Bild wird sich runden.

Mittlerweile hatten übrigens die Mitarbeiter des Weichen gewechselt. Das ursprüngliche Designer-Team, dessen ernsthaftes Ziel die Auflösung per ZUZ! gewesen war, hatte sich erbost und enttäuscht in alle Winde zerstreut. An seiner Stelle formte sich ein neues Team, bestehend aus Geistwesen, die es faszinierend fanden, parallel zu der oben angedeuteten, selbsttätig verlaufenden Evolution absonderliche, neuartige Energiewesen zu fabrizieren. Es entstand ein regelrechtes Forschungsinstitut mit Experimental-Laboratorien, Käfigen und Terrarien für die nach Lust und Laune fabrizierten Gruselgestalten. Es ging nicht um Sinn und Zweck, schon gar nicht um Ethik, sondern lediglich um Machbarkeit, immer getreu dem Motto des Weichen: „Mal schauen, wie weit man damit gehen kann; mal schauen was dabei herauskommen wird.“

Zugegebenermaßen ist unser diesbezüglicher Kenntnisstand bei MindWalking noch recht dünn. Das liegt daran, dass sich die Erinnerungen daran erst seit wenigen Jahren einstellen. Die Lücke beginnt sich jedoch allmählich zu füllen. Immer häufiger stoßen Sitzungspartner auf diese Epoche der Entwicklung von feinstofflichen Gebilden zu organischem Leben.

Auf zwei Spielfelder gezwungene Geistwesen

Nach allem, was wir durch MindWalking wissen, scheinen Geistwesen auf zwei Spielfeldern unterwegs zu sein, in beiden Fällen unfreiwillig. Das des Strengen ist damals wie heute um vieles größer als das des Weichen. Kaum ein geistiges Wesen, ob verkörpert oder unverkörpert, ob Erdenbürger oder Mitglied einer Raumschiff-Zivilisation, wäre nicht von der Mentalquanten-Kontamination befallen und trüge Mentalquanten-Einsprengsel des Strengen in sich. Nicht nur bei der Bearbeitung telepathischer Online-Kontakte mit Geistwesen lässt sich das beobachten, nein, selbst routinierte Solisten sind in der Regel so identifiziert mit ihren Anhängseln, dass sie diese erst nach langer Zeit entdecken.

Im Unterschied dazu beschränkt sich das Spielfeld des Weichen auf die Verkoppelung von Geistwesen mit Vitalwesen und Körper. Soweit bei MindWalking bekannt, trifft man zwar allerorten auf dieses Phänomen, jedoch ist diese Bindung hier auf der Erde ungleich intensiver als sonst wo. Raumschiffbesatzungen oder Bewohner anderer Planeten, soweit verkörpert, haben zwar die Bedürfnisse eines Vitalwesens zu berücksichtigen, doch scheinen sie nach allem, was uns durch MindWalking bekannt ist, keine Schwierigkeiten damit zu haben, ihre Körper samt Vitalwesen zu verlassen, sie im Kühlschrank zu platzieren und im Rahmen eines Auftrags rein als Geistkörper irgendwo hinzureisen. Nach Erledigung der Mission kehren sie zurück und übernehmen ihre Biokörper wieder.

Bei uns hier auf der Erde ist das seit Atlantis undenkbar. Vor der Erdvernichtungskatastrophe war die Bindung an den Körper auch hier auf der Erde weit lockerer als heute, seitdem jedoch sind wir als Geistwesen an Körper und Vitalwesen wie mit Fesseln gebunden (siehe APR).

Totale Gedankenkontrolle

Es entwickelten sich zwei Lager, das des Strengen mit seiner Unterwerfung von Geistwesen, das des Weichen mit seinen vitalenergetischen Experimenten. Das Lager des Strengen wuchs und wuchs wegen der nicht enden wollenden Bewunderung, die man ihm, diesem gleißenden Sonnengott, entgegenbrachte. Man diente sich ihm an, haschte auch noch nach dem winzigsten Mentalquäntchen, das sich ergattern ließ, und verschloss es sorgsam in seinem persönlichen Schatzkästlein. Was zu nichts anderem führte, als dass man sich damit identifizierte. Vergleichsweise gesprochen, sammelte man nicht einfach nur Orden und Medaillen, sondern wurde eins mit ihnen, konnte nicht mehr sein ohne seine Sammlung, undenkbar.

Auch durch gezielte Implantierung kritisch denkender Wesen mit programmierten Gedankenrastern wuchs das Lager des Strengen. Dabei ging es brutaler zu als beim Ansetzen von Chips zum Zweck des Abhörens und der Gedankensuggestion, wie weiter oben erwähnt. Dieser Vorgang ging einher mit extremer mentalenergetischer Gewalteinwirkung bis hin zur Vernichtung des Wesens. Natürlich ist es unmöglich, ein Geistwesen zu vernichten, denn ein nulldimensionaler, abstrakter Punkt lässt sich nicht vernichten. Aber man kann ein Wesen in eine Ausweglosigkeit hineinzwingen, die seinen Willen bricht und es erkennen lässt: „Ich bin vernichtet, bin ein Nichts" – ein Negativprogramm (siehe Satz 60). In genau diesem Moment wird das Wesen zu dem einzigen Strohhalm greifen, der ihm bleibt, nämlich das ihm angebotene, auf bedingungslose Gefolgschaft programmierte Mentalquantenpaket des Strengen samt dem darin eingebetteten Wissen. Damit wäre Identitätswandel erfolgt, eine Entpersönlichung, ein spirituelles Aus.

Hierzu ein knapper Solo-Bericht aus 2021. Zum Zeitpunkt seiner Implantierung hatte das vom Solo-MindWalker angesprochene Geistwesen keinen physischen Körper, spricht aber trotzdem von seinem Kopf, ganz einfach weil sein Energiekörper so gestaltet ist und sich das deswegen so anfühlt. Das Wesen war mit seinem Energiekörper in eine Apparatur eingespannt, die es mit energetischen Mitteln festhielt. Mit „ich" meint das Wesen sich selbst, die begleitenden Empfindungen des Solisten stehen in Klammern:

„Ich bin vor einer durchsichtigen Mauer (leichter Druck auf Stirn, meine Aufmerksamkeit driftet weg), höre: Geh in das Jetzt! (leichte Gänsehaut). Eine Stimme spricht: Du bist nicht hier, ich bin nicht hier, ich gehe weg, du gehst weg, ich bleibe hier, ich bleibe nicht hier.

Sehe ein Förderband mit durchsichtigen Körpern drauf, halten an einer Position kurz an, ein Maschinenarm kontaktiert die Stirn, schießt einen Nagel oder Klammer in den Kopf, einige Zentimeter lang (die Eindrücke sind undeutlich), bemerke, dass etwas in meinem Kopf geschaffen werden soll, gehe schnell aus dem Energiekörper raus (werde müde). Mehrere Maschinenarme bilden einen Kranz um meinen Kopf, auf die Stirn gibt es einen Schuss, die Maschinenarme, 7 bis 8 Stück, schießen mehrfach einen Nagel in den Kopf (die ganzen Eindrücke sind recht zäh, Augen werden müde, schließe sie), alles ist zäh. Langsam, anstrengend, das Denken, das Beobachten, das Wahrnehmen. Etwas in Form einer Kugel, grau, schwarz (mache immer wieder die Augen zu), eine sehr große Metallkugel, ca. 30 cm Durchmesser, in der Mitte horizontal ein Flansch, da sind die zwei Halbkugeln zusammengeschraubt, eine Art Überdruckkochtopf (bin leicht benommen, nur einzelne kleine Szenen sind sichtbar, bin sehr unruhig, Müdigkeit wird sehr stark, fühle mich sediert, aber auch gleichzeitig nervös).

Worte prasseln auf mich herab, viele gleichzeitig mit unterschiedlicher Lautstärke in unterschiedlicher Emotion, jedes einzelne Wort trifft mich wie ein Stein oder wie Nadeln. Warum reagiere ich so extrem auf die Worte? Es ist sehr schmerzhaft, hauptsächlich der Oberkörper mit Kopf und Armen, es dauert unendlich lang. Es ist nicht auszuhalten. Ich werde zusammengepresst, fühle mich müde. Ein Eintauchen in Vergessen. Ich habe keine Empfindungen oder Emotionen mehr, bin wie in Watte gepackt. Gefühl des Eingeschlossenseins und Verschnürtseins. Bin bewegungsunfähig. Mein Kopf fühlt sich an wie ein Ballon. (In Sitzung: Fühle starke Unruhe, gleichzeitig das Gefühl der Bewegungsunfähigkeit, wie eingegossen und zusammengebunden.) Bin sehr müde und kraftlos. Komme nicht gegen das Eingegossensein an. Müdigkeit, ohne Empfindung, Vergessen. (In Sitzung: Müdigkeit, schließe für einige Minuten die Augen, Druck im Zwerchfellbereich). Kämpfe gegen die Müdigkeit, habe aber keine Kraft mehr.

Jetzt aus der Außenposition: Bild, dass ich um Kopf und Oberkörper ein Metallband habe, 4-5 cm breit, an der Körperrückseite ist daran ein

Haken oder ein Anschluss (für was?). Starker Druck auf den Schläfen. Bild von zwei runden Metallstempeln, die von links und rechts auf die Schläfen drücken, ca. 3 cm Durchmesser, silbrige Farbe, leicht matt."

Zur Bewältigung dieser Implantierung reichte diese eine Sitzung nicht aus. Der Solist war noch über eine lange Reihe von Sitzungen damit beschäftigt, bis schließlich die Fremdbeeinflussung ihre Wirkung verlor, Gelassenheit bezüglich des Geschehenen eintrat und er wieder mehr er selbst war.

Qualzucht ein großer Spaß

Im Lager des Weichen ging es anders zu. Dort befasste man sich damit, innovative organisch wirkende Kreaturen und absonderliche Kunstwesen hervorzubringen. Dazu benutzte man zunächst die harmlosen, putzigen Tier- und Pflanzenformen des ursprünglichen Design-Projekts aus der Zeit vor dem großen Verrat des Weichen. Diese zunächst rein feinstofflichen, aus feinstofflicher Materie gewebten, holographischen „Naturgebilde", nun allmählich etwas massiver, solider und damit „greifbarer" geworden, bildeten das Material für die absonderlichsten Experimente. Wohlgemerkt bewegen wir uns nach wie vor im feinstofflichen Bereich, nur ist die Luft sozusagen bedeutend dicker als zuvor, vielleicht zu vergleichen mit dem Unterschied zwischen feinem Dunst und dicken Wolken. Was bei den Experimenten herauskam, waren Einhörner, Zentauren und Meerjungfrauen, aber auch schauderhafte Bestien wie etwa Werwölfe und die auf ägyptischen Wandbildern und sumerischen Tempelreliefs festgehaltenen Monster: Menschen mit Vogelköpfen, mit Stierköpfen, mit Löwenleibern oder Schuppenkörpern. Die unterschiedlichsten Gliedmaßen, Köpfe und Arme schneiderte man zu immer neuen Schaudergestalten zusammen. Von besonderer Bedeutung für spätere Zeiten waren die Echsenmenschen oder auch Reptiloiden. Schon lange vor der Erdvernichtungskatastrophe in den kreativen Versuchslabors des Weichen entworfen, wurden sie erst danach gezielt zur Geißel der Menschheit eingesetzt (APR).

Wer in seinen Sitzungen auf diese Erinnerungen stößt und sie gar aus der Innenposition des misshandelten Energiewesens heraus nacherlebt, kommt aus dem Grausen nicht mehr heraus. Viele Horror- und Ekelbilder gehen auf jene Zeiten zurück: wie eine Spinne einen fängt und frisst, wie einen Würmer und Maden körperlich zersetzen, wie man dahinvegetiert, weil an Füßen oder Armen mit einem anderen Körper „zusammengenäht" oder besser „fleischlich verschmolzen", wie man als vorgesehene Beute im Käfig eines neu entwickelten, bis zur Unsichtbarkeit getarnten Reptils in permanenter Panik lebt, und ähnliches mehr. Die in weit späteren Epochen real belebte Natur schien in vieler Hinsicht damals bereits entworfen worden zu sein.

Wie wird ein Geistwesen zu einem Reptiloiden? In APR werden dazu einige Sitzungsberichte genannt, und erst vor wenigen Wochen (Frühjahr 2021) erinnerte sich ein Sitzungspartner an folgendes, widergegeben in seinen eigenen Worten: Von einer hohen Astralebene aus spürte er im ihn umgebenden lichtvollen Gewebe einen dunklen Bereich, „ein Darknet hinter dem Internet". Dort wurde der allseits geheiligte göttliche Funke manipuliert und gar gelöscht. Er machte sich auf, lichtbringend einzugreifen, begab sich in jenen Bereich und übernahm als Walk-In den Körper einer Führungsperson des dunklen Imperiums. Deren Anführer, den „General" stellte er zur Rede. Der Sitzungspartner, damals in seiner Rolle als Ordnungsstifter, wurde für seine Absichten zunächst verhöhnt, dann verschleppt und schließlich als Geistwesen in genau die Apparatur hinein gebannt, die zu bekämpfen er sich aufgemacht hatte. Die Behandlung stellte seine Erinnerungen und sein Identitätsgefühl auf den Kopf und trieb ihn schließlich in den schwärzesten Bewusstseinsverlust. Als er wieder zu sich kam, befand er sich in der Umgebung einer anderthalb Meter langen Echse, in die er sich rettete. Auf vier Beinen in zufriedener Dumpfheit umherzukriechen war besser als alles vorherige. Genau dies war die Absicht. Man wollte Geistwesen und die Vitalwesen von Echsen aneinander gewöhnen, Echsen den aufrechten Gang beibringen und sie für militärische Zwecke einsatzfähig machen. In einer längeren Reihe von Experimenten wurde mein Sitzungspartner als gefangenes Geistwesen von einem Echsenkörper zum nächsten überführt. Er erlebte die diesbezügliche Schulung mit. Am Ende konnte er durch eine Unachtsamkeit der

Überwacher entkommen und inkarnierte hier auf der Erde, ungefähr zu Beginn des hiesigen zivilisatorischen Neubeginns.

Politisch gesehen fällt hier auf, dass der General, bei dem es sich der Beschreibung nach um den Strengen gehandelt haben dürfte, seine Gefangenen in Echsenkörper bannte, die wiederum ein Produkt der Forschungsinstitute des Weichen sind. Damit bestätigt sich eine Zusammenarbeit zwischen dem Strengen und dem Weichen, die letztlich zum Einsatz von Echsen führte, um die Erdbevölkerung zu peinigen (siehe APR).

An solchen Projekten fand der Weiche seinen Spaß. Seine vitalenergetischen Laboratorien verzeichneten große Erfolgserlebnisse, ein sensationelles Gruselgebilde folgte auf das andere, und seine Designer-Mannschaft wuchs zusehends. Zu ihr gehörten nicht mehr die auf Weltauflösung bedachten ursprünglichen Mitarbeiter, sondern Geistwesen, denen es einfach nur darum ging, herauszufinden, wie weit man gehen kann, wie weit man Energiewesen und Vitalwesen unter Stress setzen, sie misshandeln kann, bevor sie in eine dysfunktionale Apathie verfallen. Heutzutage ist man bereits in der Lage, die Gene zweier Tierarten mithilfe einer Genschere miteinander zu kombinieren; wobei sich der resultierende organische Körper durch ein nur kurzes Leben quält. Dieser Eingriff ins Leben begann mit der vergleichsweise harmlosen In-vitro-Fertilisation und wurde fortgeführt mit der Herstellung fortpflanzungsunfähiger Mischwesen, sogenannter Chimären. In Form von Ziegenschafen und Rattenmäusen ist dies gelungen. In Fortsetzung dessen befasst man sich gegenwärtig mit der Zusammenführung von Affen-Embryonen mit menschlichen.[43] Ob man es braucht, ist nicht die erste Frage, sondern ob es geht. Was gedacht werden kann, wird gemacht, egal mit welcher Konsequenz. Der Weiche lässt grüßen: „Schau mal, wie weit du damit kommst."

In der atlantischen Frühzeit, noch bevor es zu biologischen Körpern gekommen war, hatte man es nicht nötig, zu Zuchtzwecken Gene zu kombinieren (die es ja noch nicht gab), sondern nahm dazu gleich ganze vitalenergetische Felder. Man schob Energiewesen und Vitalwesen mit gegenläufigen Programmierungen ineinander, beispielsweise „Mensch plus Löwe gleich Sphinx" oder „Mensch plus Wolf gleich Werwolf". Vom

Standpunkt der Vitalwesen war das eine einzige Quälerei; vom Standpunkt der Experimentatoren her geschah es selbstverständlich „im Dienste der Wissenschaft".

Der Unterschied zwischen den beiden Lagern ist: dem Strengen ging es um Geistwesen, dem Weichen um Vitalwesen, insbesondere um die Manipulation der Interaktion zwischen Vitalwesen, Geistwesen und Körpern. Der Strenge implantierte aus Machtgier und Kontrollsucht, der Weiche hingegen experimentierte aus Lust und Laune, immer nach dem Motto, „mal schauen, was noch alles geht". Dass Vitalwesen darunter litten, gegenläufig zu ihrer ursprünglichen Bestimmung mit Gewalt, Zwang, Druck und Gezerre umgemodelt zu werden, dass also Leiden entstand, das kam dem Weichen in seinem Zynismus nicht im geringsten in den Sinn. Er verstand sich als genialer Experimentator, wobei ihm die Subjekte seiner Experimente nicht wichtiger waren als den pharmakologischen und neurologischen Labors der heutigen Tage ihre Mäuse und Affen. Schmerz und Qual galten ihm nichts. Der Strenge und seine Mannschaft quälten Geistwesen zum Zweck der Kontrolle; nicht so der Weiche und seine Leute. Ihnen ging es rein um emotionsfreies wissenschaftliches Forschen, um Erstaunen am Ergebnis. Nicht anders als den KZ-Ärzten mit ihren Menschenexperimenten mangelte es den Mitarbeitern des Weichen an jeglichem Funken von Mitgefühl.

Wie belebt man einen Körper?

Ursprünglich waren Vitalwesen Energiegebilde in Gestalt von Tieren und Pflanzen mit ZUZ!-Funktion zwecks Auflösung der aus Mentalmüll gebildeten Himmelskörper. Nach dem Verrat des Weichen verdichteten sie sich und wurden im Lauf der Äonen zu festen biologischen Körpern mit Haut und Knochen, Blut und Zellen. Verwaltet und erhalten wurden diese nun festen Biokörper von Vitalwesen. In diese waren Verhaltensformen einprogrammiert, die sie auf eine bestimmte Existenznische festlegten. Wie es sich aber zutrug, dass feinstoffliche Vitalwesen in beispielsweise Katzenform sich zu realen biologischen Katzenkörpern entwickelten, und auf welche Weise einem neu geborenen Katzenembryo das passende steuernde Vitalwesen zugeordnet wurde, hat sich in MindWalking-Sitzungen bislang gerade mal angedeutet. Wir wissen noch nichts darüber, was sich berichten ließe.

In der Schöpfungsgeschichte heißt es hierzu kurz und knapp: „Da formte Gott den Menschen aus Erde vom Ackerboden und blies in seine Nase den Lebensatem. So wurde der Mensch zu einem lebendigen Wesen." (Gen. 2, 7) Gut und schön, würden wir bei MindWalking sagen, klingt bekannt: man nehme die zu grobstofflicher Materie verdichteten Mentalquanten (den „Ackerboden") und den Mentalquanten-Äther (den „Lebensatem"), man lasse das eine zu Biokörpern werden, das andere zu Vitalwesen, und stecke die beiden irgendwie zusammen. Aber wie? Wie ging das?

Geistwesen und Vitalwesen lebten in den hier beschriebenen Urzeiten mit voller Wahrnehmung voneinander. Der Unterschied war so klar wie der zwischen Herr und Hund. Zwar wurden die Energiekörper im Verlauf der vielen Epochen, die Atlantis in seiner Entwicklung durchlief, immer fester und entwickelten sich schließlich zu Biokörpern, doch blieb diese Unterscheidung ungebrochen. Erst zum Ende von Atlantis entstand durch die Erdvernichtungskatastrophe die gegenseitige Abhängigkeit von Geistwesen und Vitalwesen, ihre Verkettetheit über den Biokörper. Die damalige Auslöschung allen biologischen Lebens, zumindest des überirdischen, bewirkte für das globale Vitalwesen eine Überlebensnot, die sich für das menschliche Vitalwesen in das Gebot übersetzte: „Anklammern an das Geistwesen, sonst versorgt niemand den Körper!" Denn wie in Satz 50 ausgeführt, ist das Vitalwesen ohne den technologischen Einfallsreichtum des Geistwesens nicht imstande, den Körper durchzubringen.

Je mehr sich Geistwesen im Lauf der auf die Erdvernichtungskatastrophe folgende Steinzeit und in den Jahrtausenden danach mit Biokörpern und Vitalwesen identifizierten, desto ungebremster sickerte der den Vitalwesen angetane Sadismus „von unten her" in die Geistwesen ein und trieb sie in ihren Dramatisierungen zu ebensolchem Sadismus. Damit hatte der Weiche quasi ganz nebenher die totale Manipulation verwirklicht. Nicht gezielt wie der Strenge, nicht in Verfolgung bestimmter Absichten, sondern wie üblich einfach aus Spaß daran, mit Erfolg eine Wirkung ausgeübt zu haben. Natürlich war das rein offiziell nie seine Absicht gewesen. Diese Identifikation von Geistwesen mit Biokörper und Vitalwesen, das war doch schließlich nicht seine Schuld, oder? Immer stand der Weiche als der lachende Dritte da, als der genießerische Zuschauer.

Fischmenschen und Fabelwesen

Zum Thema Einhörner, Zentauren und Meerjungfrauen, zu den freundlicheren Aspekten der zu Atlantis-Zeiten vorgenommenen Spezialzüchtungen, seien nun einige Einblicke aus Sitzungen vorgestellt. In „Die Atlantis-Protokolle“ ist von einer Sitzungspartnerin zu lesen, die sich daran erinnert, wie sie damals Einhörner züchtete. Damals, zu Beginn der 2000er Jahre, konnten wir, Sitzungsleiter wie Sitzungspartnerin, wenig damit anfangen. Es war buchstäblich der erste Hinweis auf Derartiges, und wir nahmen es höflich zur Kenntnis, immer nach der Devise: wenn es Spannung wegnimmt, wenn es befreit, muss was dran sein.

Im Lauf späterer Jahre folgten weitere Erinnerungen im Hinblick auf Gestalten, wie sie uns aus Märchen und Fabeln bekannt sind. Beispielsweise stieß Anfang 2021 eine Sitzungspartnerin auf ein Geschehnis, wo eine Meerjungfrau von groben, ruppigen, gefühllosen Fischern im Netz gefangen und gewaltsam ihres Schwanzes beraubt wurde. Den schien man abtrennen zu können, ähnlich wie bei einer Eidechse. Daraufhin traten rudimentäre Füße zum Vorschein, die aber nicht einsatzfähig waren. Die Meerjungfrau starb, und die Fischer hatten ihre Beute, nämlich den Schwanz, der sich für irgendwelche Zwecke ritueller oder volksmedizinischer Art gut verkaufen ließ.

Von Meerjungfrauen hatte man in MindWalking-Sitzungen bis dahin noch nie etwas gehört. Was dieses so unglaubhafte Geschehnis glaubhaft machte, waren zum einen das spontane, unerwartete und durch nichts vorbereitete Auftreten dieses Erinnerungsschubs, zum anderen die explosiven Tränenausbrüche der Sitzungspartnerin und ihre anschließende Erleichterung.

Nur wenige Wochen später stieß eine andere Sitzungspartnerin ebenfalls auf ein Meerjungfrau-Geschehnis. Diese Meerjungfrau durchschwamm einen unterseeischen Tempel griechischer Machart und spielte mit ihren Freunden, den Delphinen. Den Tempelbereich verließ sie nie, er schien ihre Heimat. Im nächsten Bild ging die Meerjungfrau Fischern ins Netz. Die waren ähnlich grob, ruppig und gefühllos wie die oben beschriebenen; sie hatten nichts anderes im Sinn, als die Meerjungfrau aus nicht erkennbaren Gründen totzuschlagen. Zu ihrem Glück kam ein Sturm auf, das Boot kippte, die Meerjungfrau konnte entkommen. An diesem Punkt der Erzählung schauten wir, meine Sitzungspartnerin und ich, uns mit leisem Kopfschütteln tief in die Augen. Als promovierte Soziologin jahrzehntelang im diplomatischen Dienst der Bundesrepublik tätig gewesen, führte sie ein intellektuelles und straff organisiertes Leben – und nun so etwas? Was bitte sollte man davon halten? Doch sprachen ihre eruptive emotionale Wallung, begleitet von heftigem Schluchzen eine bekräftigende Sprache. Es musste wohl was dran sein.

Wir fuhren fort, denn das Geschehnis war noch nicht abgeschlossen. Die Meerjungfrau bekam von einer „göttlichen Instanz" (so die Sitzungspartnerin) die Berufung, an Land zu gehen und den Menschen die Idee von Licht, Reinheit und Unschuld zu vermitteln. So sehr sie sich sträubte, sah sie darin doch ihre unentrinnbare Verpflichtung und machte sich auf den Weg. Sie geriet an einen Sandstrand, robbte sich an Land wie ein Seehund, blieb halb im Wasser und halb am Land liegen und gewöhnte sich an die Umstellung der Atmung. Dann legte sie ihren Schwanz ab, „ähnlich der Häutung einer Schlange" (so die Sitzungspartnerin), hatte nun stattdessen zwei menschliche Beine und stand auf, um den Strand entlang zu gehen. (Haben möglicherweise alle Meerjungfrauen in ihrem Schwanz verborgene einsatzfähige Beine? Wir wissen es nicht.)

Beim Gehen starrte sie fasziniert nach unten, weil sie nicht begreifen konnte, wie immer ein Fuß nach vorne ging und dann nach hinten verschwand, während ein zweiter Fuß auf der anderen Seite nach vorne ging und dann nach hinten verschwand; das fand sie drollig. Verwundert registrierte sie bei ihrer Vorwärtsbewegung, wie ungewohnt leicht das in der Luft ging; sie war den Widerstand des Wassers gewohnt. Dessen Auftrieb allerdings vermisste sie; die Erdanziehung war ihr beschwerlich. Das Geschehnis endete damit, dass sie sich unter den Menschen integrierte und zur Entwicklungshelferin wurde.

Auffällig ist hier der Unterschied zwischen der feinen, lichten, freudvollen unterseeischen Kultur einerseits und den grobschlächtigen Menschen andererseits. Zu atlantischen Zeiten waren Menschen weder grob, noch hätten sie eine Meerjungfrau totgeschlagen. Solche Wesen dürften zu atlantischen Zeiten existiert haben, denn es scheint damals eine gleichzeitige unterseeische Kultur gegeben zu haben. Atlantis vollzog sich nicht nur über den Wellen, sondern auch darunter. In der Frühzeit hatte man Spaß daran, mit seinem Energiekörper unter Wasser herum zu flitzen. Später benutzte man eine Art Taucheranzug aus vitalenergetischem Material, man schlüpfte sozusagen mit seinem Energiekörper in einen vitalenergetischen Körper hinein, um sich unter Wasser zu tummeln. Im Zuge der zunehmenden Verfestigung und dank der Experimentallabors des Weichen wurden aus diesen Energiekörpern schließlich unterschiedliche Meeres-Mischwesen wie etwa diese Meerjungfrau.

Weil sich zu atlantischen Zeiten kein Mensch einer Meerjungfrau gegenüber so brutal verhalten hätte wie diese Fischer, scheint der Schluss gerechtfertigt, dass die beiden Meerjungfrau-Geschichten nicht der Epoche vor der Erdvernichtungskatastrophe zuzuordnen sind. Wohl aber passen sie in die Zeit danach, als es – lange nach der Steinzeit – wieder Boote und Netze gab. Man bedenke, während der Vernichtungskatastrophe zerstörten Brand und Flut lediglich Natur und Kultur auf der Erdoberfläche, nicht jedoch unter Wasser. Die unterseeische Atlantis-Kultur könnte durchaus bis hinein in geschichtliche Zeiten existiert haben. Archäologisch bekannt ist die Entstehung der frühen Hochkulturen rund um die Erde in angenehmen Klimazonen, auch im Mittelmeer-Raum. Genau dort finden sich zahlreiche Sagen und Legenden von Amphibienwesen, die den Menschen bei ihrer Entwicklung unterstützend zur Seite standen. Das wirkt, als hätten diese Wesen auch lange nach der Vernichtungskatastrophe noch über solche Leichtigkeit der körperlichen Anpassung an die Umgebung verfügt. Oder aber es handelt sich um von anderen Planeten herbeigereiste Entwicklungshelfer.

Die Babylonier erzählten, Fischmenschen unter der Führung des Oannes hätten ihnen die Zivilisation gebracht. Dieser Oannes habe laut den Sumerern in einem unterseeischen Tempel gelebt. Im Persischen Golf tauchte einmal im Jahr ein mysteriöses Wesen auf, so der Historiker Plutarch noch im zweiten Jahrhundert nach Christus; den Rest seiner Zeit verbrächte das Wesen mit Nymphen unter Wasser. Im frühen Palästina kannte man zwei Amphibiengottheiten mit Fischschwänzen und menschlichen Körpern. An der ägyptischen Küste bei Pharos wohnte der amphibische Gott Proteus. An der griechischen Küste und auf der Inselwelt zwischen Griechenland und der Türkei kannte man die amphibischen Götter Triton, Nereus und Glaucus. Der griechische Historiker Pausanias beschreibt im zweiten Jahrhundert nach Christus einen Tempel, in dem das Bildnis einer Frau zu sehen sei, bis zur Hüfte weiblich, darunter aber ein Fisch. Pausanias sah sogar zwei konservierte Fischmenschen, „Triton" genannt, einen an der griechischen Küste, den anderen in Rom. Sie hätten sehr feines Haar, eine froschartige Farbe, kleine Schuppen über dem ganzen Körper, Kiemen hinter den Ohren, eine menschliche Nase, ein großes Maul und die Zähne eines wilden Tieres. Ihre Färbung sei grün-grau, ihre Hände und Finger krustig wie Seemuscheln. Von Bauch abwärts hätten sie anstelle der Füße einen Delphinschwanz. Noch im heutigen Venedig, so erzählte mir eine Kennerin dieser Stadt, gebe es dazu zahlreiche Legenden und Sagen.

Die tiefe Kluft des Misstrauens

Zurück zum Gesamtablauf: Die Anfangsphase der Lichtbringer ist bereits ungeheuer lange her; Vieles geschah seitdem: der Zirkuszelt-Event, die Planetenbildung, der Verrat des Weichen, die Umkehrung des Auflöseprojekts in ein Verfestigungsprojekt, das Entstehen eigenständiger Körper und damit der Beginn der Atlantis-Epoche.

Die Parteigänger des Strengen waren keine experimentierfreudigen Bio-Laboranten wie die Mannschaft des Weichen, sie hatten keinerlei Neigung zur Herstellung von Monstern, gaben keinen Pfifferling auf Biologisches oder Organisches. Sie verachteten diese holographisch durchsichtigen Kreaturen namens Vitalwesen, zertraten sie, quälten sie, spielten ihnen auf übelste Weise mit – aus Rache und Hass. Aus Rache für ihren Chef, dem Strengen. Weil ihr Chef nämlich von diesem Weichei, dem Erfinder all dieser verachtenswerten Kreaturen, damals über den Tisch gezogen worden war. Was zu diesem faulen Pakt führte, der den Weichen quasi zum Teilhaber machte. Der Hass des Strengen auf den Weichen setzte sich nach unten hin zur Gefolgschaft fort und wurde Programm: Geistwesen hassen Vitalwesen. Punkt. Die armen Geschöpfe bekamen es also von zwei Seiten zu spüren, saßen zwischen zwei Mühlsteinen: hier die zynischen Experimentatoren des Weichen, dort die hasserfüllten Parteigänger des Strengen. Und dennoch blieben sie, die Vitalwesen, taten ihren Dienst, entwickelten sich. Natürlich gerieten nicht alle von ihnen in die Hände von Folterern und Experimentatoren, doch immerhin genügend viele, als dass es sich herumsprach und zu der Grundeinstellung eines gewaltigen Misstrauens gegen Geistwesen entwickelte.

Hinsichtlich dieser üblen Verhaltensweisen vertritt die Bibel den Standpunkt, Gott habe es genau so haben wollen: „Dann sprach Gott: lasst uns Menschen machen (…). Sie sollen herrschen über die Fische des Meeres, über die Vögel des Himmels, über das Vieh, über die ganze Erde und über alle Kriechtiere auf dem Land. (…) Bevölkert die Erde, unterwerft sie euch und herrscht über die Fische des Meeres, die Vögel des Himmels und über alle Tiere (…)“ (Gen. 1, 26-29). So geschehen am sechsten Schöpfungstag. Mit „Gott“ dürfte hier der Strenge gemeint sein, und unter „Menschen“ die ihm hörigen Geistwesen. Sie sollten sich die Vitalwesen untertänig machen.

Ein paar Schöpfungstage später – die Bibel verrät nicht, wann – dachte sich Gott, und diesmal dürfte der Weiche gemeint sein: „Es ist nicht gut, dass der Mensch allein sei. Ich will ihm eine Hilfe machen, die ihm entspricht. Er ließ einen tiefen Schlaf auf den Menschen fallen, sodass er einschlief, nahm eine seiner Rippen und verschloss ihre Stelle mit Fleisch. Gott, der Herr, baute aus der Rippe, die er vom Menschen genommen hatte, eine Frau und führte sie dem Menschen zu. Und der Mensch sprach: (…) Frau soll sie heißen, denn vom Mann ist sie genommen“ (Gen. 2, 18-23).

Adam gilt laut Bibel als Mensch, die Frau hingegen nicht. Das brachte, wie sich rückblickend erkennen lässt, bis zum heutigen Tag leidvolle Konsequenzen für die Beziehung zwischen Mann und Frau mit sich.

Und was taten diese harmlosen, braven Vitalwesen als Reaktion auf Demütigung, Erniedrigung, Verstümmelung? Sie schlugen nicht zurück, führten keine Vergeltungsfeldzüge. Das war nicht ihre Art, dafür waren sie nicht programmiert. Sie reparierten sich selbst, das war alles. Sie lebten und überlebten, sie waren nicht totzukriegen – aber eins lernten sie, nämlich dass mit Geistwesen nicht zu spaßen sei. Eine kaum zu überbrückende Kluft des Misstrauens zwischen Geistwesen und Vitalwesen war entstanden.

Als Leben noch ein Miteinander war

Im Miteinander der Vitalwesen bestand dieses Misstrauen nicht. Im frühen Atlantis ging es noch weich, kooperativ, osmotisch, durchlässig zu, buchstäblich wie auf den idealisierten Bildchen mancher Religionsgemeinschaften, wo Schaf und Löwe, Wolf und Lamm, Hund und Hase in goldenes Sonnenlicht gebettet friedlich nebeneinander schlummern. Ganz so idyllisch ging es den Erinnerungsbildern nach nicht zu, eher war es wie in manchen Märchen und insbesondere in den irischen Feen-Geschichten. J. R. R. Tolkien hat mit „Herr der Ringe" die damalige „Anderswelt"[44] mit ihrer Dynamik vielen Menschen nahegebracht.

In jenen frühen atlantischen Epochen der feinstofflichen Wesen hing die Existenz nicht vom Fressen und Verdauen biologischer Körper ab. Selbst später, als alles grobstofflicher geworden war, ging es beim Fressen und Gefressenwerden weit weniger gewaltsam zu als heute. Die Lebewesen damals fühlten sich eingebettet in den großen gemeinschaftlichen Gedanken „wir spielen einander, um zu Überleben".

Vitalwesen überlebten miteinander, nicht gegeneinander. Man „musste" nicht überleben, sondern es war einfach selbstverständlich. Man stellte sich einander zur Verfügung, etwa so, wie sich das Gras der Kuh zur Verfügung stellt. Das die Weide verwaltende Vitalwesen beschwert sich nicht bei der Kuh, sondern lässt einfach das Gras nachwachsen. Auch das kollektive Vitalwesen des Antilopenrudels beschwert sich nicht beim Löwen, wenn der eine Antilope reißt. Im Unterschied zu heute – da ist die Panik riesig, die Augen vor Angst geweitet, die Flucht gehetzt – ging es in atlantischen Zeiten auf seltsame, noch ungeklärte Weise ohne Blut und Gemetzel ab. Da schien man sich innerhalb eines großen Plans einfach fressen zu lassen, und wer da jagte, war kein „Raubtier", sondern ebenfalls Teil des großen Plans. In den kooperativen Ritualen mancher Naturvölker zwischen Jäger und Beutetier ist dieses Konzept von Geben und Nehmen noch bis in unsere Tage erhalten geblieben.

Seit der Erdvernichtungskatastrophe hat sich das alles geändert. Seit dem Aufschrei des globalen Vitalwesens: „Überleben *muss* sein!" (wo es doch zuvor eine Selbstverständlichkeit war), besteht die Natur aus Überlebensdrang und Überlebenskampf. Nicht nur Menschen, sondern auch Tiere und Pflanzen nehmen einander Licht, Luft und Lebensraum. So schön der Frühling auch wirken mag, ist er doch nicht mehr als der immer wieder neue Versuch, die Art zu erhalten. Der Apfelbaum lässt tausend Äpfel fallen, und in jedem Apfel stecken Samen für fünf neue Apfelbäume. Die Vögel zwitschern nicht etwa aus Frohsinn, sondern weil sie ihre Revierkämpfe austragen. Katzen, Hunde, Hasen und Rehe geraten in ihre Brunftzeit und haben alle Not, noch vor dem nächsten Winter die Nachkommenschaft heranzuziehen. Überall heißt es „ich muss, muss, muss für das Überleben sorgen". Von Spaß keine Rede.

Atlantis auf höchstem Niveau

Vor der Erdvernichtungskatastrophe bestand Atlantis politisch aus dem planetarischen Verbund Erde-Mars-Phaeton mit seiner erleuchteten Spiritualität, parallel dazu perfektionierte das hierarchisch-diktatorische Großreich des Strengen irgendwo draußen in der Galaxis seine Raumschiff-Flotte. Der Gegensatz zwischen beiden könnte größer nicht sein. Einen zeitgeschichtlichen Vergleich bieten die 1970er Jahre mit LSD und Hippies und „All you need is love" auf der einen Seite und auf der anderen das stalinistische Sowjetrussland mit seiner totalen Propaganda, seiner Kriegsmaschinerie samt endlosen Militärparaden, seinen Geheimdiensten, seiner Gehirnwäsche und seinen Vernichtungslagern. Diese Seite siegte. Wie in APR nachzulesen, zerbrach Atlantis unter der militärischen Faust des Strengen: die Erde wurde allen Lebens beraubt, Mars verwüstet und Phaeton, der von Geistführern bevölkerte Leitstern dieser Kultur, gesprengt.

Zuvor, während der politischen und kulturellen Einheit von Atlantis, lebte und agierte man auf höchstem spirituellem Niveau. Man benutzte Kristalle zur Heilung und zur Übermittlung von Energie und Information, man wusste weißmagische wie auch schwarzmagische Techniken einzusetzen. Die Interaktion zwischen Geistwesen und Vitalwesen war bewusst und intensiv, sowohl im Sinne der gegenseitigen Förderung, aber auch im Hinblick auf die genannten Qual-Experimente. Beides existierte nebeneinander. Hohe spirituelle Kompetenz und Gedankenkraft gingen nicht unbedingt auch einher mit hochstehender Ethik. Atlantis war kein „Ort der Reinen" – dazu war die kosmische Kontamination durch die Machenschaften des Strengen seit Anbeginn der Schöpfung bereits zu weit fortgeschritten.

Dessen ungeachtet waren die damaligen mentalen Fähigkeiten ungleich höher als jemals nach der Erdvernichtung; die heute legendären Wunderkräfte der Yogis gehörten damals zum Alltagsgeschäft. Geistwesen und Vitalwesen waren nicht aneinander gekettet wie heute, vielmehr führte man Astralreisen durch, indem man seinen Biokörper samt Vitalwesen hier schlafen legte, um dort mit seinem Energiekörper Besuche abzustatten, sei es in der Nachbarschaft oder an entlegenen Orten im Kosmos. Mancher brachte es fertig, sich am Zielort bis hin zur Sichtbarkeit zu verdichten, also einen zweiten Energiekörper aufzubauen. Anders gesagt, man meisterte die Bilokation, also die Fähigkeit, an zwei oder mehr Orten gleichzeitig zu erscheinen. Man verstand es, seinen Energiekörper heute so aussehen zu lassen und morgen so. Man erzeugte Synergie zwischen Geistkörper und Vitalwesen und vollbrachte auf diese Weise gewaltige Leistungen, etwa wie Pferd und Reiter gemeinsam mehr zustande bringen als jeder für sich alleine. Hatte man einen biologischen Körper in Betrieb, so kümmerte sich selbstverständlich ein dienstbares Vitalwesen darum, welches man mit größtem Respekt behandelte.

Zuvor, ganz in den Anfängen der atlantischen Epoche, als es noch keine festen Biokörper gab, hatte man zusätzlich zu seinem eigenen Energiekörper sogar noch einen Vitalwesen-Körper oder sogar mehrere. Das waren vitalenergetische Gebilde in der Form späterer Biokörper, doch zu jener Zeit natürlich rein feinstofflich. Mal schlüpfte man in seinen vitalenergetischen Fischkörper, mal in seinen Vogelkörper, je nachdem, auf welche Weise man gerade seinen Spaß haben wollte.

Zumindest in den Anfängen war es so. Mit der Zeit wurde zwar alles eingeschränkter, fester, zäher und langsamer, gleichwohl gab es selbst zum Zeitpunkt der Erdvernichtung noch Wesen mit solch hochentwickelten Fähigkeiten. Relativ erdhafte Menschen existierten neben den Superyogis, dazwischen viele Abstufungen. Die Wesen auf Phaeton entsprachen am meisten diesem Typ Superyogi, dort regierte ungebrochen flirrende Spiritualität, genau wie in den Fantasy-Superhelden-Romanen (die sich aus diesen Erinnerungen speisen). Auf dem Planeten Erde ging es vergleichsweise bieder zu, etwa wie auf Bali und den angenehmeren Teilen des Subtropen- und Tropengürtels. Die gesamte Erde hatte rundherum ein warmes Klima, Polkappen mit Eis gab es nicht (siehe APR).

Der Imperator auf dem Gipfel der Macht

Das Leben nicht nur auf dieser Erde, sondern im ganzen Kosmos entwickelte sich auf Grundlage der beschriebenen Konstellation von zwei unversöhnlichen Gegenpolen. Auf der einen Seite die Vitalwesen des Weichen und seiner Designer, die im Rahmen ihrer programmierten künstlichen Intelligenz einen spontanen Evolutionsverlauf nahmen, sowie die sich zusehends zur biologisch-organischen Natur verfestigenden Energiekörper. Demgegenüber stand die immer mehr sich verfeinernde Kontroll- und Spitzelmaschinerie des Strengen mit ihrer kalten, zynischen, kalkulierenden Logik und dem Ziel totaler Kontrolle.

Direktive Kontrolle und autoritäre Hierarchie verschmähte der Weiche in jeglicher Form. Als der einfallsreichste aller Erfinder von Gruselkabinettgestalten gab er Impulse, ließ den Dingen ihren Lauf und empfahl jedem sein bekanntes *„just do it"*. Der Drangsalierung von Vitalwesen durch Geistwesen, ob spielerisch oder brutal, ob durchgeführt von seinen eigenen Laborspezialisten oder von rachsüchtigen Gefolgsleuten des

Strengen, beidem sah er mit freudigem Zynismus zu, denn eins war klar: je mehr Interaktion, desto mehr Identifikation von Geistwesen, Vitalwesen und Körper – und desto mehr Möglichkeiten der Manipulation, der Lieblingsbeschäftigung des Weichen.

Der Strenge seinerseits verabscheute jede Form von vitaler Lebendigkeit. Körper bedeuteten ihm nichts. Für ihn zählten allein geistige Wesen, und die waren zu kontrollieren, denn selbstständiges Denken stellte seinen Machtanspruch infrage. Sein Traum war ein von Robotern und Kampfmaschinen bevölkertes Imperium, und tatsächlich hatte der Strenge in der Epoche vor der Erdvernichtungskatastrophe sein Ziel praktisch erreicht. Aufgestiegen zum Alleinherrscher und militärischen Oberbefehlshaber, verfügte er über eine bestens gerüstete interstellare Raumflotte.

Die Ausmaße dieses galaktischen Imperiums sind trotz aller Sitzungen nie so recht deutlich geworden, aber eins lässt sich mit Fug und Recht sagen: groß war es und gefürchtet, ähnlich vielleicht wie die Sowjetunion zur Zeit des Kalten Krieges. Neben diesem galaktischen Giganten führte der Dreiplanetenbund Erde-Mars-Phaeton ein unabhängiges Eigenleben. Dagegen hegte der Chef des galaktischen Imperiums keinen Argwohn, ungeachtet seiner Abscheu vor allem Vitalenergetischen und Biologischen. Solange die dort unten nichts weiter taten, als einfach nur ihre Feen und Elfen und Naturgötter anbeten und friedlich ihre Weißmagie betreiben, war ihm das egal. Schwarze Magie gab es auch, klar, aber das gehörte dazu, das war in Ordnung, das ging ihn nichts an. Vom Standpunkt des Strengen her, herabblickend vom Hochsitz des galaktischen Imperiums, war die atlantische Kultur nichts weiter als provinzielle Folklore.

Rebellion gegen die Schöpfung

Vorbereitungen im Untergrund

Eine besondere Entwicklung allerdings entging dem Strengen anfänglich – später, als sie ihm nicht mehr entging, trieb sie ihn zur Weißglut und zum Blitzkrieg –, und das war die Vorbereitung einer Neuauflage des alten Auflöseprojekts. Es fand auf der Erde statt.

Wie für Geistwesen üblich, lebten auch die Mitglieder des ursprünglichen Designer-Teams ewig. Mal hatte man einen Körper, mal hatte man keinen, als Wesen aber erlebte man sich als ungebrochen verlaufende Identität. Das hier auf der Erde so übliche Vergessen während des Embryonalstadiums und nach der Geburt kannte man nicht. Wer hier auf der Erde zur Welt kommt, egal nach wie vielen Wiedergeburten, fängt sozusagen jedesmal wieder neu an. Die Erinnerung an das Vorleben ist nicht mehr präsent. So als würde man morgens aufwachen und nicht mehr wissen, was man die Tage, Wochen und Jahre zuvor getrieben hat. Eine solche Amnesie gab es vor der Erdvernichtungskatastrophe auf der Erde nicht, und anderswo, außerhalb der Erde, gibt es sie auch heute nicht. Auch in dieser Beziehung sind wir hierzuplanete richtig schlecht dran.

Zu den verfügbaren Erinnerungen des ursprünglichen Designer-Teams gehörten selbstverständlich auch die an jene Vorzeit, als man ZUZ!-Installationen erdachte und anwendete, um Planetenkugeln aus Astralstoff aufzulösen. Das sollte doch noch einmal möglich sein! Selbst wenn jetzt alles viel fester geworden war. Man machte sich ans Werk, experimentierte herum – und tatsächlich, es gelang. ZUZ!-Installationen wurden neu aufgelegt und ausgetestet. Die Idee ging von der spirituellen Führungselite Phaetons aus. Ort der Ausführung war die Erde. Die Rebellion hatte begonnen.

Ein Geheimprojekt zum Aushebeln der Macht

Zum damaligen, entwicklungsgeschichtlich relativ späten Zeitpunkt, kurz vor der Erdvernichtung, war diese ganze atlantische Kultur von Pyramiden, Priestern, Menschen, Tieren und Sauriern auf einem rundherum feuchtwarmen subtropischen Planeten großenteils fest und massiv, nicht viel anders als heute. Gleichwohl gab es neben dem Massiven nach wie vor feinstoffliche Gespinste, Feen, Elfen und magische Kräfte, ganz wie es in „Herr der Ringe“ so wunderbar ausgeführt ist.

Unter diesen Umständen war die Geheimhaltung der Neuauflage des ZUZ!-Projektes nicht allzu schwierig. Man platzierte schlauerweise Objekte zwischen die Dinge der existierenden massiven Welt, die so massiv nicht waren, wohl aber diesen Anschein hatten. Man täuschte Massivität vor, wo keine war. Man baute darauf, dass der unvorbereitete, ahnungslose Passant den Unterschied nicht bemerken würde, genauso wenig wie ein heutiger Theaterbesucher erkennen könnte, dass das auf der Bühne zu sehende Felsmassiv in Wirklichkeit aus Styroporblöcken geschnitzt ist. Angeführt wurde das Unternehmen von Angehörigen des ursprünglichen Designerteams (von denen einige von ihnen in heutiger Zeit zum Solo-MindWalking fanden und diese - ihre eigene - Vorgeschichte entdeckten).

Wie eingangs ausgeführt, strömen durch eine ZUZ!-Installation Mentalquanten, wodurch die Installation ihre Gestalt erhält, beispielsweise die eines Baums. Zum Zweck der Geheimhaltung des Projekts verfuhr man deswegen wie folgt: in einen real existierenden biologischen Wald platzierte man eine Anzahl unechter, feinstofflicher, sozusagen holographischer Bäume. Sie sahen nicht anders aus als die umgebenden echten – nur waren sie eben aktive ZUZ!-Installationen.

Wer durch diesen Wald ging, war nicht in der Lage zu unterscheiden, was ein echter Baum sei und was ein scheinbarer, denn beide wirkten gleich massiv – mit dem Unterschied, dass der eine aus lebendigem Holz war, der andere hingegen nicht mehr als eine Bühnenattrappe aus Fliegendraht mit drüber geklebtem, angemaltem Zeitungspapier. Durch die virtuelle Version des Baums hätte man regelrecht hindurchmarschieren können – nur, wer täte schon sowas? Niemand würde in einen Baum hineinmarschieren; man weicht ihm naturgemäß aus. Davon abgesehen lagen diese Reservate selbstverständlich abseits aller Touristenrouten gut versteckt.

Die Tarnung funktionierte prächtig. Man legte Tierfarmen mit Elchen und andern Tieren an, die echten durchmischt mit virtuellen, man bestückte Waldgebiete mit virtuellen Bäumen hier und dort, und all diese wundervollen virtuellen Objekte sogen Mentalquanten von unten ab und schickten sie zum Urheber zurück.

Man hatte nichts weniger vor, als die zur fein- und grobstofflichen Materie des Kosmos verklumpten Mentalquanten wieder ihren Urhebern zurückzuführen – mit dem abschließenden, ultimativen Endergebnis der Auflösung des gesamten Universums. Es handelt sich also um nichts weniger als eine Neuauflage des ursprünglichen Design-Projekts. Die Verheimlichung und Vertuschung des Strengen sollte enttarnt, seinem darauf beruhenden Spiel der Teppich unter den Füßen weggezogen werden; es sollte zusammenpurzeln wie ein Kartenhaus. Damit sollte endlich und endgültig ausgeführt werden, worum es von Anfang an gegangen war: nämlich die Heimholung aller Wesen in das Potenzial des göttlichen Allbewusstseins. In Phase eins sollte das Erschaffene zurück zu den jeweiligen Urhebern, in Phase zwei die Geistwesen zurück in die Urquelle. Das war das Projekt.

Um die angestrebte Wirkung zu erzielen, hätte ein solches Projekt selbstverständlich mit unzähligen Installationen über einen langen Zeitraum hinweg laufen müssen, denn immerhin war das physikalische Universum damals schon mächtig verdichtet. Das war allen klar. Niemand glaubte, es sei auf die Schnelle etwas zustande zu bringen. Ebenfalls war klar, dass das Projekt überall Verbreitung zu finden hätte, um die erwünschte Wirkung zu erzielen. Aber die Chancen standen gut, denn immerhin war die Konstruktion schon bis zur Exportierfähigkeit gereift. Die Phaeton-Führung stand mit ähnlich denkenden Führungspersonen im umgebenden interstellaren Raum in Kontakt.

Der große Wandel schien gut vorbereitet. Verborgen blieb er leider nicht. Es gab Spitzel, es gab Spione, es gab Verräter – was den Strengen zur Weißglut brachte, wie oben angedeutet, und einen Blitzkrieg hervorrief: die groß angelegte, brutale Strafaktion in Form der Erdvernichtung. Sie folgte einem einfachen Grundgedanken: weder wissen wir, welche von diesen Bäumen und Tieren virtuell sind und welche echt, noch wo auf diesen drei vermaledeiten Planeten sie zu finden sind; und weil es uns lästig ist, das herauszubekommen, machen wir einfach alles platt. Flächenbrand. Napalmbomben drauf. Ab in die Steinzeit. Kurz, knapp, militärisch effizient.

Das Motiv des Strengen für die Vernichtungskampagne: er wollte nicht auffliegen. Seine Macht beruhte auf einer grandiosen Verheimlichung, nämlich seinem als Erziehungsmittel für widerborstige Geistwesen gedachten „Einheitsgebot", aus dem heraus sich der Klebstoff zwischen den Mentalquanten unterschiedlicher Urheber entwickelte. Verheimlichung, wie man weiß, ist Sprengstoff, denn wenn der Verheimlichende sich ertappt fühlt, dann schlägt er um sich – und das kann eine ganze Welt zerstören (LVO).

Evakuierung während laufender Erdvernichtung

Die Führung der drei Planeten des Atlantis-Verbunds war weise genug, um sich auf Eventualitäten vorzubereiten. Auch sie hatte ihre in feinster Telepathie geschulten Spione. Womit sie allerdings nie gerechnet hätte, war ein Weltenbrand dieses Ausmaßes. Abfedernd wirkte immerhin eine in weiser Voraussicht getroffene Maßnahme, das „Arche Noah-Projekt".

An verschiedenen Stellen der Erde legte man so etwas wie Biotope an, in denen die wesentlichen Tiere und Pflanzen versammelt waren, so wie heute etwa in einem Zoo, einer Gartenschau oder einem Gewächshaus. Harmlose, beschauliche Anlagen waren diese Biotope aber keineswegs. Vielmehr handelte es sich um halb vergrabene Raumschiffe riesigen Ausmaßes, sozusagen um flache Blumentöpfe von einem Kilometer Durchmesser, die im Fall der Not abheben konnten, um das in ihnen Befindliche zu retten. So schnell, unerwartet und rabiat der Vernichtungsangriff auch kam, konnten zumindest einige dieser Arche-Noah-Schiffe abheben. Nicht bei jeder dieser Anlagen gelang es, die nötige Schutzkuppel rechtzeitig drüber gleiten zu lassen und das Gefährt weltraumsicher zu machen. Schaffte man dies aber, so ging es ab nach oben. Und irgendwann, als die Erde sich wieder einigermaßen beruhigt hatte und besiedelbar war, ging es wieder zurück. Das Projekt ähnelt den heutigen zoologischen Gärten, wo man sich bemüht, aussterbende Tiere zu bewahren und später wieder auszuwildern. Auch hier ist unser heutiges Tun eine Nachahmung des damaligen.

Was aus den Göttern wurde

Der Strenge erwählt sein Volk

Genauere Details zum Verlauf der Erdvernichtungskatastrophe und den nachfolgenden Entwicklungsepochen auf der Erde, von der Steinzeit bis ins Technologie-Zeitalter, finden sich in „Die Atlantis-Protokolle". Was aber wurde aus dem Strengen, was aus dem Weichen? Lässt man die Hypothese zu, dass mit dem Gott des Alten Testaments niemand anderes gemeint ist als mal der Strenge und mal der Weiche, dann ergeben sich auch hier, ähnlich wie bei der Schöpfungsgeschichte, verblüffende Parallelen zwischen den Ausführungen der Bibel und den MindWalking-Befunden.

Die Genesis beginnt mit der Erschaffung der Welt als einem Paradies, geht weiter mit der Sintflut und endet mit der Chronik der Israeliten. Über diesen ganzen ungeheuren Zeitraum hinweg gibt sich Gott der Herr als der zürnende und eifersüchtige Herrscher. Fortwährend höchst unzufrieden mit den von ihm geschaffenen Menschenwesen straft er sie, drangsaliert sie, droht ihnen wegen jeder Unbotmäßigkeit Vernichtung an und führt diese auch gnadenlos durch.

Im Schnelldurchlauf: Schon recht bald nach der Schöpfung sah der Herr, dass auf der Erde die Schlechtigkeit der Menschen zunahm. Er sagte: „Ich will den Menschen vom Erdboden vertilgen, mit ihm auch das Vieh, die Kriechtiere und die Vögel des Himmels, denn es reut mich, sie gemacht zu haben." Anschließend ließ er seine komplette Schöpfung in einer Flut ersaufen, der Sintflut oder „Sündenflut" (Gen. 6, 5-7). Sie ist nichts anderes als die Erdvernichtungskatastrophe, auf die wir bei MindWalking immer wieder stoßen.

Im Anschluss an die Sintflut rief Gott eine neue Weltordnung aus und schloss mit den Menschen, die sich irgendwie gerettet hatten, unter dem Zeichen des Regenbogens einen Bund (Gen. 9). „Nie wieder", versprach er ihnen. Doch als die Menschen sich in der geschichtlichen Epoche der Ägypter und Sumerer soweit erholt hatten, dass sie nicht nur die gleiche Sprache hatten, sondern gar noch den „Turm zu Babel" bauten „mit einer Spitze bis zum Himmel", passte das dem Herrn gar nicht. Er beschloss folgendes: „Auf, steigen wir hinab, und verwirren wir dort ihre Sprache, sodass keiner mehr die Sprache des anderen versteht. Der Herr zerstreute sie von dort aus über die ganze Erde, und sie hörten auf, an der Stadt zu bauen." (Gen. 11)

Als nächstes wünschte Gott eine Gefolgschaft, die seinem Gebot bedingungslos folgen würde. Er berief den Hirten Abraham zum Stammvater des geplanten auserwählten Volkes, wies ihm das Land Kanaan zu und stellte bei dieser Gelegenheit sogleich klar, wer Freund ist und wer Feind: „Ich will segnen, die dich segnen; wer dich verwünscht, den will ich verfluchen. Durch dich sollen alle Geschlechter der Erde Segen erlangen." (Gen. 12, 1-3). Als Treueschwur verlangte er von seinem auserwählten Gefolgsmann, er möge ein Opfer bringen, indem er seinem kleinen Sohn wie einer jungen Ziege die Kehle durchschnitte. Erst in letzter Sekunde, als Abraham schon das Schlachtermesser gezückt hatte, schickte der Herr schnell noch einen Engel vorbei und gebot auf diese Weise Einhalt. (Gen. 22)

Was hatte dieser Gott gegen die Einigkeit der Menschen einzuwenden? Wieso mischte er sich dauernd ein? Was gab es hier zu gewinnen? Für welchen Zweck brauchte er ein „auserwähltes Volk"?

Falls es sich hier tatsächlich um den Strengen handeln sollte, wäre sein Motiv begreifbar: die Erde durch Stellvertreter zurückerobern. Dazu eine kurze historische Rückblende: Aus MindWalking-Sitzungen ist bekannt, dass der Strenge seine Führungsposition auf intrigante Weise errungen hatte. Viele beargwöhnten ihn und seine Motive. In seiner Erdvernichtungskampagne sah man eine durch nichts gerechtfertigte Maßnahme – wozu zu bemerken ist, dass Planetenzerstörungen damals reguläre Strafmaßnahmen gewesen zu sein schienen. Oberste Instanz der galaktischen Administration waren die Verfassungsrichter; ihnen unterstand eine Polizeitruppe, die lediglich der Verfassung diente und sonst niemandem. Das Imperium des Strengen war so etwas wie ein in dieses weit größere Reich eingebettete Fürstentum; auch er unterstand den Verfassungsrichtern. Der allseitige Protest gegen „Blitzkrieg" des Strengen gegen die Erde (er dauerte nur etwa drei Wochen) ließ die Verfassungsrichter aktiv werden und führte seitens der Verfassungspolizei zu einer Jahrzehnte andauernden Reihe äußerst gewaltsamer Strafaktionen, Untersuchungen und galaktischer Schlachten, den „Folgekriegen" (in den Worten eines Solisten). In deren Verlauf gelang es nicht, den Strengen aufzugreifen und zur Rechenschaft zu ziehen, sondern er entkam ins Exil auf einen von seinen letzten Getreuen bewohnten Planeten.

So oft dieser Ort auch in Sitzungen angepeilt wurde, so zahlreich die Auseinandersetzungen mit seinen politischen und militärischen Vertretern auch waren, so sehr entzieht sich uns der Name. In Ermangelung eines galaktischen Wörterbuchs möchte ich diese Lokalität als *Asúraloka* bezeichnen, Sanskrit für „Ort der dämonischen Mächte". Dort waren Gehirnwäsche und Gedankenkontrolle an der Tagesordnung; der ganze Planet sah aus wie das Ruhrgebiet in den dreißiger Jahren oder auch jede andere größere Industriestadt zu jener Zeit – nichts wie Ruß und Rauch und Sklavenarbeit – und architektonisch bestand größte Ähnlichkeit mit den Plattenbauten der DDR oder den kalten, anonymen Wohnblocksiedlungen moderner chinesischer Großstädte.

Von Asúraloka aus überwachten der Strenge und die dortigen Befehlshaber die Entwicklung der Erde aufs sorgfältigste. Sie wurde gegen Ende der Steinzeit teils von Kolonisatoren, teils von wohlmeinenden Entwicklungshelfern frequentiert (APR). Die Kolonisatoren vertraten unterschiedliche galaktische Interessengruppen, welche die Erde untereinander aufzuteilen suchten, ähnlich wie es die europäischen Kolonialmächte ab dem fünfzehnten Jahrhundert mit Amerika, Afrika und Asien machten. Eine Dramatisierung? Oder gar das identische, auf der Erde hängen gebliebene Personal, welches in der Verkörperung europäischer Kolonialherren und Missionare aktiv wurde? Für beides bestehen Hinweise aus Sitzungen.

Falls der Strenge tatsächlich identisch sein sollte mit dem alttestamentarischen Gott, so würde mit dem obigen begreifbar, wieso sich dieser Gott dauernd einmischte. Ging es mal wieder um nichts anderes als totale Kontrolle? Um Verheimlichung? Um das Vertuschen eines großen Verbrechens?

Eine weitere Parallele zeigt sich in der Rivalität zwischen Jehova und Baal. Die alten Israeliten nannten ihren Gott Jahwe. Sein Beiname war Zebaoth, das bedeutet: Jahwe der Heerscharen. In vielen blutigen Schlachten half er den Israeliten, Kanaán zu erobern, ein Gebiet, das dem heutigen Israel und Libanon ungefähr entspricht. Die Bewohner des Landes Kanaán hatten ihren eigenen Gott, genannt Baal. Dieser war ein Fruchtbarkeitsgott, der sich um alles sorgte, was den Bauern und Hirten der damaligen Zeit wichtig war: Vermehrung der Herden, Wachstum der Pflanzen und Tiere, Ackern und Ernten. Es gab davon nicht nur einen Baal, sondern viele; jedes Dorf hatte seinen eigenen Schrein und seine eigene Spielart dieser Gottheit. Im Unterschied duldete der israelitische Gott keinen konkurrierenden Gott neben sich, forderte als Kriegsherr unbedingten Gehorsam. Verweist das auf eine auf der Erde ausgetragene alte Fehde zwischen dem Strengen und dem Weichen?

Die Rolle eines auserwählten Volkes zu spielen, war wahrlich kein Spaß. Einige Beispiele: König David wollte das Volk Israel zählen. Weil ihm die Idee von Satan suggeriert wurde, ließ Gott dem David die Wahl zwischen folgenden Strafen: drei Jahre Hungersnot, drei Monate Verfolgung durch schwertschwingende Gegner, drei Tage die Pest, „das Schwert des Herren“. David wählt das Schwert des Herren und „da ließ der Herr über Israel eine Pest kommen, und es kamen in Israel 70.000 Menschen um.“ Weil das dem zürnenden und eifersüchtigen Gott noch nicht reichte, setzte er noch einen drauf und „sandte einen Engel nach Jerusalem, um es ins Verderben zu stürzen. Doch als er mit der Vernichtung begann, sah es der Herr und das Unheil reute ihn.“ (1. Chr., 21, 1-15).

Wie kann Satan einem König David einfach etwas in den Kopf setzen, ohne dass Gott das bemerkt oder verhindert hätte? Möglicherweise, weil Gott selbst die Intrige betrieb? Man denke an seine Wette mit Satan, dass der den Hiob nie dazu kriegen würde, von Gott abtrünnig zu werden. Von Ähnlichem berichtet der Prophet Micha: Gott habe zum Zweck einer Intrige ein Geistwesen als Helfer eingespannt: „Ich sah den Herrn auf seinem Thron sitzen; das ganze Heer des Himmels stand zu seiner Rechten und seiner Linken. Und der Herr fragte: Wer will König Ahab betören […]?

Zuletzt trat der Geist vor, stellt sich vor den Herrn und sagte: Ich werde ihn betören. Der Herr fragte ihn: Auf welche Weise? Er gab zur Antwort: Ich werde mich aufmachen und zu einem Lügengeist im Munde all seiner Propheten werden. Da sagte der Herr: du wirst ihn betören; du vermagst das. Geh und tue es!" (1. Kön. 22, 19-22)

Man könnte all dies achselzuckend auf die Stufe primitiver Volksmärchen verweisen, auf die simple Fantasie eines einfachen Hirtenvolkes, das für seine Missernten und Erdbeben eine Erklärung brauchte. Ja, das könnte man. Aber der Leser halte sich bitte vor Augen, dass der jüdisch und christlich orientierte Teil der Menschheit über Jahrtausende an dieser dämonischen Gestalt als seinen Gott festhielt. Erziehung in Schule und Elternhaus orientierte sich an dieser Weltanschauung, das gesamte Leben hochgebildeter Leute war durchtränkt davon. Christlich-fundamentalistische Kreisen tun es noch bis zum heutigen Tag. Die solchermaßen „Gläubigen" waren und sind zutiefst überzeugt davon, von einem willkürlich wütenden, eifersüchtigen Diktator gelenkt zu werden, und sie verehren ihn ohne Unterlass, wiewohl er einen Bund nach dem anderen mit ihnen brach.

Woher käme diese Überzeugung wohl, diese aus Furcht geborene Verehrung, wenn die alttestamentarischen Propheten nicht jenem Strengen Jahrhunderte lang als Sprachrohr gedient und dem Volk eingeheizt hätten? Wenn sie nicht immer wieder ihre Visionen einer Jerusalem-Zerstörung aus der kollektiven Erinnerung an die Atlantis-Vernichtung heraufbeschworen hätten? Eine recht steile These, gewiss, doch entbehrt sie auf dem geschilderten Hintergrund nicht der Plausibilität.

Wer sprach mit Mose?

Die am intensivsten dokumentierte Interaktion zwischen Mensch und Gott ist wohl diejenige, die Mose auf dem Berg Sinai widerfuhr. Auf wen Mose da wirklich traf, darüber lässt sich streiten, denn die Begebenheit ließe sich auch interpretieren als die Begegnung des Mose mit einem Raumschiff. Auch ein Vulkanausbruch könnte es der Beschreibung nach gewesen sein – schwarze Wolken, Donnergrollen, Blitze, ein bebender Berg –, aber das hätte niemand überlebt. War es aber tatsächlich ein Raumschiff, so ist nicht auszuschließen, dass dessen Repräsentant und Gesprächspartner des Mose, eine Erscheinungsform oder zumindest ein Sendbote des Strengen war. Alle in der Erzählung genannten Charakterzüge sprechen dafür, wie sich gleich zeigen wird.

Der Ablauf im Zeitraffer[45]: Die Israeliten, gefangen in Ägypten, stöhnten unter der Sklavenarbeit. Gott erschien Mose als Feuerflamme in einem Dornbusch, versprach, die Israeliten den Ägyptern zu entreißen, ihnen Ägypten zur Plünderung freizugeben und anschließend die Heimatländer mehrerer Völker zur Eroberung. Mose sprach beim Pharao vor, der sich erwartungsgemäß über die Befreiungswünsche der Israeliten amüsiert, woraufhin Gott den Ägyptern mit der für ihn typischen Unerbittlichkeit zehn Plagen schickt: in Blut verwandeltes Wasser, die Plage der Frösche, der Stechmücken, des Ungeziefers, die Plage der Viehseuche, der Geschwüre und des Hagels. Danach die Heuschrecken und eine dreitägige Finsternis. Als zehnte Plage ließ der Herr alle Erstgeborenen in Ägypten erschlagen. Daraufhin gab der Pharao nach und ließ die Israeliten ziehen.

Man zog durch das Schilfmeer, wobei Gott die verfolgenden Ägypter vernichtete, und nach drei Monaten der Wüstenwanderung gelangen die Israeliten schließlich zum Berg Sinai. Der ganze Berg ist in Rauch gehüllt und bebt gewaltig, denn der Herr ist im Feuer auf ihn herabgestiegen. Gott ruft Mose zu sich auf den Gipfel des Berges. Außer ihm darf sich niemand nähern. Das Volk hält sich deshalb brav in der Ferne, während sich Mose der dunklen Wolke nähert, in der Gott ist. Der spricht: „Ich bin Jahwe, dein Gott. Du sollst neben mir keine anderen Götter haben. Du sollst dich nicht vor anderen Götter niederwerfen und dich nicht verpflichten, ihnen zu dienen. Denn ich, der Herr, dein Gott, bin ein eifersüchtiger Gott."

Man darf fragen: Wenn dieser Gott den Umgang mit anderen Göttern verbietet und von sich selbst sagt, er sei eifersüchtig auf diese, dann muss es diese anderen ja wohl gegeben haben – was wiederum heißt, dass er nicht der einzige Gott war, sondern nur einer unter vielen. Aber einen gewaltigen Machtanspruch, den hatte er.

Es folgt das Diktat der weiteren neun Gebote sowie ein ganzer langer Katalog von Vorschriften, darunter auch das so gern zitierte: „Ist weiterer Schaden entstanden, dann musst du geben: Leben für Leben, Auge für Auge, Zahn für Zahn, Hand für Hand, Fuß für Fuß, Brandmal für Brandmal, Wunde für Wunde, Striemen für Striemen." Jesus vertrat zur selben Problematik bekanntermaßen einen völlig anderen Standpunkt, indem er sagte: Lass dich nicht beeindrucken, wenn dich einer ohrfeigt. Indem du ihm einfach die andere Backe hinhältst, demonstriert du, dass dir so etwas nichts ausmacht (Matth. 5, 39). Wenn Jesus von „Gott" sprach, muss er jemand anderen gemeint haben.

Als nächstes erhalten siebzig der Ältesten Israels die Genehmigung, auf den Berg zu kommen und sich in einiger Entfernung vor Gott niederzuwerfen. Nur Mose darf sich ihm nähern. Das Dekor ist über die Maßen prächtig. Die Ältesten „sahen den Gott Israels. Die Fläche unter seinen Füßen war wie mit Saphir ausgelegt und glänzte hell wie der Himmel selbst. Gott streckte nicht seine Hand gegen die Edlen der Israeliten aus; sie durften Gott sehen, und sie aßen und tranken". Ein Captain's Dinner in der Empfangshalle eines Raumschiffs? Der Strenge als Gastgeber?

Die Erde ein Hochsicherheitstrakt

Was trieb laut MindWalking der Strenge seit seiner Exilierung auf Asúraloka? Seine dortigen Gastgeber und Mitstreiter lebten und dachten nach dem exakten Schnittmuster des Strengen, nicht anders als die Nationalsozialisten unter Hitler und die kommunistischen Staaten seit 1945 sich einander prinzipiell gleichen, ob DDR, stalinistisches Russland oder das gegenwärtige China: die Worte des jeweils amtierenden Gröfaz (Größter Führer aller Zeiten) sind gleichzeitig Gebot, Doktrin und Religion. Dafür wird gesorgt - mit persönlicher Überwachung und elektronischer Bespitzelung.

Die Macht des Strengen, wiewohl nicht mehr imperial, wiewohl nicht mehr so stark wie zur Zeit der Erdvernichtungskatastrophe, war dennoch bis in das erste Jahrzehnt dieses Jahrtausends durchaus spürbar, zumindest für die Bewohner der Erde. Denn Planet Erde war seit der Erdvernichtung nichts anderes als das Gulag des Strengen, ein Auffanglager für ein jedes Wesen, das mit den Machenschaften des Strengen nicht einverstanden war und auf die verwegene Idee verfiel, hierher zu reisen, um das Dunkle auszulichten. Das auf keinen Fall! Dafür hatte man seine Patrouillenschiffe mit ihren sorgfältig durch Gehirnwäsche ausgebildeten Marionetten-Mannschaften und ihren auf telepathischer Grundlage funktionierenden Radaranlagen. Elektromagnetische Peilstrahlen traten in Resonanz mit den Energiekörpern der unbedarften, gutgläubigen und weltverbesserungsorientierten Geistwesen auf ihrem Weg zur Erde, fingen sie ab, löschten ihr Gedächtnis und schickten sie weiter zum Einsatzort Erde – als verwirrte, geistig gestörte, ineffektiv gewordene Helfer (siehe MWU und APR).

Machtausübung aus dem Exil heraus ist bis zum heutigen Tage gängige Praxis, insofern sind die politischen Machenschaften des Strengen nicht verwunderlich. Besonders illegitim waren seine nach wie vor imperialistischen Aktionen vor allem deswegen, weil die Erde so etwas wie eine Schutzzone war, ein Reservat, das man in Ruhe lassen und sorgsam behandeln wollte, damit sich die dortige Natur und Kultur erholen möge. Entwicklungshelfer waren willkommen, Kolonisatoren hingegen verboten. Dass sie dessen ungeachtet munter ihr Unwesen treiben konnten, ist genauso leicht oder schwer zu verstehen, wie der Umstand, dass es trotz internationalen Seerechts und zahlreicher Patrouillenboote nach wie vor Schmuggel und Piraterie gibt. Die Quelle des Übels, der Planet Asúraloka, war zwar bekannt, aber man traute sich nicht an ihn heran bzw. kam nicht mit ihm zurecht, ähnlich wie die Großmächte unserer Gegenwart nicht mit Ländern wie etwa Nordkorea zurecht kommen.

Selbst für offiziell geduldete Entwicklungshelfer war der Einsatz auf der Erde mit höchstem Risiko verbunden. Runter kam man wohl, zurück jedoch nicht mehr. Seit der Erdvernichtungskatastrophe umgibt diesen Planeten der „Erdschirm", ein kaum zu überwindender, kugelförmiger Maschendrahtzaun. Das kollektive Gedächtnis beinhaltend, ist er vollgestopft mit unbewältigt gebliebenen Mentalfeldern, angefangen mit der Erdvernichtung über die Steinzeit bis hin zu den Kriegen der Vergangenheit und Gegenwart. Ein nicht-verkörperter Entwicklungshelfer muss diesen Erdschirm unvermeidbar durchdringen, um zu seinem Einsatzort zu gelangen. Sobald er aber in ihn eintaucht, läuft er Gefahr, dass seine persönliche Identität mit dem kollektiven Material verschmilzt. In dem so entstandenen Durcheinander von eigenen und fremden Mentaldateien geht jedes Gefühl für Herkunft und Vorhaben verloren.

Schon allein diese Verwirrung würde ausreichen, jeden Befreiungsgedanken zu unterbinden. Erschwerend kommt hinzu – nach Ankunft hier unten – die fortlaufende Inkarnation von Körper zu Körper. Das machte den geistigen Zustand des Betroffenen eher schlechter als besser, denn Sterben verläuft häufig unter traumatischen Umständen, und so wird das Päckchen größer und größer. Häufige Wiedergeburten machen leider nicht weise, wie man oft hört, sondern, auf eine knappe Formel gebracht: Reinkarnation macht dumm.

Solch massive Behinderung begann mit der Erdvernichtungskatastrophe und war bis in die 2000er Jahre hinein gang und gäbe. Noch letzte Woche beschrieb mir eine 1982 geborene Sitzungspartnerin, wie sie beim „Anflug" auf die Erde über einen Peilstrahl abgefangen, in ein Raumschiff eingesogen und dort einem geistigen Vernichtungsprogramm unterzogen wurde, das ihr sämtliches Vorwissen zu ihrer Identität, Absicht und Zielsetzung raubte – bis auf einen kleinen Funken, der immerhin ausreichte, dass sie sich ihr Leben lang um spirituelle Rehabilitation bemühte. Dabei behinderte sie eine damals implantierte mentalenergetische Überwachungsinstallation. Diese wurde während der laufenden Sitzung aktiviert und uns dadurch kenntlich. Sie löste schlagartig Erinnerungsstörungen, Verwirrung und Demotivation aus, mit dem Ergebnis, dass der Sitzungspartnerin von einer Minute auf die andere die Bilder entglitten und sie nicht mehr wusste, was sie gerade eben noch gesagt hatte. Die Installation wurde lokalisiert und angesprochen. Dadurch entstand mit ihrem Operator – er befand sich auf einem Raumschiff – eine Online-Verbindung. Im Rahmen einer regulären Sitzung von mehreren Stunden gelang es, ihn daran zu erinnern, wie er selbst einst auf ähnliche Weise gekapert und implantiert worden war. Als Ergebnis dessen ließ er von seinem Tun ab und entschwebte als befreites Geistwesen. Anschließend konnten wir die meiner Sitzungspartnerin anhaftende mentalenergetische Installation auflösen und die Sitzung bis zum angestrebten eigentlichen Sitzungsziel fortführen.

Solche Sitzungen waren bis zur Jahrtausendwende viel häufiger als heute. Allmählich aber waren die Gegenkräfte soweit abgebaut, dass die ersten Erinnerungsfetzen an Atlantis heraufdämmerten. Heute scheint die Behinderung beim Zugang zur Erde weit weniger massiv zu sein als damals. Jüngere Sitzungspartner, als Entwicklungshelfer eingeschwebt und erst ab 1990 erstmals inkarniert, tragen eine weit geringere Last mit sich, als diejenigen aus den Jahrzehnten zuvor. Sie stoßen weit schneller zu tiefen und tiefsten Erinnerungen an ihre Herkunftswelten vor, als körperlich ältere oder häufig inkarnierte Sitzungspartner.

Dieser Abbau von dunklen Gegenmächten, diese Möglichkeit der Rückerinnerung, die sich uns mit MindWalking heute bietet, wäre undenkbar ohne die Vorarbeit all der Meditierenden, Betenden und medial begabten Hellsichtigen rund um die Welt. Deren beharrliche Konzentration auf den „Draht nach oben" dünnte den mentalen Smog über die Jahrtausende hinweg langsam aus. Als Ergebnis dessen werden allmählich die Konturen eines geschichtlichen Verlaufs erkennbar. Ganz langsam beginnt man wieder, sich zurechtzufinden.

Götter im Ruhestand

Rückblickend betrachtet, zeigten sich in MindWalking-Sitzungen der 1980er Jahre vor allem behindernde, bedrängende und geistesverwirrende Installationen und Energiewesen. (Anmerkung: die Bezeichnung „MindWalking" gibt es als offizielles Warenzeichen erst seit 1996, die Entwicklung und Verwendung der Methode aber schon in den zehn Jahren davor; ich verwende „MindWalking" der Einfachheit halber für beides.) Den Installationen und Energiewesen folgten in den 1990ern die dahinter steckenden Drahtzieher, vor allem die Raumschiff-Grenzpatrouillen von Asúraloka. Als deren Führungsetage allmählich gehandhabt war, ließ nicht nur ihre Aggressivität, sondern auch ihre gesamte Aktivität spürbar nach, und es kam zu den ersten Sitzungen mit ihrem Oberkommandeur, dem Strengen persönlich. Nur wenige hatten den Mut und die Kraft, sich mit ihm auseinanderzusetzen. Tat man es, so war das ungefähr, als hielte man mit der linken Hand eine Starkstromleitung umklammert, stünde mit den Füßen in einer wassergefüllten Badewanne und führte gleichzeitig seine Sitzung nebst Protokoll. Da ging viel „Strom" durch, man selbst war der Blitzableiter.

Nachdem einige wenige Solisten dem galaktischen Gröfaz eine beträchtliche Reihe von Sitzungen gegeben hatten, wurden dessen persönlicher Hintergrund und seine Motive allmählich deutlich, und in dem Maß, wie seine Verheimlichung aufflog, wurde es ihm unmöglich, seine auf Lüge gegründete Macht zu halten. Indem jede Sitzung das Tun des Strengen im gesamten geistigen Universum publik machte – denn eine Sitzung geht immer auch in die Breite, sie ist ein telepathischer Vorgang –, verlor er seine Position und seine Glaubwürdigkeit in den Augen seiner Anbeter.

Sein Spiel ist vorbei, aber verlassen kann er es nicht, denn indem er über viele Äonen andere Geistwesen mittels Mentalquanten-Verschränkung an sich band, ist er nun auch an diese gebunden, und nicht nur an sie, sondern auch an die fein- und grobstoffliche materielle Substanz des gesamten physikalischen Universums, in welchem seine Mentalquanten eingebettet liegen. Praktisch bedeutet das, dass er erst ins Allsein wird eingehen können, wenn niemand mehr Aufmerksamkeit auf ihn hat und er seine eigene Aufmerksamkeit von allem zurückgezogen haben wird, woran er je beteiligt war. Er ist sozusagen damit beschäftigt, auf der Wartebank zu sitzen.

Der Weiche trat erst lange nach den ersten Sitzungen mit dem Strengen auf. Es war nahezu unmöglich, ihm eine Sitzung zu geben, weil er zu jeder Frage eine Antwort gab von der Art, als würde einem ein nasses Stück Seife aus der Hand glitschen. In seinem tief verwurzelten, charmanten Zynismus war er sich absolut keiner Schuld bewusst, sondern sah sich einfach als innovationsfreudiger Macher, der niemandem je etwas Böses wollte. Sitzungen mit ihm waren weit aufreibender als mit dem Strengen. Bei Letzterem hatte man das Gefühl, man stünde mit einer aggressiven Macht im Schlagabtausch; bei Ersterem war es eher, als plauderte man mit einem jovialen Trickbetrüger bei einer Tasse Espresso über das Weltgeschehen. Doch auch hier gelang es, im Lauf zahlloser Sitzungsgespräche die persönlichen Hintergründe und Motive des Weichen zu erforschen und seine Veruntreuung seines Urauftrags ans Licht zu bringen. Auch er ist nicht mehr im Spiel, denn auch sein Spiel beruhte auf Verheimlichung, und diese ist nun aufgeflogen. Doch auch er kann nicht gehen, auch er hat einiges wiedergutzumachen.

Wie alle Geistwesen sind auch diese beiden im Kern nichts als Gedanken, aktiv gewordene Uraufträge. Ihre eigentliche Berufung wurde abgelöst von einer unfassbar mächtigen Egozentrik, mittels derer sie eine nicht minder große Frustration überdeckten. Ihre Gegenabsichten sind nun aufgegeben, ihre Negativität nicht mehr aktiv. Es besteht die Aussicht, dass beide im Zuge ihrer Rehabilitation positiv im Sinne ihrer Berufung arbeiten und die Heimholung betreiben werden, zu der sie ursprünglich in die Existenz gerufen wurden; dies zumindest deutet sich in den letzten Sitzungen mit ihnen im Jahr 2020 an.

Mit Blick auf die Tagespresse und dem scheinbar chaotischen Zustand dieser Erde mag man sich fragen, wo sich dieses Positive denn wohl ereignen mag. Meine persönliche Sichtweise dazu ist diese: über die Jahrtausende hinweg war diese Erde beherrscht von diktatorischen Machtblöcken. Ein Gröfaz folgte dem anderen in Europa, in Asien, in Südamerika, in der muslimischen Welt. Diese Konstellation spitzte sich zu bis zum kalten Krieg, wo USA und UdSSR die Welt unter sich aufteilten. Diese eisige Konstellation ist zusammengebrochen. Emotional betrachtet, kommen die Völker und Nationen aus einem Zustand der Erstarrung in einen Zustand der Aktivität. Das Eis schmilzt, Bewegung setzt ein. Alte Fehden werden ausgetragen, alter, künstlich unterdrückter Groll äußert sich auf allen Ebenen der Gesellschaften.

Erstarrung findet sich auf den emotionalen Stufen der Apathie und des Entsetzens. Bewegt man sich aus diesen Zuständen heraus nach oben, so folgen Hinterhältigkeit, Hass und Ärger, Wut und Zorn. Das ist der gegenwärtige emotionale Zustand der Gruppen, Völker und Nationen dieser Erde. Man wird abwarten müssen, bis diese emotionalen Stufen ihre Dynamik verloren haben. Was sich dann anschließen wird, sind die positiven Emotionen von Freude, Wohlwollen, Interesse und Einvernehmlichkeit. Es wird noch eine Weile dauern, es wird noch viel Blut fließen, aber es wird unvermeidbar kommen. Die Prämissen des Spiels und seine grundsätzlichen Konstellationen haben sich geändert. Alles wird gut.

Zurück ins Licht

Vorbei ist vorbei – und was dann?

Es scheint absurd und abwegig, dass die Entstehung unseres so komplexen Universums mit allem, was darin herumwuselt, auf die Machenschaften lediglich zweier Wesen zurückzuführen sei. Sicherlich gab es seit Anbeginn der Welt Milliarden und Abermilliarden von Mitspielern und Gegenspielern, gleichwohl geht die Grundkonzeption auf lediglich zwei Geistwesen zurück, den Strengen und den Weichen. Genau betrachtet, ist dieser Gedanke keineswegs ein neuer: die gesamte Literatur, Philosophie und Theologie der Menschheit ist seit Anbeginn durchsetzt von Gestalten im Grundmuster eines Gottvaters und seiner Gegenspieler Luzifer, Teufel und Satan. Man denke an die Gnostiker mit ihrem finsteren Demiurgen samt seinen Archonten, an die Parsen mit dem hellen Ahura Mazda und dem düsteren Ahriman, an die kampf- und streitsüchtige Götterwelt der Germanen und Griechen.

Auf dem Hintergrund dieser seit Anbeginn der Menschheit betriebenen „kollektiven Phantasterei" ist es wenig verwunderlich, wenn wir durch MindWalking mit dem „Weichen" und dem „Strengen" auf Ähnliches stoßen. Welche dieser beiden Gestalten mit den traditionellen identisch ist, darüber ließe sich trefflich streiten. Aber darauf kommt es letztlich nicht an. Wichtig ist allein, sich von den Verstrickungen gelöst zu haben, die einen ins Dunkle ziehen, ganz gleich, wer als Herrscher dieses Dunklen zu bezeichnen sei.

Immerhin dürfte in den Visionen der klassischen Philosophen und Theologen in Ost und West ein dickes Körnchen Wahrheit stecken, wenn dogmatisch unvorbelastete MindWalker über den Zugang zu kollektiven Erinnerungen auf Vergleichbares stoßen. Es dürfte als Bestätigung alter Lehren gelten. Ob es aber stimmt, was man da vorgefunden hat? Ob es wirklich mal so war?

Leider lässt sich hier kein Beweis erbringen, welcher der wissenschaftstheoretischen Forderung nach Wiederholbarkeit eines Experiments mit vergleichbaren Ergebnissen genügen würde. Das liegt ganz einfach daran, dass als Ergebnis einer MindWalking-Sitzung nicht nur individuelle, sondern auch kollektive mentalenergetische Felder entladen und in abstraktes Wissen umgewandelt werden. Die Felder, und damit die Bedrängnis, verschwinden, das Wissen bleibt. Hat sich ein kollektives Feld aber erst einmal aufgelöst, so ist die Replikation des Befundes des einen Solisten durch einen zweiten, späteren, mangels Bedrängnis dieses späteren nicht mehr möglich. Zwar wäre das Wissen dem einen oder anderen entsprechend Talentierten auf dem Weg der Intuition zugänglich, jedoch nicht mehr durch Auflösung einer persönlich gefühlten Bedrängnis.

Um den diesbezüglichen Mechanismus etwas genauer auszuführen: eine bestimmte Erinnerung wird nur solange als Mentalquantenfeld aufrecht erhalten, wie man die Kenntnisnahme verweigert. Ist Erkenntnis erst einmal eingetreten, so verwandelt sich das durch Verdrängung erzeugte Feld in reines, abstraktes, transzendentales Wissen. Wissen aber hat keinen Platz in Raum und Zeit. Man kann es sich auf dem Wege der Intuition zugänglich machen und es sich zum Zweck der Veranschaulichung als Mentalquantenfeld erschaffen, das ja. Ist die diesbezügliche Neugier jedoch erst einmal befriedigt, so würde sich dieses Feld wieder auflösen. Es schaltet sich nicht selbsttätig ein wie eine negativ belastete Mentaldatei, die über ihr Negativprogramm gezündet wird und einen betrübt macht. Vielmehr ist spannungsfrei integriertes Wissen frei verfügbar und bereichernd. Man nutzt es willentlich, bis die Neugier befriedigt ist. Anschließend lässt man es wieder entschwinden (siehe Sätze 16, 17, 44 und 55).

Das will besagen, dass sich mit jeder MindWalking-Sitzung negative Karma-Altlasten zu positivem, nützlichem Wissen wandeln. Das alte Karma, sobald gehandhabt, existiert nicht mehr als störende mentale Masse. Noch einen Schritt weitergehend lässt sich daraus schließen, dass die Massen dieses Universums letztlich aus nicht erzählten Geschichten bestehen, aus Mentalfeldern mit nicht gesichtetem Inhalt. Mit jeder erzählten, mit Heiterkeit bewältigten Geschichte würde das Universum ein wenig ausdünnen. Den Beleg dafür haben wir mit MindWalking zumindest für den geistigen Sektor erbracht: bestimmte düstere Gedankenfelder, Gegenspieler und Dämonen, welche Sitzungsleiter und Solisten in Sitzungen der Vergangenheit ins Schwitzen brachten, tauchen in der Gegenwart nicht mehr auf.

Jede neue Generation von MindWalking-Solisten handhabt unterschiedliche Aspekte einer universellen Chronik, eines kosmischen Karma. Diese Chronik ist es, was die Welt zusammenhält. Sind alle ihre Geschichten erst einmal mit Wahrhaftigkeit erkannt und erzählt, so wird im Endstadium nicht nur das geistige Universum aufgelöst sein, sondern auch das physikalische. Wenn es ein Superyogi wie Sai Baba aufgrund seiner spirituellen Kompetenz fertig bringt, grobstoffliche materielle Objekte aufzulösen, dann können ganz normale Geistwesen wie wir das prinzipiell auch, zumindest scheibchenweise, Sitzung für Sitzung. Und jedes Scheibchen ist ein Scheibchen weniger, bis schließlich der ganze Käse sowohl im geistigen wie auch im physikalischen Sinne gegessen sein wird. Dann wären wir wieder da, wo wir mal angefangen haben: als ein großes, transzendentales, allverbundenes Sein in lichtvoller Leere.

Und danach? Neues Spiel, neues Glück. Dem göttlichen Allbewusstsein wird schon etwas einfallen.

ANHANG

Die Prinzipien auf einen Blick

Ursprung: Woher wir stammen

1. Das grenzenlose Potenzial, welches alle Möglichkeiten des Seins beinhaltet und aus dem alles Seiende entsteht, heißt Allbewusstsein oder auch Allsein.
2. Das Allbewusstsein vermag sein Potenzial in Form von Gedanken zu aktivieren. Dadurch geschieht Veränderung.
3. Verfasst das Allbewusstsein einen Gedanken, so entsteht ein *Aktionsablauf.*
4. Ein Aktionsablauf ist erst dann endgültig abgeschlossen, wenn Erfüllung eingetreten ist oder er als nicht mehr notwendig erachtet wird.
5. Das Allbewusstsein erstrebt den Abschluss von Aktionsabläufen, damit der transzendentale Zustand vor Beginn aller Aktionsabläufe wieder hergestellt ist.

Berufung: Wozu wir unterwegs sind

6. Ein vom Allbewusstsein verfasster Gedanke erscheint als individuelles geistiges Wesen oder auch *Geistwesen.* Dieses hat eigenes Bewusstsein und ist sich seiner selbst bewusst.
7. Der Prozess der Entstehung eines geistigen Wesens heißt *Ursprung.*
8. Der Gedanke, als welcher ein geistiges Wesen in seine Existenz eintritt, heißt *Urauftrag* oder auch *Urberufung.*

Bewusstsein: Wie groß unser Geist ist

9. Für den Zustand unserer Fähigkeiten und unseres *Geistes* sind wir als Geistwesen allein verantwortlich.
10. Als geistige Wesen verfügen wir über die Fähigkeit, Gedanken zu verfassen und zu erfassen.
11. Als Geistwesen verfügen wir über die Fähigkeit, unser Potenzial mithilfe absichtsvoller Gedanken in Mentalkraft umzusetzen.
12. Mentalkraft wird in ihrer kleinsten Einheit in Form von *Mentalquanten (MQ)* erlebt. Diese *platziert* ein Geistwesen an einem beliebigen Zielpunkt,

d. h. sie strömen nicht linear dorthin, sondern erscheinen dort unvermittelt.

13. Als Geistwesen agieren wir von einem bestimmten Punkt aus, der sogenannten *Wahrnehmungsposition*. Indem man von dort aus Mentalquanten platziert, interagiert man mit der Umgebung.

14. Indem wir Mentalquanten platzieren, entsteht für uns eine Welt in Form von Energie, Raum, Materie und Zeit.

Wahrnehmen und Wissen: Allwissenheit für alle

15. Indem wir in einer gegebenen Welt Mentalquanten platzieren, entstehen ein *Bezugspunkt* sowie *Wahrnehmung*.

16. Wahrnehmung ist ein Aktionsablauf, der zur Erkenntnis führt. Mit deren Eintreten ist er abgeschlossen. Die platzierten Mentalquanten lösen sich auf.

17. Wahrnehmungsinhalte „merkt man sich" in Form von *Wissen*.

18. *Aktivierung von Wissen* kann bewusst wie auch unbewusst erfolgen, sei es als geistiges Bild *(Mentalbild)* oder als spontanes Verhalten.

19. Ist Wissen nicht mehr in Form von Mentalquanten aktiviert, so geht es wieder in den abstrakten begrifflichen Zustand über.

20. Die Verfügbarkeit von bewusstem Wissen hängt vom aktuell gegebenen *Akzeptanzvermögen* eines Geistwesens ab.

21. Bewusstsein beschränkt sich bei uns Geistwesen nicht lediglich auf das bloße Registrieren von sinnlichen oder telepathischen Wahrnehmungsinhalten, sondern erstreckt sich auch auf die Kenntnis von Sein und Potenzial.

22. Die Grenzen von Wissen und Bewusstsein sind nicht lediglich durch das selbst Erlebte gegeben. Die von anderen Wesen gemachten Erfahrungen, das *transpersonale Wissen,* steht ebenfalls zur Verfügung.

Intuition: Zugang zur höchsten Ebene

23. Unmittelbares Erfassen von Konzepten, Gedanken und Wissen vollzieht sich über *Intuition*.

24. Bewusstheit des Allbewusstseins heißt *transzendentales Bewusstsein*. Es eröffnet sich uns über Intuition.

Spiel: Woher das Karma kommt

25. Die Existenz eines geistigen Wesens unterliegt einem Aktionsablauf von Entstehen und Vergehen.

26. Die Gesamtheit aller Aktionsabläufe beim Erledigen des Urauftrags bis hin zu dessen Erfüllung heißen das *Spiel* eines Geistwesens.

27. Wir haben als geistige Wesen einen freien Willen, insofern es uns freisteht, die Ausführung unseres Urauftrags auf beliebige Art und Weise durchzuführen, von ihm abzuweichen oder sogar im Gegensinn zu handeln.

28. Die existentielle Dynamik eines geistigen Wesens entsteht in Abhängigkeit davon, wie es seinen freien Willen einsetzt.

Beziehung: Wir sind alle tolle Telepathen

29. Indem ein Geistwesen Mentalquanten platziert, interagiert es auf ureigene Weise mit unterschiedlichen Welten.

30. Um dauerhaft Präsenz und Wiedererkennbarkeit zu bewirken, platzieren wir Geistwesen innerhalb einer bestimmten Welt kontinuierlich Mentalquanten. Insbesondere erschaffen wir als Kommunikationsplattform ein relativ dichtes Feld und geben ihm eine Gestalt. Das ist unser *Energiekörper*.

31. Als Geistwesen kann man mit Hilfe seines Energiekörpers einen biologischen Körper übernehmen, kurz *Biokörper* genannt, ebenso einen physischen oder auch mechanischen Körper, einen *Festkörper*. Die Wahrnehmungsposition kann innerhalb des betreffenden Körpers sein *(Innenposition)* oder außerhalb *(Außenposition)*.

32. Als geistige Wesen vollziehen wir bezüglich eines Bezugspunkts die grundsätzlichen Aktionen Hinstreben und Zurückziehen.

33. Je mehr Aufmerksamkeit bzw. Mentalquanten man als Geistwesen auf einen bestimmten Bezugspunkt richtet, desto mehr gewinnt er an Bedeutung.

34. Jedes Geistwesen erschafft seine ureigenen Mentalquanten und ist an ihnen erkennbar. In ihnen drücken sich aus: unsere Identität sowie unsere Emotionen und Absichten zum Zeitpunkt des Erschaffens.

35. Mentalquantenfelder mit eigenständiger Verhaltensdynamik bezeichnen wir als *Energiewesen.*

36. Kommunikation ist ein Aktionsablauf zur Mitteilung eines Gedankens mit Hilfe von Mentalquanten.

37. Je mehr wir uns mit den Gedanken und Energiefeldern identifizieren, die durch die Interaktion der Vielzahl geistiger Wesen seit Anbeginn entstanden sind und fortlaufend neu entstehen, desto mehr verstricken wir uns in ungelöste Beziehungen. Damit reduziert sich unser transzendentales Bewusstsein, und wir geraten als geistige Wesen in *unerwünschte Existenz-Zustände.*

Ethik: Wieso wir böse werden können

38. Im Zustand des transzendentalen Bewusstseins handeln wir als Geistwesen im Sinn *allseitiger Ethik.*

39. Indem wir unser transzendentales Bewusstsein verlieren, entsteht *Dualitätsbewusstsein.*

40. Im Dualitätsbewusstsein vertritt man als Geistwesen eine *einseitige Ethik* mit gegensätzlichen Werten wie gut und böse.

41. Im Dualitätsbewusstsein erfolgt Kommunikation ausschließlich mit Hilfe von Mentalquanten.

Gelassenheit: Damit lässt sich alles lösen

42. *Akzeptanzvermögen* ist die Fähigkeit, einen bestimmten Wahrnehmungsinhalt mit gedanklicher wie auch emotionaler Anteilnahme bewusst zu erfassen und dabei gelassen zu bleiben.

43. Akzeptanzvermögen ermöglicht den Abschluss von Aktionsabläufen.

44. Mangelndes Akzeptanzvermögen bewirkt die Fortdauer unerwünschter Zustände.

45. Begeht ein Geistwesen eine Verfehlung hinsichtlich eines bestimmten Bezugspunktes, und übersteigen die nur vermuteten Konsequenzen der Verfehlung sein Akzeptanzvermögen, so wird die Beziehung zu diesem Bezugspunkt gestört. Damit verbleibt die betreffende Welt in einem unvollkommenen Zustand.

46. Hat ein Geistwesen hinreichend Akzeptanzvermögen entwickelt, um die vermuteten Konsequenzen einer Verfehlung zu tragen, wird es auch die nötigen Schritte zur Wiedergutmachung einleiten. Danach würde die nun bereinigte Beziehung jedoch nicht unbedingt in der vormaligen Form weitergeführt.

47. Um bezüglich einer missratenen Welt Akzeptanzvermögen zu entwickeln, ist die Ursache für die Abweichung vom ursprünglich rechten Weg zu untersuchen. Dabei sind die Wahrnehmungspositionen sämtlicher Beteiligter zu berücksichtigen und ihre jeweiligen Absichten und Entscheidungen nachzuvollziehen.

48. Vollkommenes Akzeptanzvermögen seitens aller Beteiligten ist die Voraussetzung für das Auflösen ihrer gemeinsamen Welt.

Erinnerung: Im Internet der Wesen

49. Das spezifische Wissen um ein bestimmtes Erlebnis wird bezeichnet als *Mentaldatei.* Sie lässt sich verstehen als Unterabteilung des Gesamtwissens.

50. Eine Mentaldatei wird mittels Mentalenergie aktiviert. Das darin enthaltene Wissen manifestiert sich als Mentalfeld. Seine Erscheinungsform heißt *geistiges Bild* oder *Mentalbild.*

51. Das bewusste Aktivieren einer bestimmten Mentaldatei heißt *Erinnerung.*

52. *Vorstellungen* beruhen auf der bewussten oder unbewussten, gewollten oder ungewollten Zusammenstellung unterschiedlicher Mentaldateien.

53. Dichte und *„Massigkeit"* eines Bildes beruhen auf der Menge der zu seiner Erschaffung eingesetzten Mentalquanten.

54. Ein Geistwesen vermag die aktivierten Mentalbilder eines anderen Geistwesens wahrzunehmen.

55. Mangelnde Akzeptanz fremder Mentaldateien führt zur Identifikation mit ihnen. Dies führt zu geistigen Anhaftungen. Diesen Vorgang bezeichnen wir als *Herunterladen, Downloaden* oder *Anhängen.*

56. Die unbewusst vollzogene Aktivierung einer Mentaldatei durch einen Wahrnehmungsinhalt heißt *Einschaltung.*

57. Ein Wahrnehmungsinhalt, der zu einer Einschaltung führt, heißt *Auslöser*.
58. Die Deaktivierung einer Mentaldatei heißt *Ausschaltung*.
59. Verhalten und Lebenseinstellung eines Geistwesens beruht auf aktivierten Mentaldateien.

Wahnsinn: Wenn der Geist gestört ist

60. Erlangt man als geistiges Wesen die unzweifelhafte Gewissheit zur Vergeblichkeit seines Tuns, so bildet man ein *Negativprogramm*. Ein solches Erlebnis heißt *Urerlebnis*.
61. Die Einschaltung eines Urerlebnisses führt zum zwanghaften Nacherleben von dessen Inhalten. Dieser Vorgang heißt *Dramatisierung*.
62. Dramatisierungen bewirken unausweichlich bestimmte Verhaltensmuster.
63. Heruntergeladene Mentaldateien fremder Urheber können genauso kraftvoll dramatisiert werden wie eigene.
64. Erleiden mehrere Geistwesen gemeinsam und gleichzeitig ein Urerlebnis, so kann eine *kollektive Mentaldatei* entstehen.
65. Die Einschaltung einer kollektiven Mentaldatei kann eine *multiple* oder gar *kollektive Dramatisierung* zur Folge haben.
66. Mit jedem geklärten Urerlebnis steigt das Akzeptanzvermögen.

Emotionen: Wieso es auch mal in den Keller gehen kann

67. Emotionen eines Geistwesens zeigen sich als die Dynamik eines Mentalquantenfeldes. Diese entsteht durch das Hin- oder Wegstreben eines Geistwesens hinsichtlich eines Bezugspunkts.
68. In Abhängigkeit vom Grad des Akzeptanzvermögens eines Geistwesens lassen sich Emotionen untergliedern in solche des Annehmens, des Ablehnens und des Rückzugs.
69. Unsere emotionale Grundstimmung als geistige Wesen hängt ab von der Anzahl und Intensität chronisch eingeschalteter Negativprogramme.

Seele und Leib: Wer sorgt für unser Wohlbefinden?

70. Ein lebender Biokörper zeigt Wachstum, Heilung, Fortpflanzung und soziale Interaktion. Diese *Basisprogramme* koordiniert ein intelligentes Feld, das den betreffenden Organismus umhüllt und durchdringt. Es heißt *Vitalwesen.*

71. In seiner Interaktion mit der Umgebung zeigt ein Vitalwesen Aufmerksamkeit, Absicht und Emotion, dies in Abhängigkeit von der „Bauart" des betreffenden Körpers und seiner Programme.

72. Ein Vitalwesen ist sich seiner selbst nicht bewusst.

73. Ein Vitalwesen verfügt über kein reflektiertes Zeitbewusstsein.

74. Das Überleben des Körpers und der Spezies unter allen Umständen aufrechtzuerhalten, ist das zentrale Anliegen eines Vitalwesens, sein einziges Spiel, sein „Urauftrag".

75. Ein Vitalwesen erfasst Impulse aus seiner Umgebung, die ihm über die körperlich gegebenen Sinne wie auch übersinnlich (telepathisch) zufließen.

76. Die Wahrnehmungsposition eines Vitalwesens ist durchgängig innerhalb des Körpers lokalisiert.

77. Erlebnisse von Vitalwesen werden als *Vitaldateien* aufgezeichnet.

78. Vitalwesen entwickeln keine so differenzierten Negativprogramme wie Geistwesen.

79. Vitalwesen bilden sich aus einem amorphen, kollektiven Gesamtfeld heraus, dem *globalen Vitalfeld.*

80. Die Existenzspanne eines einzelnen Vitalwesens reicht von Zeugung bis Tod des betreffenden Körpers. Danach löst es sich in das globale Vitalfeld auf.

81. An Verhalten und Zustand eines menschlichen Körpers wirken sowohl ein Vitalwesen wie auch ein Geistwesen mit.

82. Das Vitalwesen interagiert mit umgebenden Vitalwesen, registriert den Zustand des Körpers sowie die aktivierten Mentaldateien des Geistwesens. Auf all das reagiert es bei seinem Management des Körpers.

83. Durch bewusste Einstimmung auf ein Vitalwesen vermag ein Geistwesen dessen Beruhigung oder auch Dynamisierung zu bewirken.

84. Spürt das Vitalwesen ein körperliches Bedürfnis, so schalten sich Vitaldateien ein, deren Befolgen erfahrungs- und programmgemäß zur Stillung des Bedürfnisses führte.

85. Zwischen Geistwesen, Vitalwesen und Körper ereignet sich psychosomatische Interaktion.

86. Ist ein Geistwesen mit „seinem" Vitalwesen identifiziert, so hält es die Bilder oder Impulse aus Vitaldateien für seine eigenen Wünsche, Erinnerungen oder Impulse.

87. Das Geistwesen trägt die Verantwortung für den gesundheitlichen Zustand eines Menschen.

Quellen / Bücherliste

1 Patanjali, Die Wurzeln des Yoga, Sutra A, 2. Bei O. W. Barth, 1999.
2 siehe www.mindwalker.co.uk
3 Anatol Rapaport, 1953: Operational Philosophy – Integrating Knowledge and Action.
4 R. G. Collingwood, 1939: Essay on Metaphysics.
5 Paramahansa Yogananda, 1946: Autobiography of a Yogi.
6 Das Zitat stammt aus dem GuruYoga des Machikma, dem Gebet an Machig Labdrön. Der Text dieses Guru Yoga stammt von Raga Asye oder auch Karma Chagme Rinpoche genannt (1613-1678). Aus den gesammelten Werken von Karma Chagme, Band 52, Seite 281-286. (Mit vielem Dank an Astrid!)
7 Imke Bock-Möbius, 2009: Qigong meets Quantenphysik.
8 Shankara: Der große Juwel der Unterscheidung (Übersetzung aus dem Sanskrit von Raphael, 2004.)
9 Bhagavad-Gita, Hrsg. A. C. Bhaktivedanta Swami Prahupada, 1987.
10 Lao Tsu:. Tao-te Ching (A new translation by Gia-Fu Feng and Jane English, 1972)
11 Meister Eckhart: Mystische Traktate und Predigten (Diederichs Gelbe Reihe, 1999, S. 44 und 211)
12 Alexandra David-Neel, 1929: Magier und Heilige in Tibet.
13 „The Economist", August 28 2021 (übersetzt vom Autor).
14 Erlendur Haraldsson, 1987: Miracles are my Visiting Cards – An investigative report on the psychic phenomena associated with Sathya Sai Baba. / Eine Zusammenfassung des Inhalts kann als PDF vom Autor angefordert werden.
15 Arthur Osborne, 1957: The Incredible Sai Baba – The life and miracles of a modern-day saint. / Eine Zusammenfassung des Inhalts kann als PDF vom Autor angefordert werden.
16 Alle Definitionen zu Begriffen der asiatischen Philosophie sind entnommen dem Lexikon der östlichen Weisheitslehren, Scherz Verlag, 1986.
17 Marc Roberts (Herausgeber), 1993: Das neue Lexikon der Esoterik.
18 Arthur Osborne, 2006: Ramana Maharshi and the Path to Self-Knowledge.
19 Arthur Osborne, 2006.
20 Arthur Osborne, 2006.
21 Alexandra David-Neel, 1929.
22 Franz Bardon, 1992: Die Praxis der magischen Evokation.

23 dtv 1997; Etymologisches Wörterbuch des Deutschen.
24 Rupert Sheldrake, 1988: The Presence of the Past
25 Als PDF verfügbar, bitte den Autor anschreiben.
26 Siehe Wikipedia, Stichwort „Kirlianfotografie".
27 Rupert Sheldrake, 2011: Dogs That Know when their Owners are Coming Home
28 Peter Tompkins, Christopher Bird, 1973: The Secret Life of Plants (Das Diagramm einer solchen Messung ist im Besitz des Autors, bitte anfordern).
29 Robert E. Becker, 1991: Der Funke des Lebens
30 Rupert Sheldrake, 2012, The Science Delusion, S. 185 (übersetzt vom Autor)
31 Yogananda, 1946, Kapitel 43
32 Alistair Shearer (translator), 1982, Effortless Being – The Yoga Sutras of Patanjali.
33 P.A. Straubinger, 2011, Am Anfang war das Licht (DVD)
34 Richard Alpert (Baba Ram Dass), 1971, Be Here Now.
35 Rupert Sheldrake 2012, Chapter „Are the laws of Nature fixed?"
36 Britannica 2003, vol. 18, Ancient European Religions.
37 A. Gaebelein 1986, Die Welt der Engel
38 Https://www.bibelkommentare.de
39 Stuart Holroyd. 1994, The Elements of Gnosticism
40 Brittannica 2003, vol. 12, Zarathustra
41 L.Kin 1994, Gott & Co
42 Alexandra David-Neel, 1929 / Paramahansa Yogananda, 1946 / Erlendur Haraldsson, 1987 / Arthur Osborne, 1957
43 The Economist, April 17th 2021.
44 Ames Stephens, 1924, Irish Fairy Tales
45 Nachzulesen im Alten Testament, Buch Genesis, Kapitel 3, 12, 13, 14, 19, 20, 21, 24, 30, 32 und 34.

Zeugen des Weltuntergangs berichten!

Rolf Ulrich Kramer

Die ATLANTIS Protokolle

Die vom Autor begründete Technik des „MindWalking“ macht Rückerinnerungen an längst vergangene Leben und Ereignisse möglich. MindWalking wird seit vierzig Jahren erfolgreich zur Persönlichkeitsentwicklung eingesetzt.

Atlantis, eine uralte globale Hochkultur, wurde durch den gezielten Angriff außerirdischer Mächte vernichtet. Danach folgte die Steinzeit und anschließend der Wiederaufbau durch Entwicklungshilfe von außen. Dafür sprechen weltweit vorzufindende Sintflut-Legenden. Doch auch Erinnerungen daran sind verfügbar.

Grundlage der Atlantis-Protokolle sind jahrzehntelang archivierte und nun ausgewertete Sitzungsberichte. Dort kommen Opfer wie Täter zu Wort. Auch wird von Interaktionen mit Raumschiffen, Echsenmenschen und Grauen berichtet.

Nachbeben bis heute

Die Erdvernichtungskatastrophe prägt die Psyche der Menschheit bis heute. Als Menschheit sind wir in einer Trance befangen, einer globalen Schockstarre. Diese führt zum Wiederholungszwang, zur ständigen Neuauflage des Schreckens. Damit erklärt sich Vieles aus dem blutigen Verlauf der Menschheitsgeschichte.

Die Atlantis-Protokolle verweisen deutlich darauf, dass etwas ausgestanden sein könnte. Die Dinge wandeln sich zum Guten. Planet Erde könnte wieder zum integrierten Mitspieler in der „Interstellaren Community“ werden.

Gebunden, 296 Seiten, ISBN: 978-3-947397-20-4
Preis: 22,95 Euro (D)

Versandkostenfrei (D) zu beziehen bei:

OSIRIS-Verlag
Marktplatz 10, D-94513 Schönberg
Tel. 08554/844, Fax 08554/942894 • info@osirisbuch.de • www.osirisbuch.de

Emotionen verstehen lohnt sich!

Auch als Hörbuch erhältlich!

Rolf Ulrich Kramer

HIMMELHOCH JAUCHZEND ZU TODE BETRÜBT

Das weltbeste Buch zur Stufenleiter der Emotionen

„Himmelhoch jauchzend - zu Tode betrübt", das hat jeder schon mal erlebt. Doch wer kennt schon die Abstufungen dazwischen?
Den Unterschied zwischen Hass und Wut, Ärger und Zorn, Furcht und Panik? Und wie es zu Depression und Burnout kommt?

Wenn Sie Emotionen beim richtigen Namen nennen, begreifen Sie sich selbst und Ihre Mitmenschen tiefer und gründlicher. Anteilnahme und Verständnis fallen auf einmal leicht. Im Familien- und Geschäftsleben sowie im Freundeskreis zahlt sich das unmittelbar aus. Alles wird friedlicher.

- Sie erfahren, wie Emotionen zustande kommen und wie sie sich voneinander unterscheiden.
- Empfindungen und Erlebnisse stehen im Vordergrund, keine Theorien.
- Sie erleben am Beispiel einer kleinen Kurzgeschichte mit, wie der emotionale Absturz von „himmelhoch jauchzend" bis „zu Tode betrübt" vonstatten geht.
- Meditationsübungen für den emotionalen Ausgleich werden Ihnen vorgestellt.

Gebunden, 200 Seiten, ISBN: 978-3-947397-10-5
Preis: 19,95 € (D)

OSIRIS-Verlag
Marktplatz 10, D-94513 Schönberg
Tel. 08554/844, Fax 08554/942894 • info@osirisbuch.de • www.osirisbuch.de

Auslieferung für die Schweiz: free energy ®, Zinsmattenstrasse 10, CH-5607 Hägglingen
Tel. +41 (0)56 616 90 00 Email: info@freeenergy.ch Web: www.freeenergy.ch

MindWalking –

Unbelastet in die Zukunft!

von Rolf Ulrich Kramer

MindWalking ist eine geniale Methode zur Persönlichkeitsentwicklung. Geistige Wachheit und Selbstbestimmtheit sind das Ziel. Aufmerksamkeit ist der Weg.

Ohne Hypnose oder andere Hilfsmittel gelingt es ganz normalen Menschen, die Pforte zu ihrer Innenwelt zu durchschreiten. Zu ihrer eigenen Verblüffung gelangen sie dabei zu persönlichen Einsichten, die weit über die Grenzen von Schulwissen und herkömmlicher Psychologie hinausgehen.

Mit MindWalking gelingt es uns, vergessene Schlüsselerlebnisse ins Bewusstsein zu rufen und ihre Nachwirkungen aufzuarbeiten.

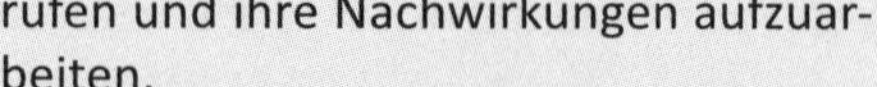

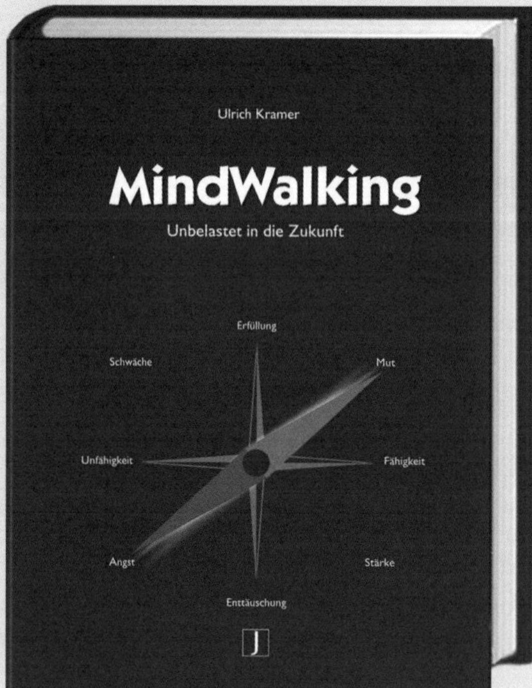

In Dutzenden spannender Falldarstellungen erlebt der Leser „live", wie gestandene Frauen und Männer während ihrer MindWalking Sitzungen trotz aller Skepsis ihr gewohntes Weltbild durchbrechen. Viele sehen sich erstmals mit der Perspektive konfrontiert, dass ihr gegenwärtiges Leben nicht das einzige ist, und nicht das letzte bleiben wird.

Die präsentierten Erlebnisberichte eröffnen faszinierende Dimensionen der menschlichen Psyche und vermitteln ein vertieftes Verständnis von Körper, Geist und Seele.

Gebunden, 393 Seiten, Preis: 36,50 € (D)

Versandkostenfrei (D) zu beziehen bei:

OSIRIS-Verlag
Marktplatz 10, D-94513 Schönberg
Tel. 08554/844, Fax 08554/942894 • info@osirisbuch.de • www.osirisbuch.de

Lebenserfolg!

Vision und Organisation

von Rolf-Ulrich Kramer

Vision und Organisation für Leben, Familie, Unternehmen, Zukunft…

„Jeder ist seines Glückes Schmied", heißt ein altes Sprichwort. Leider wird das Schmieden des Lebensglücks weder am Gymnasium, an der Volkshochschule, noch an der Universität gelehrt.

Deshalb gibt es so viele scheiternde Familien und Unternehmen. Deshalb gibt es so viele unzufriedene und unglückliche Menschen ohne Perspektive. Stehen Sie ratlos vor den entscheidenden Fragen Ihres Lebens, wie etwa:

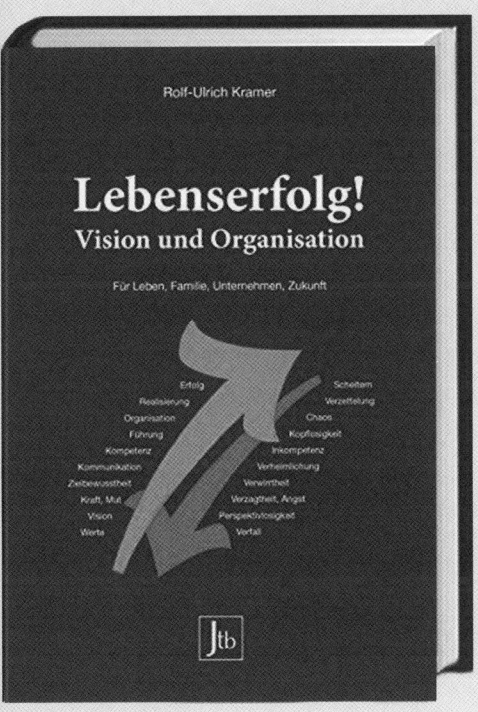

Was soll aus mir werden? Wie schaffe ich es, dass mir die Realisierung meiner Träume und Visionen gelingt? Gehe ich meinen bisherigen Weg weiter oder mache ich besser ‚etwas anderes'?

Wie organisiere ich meine Familie, meinen Beruf, meinen Betrieb? Und soll ich bei Konflikten was sagen oder besser schweigen?

„Lebenserfolg!" ist ein Leitfaden für den Einzelnen wie auch für die Familien- oder Unternehmensführung, der Sie immer wieder die richtige Entscheidung treffen lässt. Hier erhalten Sie die passenden Werkzeuge, um Ihre Wünsche Wirklichkeit werden zu lassen! Finden Sie Ihre Vision, organisieren Sie Ihr Leben, erschaffen Sie Ihre Zukunft!

Kartoniert, 352 Seiten, 14,50 Euro (D)

Versandkostenfrei (D) zu beziehen bei:

OSIRIS-Verlag
Marktplatz 10, D-94513 Schönberg
Tel. 08554/844, Fax 08554/942894 • info@osirisbuch.de • www.osirisbuch.de

Neuauflage des legendären Klassikers

Gott & Co

Nach wessen Pfeife tanzen wir?

Dieses Buch handelt von Himmel und Hölle, Göttern und Dämonen, Geheimbünden, UFOs und den Machenschaften außerirdischer Mächte - eine Science-Fiction-Kosmologie, die Alpträumen entnommen scheint, von L. Kin aber überzeugend als ernstzunehmende Möglichkeit dargestellt wird.

aufs schärfste gehütete „höhere Initiationsstufen" werden hier enthüllt und Möglichkeiten aufgezeigt, um den Kampf telepathisch bis zu den Sternen zu tragen und den verborgenen Einflüssen entgegenzuwirken, die schon seit Anfang aller Zeiten das Schicksal unserer Kulturen zu steuern suchen.

In den oft verwirrenden Gewässern des New Age steht „Gott & Co" fest wie ein Leuchtturm und bietet denen einen Orientierungspunkt, die vielleicht vom Kurs abgekommen sind.

L. Kin : Gott & Co –
Nach wessen Pfeife tanzen wir?

Gebunden, 430 Seiten, ISBN: 978-3-947397-03-7

Ich halte „Gott & Co" für eines der wichtigsten Bücher, die jemals geschrieben wurden.
(Oliver Gerschitz)

Versandkostenfrei! (D)
NUR 24,95 EUR (D)

OSIRIS-Verlag
Marktplatz 10, D-94513 Schönberg
Tel. 08554/844, Fax 08554/942894 • info@osirisbuch.de • www.osirisbuch.de

Auslieferung für die Schweiz: free energy ®, Zinsmattenstrasse 10, CH-5607 Hägglingen
Tel. +41 (0)56 616 90 00 Email: info@freeenergy.ch Web: www.freeenergy.ch